江蘇省地方志編纂委員會辦公室組編
主編 程
執行主編 張

江南通志

第十一册

人物志（三）

鳳凰出版社

第十一册目録

江南通志卷一百七十七

人物志

列女　義烈一

江、蘇、松、常四府

江寧府

宋

俞氏，溧水人。少寡，里中惡少慕其色，脅以刃，不從而死。因名其市曰節婦里。

趙淮妾，一名翠蓮，一名緑雲。淮被執，二妾相從。淮死，元帥欲納之，二妾請先葬淮，擇吉以從，許之。至江干，焚淮骨置器中，抱持赴水死。

元

劉桐妻孫氏，高淳人。桐官平江，兵亂城陷，掠孫氏，不從被害。二女乞掩親骨，至江濱皆赴水死。

趙氏三烈婦，宗澤妻衡氏、棟妻夏氏、楷妻劉氏，俱建康人。汝穎兵陷建康，三氏皆投水死。

王容妻陳氏，溧水人。與妾汪氏俱年少，遇淮寇不辱而死。

闞文興妻王氏，建業人。文興從軍漳州，氏與俱行。陳弔眼作亂，文興戰没，氏被掠。紿賊葬夫，負尸還，積薪焚之，投火死。贈貞烈夫人。

花山婦，佚氏姓。至元中，值兵亂被執，至崇賢鄉碑亭，嚙指題詩赴水死。詩云：「君王有難妾當災，棄子離夫被虜來。遥望花山何處是，存亡兩地亦哀哉。」

陰有光妻張氏，句容人。年十五歸陰，六年而有光卒，父母欲奪其志，自刎死。

明

朱熙耀妻華氏，朱熙代妻張氏，俱句容人，娣姒孀居。大兵臨城下，懼爲所辱，赴水死。華氏子之階、張氏二幼女，並哀泣自沉。

庠生孔允珂妻王氏，孔允珙妻吴氏，俱高淳人。同舟避亂遇賊，負子投水死。

俞熊妻周氏，溧水人。爲亂兵所挾，同婢投水死，婢失名。

王汝梅妻楊氏，高淳人。兵執不辱，被數十刃死。

岑明俊妻趙氏，金陵人，爲亂兵掠投水死。

陳無過妻諸氏，郡人。舅與夫爲兵所害，奮罵，兵剖其腹擲於河。

庠生胥廷治妻任氏，上元人。遇亂兵，夫婦投水死。子時逢、時迎，亦相繼赴水。

庠生孫某妻程氏，江寧人，居秣陵關。亂兵掠氏欲污之，氏紿屋後取金，躍入池中大罵。兵攢槊刺之，池水盡赤。

張國權妻魏氏，江寧人。

錢化龍妻陳氏，溧水人。

劉彦陽妻某氏、女劉氏，高淳人。

張思扳妻陳氏，高淳人。

王錫堯妻陳氏，高淳人。

夏應昇妻葉氏，六合人。

張義瑞妻章氏，六合人。

張起祥妻章氏，六合人。

詹明宇妻左氏，六合人。

俞馨妻馬氏，六合人。

以上並爲兵所掠，不辱投水死。

庠生夏清妻劉氏，六合人。避兵與夫失，投水死。

庠生厲一鶴妻黄氏，六合人。流寇至縣，氏與夫奉姑出避，爲所獲，氏紿賊縱姑，與夫投水死。

徐德甫女，句容人。年十七，兵挽之上馬，女堅拒，被刃仆地。後來者見創而貌甚美，又力挽之。女大罵，死於亂刃下。

汪紹祖女，溧水人。明末兵至，村婦皆驚竄，女嘆曰：「事勢如此，逃恐不免。」即投湖死。

程天民女，溧水人。許字孫某。避兵爲兵獲，不辱，乘間躍入水，兵恨以鎗戳死。

庠生許夢明女，溧水人，遇兵不辱投水死。

武可楫女，溧水人，兵至自經。

陳氏女，溧水人。兵執其父索金，女跪泣救父，兵捨父挾女以行。道經一井，故言口渴索水，投井中死。

張明熙妻陳氏、子婦胡氏，俱句容人。明熙官粤東，調閩之興泉，携子子駒赴閩，留家廣城。土寇破城，姑、婦俱投井死。

武定橋烈婦，失姓名。永樂靖難，誅戮臣僚，妻子發配。有一烈婦題詩衣帶，投武定橋下死。詩云：「不肯將身配象奴，手提麥飯祭亡夫。今朝武定橋邊死，留取清風滿帝都。」

劉檜妻王氏，高淳人。早寡，遇强暴不從，自刎。

蔡丑女，上元人。少孤，與祖母居。年十五，已受聘。一日祖母出，有逐僕爲僧者來就食，挑之不從，賄誘刃脅，女拒益堅，受傷而死。

鄭鉉妻郭氏，六合人。鉉不得於父，恒悒悒不樂，氏曰：「子第盡孝，何患不慈也？」翁無道，欲以非禮加婦，氏厲色拒之，嚙指出血，曰：「所遇若此，惟有死耳！」遂沉於河。學士宋濂爲之傳。

王氏，江寧人。夫汪，嗜酒廢業，强其婦與博徒李姓亂，婦堅拒，反被笞無數。度不能免，夜投水而死。

黄氏，金陵人，佚夫名。夫亡，公、姑欲奪志，自刎死。俞孟麟作歌弔之。

太學生徐思義妻薛氏，溧水人。有欲犯之者，氏持剪自刺死。

陳貴妻唐氏，六合人。夫亡，姑欲嫁之，聚薪牀下自焚死。

孔允發妻陳氏，高淳人。允發有胎疾，手足拘攣，口吃貌寢。氏貌極端麗，既歸允發，事之盡婦道。允發死，有求婚者，堅拒之，忍飢以死。

杜鍵妻黄氏，金陵人。夫亡，氏方少，有勸改適者，不應，夜縊夫柩旁。

端烈婦，溧水人，佚氏姓。夫病癲，令其他適，投水死。

許坦妻吴氏，六合人。夫亡，舅姑欲嫁之，自經死。

庠生鄭瓘妻袁氏，六合人。夫得惡疾，氏不肯改適。歸鄭六年，夫亡服毒死。

庠生朱嘉試女，溧水人。許字陳彦璽，未嫁夫亡，有徐氏者强委禽焉。女以筆書几上，曰：「願葬陳墓側。」自縊，陳迎柩合葬。

生員夏汾妻周氏，六合人。祖姑及姑與夫疾，俱刲股療之而愈。汾復以暴疾亡，氏投井死。

陳伯妻黄氏，金陵人。夫病篤，先自刎死。

庠生汪宗妻柴氏，金陵人。宗病篤，手治殮具，先宗投繯而死。

厲振鴻妻孫氏，六合人。歸鴻甫六月，夫亡，氏絶食死。

王經妻朱氏，六合人，夫亡自縊。

李秀妻達氏，六合人，夫亡自縊。

葉先馨妻季氏，六合人。〔夫亡，〕①痛哭而死。

庠生孫繼善妻謝氏，六合人。夫亡無子，立侄，侄又死，曰：「吾無望矣！」自經死。

趙某妻楊氏，佚夫名，京衛人。夫死於陣，氏投河死。

錦衣衛指揮黄賓妾王氏，江寧人。夫亡自縊。奉旌表。

經國猷妻管氏，溧水人。夫亡自縊。奉旌表。

① 據《四庫》本補。

都司母承恩女，上元人。許聘姚某，未嫁夫亡，聞葬期自縊死。

宣氏女，句容人。許字湯維藩，夫亡死節。

國朝

李順妻林氏，上元人。夫亡，三年喪畢，托言抱病餓死。康熙六十一年旌表。

王氏女，上元人。許字沈邦彥。夫亡，欲過門守貞，父未許。刺指血書以貽父，曰：「生則沈氏人，死則沈氏鬼。」題墓曰：「沈門王氏。」遂自縊。

王善性妻潘氏，句容人。夫亡九年，繼姑逼令改嫁，投繯而死。

以上雍正五年旌表。

金升妻許氏，江寧人。嫁三月，夫亡。欲死，救免，母携歸，閱七年終不食死。雍正八年旌表。

陸思賢妻殳氏，溧水人，遇海寇自殺。

蔣奇玉妻梁氏，江寧人。夫病篤，籲天求代。知必不起，積薪先自焚死。

王某妻汪氏，上元人。順治己亥，海寇薄近郊，氏家幕府山下，懼見辱，赴池水死。

吳某妻高氏，江寧人。夫爲驢傭，氏年十七，夫没，舅欲以甥某入贅。氏潛具卮酒至夫墓，拜哭而返。夜自縊。

常復妻劉氏，上元人。夫死，有娠，産後一慟而絶。

朱氏女，江寧人。未婚，夫亡自經。

鄭端媳某氏，江寧人。端聘媳未迎，子病没，媳聞訃，題絶句二首，有「尺綃從報命，便是百年情」之語，遂闔户自縊。

任氏女，金陵人。許字楊存敏，甫受聘而敏没，女誓不更適。或將委禽焉，女聞，遂墮樓而死。

趙氏女，江寧人。幼字葛某，遠商不歸。女初依母，母卒，葛之父迎女於家。歷二十餘年，傳葛某已没，女即密紉其衣，投繯而死。

詹某妻周氏，江寧人。少無父母。歸詹後，繼姑行穢，見其貌美，導以淫，不從，百端淩逼。氏密紉上下衣，自經死。

趙國棟妻錢氏，上元人。年十八，歸趙半載，趙卒於義烏縣尉任所。氏罄奩殯殮，扶櫬歸里，立伯氏子爲嗣，曰：「吾事畢矣。」絶粒七日，嘔血而死。

蘇州府

漢

許昇妻吕氏。昇少爲博徒，氏數勸不悛，父欲改嫁，氏曰：「命之所遭，義無離二。」昇感激勵學，遂致名譽，爲本州辟命。行至壽春，爲盜所害。刺史捕得之，氏迎喪於路，詣州請甘心讎人，乃手斷其頭祭昇。後遇黄巾賊欲污之，氏不受辱見殺。一時風雷大作，賊懼，叩頭謝罪，殯葬之。

公孫達妻郤氏，拒賊不辱被殺。

李公謀妻戴氏，遭賊不受辱被殺。

三國　吴

張氏三女，皆有節行。兄温爲權所囚，姊妹已嫁者皆見録奪。其中妹先適顧承，官以逼改嫁丁氏，飲藥而死。

南北朝

張稷女，吴郡人，名楚媛。適會稽孔氏，無子歸宗。稷爲青、冀二州刺史，州人徐道角作亂，稷見害。女以身蔽刃，先父卒。

唐

吴仁璧女，長洲人。少能詩文，父教以天象、陰陽之學。嘗謂父曰：「大人慎事出入，恐罹憂毒。」天復初，錢鏐命撰母墓銘，璧不從，被繫。女泣曰：「文星失位，大人其不免乎？」鏐沉之江，並女同害，時年十八。

宋

張弼妻徐氏。建炎三年，金兵至揚州，官軍潰，肆掠，執徐，欲污之。徐駡曰：「朝廷畜汝輩備緩急，今敵犯行在，反乘機爲盜。恨我女子，不能引劍斷汝頭，肯受辱苟活耶？」賊殺之。

吴永年妻何氏。金兵破平江，永年與其姊、妻奉母逃匿。兵得其姊及何，何紿曰：「我婦人，東西惟所命耳！」兵信之。次水濱，俱投於河。

劉士英妻陳氏，建炎初居母家，被擄投井。

元

后載妻某氏，載行役。至正丙申城陷，氏屬其子女於姻家，赴水死。

沈度乙妻謝氏，昆山人。少寡。至正壬辰，方容珍剽掠，氏積薪自焚死。

潘元紹七姬，段氏年十八，程氏年二十，翟氏年二十三，徐氏年二十，羅氏、卞氏、彭氏年皆二十二。至正丁未，紹臨戰，語曰：「我受國重寄，義不顧家。脱不虞，若等當自引決。」段氏最少，先縊。六姬相繼縊死。乃焚其尸合葬。

浦玉田妻梅氏，吴郡人。至正十六年，淮兵破城，氏爲所得，欲污之，氏赴水。水淺不得溺，兵以刃脅之，不爲動，捨去。後至者復欲鈎出之，力挽不肯升，以戈揕其腋死。

擔夫婦，家郡城。夫爲擔夫，張士誠時應募充戰士死，婦斂其尸。既焚，收骨裹以帛，仰天大慟，與骨俱投於水。

周烈婦張氏，昆山人。夫爲百夫長，與其伍謀刺其帥，事泄，夷其家。帥之子豔氏姿，語曰：「能從我，活汝命。」氏憤詈不屈死。

齊億妻（邱）〔丘〕端一，常熟人。億爲贅婿，早世，（邱）〔丘〕誓死不二。張士誠兵入，其父遇害，見氏美欲污之，大駡不屈投水死。

某人妻某氏，常熟人。本貴族，通文翰。元末兵亂，某父母與妻皆被掠，某聞，以身贖父母歸。兵欲污氏，遂殺某。氏佯曰：「焚我夫，乃從汝。」兵焚某，氏潛以釘書瓦上，有「乘此烈焰，生死同科」之語。書畢，急投火中。兵挽之，已灼爛矣。

明

錢珍妻顧氏，常熟人。元季避亂，珍前妻邵氏子及顧所生子俱在襁褓，顧謂夫曰：「行難兩全，冢子不可失。」乃棄己子。鄉里方之魯義姑。

盧氏，夫本如臯人，避役僑居常熟。盧與女並有姿色。有兵備道役張島幸於本官，藉勢凶暴，欲以盧爲妻，以女與其黨。乃誣其夫爲盜，獄未具，竟沉其夫於海中。盧聞之，手刃其女，隨自刎死。後巡按廉其實，治島及其黨如律。聞於朝，詔建二烈祠祀焉。

邵某妻薛氏，昆山人。洪武初，邵坐法押赴京，氏少艾，押卒悦之，謂邵曰：「若欲生，至都下俾妻事我，否則死矣。」邵懼，乃呼婦語故，婦佯應，乘間自縊。

楊椿妻王氏，吴人。椿死張士德之難，氏冒鋒鏑，尋尸三日不得，幾被禍者數四。既乃抱城門柱大呼，訴其魁曰：「人孰無夫婦，汝等專事殺人而來耶？抑欲爲安民計耶？」魁韙之，禁兵勿阻其往來。乃得尸於張香橋下，輿歸葬之。與子女二人皆不食死。

胡原妻錢氏，昆山人。洪武末，原戍雲南竄歸，事覺坐棄市。錢與訣曰：「君萬里歸，爲母與妾耳。君死，妾何獨生？」至夜自縊。

史景忠妻鄒氏，吴人。景忠謫戍大寧，鄒與偕行。及大寧，兵亂，有欲犯鄒者，脅以刃。延頸就死，時年二十有二。

姚廣孝姊，居長洲相城里。廣孝以靖難功封少師，往謁其姊，姊閉户不納，曰：「那見做和尚不了的是個好人。」廣孝遂於門外再拜而去。

沈濬妻吴氏，昆山人。濬病死，子十歲，吴曰：「吾不能復撫兒矣。」斂夫畢，從容自經，年二十九。

黄福安妻陳氏，昆山民家女。嫁未期，福安病卒。陳已産一子，撫棺盡哀，至夜經死。

陸安妻鍾氏，昆山人。洪武中，安父以事逮京師，議大辟。安初婚，乃謂鍾曰：「吾不忍吾父死，將代刑，汝其奈何？」鍾曰：「君行，我有以處此。」安往竟死，鍾遂自經。

朱佩妻王氏，湖涇農家女。年十四嫁佩，越四年夫亡。父母憫其早寡無子，潛以許人，王覺之，乃縊死。

徐景仁妻于氏，吴郡人。初，景仁未婚，而以罪被刑，兩家父皆欲中止，女不從，竟成婚。後數年，景仁以前事戍雲南，氏弟曰：「他適可免，否則死萬里矣。」于氏曰：「此何難。」遂自經死。

桑瓊繼妻程蘭，常熟人。夫亡，蘭祖洪憐其年少，迫改適，蘭擗踴嘔血，不食三日死。

龔濂妻周氏，昆山人。年二十夫亡，爲夫立後，不食死。

周鎰妻王氏，昆山人。夫亡，誓以身殉，所親諭以撫孤明志。已而二孤相繼夭，從容自縊。

董朝憲妻朱氏，吴郡人。姻家徐應臣豔朱氏姿，延朝憲醉之，突抵朱前扼其吭。朱大駡，碎面刳胸，應臣遁。鄰媪趣朝憲歸，朱曰：「吾忍以俟若，吾必死若！截吾體埋之，自胸以上請磔以飼狗。」言訖，引刀斷一指，血濺衣裙。越三日，應臣邀朝憲釋憾，朱聞益憤，投水死。其尸逆流應臣門，怒目指髮，宛有生氣。事聞，旌廬建祠，置應臣於辟。

周稱妾董氏，吴郡人。稱歿，董以紈扇書「冰清玉潔」四字，自經死。

陳大清妻林氏，長洲人。大清令龍巖，卒於官，林赴井死。

吴會妻姜氏，吴郡人。會工繪事，婚數月卒。歲洊饑，姑諷其他適，不從。則誶語激之，姜乃檢夫丹青一縑，繫袛帶自經。

龔汝驥妻周氏，吴郡人，夫亡自經死。

倪士義妻楊氏，吴郡人。義亡，誓不獨生。爲夫營壙，鑿「鴛鴦」二字於壙石。或諷以改適，楊面發赤自剄死。

朱珙妻張氏，常熟人。年十八，夫亡，兄潛許龔姓，誘歸，將要諸塗。張聞計逃匿，遂引針刺傷左目，示無他志。

某烈婦，常熟人。弘治辛亥歲大饑，夫鬻其妻與賣餳者，得錢三十七文，博一飽而去。妻行數十步，過小橋，大呼夫投水死。

王永妻張氏，常熟人。少寡，舅姑欲嫁之，張闔户自經，家人救止。剪髮斷指自誓，至八十四歲。

曹順妻葉氏，吴縣東洞庭人。景泰中，順客死，舅姑欲令改適，不從。强之，夜自經檐下。

顧烈女，昆山人。許字王氏，未嫁夫亡。叔父復許嫁徐氏，强之行。女以帛纏束其體，不可解，謂徐曰：「吾非汝家婦，乃故王郎妻也。」堅拒不成禮，至夕縊死。

吴奎妻王氏，吴縣東洞庭人。奎遠賈，姑有淫行，與所私飲，並欲污氏。命取酒，所私入爨室，戲捉其臂。氏憤拔刀斫臂，不殊，再斫乃斷，垂死。父母欲訟於官，氏曰：「死則死耳，豈有婦訟姑理耶？」尋卒。

陸淑清，長洲人。許字楊紹，紹貧不能娶，執役遠出。惡少豔其容色，謀妻之，集黨撼其翁父，兩家懼禍，諾焉。氏聞自縊。

韓廷珪妻孫氏，吴縣人。廷珪販薦潯陽，氏與二女隨往。值濠兵至，母女共束一繩赴河死。

王士妻陸氏，昆山人。士病將革，語氏曰：「我死，汝安歸？」氏指心以誓。士死，氏即不食，乘間闔户自經，年二十有二。

周春妻俞氏，吴縣人。春病革，與俞訣，勉以守節。俞慮其疑己也，遽握剪刺左目，血流遍體，隨欲刺其右。姑奪剪諭曰：「爾欲養舅姑育子，留一目可也。」越六日春卒，守志。

黄璣妻陸氏，長洲人。夫亡，母逼改適，氏嘆曰：「違親非孝，再醮非節。」即自經死。

陳林妻顧阿妹，長洲人。

楊孝妻張氏，吴郡人。

三貞女，吴郡人。

五貞女，吴縣東洞庭人。

曹鑑女，常熟人。

洞庭少婦，常熟人。

陳某妻桑氏，常熟人。

楊烈女，常熟人。

蕭烈女，常熟人。

以上　皆遭倭亂不辱死。

錢氏，常熟人。嘗割臂肉救大母病。倭躪其旁，氏恐污及，遽投水，家人挽之。無何，以臂瘡潰卒。

周鑑妻王氏，昆山人，夫亡自經。嘉靖年旌。

徐倣妻朱氏，常熟人。遭倭亂不辱，與女招細、妾楊氏、婢閏秀俱投水死。

錢皓女如潔，吴人。許字曹鏷子禟，后有廢疾，願解婚，錢氏從之，更許烏程温氏。及禟卒，温氏來迎，女聞，闔户自經。

楊一夔妻顧氏，昆山人。夫被酒溺死，氏痛其非命，日夜號哭。一夕，自縊死。

歸善世妻陳氏，昆山人。夫亡即欲自裁，母止之，言：「兒已許夫死矣。」乃含尸以玉珥，留一自含，曰：「泉下以此爲信。」卒乘間縊死。

李某妻須氏，吴縣人。少而美。夫死，市兒謀娶之，氏泣曰：「利吾夫死而妻我，猶殺吾夫也。」市兒糾黨掠取，氏奔母家，母不敢留。返於姑，姑拒之。投姊，姊又拒之。遂自經。

陳惠妻須氏，吴縣人。早寡。土豪顧臣豔其姿，糾黨强娶，自經死。

譚文焕妻陸氏，常熟人。夫亡，氏年二十九，慟哭自刎，姑奪其刀。蓋棺時，投身入，攀棺不脱，蓋壓斷二指。後索刀不得，以針刺喉死。事聞被旌。

張烈婦，家里湮。其夫死，夫之弟攘其田廬，逼嫁之，婦遁逃兄所。夫弟偵其兄出，劫以如所許陸氏者爲婦，婦即絶食。陸氏婦女日與居，説之不答，竟縊死。

殷栗妻葉氏，吴縣東洞庭人。夫亡，視含斂畢，投繯死。

方夢嘉妻瞿氏，昆山人。夫亡，私謂女曰：「若與弟善事祖母，吾死後，即穿穴葬汝父旁。」夜經死。

金烈女，常熟人，名孝細。母包，妊五月而夫亡，遺腹生女。包後欲改適，女嘆曰：「十七年冰霜，一旦委地，從母不若從父地下。」遂自經死。

王某妻張氏，常熟人。早寡，家貧甚，屋茆爲風捲，往母家乞稻秸數束。母以微言諷氏，拊膺曰：「奈何以貧故，謂女有他心哉！」歸以苧綫易錢，市雞酒奠訖，自經棺側。

陸茂才妻錢氏，常熟人。茂才病癆瘵，勢不起，父母潛有異議，錢喻其意，即謝絶不歸。及茂才病篤，貧不能具粥糜，不得已歸告父母，乞升斗負還，而茂才已卒。仰天大慟，具羹飯祭畢，縊死尸旁。

朱一鴻妻張氏，居常熟塘頭鎮。一鴻遠館，惡少宗周悦其色，挑之不得。夜二鼓，操刃排門入，徑持之。張號泣疾呼，髮被面，頭觸瓶盎盡碎，周錯愕遁去。張誓曰：「不死何以雪耻！」遂積薪卧其上，火之，肩背焦爛，宛轉十六日以死。事聞，置周於法，建祠予祭。

宗境妻徐氏，常熟人。境有疾，富人何文烱欲娶之，誣氏父彬於縣，捕彬及境夫婦拷掠。徐不勝冤憤，自經死。炎天經月，顔色如生。知縣楊漣按律正罪。

郁某妻王氏，常熟人。年十九歸郁，無何，郁患瘋疾别寢，王悉力調護數年。郁德之，欲擇良配以報，語之故。王泣曰：「妾事君無失德，何以至此？今夕請同衾。」鷄鳴起，自經。

范五昌妻姚氏，常熟人。五昌遊遨破家。一日，有人驀入内室，向姚曰：「而夫許我來也。」姚大叫得脱，赴水死。

浦氏女，常熟人，父位。有强暴唐壽謀污之，不辱投河死，壽伏誅。

（邱）〔丘〕堅妻錢氏，常熟人。堅溺於水，氏覓尸不得，奮身投河，漁舟急救得不死。夫尸隨浮出。

趙一鳳妻尤氏，昆山人。夫死，遺孤又殤，尤曰：「可以從吾夫矣。」急爲夫營葬。惡少豔其色，曰：「彼盼美而流，烏能久也？」尤聞之，取石灰淹目立枯。置棺自隨，視夫葬畢，觸石裂額，卧棺中而死。

彭餘璋妻鄭氏，昆山人。年二十而夫亡，殮畢，淚盡不能言，潛自沉死。正統年旌。

陶子舸妻方氏，昆山人。歸子舸期年而寡，欲自經，或責以養姑，氏諾。逾九年，姑殁，含殮畢，入室屑金和水服之，不死。投井，隘不能下。夜至舍西投河死。嘉靖年旌。

顧應元妻房氏，昆山人。甫婚一年，應元與父早出，鄰舍火，氏披衣疾呼姑出走，惶遽時索中衣不得，奮身投火死。應元歸視之，下體成燼，上體顔色如生。

葉輝妻周氏，吴縣東洞庭人。輝客雲間病卒，氏聞即自經。

周文遂妻馬氏，吴縣東洞庭人。年二十二，夫亡，誓以身殉，忍死養姑。姑殁，即自經死。

曹憲輅妻周氏，吴縣東洞庭人。夫亡，沐尸易衣。並易己衣，周身密紉之，自縊夫側。

殷氏女，吴縣人。許字陳元儁，儁亡，女聞欲往弔，父止之。乃手刲左耳，授兄持祭亡人，慟絶而甦。後病篤，延醫，止之曰：「吾求速死，可令醫手着吾臂耶？」尋卒。

張士柏妻陳氏，吴江人。夫死，里豪徐洪知其少艾，賄士柏兄納爲妾，陳守死不可。洪以配其僕，求死益力。父訟於縣，縣令章某納洪賂，誣枉之，使隸批頰箠指，下於獄。會推官行縣，例出之。巡按至，陳隨父控告，既投牒，即自刎死。巡按上其事，旌之。洪伏法，令未幾亦死。

周嘉妻王氏，長洲人。嫁甫一月，夫陣亡，氏縊死。

沈信女，吴江人。里豪王四欲污之，女斷指以示。後復挾悍少群篡女，女窘甚，擲碗傷王面得脱，隨死。事聞，王論如律。

支纘武妻陳氏，昆山人。婚一月，武病。將死，語妻父曰：「妻年少，必嫁之。」既殯，氏絶粒十有一日死。事聞旌表，建祠學宫之右。

麫肆婦，長洲臨頓里人，佚其姓氏。其夫亡，氏自經於柩側。

張氏二女，昆山人。父振德令興文，二女與母錢並隨官舍。天啓初，寇作，入城縱火。二女大呼曰：「吾母子得死所矣！」皆投火自焚。

景運昌妻陳氏，昆山人。嫁未期，夫亡，氏求死，姑止之。越十有七日，卒自經。初，運昌病，氏父來視，聞死，頓足曰：「吾女死矣！」其見信如此。

國朝

張敬懷妻某氏，常熟人。與女遇兵，誓死不污，俱被殺。

嚴燦妻顧氏，吴縣人。夫爲仇誣，陷獄當死。順治辛卯，巡按秦世貞按吴，氏白夫冤，自刎堂下，冤得雪。

周氏女，長洲人。許字何綸言，未嫁夫亡，欲往弔不可，遂自經死。

王漢侯妻梅氏，長洲人。夫羸疾七年死，氏拮据殯殮，呼搶欲殉，有夫女弟遣己子日夜防閑之。後氏紿甥他出，遂自經柩前。

華氏女，長洲人。許字施家，未嫁夫亡。聞訃，絶粒七日，不死。自縊，婢救解。復持刃，母奪之。乃令守節夫家，哭泣十二載，得羸疾死。

沈聖章妻王氏，夫遇賊被害，氏哭駡，賊怒斫死。時年二十有三。

戴氏女，許字吴其機，未嫁機殁，矢志不二。服將除，投繯死。

陸慶之妻顧氏，常熟人。

沈子猷妻金氏，吴縣人。夫遠出，與孀姑同居。姑素與鄰人通，並欲污氏，氏大駡被擊，仆地而絶，姑以暴病語人。巡撫湯斌勘實上聞，姑與所私俱棄市。

袁壽先妻譚氏，常熟人。夫亡，親戚逼令改適，氏自殺。

以上康熙年旌表。

錢了文妻徐氏，常熟人。嫁半載，夫亡。豪暴劫奪成姻，氏斷髮毁容，誓死不從。鳴之官，卒全其節。雍正四年旌表。

羅廷佐妻錢氏，吴縣人。夫客死，氏聞訃自經。

生員陳啓瀛妻沈氏，吴江人。遇寇刃其夫，掠氏去，兩手攀竹不從，罵不絶口，賊怒斫死。母收殮之，手猶握竹不可脱。母哭告曰：「今母殮汝，非賊也。」乃展而殮焉。

麗雲衢妻費氏，吴江人。夫亡，殮畢，入房刎死，僵立不仆，顔色如生。

以上雍正五年旌表。

吴氏女，長洲人，冢宰吴一蜚女。許字宋啓業，未嫁夫亡，誓不欲生。念父宦母歿，弟妹無依，隱忍三年。父歸，更訂陸氏，女吞金不死，投井不得，伺間裂宋聘帛自縊，遺書典宋氏簪珥具後事。雍正六年旌表。

章揆蒼妻馬氏，常熟人。早寡而美，人多謀娶。舅貧，爲利所動，數欲嫁之，氏輒求死而止。後族人密與盧某訂婚，紿氏同姑探親，舁入盧家。氏覺，觸柱投階，折齒毁面。盧因盛陳金珠簪珥誘之，氏怒奮罵，抵諸地，百方索死。盧懼禍，送之還，翁拒户不納。氏奔夫殯所，號慟竟夜，遂投河死。雍正十年旌表。

張樹勛妻趙氏，吴江人，夫亡服毒死。雍正十一年旌表。

莊應龍妻張氏，吴江縣人。守正禦暴，捐軀明志，節烈可嘉。雍正十二年旌表。

宋景莪妻沈氏，吴江人。夫亡葬畢，衰麻密紉，自經於床。

錢鼎臣妻鈕氏，湖州烏程縣人。年十八歸震澤錢氏，夫亡，誓不再適。舅潛與長興王二訂婚，劫氏入船，奮躍入河死。

宋爾城妻葉氏，長洲人，舉人實穎之母。順治初，湖兵縱掠，氏懼辱投井死。幼子實栗泣曰：「母死，何心獨存？」亦赴井死。

鄒化明妻王氏，長洲人。避亂吴淞江，寇追至，謂夫曰：「子有親在，急循蘆中可避，我死此。」遂赴水死。

徐樹聲妻張氏，長洲人。夫亡，懷孤兒避兵林間，兒啼賊覺，爲剽騎所得，自刎未死。騎强與俱，益奮罵，遂攢刀斃之。

周氏，長洲人，陳琦孫婦。爲湖寇所執，奮袂投水死。琦次媳張氏大呼曰：「姆得死所！」亦赴水死，其女孫甫十三，罵賊被殺。

迮斌妻陳氏，吴江人。湖寇横戮，氏翁、夫、父、子四人俱被害，氏同老僕赴賊巢收其尸。賊欲加刃，氏延頸曰：「寧殺吾而還吾四尸。」賊憐而與之。時年二十七，後苦節三十五年卒。

沈氏女，吴縣人。許字黄于庚，未嫁夫亡，誓不二志。兄欲携之避兵，不從，閉户絶粒死。

項氏女，秀水人，許字吴江周應祁。周死，女聞訃夜起，以素絲約髮，衣内外悉縞，大書於几曰：

「告父母，兒爲周郎死矣。」遂自縊。因合葬焉。

蔡懋良繼妻張氏，昆山人。夫亡，值兵亂，二子皆前母所出，欲偕之避兵，氏曰：「未亡人得死爲幸，豈可奔走道途，以自取辱？」投池中死。次子方燧不忍捨其母，留侍不去，竟遇害。

蔡方燧妻張氏，燧死於兵，氏先與姑沉池中。氏若有神扶之，三日不死，家人救免。守貞四十年。

吴銘訓妻沈氏，吴江人。寇殺銘訓，氏躍出作擊賊狀，被斫死。

生員楊應聯妻鈕氏，吴江人。湖寇猝至，氏負病姑匿蘆葦中。盜見，露刃脅之，氏哭駡，盜怒斫其臂，遂躍入河死。

沈承銘妻張氏，吴江人。湖寇至，密紉其衣自刎死。

張氏女，吴江人。湖寇至欲污之，投於河，寇挽之起。適寇焚其廬，奮身投火中，骨肉俱燼。

陳元芳妻陸氏，吴江人。兵至，夫病不能避，氏曰：「夫在，義無棄去。」兵欲挾之行，不從被殺。

章淳妻薛氏，常熟人。游兵掠城，舅與夫皆被殺。氏倉皇投井，兵挽其衣，碎顱而死。

言閭如妻某氏，常熟人。偕夫避亂，夫遇害，氏大駡被殺。

徐萱妻沈氏，常熟人。萱及二子遇盜被殺，兩媳皆不屈死，氏戟手大駡，被砍數十，駡不絶口。

蕭爾亨妻許氏，常熟人。夫爲亂兵所殺，氏哭駡。兵怒斷其手足，駡不止，剜兩乳，始絶聲。

潘興玉妻時氏，常熟人。夫婦避兵相失，氏爲所得，駡不絶口死。

蔣暹女織素，常熟人。母殁，父謀避兵，女曰：「干戈滿地，何處求全？」夜拜哭母柩自經死。

管氏女，昆山人。許字包宗賢，夫亡守貞。邑被兵，自縊。

蔡瓊藻妻周氏，吴縣洞庭人。夫有心疾，夫兄瓊滋輒往調之，氏訴諸姑，姑不爲禁。氏憤極，縊死。越三十年，瓊滋忽夜發狂，揵户手刃妻女，自刎。有小婢匿牀下，見一紅衣女子往來室中，紅衣蓋氏殮時服云。

史洽妻王氏，長洲人。洽亡，洽叔父遽議改適，氏憤欲觸階死，乃止。日課子讀書，檢夫遺篋，號慟不能起。迎醫診視，曰：「腸已斷矣。」數日而死。

胡士彦妻黄氏，吴郡人。嫁未三載，夫亡，慟欲死，以懷姙，冀得一男。及産女，女又殤，間歸省母。會夫家火，燼士彦棺，黄倉皇歸視，家人輩已棄遺骨蔓草間。黄泣至其所，裹還置卧側①。士彦弟以爲不祥，輒詬詈之，黄乃割臂肉，同枯骨置瓶内，瘞諸城下。往别父母，還自經死。

劉昭武妻陸氏，吴郡人。夫病，割臂肉以進。不起，日夕號慟，淚盡繼以血，殷紅遍體。未幾一慟卒。

吴泰妻尤氏，吴郡人。年二十而寡，義不欲生，姑勉慰之，乃强食息。越三年自經死。

任紹孟妻言氏，常熟人。婚三年，夫亡，閉户自經，家人救之。每食必慟哭，遂成病殁。

---

① 「裹還置卧側」，《四庫》本作「取夫遺骨歸」。

吴周繼妻厲氏，常熟人，夫亡自經。

程忠謀妻周氏，常熟人。少寡，無子。閲三十餘年，姑殁、女嫁，乃自縊。

陳藝先妻蔣氏，常熟人。早寡，無子。有狂夫慕其姿，陰謀奪志，蔣抱石沉淵死。

孫之炯妻屈氏，常熟人。夫亡，自刎棺前。

葉氏女，吴縣東洞庭人。許字王氏子，未嫁夫亡，女成服詣柩前，斷指自誓。聞有議婚者，乃縊死。

申氏女，吴縣人。許字錢歷才，夫亡自縊。

邵氏女，吴縣人。許字申希文，未嫁夫亡，聞有他姓議婚，遂絶粒而死。

袁七妻陳氏，吴縣人。七傭作數出，比鄰周二假乞火叩門，將犯之，氏詬呼得脱，恒以刀自衛。一日夜半，周排户入，氏持刀拒之。周怒，奪刀砍氏，斷首而走。里人擁周赴官，斃於獄。巡撫韓世琦立碑，里人建祠祀之。

沈乾妻居氏，常熟人。乾嗣父欲污之，氏以死拒。與乾憤甚，乘夜夫婦同縊死。

教諭金之潢妻葉氏，吴江人。夫任廬江教諭，卒於官。氏扶柩還祖墓，遂縊死。

周文遂妻馬氏，吴縣東洞庭人。早寡無子，忍死奉姑。居二年，姑殁，父諷歸改適，遂自經。

顧汝紘妻沈氏，吴縣東洞庭人。夫亡，絶粒五日不死。尋自刎，仆地復起，整衣而逝。

黄永祥妻劉氏，吴縣人。永祥以兄負債被逮，懼刑投河。氏大慟，亦赴水死。

趙漢階繼妻周氏，吴江人，夫亡月餘自縊。

陳裕容妻徐氏，吴江人。夫死於兵，氏尋至夫厝處，慟哭赴水死。

顧氏女，許字張九彰，夫亡自殺。

徐氏女，許字仲某。仲染惡疾，辭婚，父母私諾。許氏聞之，闔户自經。

管正倆妻徐氏，夫亡自經。

徐松元妻鈕氏，吴江人，夫亡即赴水死。

馬氏女，吴江人。許字丁某，未婚夫亡。訃至，女方食，投箸入卧内自縊。

邵氏女，常熟人。許字張瑋，夫亡自經。

席永敬妻諸葛氏，常熟人。夫亡，服闋自經。

何述皋妻秦淑，常熟人。通文翰。夫亡，破古鏡，以半貯棺，半自佩，絶粒數日死。

沈氏女，吴江人。許字顧某，未嫁。鄰鄒氏子夜逾垣强逼之，女取剪刀刺喉死。鄒伏法。

趙烈婦某氏，常熟人。趙故宦僕，氏美而莊，主數挑之，不爲動。一日强逼之，氏泣曰：「夫人嚴，敢相從乎？」主謀於妻，妻固不妬，先召氏入密室，盛供帳，諭以意，因鍵其户。至暮，主人啓户入，縊死矣。

王氏女，名蘭香，元和縣甪直鎮農家女。幼時已許字，父窶甚，以女質於林爲從媵。林婿悦其姿，數調之，不應。遂加箠辱，女因製一綿繩自隨。一夕，婿乘間强逼之，女奮拒得脱。夜静，乃以所製綿繩自縊死。

尹子明女，長洲人，居滸墅鎮。許字句容張國富，未婚。張歿，女聞訃竟日不語，密紉上下衣投河死。時年十七。

陳氏女，吴縣人。字林大治，未婚卒，女聞訃投繯死。

松江府

晋

張茂妻陸氏，平原内史機族女。茂爲吴郡太守，被沈充所害。陸氏傾家産，率茂部曲爲先登，以討充。充敗，陸詣闕上書，爲茂謝不尅之罪，詔曰：「茂夫妻忠誠，舉門義烈，宜追贈茂太僕。」

元

劉氏，燕山人。幼失父母，依兄以居。贅婿松人，初不知爲戍卒而已有妻。久之，會赦，紿劉暫歸即來，數年不至。劉訪於松，婿棄絶之。劉慟哭，剪髮誦經，行乞構一室，製棺夜卧其中，逾五十年。室火，氏入棺大呼鄰人，乞與蓋棺以畢志，遂與室俱毁。

陸熹妻趙氏。熹鄞人，元季挈家避兵松之瓢湖。至正丁未，氏爲亂兵所掠，投水死。

張某妻吴氏，名妙寧，上海人。贅張氏子，氏以父連染大獄，泣曰：「吾不崗死，禍延良人。」遂自縊，夫獲免。

王子温妻諸氏，華亭人。至正丙申，苗兵變，温欲挈氏逃難，氏曰：「豈可以我累而身耶？第去，我自爲計。」賊人逼之，氏怒駡被殺。

朱道存妻費氏，字元琇，上海人。值苗寇被掠，不辱駡賊死。氏妹元徽，歸華亭陶氏，早寡守志，亦駡賊不辱死。人稱雙節。

明

張文通妻俞氏，名妙觀，上海人。夫亡自經，年二十有六。正統三年旌。

錢岐妻宋氏，名壽貞，華亭人。夫亡絶粒死。詔旌其門。

蔡應奎妻周氏，青浦人。夫以罪死，姑强之再適，抱女投河而死。

沈默妻李氏，青浦人。嫁甫三月，夫死自縊。

莫隱妻張氏，華亭人。嫁甫逾年，夫亡絶粒死。奉詔旌表。

陳氏女，青浦人。許字沈槐，未嫁夫亡，欲往奠，父母阻之，自縊死。

邢應鳳妻陳氏，華亭人。夫亡守節。其弟潛受他姓聘，紿之歸省，夜泊舟浦口，始請易吉。劫之行，氏抱幼女躍入黄浦。郡守抵弟罪，表其門。

何良傅妻宋氏，華亭人。良傅疾篤暴絶，氏謂不復起，即自縊。已而良傅復甦，終身不再娶。

沈思道妻孫氏，上海人，夫亡自經。嘉靖九年旌。

楊氏女，華亭人。許字唐氏子，尋夭，氏即持齋勵志。父母欲更議婚，氏聞自縊死，葬後墓生連理枝。

譚應禮妻高氏，華亭人。嘉靖三十三年倭破郡城，氏避不及被執，不受污罵賊見殺。二僕婦亦赴水死。事聞旌表。

韓洪謨妻張氏，華亭人。倭犯境，洪謨被殺。氏號赴，並遇害。

陸野塘妻某氏，華亭人。被倭掠，奮罵不受辱，賊遂刃之，氏引頸而死。

夏世勳妻王氏，華亭人，遇倭亂投水死。

朱焕妻焦氏，華亭人，遇倭亂投水死。

夏氏女，華亭人，遇倭亂投水死。

陶氏女，華亭人，聞倭至投河死。

張氏女，華亭人，遇倭亂投水死。

朱氏二女，華亭人。倭寇至，俱躍入水死。

何四妻王氏，青浦人，遇倭亂投河死。

焦氏子婦唐氏，青浦人。倭犯境，赴水死。

朱氏婢秋香，青浦人，倭亂投河死。

陳允正妻唐氏，華亭人。夫亡，遺孤繼死，遂自縊，衣帶間書「夫婦同葬」四字。萬（歷）〔曆〕中旌。

嚴某妻許氏，華亭人。嚴好飲博，諸惡少窺氏顔艾，利誘其夫，夫語氏，氏叱之，屢被箠楚不從。一日，諸惡少以壺豆進，氏避之鄰嫗家。少間，聞闔户聲，嫗往視，已自刎仆地。萬（歷）〔曆〕二十年，郡守表其貞烈。

李九星妻康氏，華亭人。萬（歷）〔曆〕中從姑扶舅櫬遠歸，經彭蠡湖，夜半風撼舟，氏驚墮水，姑呼漁人援出之。氏泣告姑曰：「兒夙承母訓，言不出閨，今乃假漁人手乎？」抵家即自經。馮夢貞爲之傳。

陸懋廉妻盛氏，華亭人，夫亡自縊死。

陳愷妻顧氏，華亭人，夫亡自縊死。

胡體晋妻侯氏，華亭人。夫亡後，有欲奪其志者，自縊死。

李光初妻楊氏，青浦人。夫亡將殮，氏斷一指投棺中，誓從地下。既葬，絶粒而亡。

顧氏女，華亭人。許字秦氏子，秦亡，父母將别議婚，即自縊死。

曹氏女，華亭人。許字薛繼憕，憕亡，誓以死守。聞有求娶者，絶粒死。

張文焯妻王氏，華亭人。少寡，遺腹生子又殤，父母欲奪其志，氏服衰麻自經於張氏宗祠。

張亮臣妻楊氏，上海人。夫亡，誓以身殉。及遺腹生男，乳之服闋，即托孤親族，自縊死。順治年旌表。

國朝

楊氏女，青浦人。許字唐嘉會，未嫁夫亡。父母復議婚，女聞自經死，與唐合葬。順治年旌表。

王五妻陳氏，上海人。拒王才强姦，不辱奮駡，被殺而死。康熙年旌表。

張文輝妻顏氏，青浦人。夫亡自縊再，以救免。絶粒八日而死。雍正六年旌表。

顧定妻朱氏，上海人。嫁三月夫亡，守節八載。至雍正八年秋，拒許才强姦自刎死。十一月，題請旌表。

魯祥妻張氏，婁縣人。其姑故娼也，因與祥共迫氏爲娼，不從則箠撻，勿與飲食，脅之益急。氏泣告其父曰：「我必死，命也，慎勿抵夫罪。」潜赴萬安橋急湍中。死八日得其尸，面如生，衣上下百結。里人爲立祠墓側。

蘇惠妻葉氏，青浦人，夫亡絶粒死。

沈匡濟妾翟氏，華亭人。夫殁，坐卧一小樓，兵至投井死。

吴期仲妻沈氏，華亭人。兵至，抱幼女赴池死。

徐俊妻張氏，上海人。俊疫死，貧不得棺，張伴尸而卧。以一女爲萬氏養媳，始得錢以殮。後族子利其改適，與其母謀嫁周某，遂自經死。年三十四。

顧颺妻倪氏,上海人。海寇劫其家,氏觸墻死。

張旦兮妻范氏,上海人,拒逼姦被殺。

顧奇妻某氏,上海人,拒姦被殺。

徐士述妻趙氏,上海人。族人奪其産,逼之嫁,氏赴水,鄰救之,遂成疾死。

童嘉恕妻褚氏,上海人,夫亡絶粒死。

唐氏,上海人。夫與某博負,以氏償之,自縊死。

夏某妻瞿氏,上海人。夫死於冤,自縊尸側。

陸昇階妻曹氏,上海人。夫亡百餘日,值寒食,設祭時哀慟而絶。

唐元晟妻楊氏,上海人。夫亡,守節十年。姑與繼母逼嫁之,服鹽滷死。

吴連妻張氏,上海人。夫亡後,有劫娶之者,給其束裝,自縊而死。

周某妻張氏,上海人。夫亡後,有謀娶之者,氏聞遂自縊死。

顧德修妻王氏,上海人。早寡,父謀嫁之,氏聞痛哭即自縊死。

徐天禄妻秦氏,上海人。本某姓婢,夫亡,守節十餘年。其主令改適,自縊死。

張某妻湯氏,華亭人。夫亡後,鄰舍火,氏伏夫柩願與俱燼。須臾風反火息,人謂至誠所感。

沈元齡妻葉氏,華亭人,夫亡自縊。配祀三烈祠。

黄士英妻潘氏,華亭人。夫亡自縊,救免。及女嫁,嘆曰:「吾事畢矣。」遂一慟而絶。

鍾某妻盧氏，華亭人。夫爲王氏青衣，婚一月，隨主至京師。既以瘵歸，病革，語氏令改適，氏以死誓。夫亡，絶粒自經死。

張氏女，華亭人。爲莊氏養媳，未婚夫亡。舅更議以女配侄，女歸謂其祖母曰：「此萬不可。若爾，我不活矣。我去某日，來收我尸。」皆不之信。將婚前四日，縫結衣帶，夜出投水死。

董謙妻華氏，婁縣人。嫁二載而寡。及葬夫嫁女畢，後遂自縊死。

沈廷楝妻曹氏，青浦人。順治十六年，盜劫貞溪，氏出避，猝遇賊，度不能脱，抱幼女投溪水死。

陶尚象妻周氏，青浦人，夫亡絶粒死。

錢氏女，奉賢人。許字程迪，迪殤，女闔户自經。

顧弘妻唐氏，南匯人。夫亡，母勸之他適，氏號慟欲死。幼女哀哭，願偕死，並沉於河。

唐望麟妻潘氏，南匯人。嫁甫二十七日，夫亡自經。

馬繼援妾孫氏，南匯人。夫亡，舅諷之改適，氏投繯絶仆地，會救不死，守節終身。

常州府

唐

鄒待徵妻薄氏，江陰人。隨夫宦江南，遭世亂，爲盜所獲。將辱之，乃密以其夫官誥托村媪，轉付待徵，遂死。李華爲作《烈婦詞》。

南唐

何氏女，江陰人。爲盜賊所掠，欲污之，女紿曰：「當修容以見。」須臾盛飾出，大罵不絕口，赴水死。邑人義之，爲立祠於昭聞鄉。

宋

李易母蔣氏，江陰人。建炎三年，金兵至夏港，易官僉判，守臣胡紡謂易曰：「吾曹死守城郭，公有母，宜少避。」易以告母，母曰：「我去，則汝決不能守矣，願與汝同死。」卒不去。

謝天與妻鄧氏，武進人。事姑盡孝。德祐末，元兵猝至，家人皆走，姑以瞽不能行，氏守姑爲所獲，投水死。

元

姚臨妻金氏，宜興人。元末兵起，臨挈家入太湖，遊兵追之。氏度不免，即率幼女赴水死。

趙氏二女，江陰人。至正間，廣德寇掠郡縣，長女抗節自經。越三年，次女遇盜，亦赴水死。王逢賦《雙珠詞》哀之。

朱道存妻費氏。道存宦江陰，氏依父居上海，爲苗軍所執。將犯之，大罵不辱，遂被殺。

陳惠妻曹氏，江陰人。遇寇，氏與女俱抗節死。子婦吴氏，奮力救姑，賊斫其臂，血濺衣裙。王逢爲作《三貞篇》。

秦筆妻，江陰人，佚其氏。兵亂，筆挈妻居吴中。筆病亡，氏自縊。

鄒珙妻華氏，無錫人。至正末兵亂，氏隨夫走匿。追及，度不能脱，顧謂夫曰：「我義不受辱，君善自保。」赴水死。

儲原善二女，宜興人。紅巾賊亂，二女度不能免，私誓以同死。及賊至，相抱投水死。後同葬焉，名雙貞墳。

陳氏，靖江人。隨父楚良避亂，遇賊欲掠去，即投水死。

明

華源長妻鄒氏，無錫人。夫病革，以孤托母而不及婦，婦嘆曰：「不我信矣！」遂自經。越三日夫亡。

陳旭妻臧氏，武進人。夫病革，囑以改嫁，氏泣不能答。夫亡，即自縊死。詔表其門曰「貞烈」。

張文焕妻邵氏，無錫人。焕官巡檢，捕寇戰死，遺孤十齡，邵屬於文焕故人姚樞，抽刀自刎。

孟元卿妻李氏，武進人。夫亡欲殉，以姑在，隱忍。姑殁，殮畢，遂自經死。

姚冕妻錢氏，武進人。夫客死柩還，即自經。

杭氏女，宜興人。許字楊鉷，鉷家業日替，父圖改盟，女堅執不可。父陰受他姓聘，女聞自經。

江相女，靖江人。年十七，聞倭寇入掠，密以布自裹，以煤自塗。及賊至，欲污之，女奮起奪賊刃而刎，未絕，投江死。

胡秀妻徐氏，江陰人。早寡。有求婚者，自經死。

于錫調妻杭氏，武進人。湖寇起，不辱遇害。

孟道傅妻李氏，武進人，夫亡自經。

張守敬妻劉氏，靖江人。夫亡，有陳姓謀娶之，不從。劫歸逼之，遂自縊死。事發，陳伏誅。

周氏，鄒氏婢也，配義兒李昌。夫死，誓以身殉，主婦命左右守之。後既葬，守者懈，自縊死。

薛琦妻張氏，江陰人。夫死，召夫弟托孤，自刎於幕。

趙崇禧妻郁氏，江陰人。崇禧爲家衆所殺，郁年二十五，脱簪珥以購賊首，置之法。撫陳媵所生子。陳亦終身不嫁。

劉玉妻龔氏，江陰人。夫亡，有强逼之者，乃以所生子女寄母家，舉火自焚。邑令上其狀，旌焉。

巢氏女，武進人。許字惲鎮，未婚鎮卒，奔喪守貞，事姑孝謹。姑亡，遂經死。弘治中旌。

尤輔妻成氏，無錫人。隨夫居靖江，江水夜至，家人裸而升屋。氏不肯與俱，整衣端坐榻上死。

俞氏婦，無錫人。夜火及寢，婦求衣不得。一僕冒火救之，婦曰：「寧死耳，豈可裸而出户耶？」

遂焚死。

華緯妻吴氏，無錫人。正德中，劇寇劉齊犯江陰，氏出走猝遇賊。以刃脅之，不從，磔其尸投之江中。

朱性妻顧氏，靖江人。年二十二，夫亡，誓死自守。正德中，流賊劫掠江南，氏懷夫木主，隨姑走匿。及旦，失姑所在，遂縊死。時有同邑孫氏、馮氏，亦死寇難。

劉官舍妻吴氏，江陰人。夫與其曹遠賈不歸，有言其夫實死於其曹，氏泣曰：「勢不能雪仇，須訟於地下。」自經死。

陸某妻翟氏，江陰人。嫁二十七日夫亡，貧無以殮，泣告族屬，周佽之。事畢，自經殯所。

王岳妻吴氏，無錫人。夫病，囑籌身後事，氏曰：「妾當死君前。」既而，夫病亟，氏乃設酒饌，邀夫族屬及其兄弟三人至，曰：「吾夫將死，請以一見。」至夕，乃跪夫牀下自縊。嘉靖年旌。

吴氏女，武進人。許字顧氏子。夫病，往奉湯藥。夫亡自縊。

朱氏女，歸夏秉常，年十三，尚未成婚。倭亂爲所執，奮身躍入河死。

錢季子妻鄒氏，無錫人。年二十二，爲倭賊所獲。賊植刃於柏，氏奮力騰身柏上，觸刃穿腹而死。

陸子才妻蔡氏，無錫人。嘉靖中乘舟歸寧，倭猝至欲污之，遂投水死。事聞旌表。

吴璞妻李氏，宜興人。夫亡守節。有逼其改適者，自經死。

徐文秀妻王氏，宜興人。夫亡無子，與柩寢處，撫木幾穿。卜地爲雙壙，以誓同穴。後舅潛納他姓聘，氏聞之自經。萬（歷）〔曆〕年旌。

周珍妻張氏，宜興人，年二十，珍妹年十八，人以飛語誣之。二女曰：「非一死不足以明心。」嫂姑俱赴水死。

儲篤妻陸氏，宜興人。夫亡，慟哭四十九日，以身殉。

何其孝繼妻吴氏，宜興人。夫爲族子毆斃，前妻子士晋方九歲，氏藏夫血衣，匿子外家，勖之力學。及士晋舉於鄉，氏拊夫棺大慟死。士晋成進士，持血衣訟於官，讎人伏辜。具疏上聞，詔付史館。

金鉉母章氏，武進人。鉉死國難，母赴井死。

徐安遠妻楊氏，武進人。安遠奉父叔美挈妻妾避亂太湖，父遇害，安遠慟哭赴水死。妾蕙香曰：「事急矣！」躍入湖。楊隨之，賊遽遮止。欲犯之，露刃相脅，楊即引頸就刃，自斷其喉。

馬世奇妾朱氏、李氏，俱無錫人。懷宗甲申三月，闖賊陷都城，世奇語二妾曰：「吾受國恩，宜死。」二氏泣對曰：「主死殉國，妾死殉主，尚何言？」即同自縊，李氏年僅十六。後俱恤贈孺人，附祀旌表。

王章妻某氏、妾某氏，俱武進人。懷宗末，章官御史，死國難。二氏在籍，聞訃，俱一慟而絶。

陳邦選妻徐氏，無錫人。爲遊兵所掠，逼之，赴水死。

徐文姜妻陳氏，無錫人。夫墮水死，陳聞即自經。

孫啓妻鄭氏，武進人。明末盜起，所過剽掠，氏恐爲所辱，赴河死。

盛于鄗妻黄氏，靖江人。年二十三，夫亡，請鄗弟子爲後，曰：「夫有後，吾事畢矣。」不食死。懷宗九年旌。

褚某妻吴氏，靖江人。夫亡，姑令改適，自經死。

浦氏女，無錫人。許字陳毓華，未婚夫亡，女聞誓以死殉，父母守之甚密，乘間投河死。衣皆密紉，雙環繫焉，陳聘物也。

旦日，毓華母聞而往視，喉間隱隱有聲，目暫一開而瞑。邑人祠祀之。

張燦妻劉氏，江陰人。兵至，燦姊妹俱被執去，氏獨奮詈。强持上馬，嚙去兵一指。兵恨，亂斫其身數段。

張維貞妻高氏，江陰人。苦節已四十餘年。城破兵至，偕子邁及孫俱赴水死。

高日增妻吴氏，江陰人。夫爲兵所殺，即晚殮葬，閉樓投繯而死。

王有梅，靖江人，某氏媳。兵劫之行，見一小溝，奮身入，淺不没。取泥遍塗，兵攢槊殺之。

王翼事妻莊氏，武進人。

張弘謨妻繆氏，江陰人。

韓璐妻蔣氏，江陰人。

沙志禮妻何氏，江陰人。

戚有元妻章氏，江陰人。

顧端甫妻高氏，江陰人。

陳宗虞妻張氏，江陰人。

邢公祚妻蔣氏，江陰人。

張達道妻任氏，靖江人。

劉氏女，靖江人。

庠生瞿德毅妻項氏，靖江人。

以上遇兵不辱死。

國朝

丁氏女，江陰人。許字徐祇先，夫亡自經，歸葬徐氏墓。康熙年旌表。

沈爨瑩妻倪氏，江陰人。瑩因割股救母而殞，氏葬夫畢，自經以殉。雍正五年旌表。

董氏女，武進人。許字瞿元春，未嫁夫亡，女闔户自經，家人排闥救之。因剪髮毁容，自誓必死。居七年，聞夫柩已葬，繼嗣已定，謂兄曰：「我死，可送我柩歸瞿氏墓，以全吾志。」託病絶粒七日死。元春父聞之，迎柩與元春合葬。雍正七年旌表。

馮繼冉妻薛氏，陽湖人。幼通書史。繼冉從弟繼韓窺其端麗，貽書污玷，憤恚自剄。事聞旌表，繼韓論如律。

孫氏女，江陰人。許字楊安基，未婚夫亡，奔喪成服，將葬即自經。

夏氏女，江陰人。許字陸繩武，未婚夫歿，奔喪哭奠。葬夫三日自經死。

以上雍正十一年旌表。

蔣九逮妻岳氏，武進人。年二十六，夫亡無子，葬夫畢自經死。

李某妻朱氏，武進人。夫亡，有薛某欲劫以歸，氏同女投河死。

周魁妻何氏，武進人。夫墮河死，氏沿河號泣兩晝夜，始得夫尸。翁令改適，自經死。

許之濬妻吴氏，武進人。有强犯之者，不從遇害。

曹氏女，無錫人。許字朱氏子，未婚夫亡，女矢志不二。有强委禽者，服衰絰自經。

諸士蘭妾葉氏，無錫人。士蘭客死，遺孤幼，葉曰：「待成立死耳。」稍長死之。

朱氏女，無錫人。許字張錫，婚有日而張殞。女聞，紿其母與嫂他出，闔户自經。

沈士珍妻馬氏，無錫人。早寡，舅欲嫁之，自經死。

王氏女，無錫人。許字金兆年。女年十四，聞夫病歿，即投繯殉，母覺救甦。後父母欲改字之，女大書一紙於卧室几上云：「生爲金氏人，死爲金氏鬼。天也不諒只，一死豈不偉！」遂投井死。

胡烈女，江陰人。許字徐五四。徐以讎訟獲死罪繫獄，或勸改字，女固拒之。夫死獄中，即自經。

周氏女，江陰人。許字李燮，燮以酒狂自經。女欲奔喪，李不可，亦自經死。

趙氏女，江陰人。許字方氏子。方卒，父母欲改字之，女聞自經，救免，復吞銅卒。

潘寀宏妻李氏，江陰人。夫亡，氏年二十六，誓以身殉。緣翁篤老，忍死養翁，撫六歲孤成立。翁歿，葬畢，一夕密紉上下衣，自經卧室。

何氏女，江陰人。許字陳世榮，童年養於陳。未婚夫亡，氏剪髮爪納柩中，誓不嫁。姑逼之，投繯死。

戴川妻張氏，江陰人。川以事謫戍陝西，娶氏生二子。川歿，氏籲當事，請歸江陰守節。督撫哀其志，賞給驛馬，移咨江蘇巡撫。氏以驛中廩給供口糧，徒步携二子歸邑。人士義之，爲裒金供其饘粥。

邢近綱媳某氏，江陰人。城破時，氏據巨井欄坐，遇男子欲投井，氏叱曰：「汝輩易覓死所，留此以爲我婦人盡節地！」兵近，乃踴身入焉。

許國棟妻李氏，江陰人。被兵不辱，挈媳并子女自焚。

徐步妻許氏，江陰人。兵至，闔門赴井。

曹氏女，江陰人。

倪春岡妻高氏，江陰人。

殷華石妻吴氏，江陰人。

邵國初妻任氏，宜興人。
邵齊疆妻陸氏，宜興人。
邵璽妻任氏，宜興人。
邵遂祖妻吴氏，宜興人。
丁佳妻黄氏，宜興人。
丁明妻黄氏，宜興人。
蘇氏女，宜興人。
沈伯芳妻王氏，宜興人。
毛重泰妻史氏，宜興人。
以上皆爲兵所迫不辱死。
蔡氏女，宜興人。許字談邦植，未婚夫亡，自經死。
尹佐妻陳氏，宜興人。佐訓蒙在外，因逋糧，縣役欲污之，自刎死。
張氏女，宜興人。許字邵正垣，未嫁夫亡，即自經。
萬文彪繼室曹氏，宜興人。年十七夫歿，投井死。
吴某妻王氏，宜興人。夫亡，有强委禽者，自縊死。
張氏女，陽湖人，名聖姐。賦性端淑，有匪人以穢語相加，女聞自刎。

海烈婦，徐州陳有量妻，徙居武進。家貧，氏有姿色。康熙六年，有運丁林顯瑞以銀三兩，誘氏夫婦入糧艘，遣夫他往，百計誘奸，不從。强逼之，氏堅拒自經死。水手藍九廷鳴之官，勘實，林伏辜。邑人立祠於西門外運河旁。

任氏女，宜興人，適閔姓，兵至赴水死。

王紹妻錢氏，宜興人。事姑至孝。一日，母饋以鵝，菜覆其上，錢即分菜進姑。徐按得鵝，急欲補進，而姑適至。錢愧恨，奔告母曰：「倉猝奉姑失誤，姑雖不言，我不死，無以自明。然姑待我厚，我死，姑必悲，是重吾不孝也。乞以妹與吾夫，終事姑嫜。」遂縊而卒。母以次女續焉。

江南通志卷一百七十八

人物志

列女　義烈二

鎮、淮、揚、徐四府　太、海、通三州

鎮江府

宋

韓世忠妻梁氏，京口妓也。嘗五更入帥府候朔，時世忠尚爲卒，梁見而心異之，密告其母，資以金帛，約爲夫婦。後世忠爲名將，封兩國夫人。嘗親執桴鼓，助督戰黄天蕩之役。金師鑿河遯，梁奏世忠失機縱敵，乞加罪責，舉朝爲之動色。

竇氏女，丹徒人。父母俱亡，許嫁者其家舊僕也，成婚日始識其人，乃婉言拒之，三日投井死。郡守爲立石釜鼎山。

元

吴克妻戈氏。至正丙申，明兵取鎮江，城破投井死。

史氏，溧陽人。紅巾之亂，舉家被害。自刎未絶，抱子入水死。

明

萬敬妻史氏，金壇人。嫁未逾年夫亡，氏絶粒三日，葬畢自經。詔旌。

董氏，金壇人。議婚張某。又有怙勢求娶者，董不從，自刎死。嘉靖中旌。

姜士進妻蔣氏，丹陽人。幼穎悟，喜讀書，其父母以李易安、朱淑真比之，蔣曰：「易安更嫁，淑真不慊其夫，雖能文，大節虧矣。」士進病亡，蔣索死者再，家人防之密，不獲遂。一日，於繐帳前掘坑，埋大甕貯水，笑曰：「吾將種白蓮花於此，以自怡悦耳。」家人信之，防稍懈。已，濡首甕中死矣。事聞，榜其門曰「文章貞節」。

仲慜妻趙氏，丹徒人。年十九夫亡，家貧，父母欲嫁之，自剔其目，以示不可奪。事舅姑以孝聞。

萬(歷)〔曆〕年旌。

傅氏女，金壇人。許字潘二郎，潘溺死，家貧無依，父母更許他姓，女自縊。崇(正)〔禎〕時旌。

高才妻荆氏，金壇人。嫁未逾年，才卒，荆求死不得。既而遺腹舉子，遂一意撫孤。宗戚憐其少，强之更適，不從。有馮甲，挾厚貲請婚，强者愈力。荆託以内室更衣，取刀截髮，令婢懸之閭左，衆駭而退。

鄧藩錫妾張氏，金壇人。藩錫知兖州府，崇(正)〔禎〕十五年城陷死之，氏携子入井死。

張綖妻錢氏、查爾瑩妻戴氏，俱丹徒人。以明末避亂遇兵，劫掠不辱而死。

胡覲龍妻陳氏，丹徒人。少寡，鄰里多勸改適。氏一日告翁姑曰："翁姑無恙，新婦在，反重爲翁姑憂，不如從夫地下也。」翁姑亦不爲意，夜竟拒户自縊死。

溧陽餓婦，失其姓氏。夫挈妻授經於句容，值歲荒徒散，夫出不返，氏閉户忍饑。有慕其姿與食者，拒之，卒餓死。

蔣氏女，溧陽人。許字史傳心，夫病，請歸侍疾。夫卒，自經。

唐有望妻張氏，溧陽人。歸唐三月而夫卒，欲身殉未果。會有嬔以蜚語者，遂引刀自刎，妯娌奪刀，即乘間縊死，尸泣者三日。

于天篤妻王氏，金壇人。夫亡將葬，觸棺死，與夫同穴。

邵方婢。方任俠有名，巡撫捕殺之，并逮其子儀。薄暮，捕者閉儀於内室，扃鑰而守之。時儀三歲，婢抱之泣。方女夫沈應奎私念此子死，邵氏無後，從所善司李飲罷，夜分縋城出抵邵家，乘門者假寐，逾墻入。婢正歎息安得沈郎來，忽見之，驚喜頓首曰：「邵氏之祀在子矣，此子生，而婢子死無害也。」應奎竟匿儀去，淩晨謁司李。捕者失儀，繫婢，榜掠幾死，終無一言。怨者又言於守曰：「必應奎匿之。」而所善司李在坐，曰：「冤哉，應奎夜飲於余，晨又來謁也。」事遂寢。婢卒撫其子成立。

國朝

龔行妻謝氏，興化人。避水患，從夫携女居丹徒南關口。隸人田五家相望，窺瞰謝氏母女，數挑之，氏嚴拒。一日行出，田乘醉逼犯不得。乃與其黨設謀，持僞券索負，行訴之官。官弗辨，竟笞行令償。謝自念非捐身冤不白，無以脱夫厄，與女哭竟夜，牽臂投河死。行沿河大號，雙尸涌水中立。田論如律。康熙十八年旌表。

朱氏女，丹徒人。許字丹陽陳樹槐。槐歿既葬，女服原聘衣縊死。雍正元年旌表。

姜廷貴妻趙氏，丹徒人。救子存姑，奮身禦寇，捨生死義，守正不污。雍正十二年旌表。

陳太初妻夏氏，丹徒人。太初病劇，無子，語妻可善擇所歸。氏盡鬻所有，葬夫畢即縊死。

王士弘妻尹氏，丹徒人，殉夫死。

卞宸俞妻顏氏，丹徒人，進士士弘母。順治十六年，海寇陷鎮江，肆焚掠，氏投井死。

于珣妻賀氏、子婦荆氏，俱金壇人。

孫廣妻張氏、史氏，俱金壇人。

虞聲先妻王氏，金壇人。

王世春妻趙氏、側室尤氏，俱丹徒人。

顧世賞妻吳氏，子婦李氏，俱丹徒人。

張祖恒妻夏氏，丹陽人。

以上俱遇寇亂，不辱投水死。

荆淼妻于氏，丹陽人。國初遇兵，謂夫曰：「速殺妾。」夫不忍，怒曰：「欲留爲亂兵污耶？」遂自殺。

余有德妻趙氏，家貧，事姑孝。康熙丙辰，有營丁某出征遠歸，值有德外出，突入逼之。婦奔出，取刀刎死。

馮氏女，金壇人。聞父敦厚及母王氏死江陰，即絶食自縊死。

馬世位妻周氏，溧陽人。少寡無嗣，父母欲奪其志，氏垂足閾外，闔門捩折其脛，痛絶方蘇。平生非十指所出者不食，年至九十四。

王氏二女，金壇人。一爲王潺金女，一爲王逸女，居長蕩湖濱。明末，湖濱奸民白晝行劫，二女奉親命避匿隔洲叢葦中。賊覘知，操筏至，及接二女手置筏上，二女背相倚，手互持牢甚。至湍急處，忽併身曲踴，連頓其足，筏覆，與賊俱溺。明日賊尸浮水上，惟二女尸不出。月餘，賊衆散，兩家就其處求之，尸方出，猶堅相持，父母哭而披其手始開。葬湖壖，冢生樹枝，必三椏，有連理者。

袁玉修妻徐氏，金壇人。夫病革，爲兩棺。夫亡自刎，髮繞頸創不深，救之甦。殯葬畢，自刎內寢。

淮安府

戴氏女，丹陽人。許適蔣景。貧苦授徒，二十八歲尚未能娶，病歿。女聞，不食六日，用紅絲纏體，微呼心痛數聲而絕。

南　唐

劉仁贍妻薛氏，清河人。周世宗攻壽春急，仁贍死守，子崇諫將謀自全，仁贍命腰斬之。監軍使求救於薛氏，氏曰：「幼子固所不忍，若貸死，劉氏遂爲不忠之門！」促斬之。既而仁贍病卒，薛氏亦不食死。

宋

陸秀夫妻，鹽城人。與秀夫至厓山，北軍大至，兩軍死戰，夫人携子赴海死。

北辰坊烈婦，郡人。夫爲小商，至北辰病死，貧無以殮。同行富商爲殮葬，恃有恩迫之，婦取嬰兒縛懷中赴淮死。徐積有文記其事，復作詩哀之。

李氏，淮陰大義鄉富商妻。同商者見而悅之，道殺其夫，厚殮以歸，紿云溺死，且盡歸其財。除喪求婚，許之。既生子，乃以實告。氏奔告有司，卒正其獄。即縛其子投諸淮，己亦赴水死。

明

申進妻徐氏，山陽人。年十九，歸進甫三月，夫挽漕没於京，同行歸者還其夫衣，氏衣其衣投河死。推官馬騤立祠於府東。

葉氏，名善祥，淮安衛人。許字張衢，未嫁夫亡。父母促改嫁，自縊死。

孔春妻謝氏，山陽人。年二十夫亡，撫遺腹子金，績紝養姑。鹽賈杜言强娶之，投淮死。金白母冤，抵言法。推官曹於汴立祠祀之。

顔遂妻胡氏，鹽城人。夫亡無子，舅姑貧，潛以許人。聘禮至，婦自縊死。

蕭儒妻蔣氏，郡人。夫亡，撫一女自耕以食。夫兄利其田，迫嫁不從，遂誣以姦。攝理無證，氏舉刀斷左腕，夫兄伏罪。

劉存仁妻王氏，鹽城人，夫亡自縊。事聞旌表。

那揖妻張氏，郡人。年十八，夫亡身殉。

顧綱妻周氏，清河人，夫亡身殉。

蘇儒妻許氏，清河人。夫亡上冢，取夫及己衣同紙錢焚之，因自縊死。

莊尚妻胡氏，桃源人，夫亡自縊。

張禧妻王氏，山陽人，夫亡絶粒死。

王露妻郭氏，鹽城人，夫亡自縊死。景泰中旌。

夏啓元妻孟氏，郡人。早寡，繼母逼改適，剺面毀容，乃止。

魏聖言妻許氏，郡人，夫亡自縊。

俱天啓年旌。

朱得春妻孫氏，安東人。夫貧無食，欲鬻之，謂氏曰：「合則俱死，分則兩全。」氏不從。强之再四，氏曰：「我姑屈身以活汝，但我去，汝即他往。」遂別嫁，至其家即自刎死。

殷尚義妻李氏，郡人。有容色。夫貧窘，密許與鄰人通。氏知之，紿夫出，繫兒女於牀，自溺死。

劉國用妻胡氏，鹽城人。年二十，夫亡自縊。事聞旌表。

陳性善妻胡氏，桃源人，夫亡守節。懷宗末，流賊至被執，欲污之，氏大駡不屈死。

馬海妻許氏，安東人。縣隸梁進催糧至海家，海他出，進入室逼姦，氏大呼，進逸去。氏恚自縊。

國朝

高華宗妻張氏，郡人。成婚三日夫亡，自縊死。

程元相妻俞氏，安東人，夫亡自縊。

沈氏女，鹽城人。父病，封股進羹。許字薛國琳，未嫁夫亡，聞訃自縊。

唐氏女，鹽城人，拒逼姦自縊死。

以上康熙年旌表。

劉氏女，鹽城人，拒逼姦自縊死。

劉闇士妻許氏，鹽城人。夫亡撫孤，孤又殤，乃保真而殞命。雍正三年旌表。

趙氏女，許字孫兆鳳，未婚夫亡，從一殞命。

以上雍正十一年旌表。

王氏女，許字趙樹儀，夫亡身殉。

張樹名妻蔣氏，鹽城人，夫亡自縊死。

成昌代妻高氏，鹽城人。夫亡，七終設祭，縊死柩旁。

張敦良妻王氏，安東人，夫亡絕粒死。

王啓貞妻周氏，山陽人。封股愈翁疾。夫亡服滿，祭夫墓歸，仍衣喪服自縊。

汪起鵠妻徐氏，郡人。夫病，勸之改適，先自刎死。

陳朝欽①妻葛氏，桃源人，夫亡自縊。

王椅臣妻胡氏，郡人。夫病，囑其改適，先自縊死。

吕震男妻朱氏，郡人。年二十一夫亡，姑欲嫁之，自縊死。

楊子厚妻鄭氏，郡人，夫亡自刎死。

曹芝節妻高氏，山陽人，夫亡自縊。

監生薛衷妻楊氏，鹽城人。夫病暴絶，氏自縊，夫復甦，氏已殞命。

生員成肇孫妻王氏，鹽城人，夫亡自縊。

趙氏女，鹽城人。許字薛薫，薫亡，聞訃自縊。

王氏女，鹽城人。許字陳繼中，繼中亡，聞訃自縊。

蔣氏女，鹽城人。許字趙廷對，夫亡自縊。

張允曙妻王氏，鹽城人，夫亡百日自縊死。

鄭氏女，安東人。許字梁世偉，偉死，繼母令他適，女自縊。

蔣筠孫妻尤氏，孫榮國妻裴氏，俱桃源人，夫亡自縊。

張氏女，安東人。許字朱克豫，聞夫亡自縊。

① 「欽」，《四庫》本作「卿」。

揚州府

周

浣紗女馮氏，白沙人。楚伍員亡奔吴，遇女子浣紗，囑之曰：「後有追者，勿言。」女赴水死以絶口。後員滅楚還，乃即其地留鷄祀之，因名其山曰鷄留，立廟山側。

三國

孫奇妻范姬。奇亡，父慎以姬少寡無子，迎之，不肯歸。迎者以父命逼之，姬遂操刀割耳及鼻，父乃止。

南北朝　齊

獄吏妻顔氏，揚州人。姿色絶人。齊太守聞而奪之，遂自刎死。今相傳有顔小娘子冢。

唐

樊彦琛妻魏氏，揚州人。彦琛没後，值徐敬業起兵，聞魏氏知音，召令鼓箏，氏曰：「夫亡不死，奚忍操絃！」引刀自斷其指。卒欲强妻之，固拒不從，曰：「速死，吾志也！」遂見害。

五代

周迪妻某氏。迪本洪州商人，居揚城。光孝中，楊行密圍揚州，城中食盡，殺人而食。氏謂迪曰：「君有老母，不可不歸，妾請鬻以備行資。」遂詣屠肆，得金一錠授迪，號泣而别。迪至門，以金賄守者。詰之，迪以實對。詣屠肆驗之，見妻首在案上。衆惋歎，競以帛遺迪，收其餘骸歸。

宋

露筋女，失其姓。偶與嫂行役，迫暮，道旁有耕夫舍，嫂止之。女堅不就，宿於野外，爲蚊蚋所嘬而死。曉視其筋露焉，人哀之，爲立廟河側。

張氏女，高郵人。賊入城，知女姿艷，叩其家索之。女方匿複宇間，賊將害其父母，不得已乃出拜賊。賊喜，即呼其父母爲丈人、媪，而以女行。女忻然從之，過橋投水死。

徐賡妻蔡氏，興化人。賡爲寧鄉主簿，病故，氏服毒死。秦觀爲作《烈婦傳》。

馬元貞妻滎氏。建炎二年賊寇真州，氏與姑爲所獲，殺其姑，脅氏，氏曰：「我雖婦人，不求苟免。」駡賊死。

毛惜惜，高郵妓也。端平二年，榮全據城以畔①，制置使招之，全僞降，欲殺使。使者與其黨王安等宴飲，惜惜侍立供奉，抗言曰：「初謂太尉降，爲太尉更生賀，今閉門不納使者，乃叛逆耳。妾雖微賤，不能爲叛賊行酒。」全怒曳惜惜臠之，罵至死不絶。事平聞於朝，封英烈夫人，立廟祀焉。

李氏，謝枋得之妻。德祐末，枋得兵敗，奔建寧，元人購捕其家，氏携子女匿貴溪山。元下令曰：「苟不獲李氏，屠而墟。」氏出就縛，送揚州獄。時有總兵欲娶之，李撫子泣曰：「若輩生還，善事吾姑，吾不得終養矣！」解裙帶縊死。女亦死，二子得放還。

元

盛彝綱妻張氏，泰州人。至正間寇至，犯之不從，罵賊死。

韋寅妻王氏。元末亂民掠寅家，寅被創仆地，氏赴井死，姑與女婢從之。

陸復廣妻唐氏，興化人。遇賊欲污之，不從投水死。

宋某妻費氏。元末從宦江陰，值苗軍亂，欲犯之，氏大罵被殺。

欒鳳妻王氏，高郵人。鳳知諸暨州，氏從焉。方國珍襲城入，刺鳳，氏以身蔽，俱被害。

① 「畔」，《四庫》本作「叛」。

明

殷氏女、周氏女，俱江都人。建文末，燕兵掠二女欲污之，並赴水死。副使趙鶴言於朝，並趙淮妾立三烈廟祀之。

張印妻李氏，高郵人。嘉靖丁巳，倭寇至欲污之，大罵被殺。

潘烈女，小字芝兒，江都人。懷宗時，高傑兵肆掠揚境，芝兒不受污赴水死。

李鐵匠妻田氏，儀（徵）〔真〕人。高傑兵掠江上，執婦犯之，婦以死拒。强之上馬，至城南小橋，馬不能渡。婦紿兵携手行，臨中流急湍，婦力曳兵赴水，與偕溺。

汪承祖妻樊氏，江都人。孀居十餘年。值兵至，以綫密縫其裳，赴眢井死。

陳王宁妻游氏，江都人。城陷，夜舉火讙噪，或勸乘夜可出城，游謂：「女不夜行，况孀婦乎？」偕幼女投井死。時城陷不辱死者無算，詳載府縣志。

學生胡生婦，江都人，佚氏姓。胡生好博狎妓，遇婦多不以禮。身没，舅姑憐其少，欲嫁之，氏投水死。

王珍妻馬氏，興化人。珍病危，顧謂父曰：「婦少，幸嫁之。」氏泣曰：「我二人死未卜先後，君何慮之深也？」夜半，潛縊死。

李華妻黃氏，興化人。華以戍死，黃紡績養姑。家人欲改嫁之，黃佯許，詣華冢慟哭竟日而殞。

學生戴和妻高氏，江都人。夫應鄉試被放，憤愧投水死。氏號慟亦投水死。題旌。
胡尚絅妻程氏，本歙縣人，家江都。夫亡時有娠，忍不死。免身，子不育，氏乃死。題旌。
監生王之麟妻李氏，興化人，大學士春芳女。嫁甫八月，之麟没京邸，李扶柩歸，不食而死。題旌。
杜儉妻周氏，寶應人，夫死自縊。
趙卿妻殷氏，興化人，夫亡從死。
孫本立妻翁氏，興化人，夫亡從死。
陳藻妻丁氏，興化人，夫亡從死。
鄭科妻張氏，寶應人，夫亡從死。
張可學妻葛氏，寶應人，夫亡從死。
戚家婦，寶應人。甫合巹，夫暴没，婦哭之哀，投門前池水而死。
陸卿妻朱氏，興化人。卿卒，止二女，既長，各擇配嫁之，嘆曰：「吾事畢，死無遺恨矣！」遂閉戸自縊。
庠生崔士僎妻鄭氏，高郵人。嫁三日僎卒，葬之前一日，鄭櫛沐更衣自縊。
周懺女，泰州人。許字王與，與亡，女自縊。旌表。
劉應麟女，名元英。許字李維中，中亡，女自縊。題旌。

李二女，泰州人。許字繆時雍，繆亡，女自縊。旌表。

劉氏女，興化人。許字吴作，作亡，女投水死。知縣立烈女祠於滄浪亭側。

邵氏女，高郵人。許字朱倌，倌涉水死，氏亦自縊。州守爲立烈女祠。

殷氏女，江都人。許字某，某亡，女聞訃縊死，父歸其尸合葬焉。

殷貞女，儀（徵）〔真〕人。許字張氏子，張亡自縊，舁歸合葬。

郝氏女，名淑英，儀（徵）〔真〕人。許字吴定周，吴没，女聞絶粒死。

許娥，江都人。許字楊之薇，薇死，女欲詣楊俱死，父母持之，中夜自縊。

王二姑，儀（徵）〔真〕人。許字吴與鄰，未婚。城破自刎死。

倪可大妻戴氏，儀（徵）〔真〕人。懷宗時，可大守霍（邱）〔丘〕爲流賊所害，氏聞自縊死。有女年十二，見母死父難，亦撞死於霍（邱）〔丘〕官舍。

仲伯姬，興化人。許字王訓，訓亡，伯姬年十五，聞訃縊死。

徐氏女，許字淮安朱某，某亡，女自縊。朱氏迎柩合葬。

向氏女，泰州人。許字朱舜，舜亡訃至，女欲往奠，父阻之。因紿母他出，即自縊。時方盛暑，家貧，數日始殮，面色如生。撫按致祭旌表。

錢氏女，泰州人。許字徐恩，未嫁而恩暴卒。女聞，悲噎廢食，父母曲爲解慰，女矢無他，潛自經死。有司旌其門。

黄氏女，寶應人。許字朱文藩。藩病卒，女聞訃號慟幾絶。遂夜整容，衣素服，自縊卧室。知縣耿隨龍爲建烈女祠於黎城鎮。

車氏女，江都人。許字李之珙，珙死於兵，女聞訃不食死。

金時綉妻陶氏、媳潘氏，俱儀（徵）〔真〕人。崇（正）〔禎〕時，亂兵掠儀，陶抱幼女與媳潘同赴宅後深池死。

國朝

李英妻蔣氏，江都人。英任兩廣督標副將，康熙十三年奉檄往桂林偵探，值孫延齡叛，英奔報逆形。氏誓死訣别曰：「君爲國亡身，妾亦爲君殉義，兩無憾矣。」索鴆懷之。及逆屠城，氏即服鴆死。

鄭姑，儀（徵）〔真〕人。許字程起善，善溺死，女解妝飲泣，三年不言笑。家人怪問之，女曰：「欲一至程門耳。」父母遣之程，拜翁姑，成善服，謀立嗣畢。至善忌設奠，哀慟絶粒死。

以上順治年旌表。

賀美明妻林氏，儀（徵）〔真〕人。賀以蕩舟爲業，贅於林，病卒，氏悲號不食，母曲慰之。會母將出汲，女起曰：「此固我事。」抱甕出投井死，近體衣裙皆密紉。

居士驥妻向氏，高郵人。士驥死，托孤於族人居軒，軒窺向有姿色，百計誘之，不從，遂被害。司理王士（貞）〔禎〕按之，軒伏辜。

儲濯妻陳氏，少寡家貧，提孤兒隨一老媪，寄父居之旁。逆奴某覘媪出，挾刃犯之，氏不從，被數十創死。奴伏誅，氏荷旌表。

范邦佐妻張氏，寶應人。舅季光祖强姦之，氏囓斷其舌。有造言污氏者，氏憤甚，自縊，母救不死。更碎磁器吞之，乃死。

生員季秋實妻成氏，寶應人。夫亡五年，父母諷以改適，氏不答，投繯死。

葉氏女，高郵人。許配車敏學，敏學早亡，女遂自縊。

以上康熙年旌表。

朱氏女，寶應人。許字刁啓沃，啓沃没，女欲往視含殮，母不可，女恚甚，自截其髮。後有議婚者，遂縊死。事在康熙元年。雍正八年旌表。

陳國材妻周氏，江寧人。隨材遷江都，材暴卒，氏絶粒死。

朱世蘧未婚妻方氏，儀(徵)〔真〕人。

以上雍正十年旌表。

丁人彦妻唐氏，興化人。夫爲賣菜傭，日辰起入市，鄰人洪日章乘婦未起，入室欲污之。夫歸，氏泣告以故，遂閉户縊死。

井達妻王氏，揚州人。乙酉年城破，氏與所生小女一時分散，囑其同難鄰婦曰：「汝見我女，代我推入水中。」言畢抽刀自刎。

史著馨妻張氏，江都人。年二十六，孀居。乙酉年城陷，張携孤笏書泣曰：「向也，撫孤爲難。今也，全節爲大。兒其善圖，吾不能顧若矣！」遂投水死。

舉人于元璜妻范氏，江都人。元璜會試北上，值海寇犯江上，露刃脅之，欲挾以去，氏奮罵不從，延頸就刃，遂被害。

蔣氏女，儀（徵）〔真〕人。年十二，從父母避海氛遇寇，躍入水中。寇入水拉之，遂拔寇刀自殺死。

林氏女，儀（徵）〔真〕人。許字于純嘏，嘏卒，媒妁議易婚，女聞不食死。

羅仁美妻李氏，儀（徵）〔真〕人。乙酉年城陷，氏偕嬸劉氏暨妾婢十三人自焚而死。婢菊花爲之舉火，死尤烈。

李烈婦，高郵人，趙氏僕婦。主死，負某金，某索之，居其家。一奴窺婦美，乘其夫他出，夜破户入。婦驚起大罵，奴扼其吭，聲不得出。婦手力握褲不釋，奴憤不得逞，扼愈力，良久婦死。知州某驗尸，内衣猶堅結左手中，指擘之不得解。奴論如律。

王華京妻黄氏，江都人。夫佃農也，早死，族人謀於土豪，約日强娶。其晚，哭拜京靈，遂自經。

虞大義妻朱氏，江都人。嫁期年，夫死，夫兄欲奪其志，朱引刀扼吭，穿其喉三寸許死。年二十二。

鄒氏，江都人。適萬氏子。萬貧而無賴，鄒姿頗麗，諷之以不貞，鄒赴水死。

孫大成妻裔氏，江都人。大成母及二女皆不潔，氏從母家還，姑與二女方與客歡飲。氏恥之，乃扃門縫紉其袿衵，以青白二縷自經死。年二十四。有司爲之立墓於雙烈之側。

楊氏，江都人。父木工，與市猾曹大相識，大聞其女美，爲子强娶以歸。大妻素與金夫狎，欲新婦效之，不從。乃絶其餐①，飼以犬豕食，不食則鞭之，終不從。於是②日肆榜掠，哀號徹四鄰。鄰人共憤，鳴之官。官執大及其子笞之，而楊竟傷重死。不數日，大與妻皆暴亡。

袁君如妻朱氏，寶應人，住松袁莊。有城守兵至莊，瞰君如他出，夜入其室污之，因自縊死。兵伏誅。

粉姐，高郵人，其父迮氏蒼頭。女許字某，年饑，某行乞四方，十餘年不歸。女父遇之江都市上，某曰：「吾終不能娶，願與我原聘金，聽改字。」女父大喜，出金予之，某欣然立券。及歸白其事，女默然嗚咽久之，夜自縊。

池氏女，江都人。許字吴庭望。庭望從軍戰死，其舅素無賴，欲以婚其次子。女父兄憚之，倩姨母説女改配，女不從，自經死。雍正十二年旌表。

閻麟生妻鄭氏，儀（徵）〔真〕人。夫亡，葬畢自縊。

① 「餐」，《四庫》本作「湌」。
② 「於是」，《四庫》本作「他」。

衣惟友妻王氏，本山東登州人，因避兵儀（徵）〔真〕，夫病亡，遂從死。

朱元德妻程氏，江都人。嫁甫逾年，夫没，視殮畢即投繯死。

陳楫妻張氏，江都人。楫嗜學，早殁，氏欲以身殉，鄰婦防之無間。一夕，婉言遣鄰婦歸，縊死夫棺釘上。

淩思賢妻任氏，夫死，泣血三年，殯葬畢自縊。

林士佩妻卜氏，江都人。姑病，刲股和藥。夫没自經，姑救之，絶食旬日死。

張椒頌妾湯氏，江都人。頌以老無嗣而置氏，及邁欲遣之，氏誓死不從。椒頌死，乘主母他出，哀絰傍靈几自縊而死。

吴兆熊妻孫氏，江都人。嫁三年，熊病劇，割股肉兩片，暈而復甦，熊竟不起。後一日，哀號創裂而死。

項起鴻妻程氏，江都人。婚甫三月，起鴻賈粤西道没。訃至，氏號慟辭舅姑，并囑小叔善事二老，遂自縊。

喜友龍妻韓氏，江都人。夫病，刲股和羹進之，不效。守節撫孤，娶婦後乃哭夫木主前曰：「可相隨地下矣。」遂絶粒死。

徐烈婦，江都人。年十九，夫病將革，囑其叔曰：「婦改嫁慎勿與鄰兒。」婦聞自剄。

程佩期妻潘氏，寶應人。夫病，誓以身殉。夫没絶粒死。

韋龍甲妻喬氏，寶應人。韋素抱癲疾，成婚八九月，忽疾作自縊。氏時插秧田中，歸抱尸哭幾絶。或勸諭之，婦曰：「詎非吾天乎？理當相從地下。」日檢夫所遺敝衣褲，碎剪哭吞之。送葬頭觸墳樹，求死不得，歸即自經。

胡有妻陳氏，寶應人。夫暴疾死，無子，氏自縊。

朱岍妻張氏，寶應人。守節撫孤，孤殀自縊。

錢萬鍾妻施氏，寶應人，殉夫死。

甘氏女，泰州人。幼以孝聞。許字冷啓元，元亡，女自縊。

潘氏女，江都人。許字黄玉轂，黄死，潘自縊。

霍九女，江都人，民家子。事父母婉容愉色，以孝稱。許字李正榮甫十日，正榮病卒，女聞訃號慟自殺。雍正十二年旌表。

楊烈女，江都人。許字程氏，未嫁而程氏子死。喪過其門，女號慟不食。父母勸之，女曰：「已許程，爲程婦，寧論嫁與不嫁乎？」已而自縊。

劉氏女，江都人。許字邵曰立，立死兵亂，女聞亦自縊。

謝氏女，寶應人。許字楊赤，赤亡，女自縊。

方氏女，儀(徵)〔真〕人。許字朱世遽，夫没，絶食、自縊者再，救免。請歸夫家，而翁旅館授徒，無宅。及卜宅，始迎歸媳。過門三日後，即托疾不食七日死。

張氏女，泰州人。許字周士英，未嫁。士英叔文望利其家財，鬻之。氏乃髡爲尼，日持牘控各臺，文望伏辜。躬葬夫家三世之柩，葺其廬爲「給孤園」。

倪氏女，高郵人。許字高某。高貧落爲僧，以書抵倪，令女改字，女嘆曰：「一女可許兩姓耶？」自經死。

朱氏女，名旭，寶應人。許字劉璽，璽卒，女聞訃，欲成服奔喪，祖父母持不可。遂飲泣廢食，雙目失明卒。

郭氏女，寶應人。許字喬潤，未婚夫亡，女以身殉。

王業濬妻金氏，儀(徵)〔真〕人，居樸樹灣村舍。爲群盜所執，拷掠瀕死，不言濬所在，濬賴以全，金遂卒。

徐州府

北魏

卓封妻劉氏，彭城人。卓始醮即赴官，尋坐事伏法。劉家居忽夢卓死，號哭不止。及訃至，一慟而絕。著作郎高允作詩哀之。

唐

關盼盼，張建封妾。建封鎮徐州歿，盼盼獨居燕子樓，十年無二志，時作詩以寫其哀慕。一日，得白居易贈詩，讀之泣曰：「自我公薨，妾非不能死，百載後以我公重色，有從死之妾，是玷我公也。」遂答一絶，不食而卒。

元

莫氏女，豐縣人。年十八，值金末兵亂，盜入其家，與其妹俱投井死。旌曰「雙烈」。

明

匡才妻高氏，邳州人。才守邳，因事出境，賊乘虚破城，氏被掠。大駡不屈，賊斫之仆地，以爲已死，遂去，復蘇。及才殉節，氏撫孤國政。嘗猝遇兵，母子相失，氏冒鋒鏑求之亂尸中，幸而得全。洪武中旌。

彭好古妻丁氏，徐州人。好古勤學嬰疾，丁事之至忘寢食。疾革，丁泣曰：「子危矣，願同歸，且不忍見子之絶也。」先一日自經死。詔旌其門。

張冲奎妻徐氏，徐州人。夫亡，自經未遂，水漿不入口七日死。詔旌其門。

張振鷺妻王氏，徐州人。夫病，割左股肉爲羹。不起，殮畢自經。事聞詔旌。

馬世録妻王氏，徐州人。夫亡，比葬，欲殉者再，强掖歸，卒自經死。里人悲之，争買棺以殮，啓夫窆合殯焉。事聞旌表。

縱爾翼妻宋氏，徐州人。夫病，誓欲死殉，家人防之密，乘間自縊。

尹鎬妻霍氏，徐州人。年二十夫亡，無子，自經死。

岳夢熊妻王氏，徐州人，夫殁飲鴆自殺。奉旨旌表。

張恕妻蕭氏，徐州人。恕患病久，蕭誓以身殉。及殁，遂自經，同櫬合葬焉。詔旌表。

劉永源妻楊氏，徐州人。夫亡，絶粒十六日死。事聞旌表。

蔣維賢妻張氏，徐州人。夫亡，氏即經死。奉旨旌表。

陳王道妻張氏，徐州人，夫亡自縊。旌表。

杜元貞妻王氏，徐州人，夫亡自縊。旌表。

李得一妻曹氏，徐州人，夫亡自縊。旌表。

武金璽妻張氏，徐州人，夫亡自縊。旌表。

魏嘉賓妻張氏，徐州人，夫亡自縊。旌表。

張有容妻李氏，徐州人，夫亡自縊。旌表。

王基弘妻馬氏，蕭縣人。闖賊陷蕭，夫死，氏被執不辱死。

任如龍妻項氏，蕭縣人。城陷，氏被執，駡賊見殺。

縱鯤躍妻吴氏，蕭縣人。城破，氏被刃，尋甦。明日賊退，求夫尸收斂，自縊柩旁。

周詩妻李氏，豐縣人。年十七，詩殁。不食七日，長跪辭舅姑、父母，自經柩前。

孫來穀妻王氏，豐縣人。穀以攻文成瘵死，王即於是夜自經。奉詔旌表。

齊氏女，豐縣人。許字卜息，河決息溺，女聞涕泗不食，或有言客舟救之。越歲，知果死，遂於息溺之日，潛置舄河干，投水死。

許璟妻劉氏，碭山人。夫亡，乘間投深潭中，家人救出之。痛哭三晝夜，自縊死。奉詔旌表。

謝文焕妻程氏，碭山人。年十九，焕暴卒，氏觸地裂顙，母與太姑泣勸止。越兩日，卒縊死。建坊旌表。

劉崇基妻李氏，碭山人。夫亡，誓以身殉，舅姑固止。氏曰：「劉氏姊能殉許璟，我何可靦然以生？」遂自經死。建坊旌表。

劉爆妻吴氏，碭山人。爆卧疾經年，吴日夜悲痛。及殁，殮畢，遂自縊。奉詔旌表。

向希堯妻朱氏，碭山人。年十八，希堯遘疾將死，朱自誓必死。母覺其意，戒姑慎防之。朱水漿不入口者七日，以首觸柩死。事聞旌表。

汪儀黄妻張氏，碭山人。年十九，夫病故，自縊。事聞旌表。

王氏女，徐州人。許字陳洪謨，未嫁夫亡，自縊。旌表。

丁氏女，徐州人。許字葉孟春，未嫁夫亡，自縊。旌表。
張氏女，沛縣人。許字宋奪先，未嫁夫亡，自縊。旌表。
程氏女，碭山人。許字王守仲，未嫁夫亡，自縊。旌表。
居瀚妻孟氏，州人，夫亡自經。
劉孝妻李氏，州人，夫亡自經。
陸鯨側室單氏，州人，夫亡自經。
金鼐妻陳氏，州人，夫亡自經。
張頤妻伊氏，州人，夫亡自經。
張爵妻石氏，州人，夫亡自經。
吴廷杰妻陸氏，州人，夫亡自經。
趙之璧妻馬氏，蕭縣人。璧病劇，氏先自經死。
葛爲紹妻馮氏，蕭縣人。紹疾篤，馮治棺衾訖，入室自經。紹亦尋卒。
李世甲妻王氏，蕭縣人。嫁九月，世甲病死，哭之嘔血，越二日自經。
亓邦泮妻宗氏，蕭縣人。泮殁，氏從容殮畢自經死。
郝惟肖繼室李氏，蕭縣人。爲婦以孝聞，鞠前妻子無異所生。夫亡自經。
許嘉宿側室唐氏，蕭縣人。宿病，誓以死從，家人竊笑之。及宿彌留，氏先自經。

何鳴漢妻許氏，蕭縣人。夫亡，絶粒三日，自縊死。

徐堯臣妻許氏，蕭縣人，夫亡自經。

陳時鳴妻翁氏，蕭縣人。于歸時值陳抱病，氏侍湯藥惟謹。及歿，從容畢殮事，哭不甚慟，翁姑不之疑。閲三日，自縊死。

孟知性妻郝氏，蕭縣人。流寇破城，投池死。

何湖妻縱氏，蕭縣人。城破，携幼子出奔，遇賊索金錢，遂觸石壁腦裂死。

任國寶妻錢氏，蕭縣人。流寇至，扶姑走鳳山巔。賊執之，不屈被殺，血噴石上，經陰雨即有人影，數歲未滅。

陳氏二女，蕭縣人。姊適黄廷諫，妹適劉希賢。流寇破蕭，姊因夫死，駡賊碎軀。妹不受污投火死。

郝崇抱妻朱氏，蕭縣人。流寇至被執，駡不絶口。賊怒斷其指，駡益厲，復截其舌以死。

陳開先妻郝氏，蕭縣人，城破自焚死。

王鼎妻宋氏，蕭縣人。流寇執，不污死。

楊自秀女，蕭縣人。流寇執，不污死。

葛養性妻蔣氏，蕭縣人。流寇執蔣索金錢，紿之曰：「埋夫墓側。」至墓，大駡曰：「吾得死所矣！」遂被殺。

後三年，袁寇大掠，葛女適徐拱杓，復被執，墜樓死。
陳恕妻姜氏，沛縣人。夫亡，五日不食，取恕所束帶自縊死。
馮東魯妻張氏，沛縣人。幼適馮，無子，乞他人女養之。東魯病歿，氏次日以宅地券紙交付翁姑，又以所養女付其本生父母，夜自縊死。
郝綦隆妻周氏，沛縣人。夫亡自經，家人救免。翁姑曰：「與殉夫而死，孰若撫孤而生？」無何，孤殤，氏至夫葬期縊死，遂合葬。
張化龍妻胡氏，沛縣人，夫亡自縊。
王嘉任妻張氏，沛縣人，夫亡自縊。
卓冠倫妻張氏，沛縣人，夫亡自縊。
呂登瀛妻鄭氏，沛縣人，夫亡自縊。
陳沅妻彭氏，沛縣人，夫亡自縊。
孫修妻王氏，豐縣人。修疾革，王泣曰：「子第往，即相從地下。」修卒，王自經死。
李化龍妻韓氏，豐縣人。父死，自鬻殯葬，留其餘以養祖。及歸李，未久夫病，將絶，氏曰：「妾當死，令君一見。」遂闔户自經。化龍首肯嘆息，推己棺予之。越一日，化龍始歿。
崔大節妻戴氏，豐縣人。大節病急，戴即不食。大節死，戴亦死。
朱焜妻李氏，豐縣人。夫亡，李不食七日，仍縊死。

孫紹遠妻韓氏，豐縣人，夫亡自經。
王守善妻李氏，豐縣人，夫亡自經。
王嘉麒妻齊氏，豐縣人，夫亡自經。
張日華妻李氏，豐縣人，夫亡自經。
鞏湯臣妻劉氏，豐縣人，夫亡自經。
李貞陽妻趙氏，豐縣人，夫亡自經。
朱炳妻趙氏，豐縣人，夫亡自經。
孫繼忠妻周氏，豐縣人，夫亡自經。
馬文章妻師氏，豐縣人，夫亡自經。
劉卿妻張氏，碭山人。正德壬申，流寇破碭城，驅婦女入營。氏憤擊賊面，罵不絶口，賊怒磔死。
馬鼐妻武氏，碭山人。流寇至被執，賊予之食，氏投於地，憤罵被殺。
趙鐵妻陳氏，碭山人。流寇舉火焚村落，陳慮出門爲賊辱，投烈焰死。
四段氏，本姊妹，碭山人。行一適毛九韶，一適生員張拱辰，一適監生薛鋭，一適李崇謙，俱夫亡身殉。
生員單士進妻王氏，碭山人。夫患病，氏侍湯藥，經年不懈。夫亡，觸棺破面折鼻，家人持之不得死。越宿自經，時年二十。

陳煌妻汪氏，碭山人。夫亡即絶食，拜辭舅姑，三日死之。

張文煒妻汪氏，碭山人。夫亡，遺孤甫八月，泣語小姑曰：「孤非成人相，吾志決矣。」乘夜北望父母宅，叩首曰：「無以報吾親，有死耳！」改吉服自縊。

苑守政妻展氏，碭山人。夫亡，抱姑痛哭，遂自縊。越數日，神色不變。

生員王國光妻焦氏，碭山人，夫亡自經。

監生湯執中妻張氏，碭山人，夫亡自經。

生員汪允復妻郭氏，碭山人，夫亡自經。

王旦起妻陳氏，碭山人，夫亡自經。

殷氏女，徐州人。許字吴汝璐，吴死，女往視殮回自經。吴氏迎櫬合葬。

石氏女，沛縣人。許字張旺，夫亡自縊。

張氏女，沛縣人。許字蔣政，夫亡自縊。

陳氏女，沛縣人。許字甄時用，夫亡自縊。

黄文華妻李氏。流寇犯碭山，夫糾合義士百餘人，夜襲賊營，賊潰。詰朝，賊還鬬，夫力窮被殺。氏亦從死。

劉澍妻馬氏，豐縣人。夫亡守節。崇(正)〔禎〕壬午，有逼氏者，氏毅然曰：「寧見殺！」遂遇害。

陳于殿女，州人。流寇至欲污之，以刃加其頸，女奮駡被殺。

孫恕妻魏氏，豐縣人。被流寇執，不屈見殺。

湯瑀妻屠氏，邳州人，夫亡自縊。景泰二年旌。

顔氏女名鋭兒，徐氏女名雪梅，俱睢寧人，正德七年爲流賊所執，不受污死。事聞旌表。

杜應魁妻萬氏，邳州人。值流寇，不受辱死。

許士俊妻陸氏，邳州人。值流寇，不受辱死。

高極建妻夏氏，邳州人。值流寇，不受辱死。

張九鵬妻周氏，邳州人。值流寇，不受辱死。

杜氏女，邳州人。值流寇，不受辱死。

泰運妻顧氏，邳州人。值流寇，不受辱死。

謝達妻朱氏，宿遷人，夫亡自縊。正德十六年旌。

王漢妻蔡氏，宿遷人，夫亡赴水死。

徐之驥妻朱氏，宿遷人，夫亡自縊。

張浚明妻高氏，邳州人，夫亡自縊。嘉靖年旌。

展濬妻索氏，邳州人，夫亡自縊。嘉靖年旌。

張道子妻瞿氏，邳州人，夫亡絶粒死。萬（歷）〔曆〕年旌。

劉氏女，宿遷人。許字管平，平死，聞訃自縊。萬（歷）〔曆〕年旌。

魏文徵妻周氏，睢寧人，夫亡自縊。事聞旌表。

周鳳集妻耿氏，睢寧人，夫亡自縊死。

陳氏女，睢寧人。許字張梧鳳，未嫁夫亡，聞訃自縊。

索鷺飛妻宋氏，邳州人，夫亡自縊。

張啓勳二妾魏氏、韓氏，俱邳州人，夫亡自縊。

陳思孔妻葛氏，睢寧人。崇（正）〔禎〕九年，流寇犯境，氏被執，罵賊而死。

國朝

趙體義妻謝氏，州人。夫亡，誓以死殉，家人勸止。後遺腹孤復夭，氏盡捐簪珥，禮葬夫、翁二柩畢，投繯死。

鍾王妻黄氏，州人，夫亡自縊。

尹襄妻鹿氏，豐縣人。榆園賊破村落，鹿語襄曰：「家破身危，寧死不辱。」移時，賊入室，氏延頸就刃，罵賊死。

史一起妻王氏，豐縣人。夫亡，氏守一女。流寇陷城，王偕女出避，與寇遇，母女俱投河死。

劉氏女，豐縣人。許字季之梅，之梅避亂不歸，姑寄語劉氏，令女改適。女不從，竟往歸季，操作奉姑。越十餘年，聞夫已死，姑亦亡，女號泣曰：「可矣。」即於卧間結帶死。

張氏女，州人。許字高華宗。年十六，舅姑以華宗病迎氏歸。華宗病死，氏即自經。

陳有量妻海氏，徐州人。寄居武進，廟立常州，詳見《常州府》。

李碩妻苗氏，州人，夫亡自縊。

生員時昭妻江氏，州人，夫亡自縊。

李子千妻薛氏，州人，夫亡自縊。

李助妻朱氏，州人，夫亡自縊。

周維藩妻高氏，州人，夫亡自縊。

劉自坦妻李氏，州人，夫亡自縊。

丁鋭妻杜氏，州人，夫亡飲藥死。

王進禮妻高氏，州人，夫亡飲藥死。

于唐妻王氏，碭山人。夫亡無子，喪畢，上夫墓痛哭歸。除服，即於是夜自經。

陳啓光妻李氏，碭山人。夫死，殮畢自經。

杜氏女，碭山人。許配戴允謙，謙歿，女往夫家憑棺號慟，伺間自經。

胡氏女，許字陳肇祥，州人。未嫁夫亡，身殉。

張氏女，許字胡欽，州人。未嫁夫亡，身殉。

殷氏女，許字陳國璽，州人。未嫁夫亡，身殉。

潘氏女，許字張廷柏，州人。未嫁夫亡，身殉。

楊氏女，州人。許字沙上蘭，未嫁夫亡，死殉。

劉天木妻馮氏，碭山人。夫亡，氏年二十，誓以身殉，親黨勉以撫孤。及孤殤，即于是夜自經。

李東里妻鄒氏，碭山人，夫亡身殉。

張世則妻劉氏，碭山人，夫亡身殉。

王四美妻蕭氏，碭山人，夫亡身殉。

竇正己妻戚氏，碭山人，夫亡身殉。

監生周之楷妻吕氏，碭山人，夫亡身殉。

汪銑妻馮氏，碭山人，夫亡身殉。

商啓妻劉氏，碭山人，夫亡身殉。

單德宏妻張氏，碭山人，夫亡身殉。

歐陽氏女，碭山人。許字王氏子，夫亡，父更議婚，女聞投井死。

陳氏女，蕭縣人。許字朱某，夫亡殉死。

黄氏女，蕭縣人。許字郝某，夫亡殉死。

蔡芳表妻張氏，沛縣人。年二十三，夫亡，無子，自經柩旁。

郝修妻封氏，沛縣人。夫亡，遺二子一女。越歲餘，俱殤，氏哭奠夫柩，自經死。

張修德妻齊氏，豐縣人。夫死，即欲死殉，翁姑防甚。月餘，防稍疏，遂經於棺側。

仇世芳妻李氏，豐縣人，夫亡自經。

黨鳴璽妻蕭氏，豐縣人。夫故，氏因翁姑缺養緩死。繼以父母欲奪其志，即投繯死。

袁恒妻孟氏，豐縣人。于歸二載，夫死，其翁因恒兄弟相繼而殀，不許入先人兆，葬於義冢，氏悲慟自經。翁悼之，擇戚山之麓，移恒合葬，如氏初志。

拔貢顧惟楫女，豐縣人。許字李鎰。女素嫺經史，凡閱古人忠孝大節，輒感泣。及鎰卒，女聞訃遂自經死。

生員蔣賓王側室邵氏，豐縣人。賓王病故，氏視殮畢，入室自經。

生員張逢時妻李氏，豐縣人。夫歿，氏欲死殉，緣遺孤勉撫之。未幾，孤以痘亡，氏縊於夫棺側。

孫汝翼妻張氏，豐縣人。于歸甫彌月，夫病故，氏遂縊死柩前。

卜丕勛妻孔氏，豐縣人。夫歿殮畢，氏年十九，遂自經於棺側。

渠洙妻李氏，豐縣人。家貧，夫病不起，氏竭力奉事，拮据百端。及洙卒，入室自縊，面色如生。幼女宛轉其側，見者慟之。

劉振鎔妻侯氏，豐縣人，夫亡自經。

袁鈺妻孫氏，豐縣人，夫亡自經。

王莘妻謝氏，豐縣人。莘病，祈以身代。及歿，自經。

劉桂妻王氏，豐縣人。桂歿，氏長號絶粒，屢至頓斃。未匝月，卒投繯以死。邑令爲之立石。
金荷生妻程氏，豐縣人。成婚三日而荷生卒，氏年十七，一痛幾絶。三日，自經於棺側。
董椿妻趙氏，豐縣人，夫亡自經。
劉在謀妻薛氏，豐縣人，夫亡自經。
馮康運妻高氏，睢寧人。康運赴試，舟覆溺死，氏聞訃自經死。
彭萬壽妻杭氏，宿遷人。有鄰某潛入其室，氏大呼，某逸去。氏曰：「賊入内室，雖未受污，何面見人？」遂自縊死。
張星焯妻羅氏，宿遷人，夫亡自縊。
王氏女，宿遷人。許字馬大達，大達以弱疾死，聞訃遂自縊。
王氏女，宿遷人。許字馬京龍，夫亡自縊。
王在豐妻龔氏，邳州人，夫亡自縊。
黄琭妻陳氏，邳州人，夫亡自縊。
以上康熙年旌表。
張悦三妻廉氏，沛縣人，殉夫縊死。
陳儀妻孟氏，沛縣人，殉夫縊死。
魏氏女，名小榮，沛縣人。于野樵採，鄰人孟某逼姦，女以死拒，是夕自縊。

生員張奕訒妻某氏，沛縣人。夫赴試溺死，氏自縊夫柩前。

以上雍正三年旌表。

生員王玉衡妻祁氏，沛縣人，夫亡身殉。

周玉妻沙氏，宿遷人。河兵何凱窺氏少艾，乘周玉早出，突往逼姦，氏不從。凱持强取繩縛氏，值周玉歸，逸去。氏憤自縊死，凱伏辜。

以上雍正五年旌表。

王氏女，邳州人。許字陳夫琚，未婚夫亡，氏焚粧自經死。

高暉女，宿遷人。許字庠生臧高飛，未婚夫亡，自經死。邑人嘉其節烈，建高貞女祠祀之。

施灝妻葉氏，宿遷人。順治五年，榆賊突至，執氏翁欲殺之。氏紿賊有金覆井側，因詣井上，投井中大駡。賊怒，下巨石擊死之。翁得免。

周二妻劉氏，邳州人。有姚永逼姦，不從被殺。

雍正十一年旌表。

王所相妻周氏，睢寧人。順治十年，膠寇陷城，執氏欲污之，氏大駡被殺。

仝翺妻張氏，睢寧人。膠寇破城，翺與氏扶祖母(邱)〔丘〕逃難，路遇賊，殺(邱)〔丘〕及翺，氏投井死。

仝鉋妻沙氏，睢寧人。膠寇破城，鉋拒守戰死。氏從公姑避兵於鄉，歸治葬具畢，自縊死。

朱錦妻楊氏，睢寧人。遇膠寇之亂，投水死。

朱氏女，睢寧人。遇膠寇之亂，投水死。

朱鍾妻汪氏，睢寧人。遇膠寇之亂，投水死。

胡氏女，睢寧人。遇膠寇之亂，投水死。

趙氏女，睢寧人。許字張景緒，未嫁夫亡，聞訃自縊。

鄭瑞妻宋氏，邳州人，夫亡自縊。

生員朱天培妻陳氏，邳州人。夫亡守節。劫賊持刃逼之，不屈被殺。

武思章妻李氏，睢寧人。夫亡，翁姑謀嫁之，自經死。

婁氏女，邳州人。許字李之馨，聞馨亡自縊。

黄得高妻曹氏，宿遷人。婚甫月餘，得高赴平陵貿販，病歿。氏聞訃，誓以身殉，水漿不入口，因夫骨未歸，忍死以待。及柩還葬畢，氏自縊死。父母憐之，合葬焉。

張氏女，宿遷人。許字陸雲，家貧，爲陸養媳，未婚。雲溺死，女投河者四，皆以救免。不食七日，仍自縊。時年十八。

陸鳴臯妻鮑氏，宿遷人。年十八，夫亡，絶粒九日未死。强食少許，家人疏於防，因自經死。

陸爾睿妻張氏，宿遷人。爾睿卒，氏自經死。

陳璋妻朱氏，宿遷人，夫亡自經死。

朱起妻龔氏，宿遷人。起卒，家貧無棺，氏號泣於里人，既斂，自經死。

武舉馬延超妾鍾氏，宿遷人。延超病，氏刲股嘗糞，以祈其愈。及卒，誓以身殉，殮畢即縊死。

蔡珂妻陳氏，宿遷人，夫亡身殉。

婁氏女，邳州人。許字夏瓖，瓖亡，聞訃自縊。

劉裔雲妻馮氏，山東人。許字睢寧劉氏。嫁未三載，夫病風癲，氏侍湯藥，蓬首垢面，七載不倦。及卒，殮畢自經。

傅麒生妻張氏，睢寧人。年二十一夫亡，殮畢，自經柩前，姑救之復甦。水漿不入口，翁姑泣勸，乃日飲水半盂。延至十九日，嘔血死。

郭忻妻淩氏，睢寧人。歸郭一載，夫亡自縊。

葛超妻彭氏，睢寧人。年二十七，夫病篤，氏與訣曰：「必相從地下！」及卒，家人防之甚密，氏以好言相慰，乘間自縊。

彭麒妻（邱）〔丘〕氏，睢寧人。夫亡，遺一子五歲，氏泣曰：「吾義當死，但此子在，然有癖疾，惟視此子爲存亡。」越七月孤殤，氏自經死。

張弘勳妻胡氏，睢寧人。年二十歸張，未半載夫亡，氏誓以身殉。以太姑篤老無依，忍死奉養。逾年，太姑亡，氏治喪葬畢，乃歸寧父母。旋返夫家自經死。

彭修齡妻趙氏，睢寧人。夫亡無子，絶粒死。

太倉州

元

朱虎妻茅氏，崇明人。虎父清坐罪，家屬没官，醫師欲娶之，氏誓死不從。逾年，憂憤死。至元中旌表。

季富妻黄氏，崇明人。至正初，海寇入境，掠之，氏投海死。

張氏，太倉人。贅周某。至正中，父爲義兵百夫長，謀刺帥，事泄被殺。氏年十七，有殊色，將斬，帥子惜其姿容，語曰：「能從我，活汝命。」氏怒曰：「豈有父母死而我獨生乎？」帥子度不可脅，憤而殺之。

吴金妻水氏，嘉定人。金與兄晨漁吴淞江上，忽爲虎噬。兄奔告，氏即挺刀赴格，亦死於虎。陳孚作《刺虎行》。

明

張概妻金淑寧，嘉定人。洪武十九年，概爲禮部郎中，坐法當死，氏先自經。後三日而概釋，人咸傷之。

狄阿光妻高氏，嘉定人。婚彌月，夫病癱死，氏痛哭三日。家貧火葬，氏投身烈焰，姑力挽出。夕歸，斷髮自經死。

顧隨妻沈氏，嘉定人。年十九寡，父母憐之，潛許李姓，氏聞自縊死。

陸潤妻沈氏，太倉人。年二十，潤死，氏自經者再，爲守者所持，乘間死之。

陸梅妻潘氏，嘉定人。縣卒以逋賦捕梅不得，逮其妻，不肯行，强之。至吴興寺橋，却立不進，卒挾以渡。頃之，梅至，氏慟曰：「我爲婦人，而卒挾以渡，何用生爲？」念兒飢，織一布貿米飼兒，自經死。

徐氏女，嘉定人。許字甘應麒，未嫁夫亡。訃至，哭欲詣甘，父母不許。請送葬，又不許，遂自經以明志。

沈思道妻孫氏，嘉定人。夫亡，引刀自刎，救免。逾年，防稍懈，遂閉户縊死。詔旌其門。

張樹田妻宣氏，嘉定人。樹田素狂悖不相恊，病亟，氏竭力湯藥。及死，誓殉。時樹田友沈思道亦死，其妻孫氏與氏以死相要，各分尺帛。孫自經死，或勸之曰：「孫夫婦相得，故以死報。樹田何德於汝，而欲效孫耶？」氏斥之曰：「婦道從一，豈論夫之賢否？」卒縊死。歸有光銘其墓。

王野塘妻某氏，崇明人。嘉靖癸丑倭寇至，夫被刃仆地，氏急以身衛。賊縶之，欲相犯，不屈而死。夫逾時復甦，官遣賻奠。

沈昆妻薛氏，太倉人。爲倭所執，脅以刃不動，得間投水，倭怒擊，死水中。

王克臣妻(邱)〔丘〕氏，太倉人。不受賊污，支解死。

朱宋妻郁氏，太倉人，拒倭被十五創死。

戴洗白妻，太倉人，佚其氏。拒倭，倭剖其腹投於河。

王度妻熊氏，嘉定人。度貧甚，挈家教授崇明。倭猝至，夫婦匿葦中。賊追及，剚刃向度，氏以身蔽，度得脱而氏死。

汪綬妻張氏，嘉定人。姑素淫穢，與里黠胡巖等往來，巖必欲污婦，謀之百端不能遂。一日，與黨如汪縱飲，呼婦共酌，不應。乘醉犯之，婦大呼號泣，遂縛婦牀足，槌斧交下而死。時年十九。歸有光紀其事。

吴緯妻錢氏，嘉定人。婚未期，夫殁，遺腹生男。一日設奠，子匍匐取食，氏喜且泣曰：「兒能自食，無須我矣。」遂絶食死，時年二十三。萬(歷)〔曆〕中旌。

潘日期妻劉氏，嘉定人，夫亡自縊。萬(歷)〔曆〕中旌。

唐武揚妻徐氏，太倉人，夫亡自經死。

封瑗妻金氏，嘉定人，夫亡自縊。萬(歷)〔曆〕中旌。

鎮撫包信妻陳氏，崇明人。信庶兄謀襲父職，酖殺信，氏年二十，擊登聞鼓白其冤。撫遺腹子成立。

黄龍妻殷氏，嘉定人。夫亡，請於翁姑，願立後守節。翁姑以氏年少，未忍遽從。後有里人强委禽者，氏聞之自刎。黄淳耀爲立傳。

何介妻喬氏，嘉定人。介以醫寓京師。甲申之變，氏有女十四歲，先令投繯。女死，尋自經。介亦終身不娶。

王璣妻許氏，太倉人。璣以副總兵屯守海濱之劉陽城，城陷，氏語璣曰：「君將及難，妾宜先死。」携幼子出城東門赴海。璣妹完，牽嫂裾從死。後璣竟得全，娶繼妻亦許氏。璣歿時，氏年二十三，苦節終身。

國朝

袁氏女，崇明人。許字施雍和，未嫁夫亡，氏奔喪守節。順治十年，海賊圍城，氏慮城潰受辱，哭柩前，乘間縊死。事聞旌表。

楊春暉妻曹氏，嘉定人。夫亡既葬，欲自縊，家人解之，抉左目自毁，依父以居。

楊貞女，嘉定人。許字王新政，未嫁夫亡，女誓從死，父母止之。未幾，父渡海溺死，母憐其少，令他適，女曰：「得無疑我志不堅乎？」剪髮置父靈座，自經於側。

以上順治年旌表。

待詔陸京妻黄氏，太倉人。京爲仇所害，氏哀號奔控，仇人授首。孝姑教子，守節以終。雍正三年旌表。

龔廷諫妻王氏，嘉定人。早寡守志，里凶徐月溪糾衆劫氏，欲犯之。氏紿以少憩，即出趨縫其衣，赴宅後池中死。衆索之，見尸特立水面，乃駭散。未幾，月溪病背癰死，雷擊其棺。

張氏女，崇明人。許字黄耀忠，未嫁夫亡，奔喪留事姑。姑死無依，父欲奪志，遂自縊。

沈氏女，寶山人。許字張昂，夫亡，過門守貞。姑欲奪其志，投繯死。

海　州

宋

陳公緒妻劉氏，海州(昫)〔朐〕山人。紹興末，金兵逼山東，公緒倡義歸宋，劉氏歸寧，不得與偕，惟挈子庚以行，宋授以官。劉留北方二十五年，嘗緯蕭自給，誓不改適。子庚長，傾家結客，奔走淮甸十餘年，始得迎母歸。

明

莊居敬妻徐氏，海州人。夫爲河南平章，戰殁。氏殮夫畢，率所部兵携幼子歸明，居京師。洪武初旌。

張禮妻趙氏，沭陽人。禮爲廣州府同知，卒於官，氏自縊死。洪武中旌。

孫紹妻吕氏，沭陽人。割股療夫疾，夫亡自縊死。

沙氏女，贛榆人。遇流賊，不辱被殺。

傅隨妻許氏，贛榆人。遇流賊，不辱被殺。

仲純妻嚴氏，沭陽人。正德六年，遇流賊不辱被殺。有司致祭。

張國綸妻鄭氏，沭陽人。夫死於兵，兵數日不食。殮畢，乃盡出貲産、文書、鎖鑰付夫兄國紀，自經死。

國　朝

汪氏女，贛榆人。順治七年，榆園寇劫青口鎮，女被掠，不屈被殺。

張氏女，贛榆人。聞賊至青口，先自縊死。

張其羔妻田氏，贛榆人，夫亡自縊。

蘇桂妻張氏，贛榆人，夫亡自縊。

閻光妻曹氏，贛榆人，夫亡自縊。

徐弘道妻李氏，贛榆人，夫亡自縊。

章舍生妻姜氏，沭陽人。夫病篤，先絶粒死。

通州

明

倪宗美妻施氏，崇明人，夫婦寓如皋佃田。正德七年，流寇掠皋邑，見施有姿，逼污之不從，被殺桃樹下。

佘氏婦，如皋人。里中貴人售佘氏地爲墓，既售，則盡發其冢，勢且及其夫冢。婦乃具酒饌延佘族，奉姑上坐，婦下拜，遍拜族人已，出匕首置几上，曰：「亡夫朽骨將不保，今日長與姑別，俟貴人來，我必以頸血濺之。」自是挾匕首共起居。貴人知不可奪，遂已。今一家巍然獨存。

張維新妻洪氏，如皋人。維新緣事忤令，褫垂死，念洪韶年，與泣訣。洪誓曰：「君無慮妾，妾當先行慰君。」即投繯死。維新隨亦瞑，相距半日。

曾彔妻陳氏，通州人。夫溺死，氏亦投水死。

劉應雷妻李氏，泰興人，夫亡縊死。

馬氏女，泰興人。許字黄瑚，父以婿貧欲渝盟，女不從。未幾瑚夭，氏自縊。

楊氏女，泰興人。許字程氏，未嫁夫亡，喪過其門，女號慟縊死。與夫合葬。

國朝

袁氏女，如皋人。許字繆芳，夫亡身殉。康熙年旌表。

曹敏行妻徐氏，通州人。孀居十五年。順治二年，高傑兵肆掠民家，氏不辱被殺。

孫賣魚妻陳氏，通州人。天性愚戇，無以自給。里中惡少瞰氏美，啖其夫以金，氏令速持還。惡少百計圖之，婦度不能免，自縊死。

易知楫妻劉氏，通州人。夫亡，戚族中有欲奪其志者，氏剺面自誓。

周氏女，通州人。許字陳維坤，坤事母孝，母病危，破指血書表禱東嶽廟，乞以身代，母愈。未幾，坤竟死。女欲奔喪，不果。逾年，聞媒妁議婚，即自縊。

江南通志卷一百七十九

人物志

列女　義烈三

安、徽、寧、池四府

安慶府

漢

焦仲卿妻劉氏。仲卿爲廬江小吏，氏爲姑所逐，自誓弗嫁，其母屢逼，遂赴水死。仲卿聞之，亦自縊於庭樹。時人傷之，作樂府以歌其事。

唐

張主簿妻某氏。張爲桐城主簿，禱雨龍眠，水暴至被溺。氏往求尸不得，乃自投觀音崖下。明日，其尸泝流與張合，遂合葬龍眠山口。事聞，贈張英烈昭應侯、王英烈夫人。郡志主簿作張孚卿，妻爲王氏。

宋

張氏，太湖人，張某女，汪革仲子婦。張、汪素以貲雄里閈。淳熙中，或首革有異志，詔捕之。將逃，張謂姑曰：「不可逃而免也，就逮自明。」弗聽，張泣曰：「死鳥無生翼。」遂自沉於河。革誅，同室皆坐死，人多其智。

黄千金，潛山人。七歲通書史。許字張大中，未嫁而大中卒，欲更議婚，女泣不從。父没，有求聘者，母示以意，千金即以簪抉目，目盲。逾三月卒，年十九。

元

韓建妻某氏。建知安慶路，城陷死。氏及全家皆殉節。

李忠妻王氏，懷寧人。忠溺死，氏求尸，殮畢欲投水，姑救免，乘間自縊。

步善慶妻陳氏，懷寧人。善慶贅於陳，未幾卒。氏哀慟三年，猶如一日，服除自經。詔旌其門。

明

方説妻姚氏，桐城人。年十七歸説，説没，服斬衰自經死。正德中，詔旌貞烈。

吴孟傅妻姚氏，桐城人。年二十，夫没。既葬，以黄絲自縊死。

周見妻桂氏，桐城人。年二十夫亡，即自經。嘉靖中旌表。

李棟妻張氏，桐城人。棟死，無子，張經於牀，母救之。引斧斫己臂，家人奪斧。乘間投於寒冰，首觸冰竅溺死，其面如生。

胡效俊繼妻程氏，桐城人。夫亡，密紉其衣自經死。

錢巨瞻妻周氏，桐城人。夫亡自經，家人救之。乃跽靈案前，號七日不食死。

詹伯妻儲氏，桐城人。伯渡石溪溺死，儲扃户沐浴，經於靈側。

周一脉妻陸氏，桐城人。早寡，葬夫畢，自縊寢榻。

洪錦妻汪氏，桐城人。錦疾篤，誓與同穴。既卒，爲營大壙。至葬，越宿自經死，遂合葬。

許聖德妻徐氏，桐城人。夫亡，徐年二十餘，殮畢即自經。

高文學妻王氏，桐城人。夫亡，哀號不輟。父曰：「無過哀慟，事有三等：能相從地下爲烈，次則冰霜以事舅姑爲節，三則爲恒人事耳。」王聞言，即鍵户絶粒七日而死。

吕怡妻雷氏，太湖人。怡死，富兒李懋欲奪之，雷聞自經。

朱乙妻申氏，太湖人。朱貧且病痱，氏益篤愛。乙亡即自經。

吕薦妻宋氏，太湖人。薦赴郡試卒，宋俟柩至，以頭觸棺，腦迸裂死。

胡聚成妻王氏，安慶衛人。聚成卒，王即不食自經死。事聞旌表。

吴仲淇妻楊氏，桐城人。夫亡，家貧，舅謀於其父母，將以償所負。楊聞吞髮死。

陳蕙貞，潛山人。許字王應宿，未嫁。宿病，宿父母求娶，氏往，因毁容侍藥八月。見宿必不起，夜半自縊。氏死六日，而宿亦没。事聞，建坊旌表。

王嘉科妻徐氏，潛山人。科病將革，徐禱於家廟，願以身代夫，遂自經，科病遽瘳。

侯君錫妻梅氏，潛山人。因夫病篤，刲股以進，得痊。

黄之宗妻汪氏，潛山人。因夫病篤，刲股以進，獲痊。

陳烱①妻王氏，桐城人。年十七歸烱，未一載烱亡，氏遂一慟而絶。

朋至明妻侯氏，太湖人。夫亡，侯年十九，服滿自縊。

徐氏女，潛山人。許字胡乾，乾夭自經。

方九思妻吴氏，桐城人。早寡，有議婚者，遂絶粒七日死。

① 「烱」，《四庫》本作「炯」。下二「烱」字同。

盛世英妻許氏，桐城人。英卒，自矢立孤。舅姑欲奪其志，遂潛引刀刵左耳。六十餘歲終。

潘遇妻某氏，桐城人，佚其姓。歸遇裁數月，遇死，氏潛入松林中自縊。

方啓煜妻王氏，桐城人。煜病，刲股和劑以進。煜亡，即自斷髮毀耳鼻，苦節三十年終①。

諸生熊夢篆妻金氏，潛山人。夫没，不食哀號數月，以首觸其棺而死。

國子生韓希歆妻唐氏，太湖人。氏無子，棄歸母家。聞歆死，遂哀號水漿不入口七日卒。

庠生阮之名妻袁氏，太湖人。夫亡，哀號不食。姑年老，泣曰：「若汝殉吾子，吾將何依？」相持悲感，氏遂忍死奉姑。姑没，遂痛哭數日卒。

韓鼎應妻劉氏，懷寧人。值亂，舅姑殯於庭，賊疑棺内有藏，欲將剖視，劉伏棺號哭。有女年十二，賊數盼之，劉曰：「但得汝不驚吾先柩，女非所惜也。」賊携女去，門外有池，劉目女，其女投池死，賊怒殺劉。詔建二坊旌表。

劉若寓妻吴氏，懷寧人。城破，賊殺寓。氏哭駡，賊剜其雙乳而死。

劉餘謨妻阮氏，懷寧人。餘謨官給諫，氏娩身方半日，賊忽突至，欲拽去。阮叱曰：「我命婦，肯從豺狼乎？」奪賊刃自刎。賊怒，並其兩幼子殺之。

何仲妻許氏，懷寧人。爲賊所執，大駡不屈被殺。

① 《四庫》本脱「毀耳鼻苦節」五字。

錢文炳繼妻顔氏，懷寧人。爲賊所執，大駡不屈被殺。

高孝銘妻吴氏，懷寧人。爲賊所執，大駡不屈被殺。

張明煒妻游氏，懷寧人。城陷，賊執煒，游躍出曰：「幸釋吾夫，即願身從賊。」遂釋煒。游睨煒行遠，奮駡，以頭觸地，賊怒磔之。

汪世衡妻戴氏，桐城人。流賊掠之去，氏抱樹詈賊，賊怒磔之。

吴道震妻姚氏，桐城人。少寡守志。賊至見執，奮駡被殺死。懷宗時旌。

王天璧妻郎氏，桐城人。流寇至，躍入龍潭死。

璩伯昆妻王氏，桐城人。流寇至被掠，厲駡不辱死。

汪之倫妹，桐城人。流寇至被掠，厲駡不辱死。

龍氏女，桐城人。流寇至被掠，厲駡不辱死。

諸生徐益晋妻石氏，潛山人。陷賊，駡不絶口，賊支解之。

汪澤妻胡氏，宿松人，陷賊不辱死。

徐行妻唐氏，宿松人。流寇執之，詈曰：「我家世書香，肯受賊辱乎！」賊殺之。

吴之瑞妻張氏，宿松人。寇欲污之，張紿免其夫與二子，遂撞石而死。

劉之馥妻石氏，宿松人。寇縛之馬上，氏自馬上倒下，墮潭水中死。

余嘉臣女，潛山人。

金學文女，望江人。
黄之瑞女，潛山人。
謝增新女，潛山人。
葛修闇女，潛山人。
熊應輝妻盧氏，潛山人。
王自鑨妻陳氏，潛山人。
朱家興妻佘氏，潛山人。
桂昌妻張氏，潛山人。
王維寧妻嚴氏，潛山人。
孫萬程妻徐氏，潛山人。
金道全妻劉氏，潛山人。
孫玉妻金氏，潛山人。
戴杲妾毛氏，懷寧人。
戴宗琇妻李氏，懷寧人。
戴堯封妻劉氏，懷寧人。
游必常妻魯氏，懷寧人。

高陞妻劉氏，懷寧人。
徐憲武妻林氏，懷寧人。
唐祖舜妻楊氏，懷寧人。
劉若寬妻黄氏，懷寧人。
張起鳳妻黄氏、媳方氏，俱懷寧人。
金汝賜妻黄氏，懷寧人。

以上皆流寇陷城不辱死。

詹大啓妻何氏，太湖人。少寡，撫孤世祥。闖賊屠羅溪被執，氏不屈，賊磔之。世祥負母尸投崖死。
錢驌妻劉氏，懷寧人。亂兵劫劉出户，劉紿以藏金在室，得返。以子授姑，投身烈火死。
李秀野妻余氏，懷寧人。城潰火烈，余以長子囑其夫，自懷其幼子投火死。
方都韓妻吕氏，懷寧人。城潰，韓救父爲賊所執，同遇害。
葉橒妻汪氏，懷寧人。城將潰，母家迎汪出郭，汪曰：「舅姑在，義不容舍去。」寇至，縊死。
陳自妻程氏，懷寧人。夫爲賊所害，程駡賊同死。婢重貞時在流離，棄己子而育程子焉。
劉蕃妻阮氏，懷寧人，小字女宗。城陷，蕃愴惶無措，氏徐曰：「君子毋以我爲念。」遂投池水死。
蔡復克妻江氏，桐城人。蔡家懷寧，賊薄皖城，氏自母家奔回，百里省姑。城陷被執，厲聲駡賊，文解死。

王曰善妻左氏，桐城人。早寡苦節。流寇至，縊死夫柩旁。崇(正)〔禎〕時旌。

張秉文妻方氏，桐城人，名孟式，字如耀。工詩，善繪事。崇(正)〔禎〕己卯，隨秉文宦山東。流寇至，秉文殉難，方率妾楊氏、陳氏同蹈後河死。有恤典。

汪氏女，桐城人，家樅楊。寇至，投蓮池死。

林見妻張氏，潛山人。避寇虎頭寨，賊攻急，氏語見曰：「寨旦夕必破，汝善撫諸子。」遂投巖死。

房甲妻陳氏，懷寧人。寇舉刃斫甲，氏以身承之，面項受重創。賊怒，復加刃，氏手握其鋒，四指俱斷。賊竟殺甲，氏經日復甦，遂爲廢人終。

吳宗孔母胡氏，懷寧人。流寇執其姑，氏奔出抱姑痛哭，同遇害。

顏某妻劉氏，懷寧人。左兵焚掠，氏出避，見男婦雜行，慨然曰：「婦人，保姆不在，義不出帷，敢亂奔乎？」遂投江死。

黄輔時妻陳氏、媳婦張氏、孫媳丁氏，俱潛山人。輔時早逝，氏撫遺孤朝屏，課書授室，生孫四：廷耀、廷才、廷焰、廷獻。朝屏又殞，媳張氏毁容勵志，與姑相守。寇至不辱，張遂遇害。有司奏聞，以一門全節旌其門。

廷才，郡庠生，妻丁氏。避寇白巖寨，寨破，賊欲劫之，丁大罵，抱子墜崖死。

戴君德妻沈氏、媳盧氏及兩女孫，俱太湖人。流賊陷城，同赴水死。

操高極妻聶氏，潛山人。
丁一驤妻石氏，潛山人。
庠生陳鉉妻胡氏，潛山人。
吴之雅妻楊氏，潛山人。
劉瓊妻張氏，潛山人。
熊繼妻某氏，潛山人。
夏贊妻王氏，潛山人。
桂明命妻黄氏，潛山人。
汪啓臯妻江氏，潛山人。
崔勝濬妻王氏，潛山人。
吉天助妻張氏，太湖人。
胡翥鸞妻余氏，太湖人。
陳所學妻唐氏，太湖人。
章於國母蔣氏，太湖人。
方訓義妻程氏，太湖人。
沈文樞妻蕭氏，太湖人。

李開妻余氏，宿松人。

張瓚妻劉氏，宿松人。

張某二女，宿松人。

王登妻李氏，宿松人。

吴昆妻殷氏、側室陳氏，俱宿松人。

袁洋妻何氏、媳周氏，俱宿松人。

以上皆被賊執，駡不屈死。

黄之正祖母王氏，太湖人。城陷，氏與媳劉氏匿儒學内，賊索得之，氏躍火中，媳赴泮池。御史黄澍疏云：「王死於火，節比昆岡之玉。劉死於水，身染芹藻之香。」詔旌之。

方氏女，太湖人。父爲寇所執，女請身代，得釋。度父行遠，氏投清水塘死。殮時得懷中詩云：「我本蘋藻器，遭落戎馬間。沉冤無訴處，清水與青天。」其死蓋豫定云。

劉允若妻蕭氏，望江人。

曹某妻徐氏，望江人。

甘尚珍妻袁氏，望江人。

俱遇流寇，被執不辱死。

國朝

雷永祈妻汪氏，太湖人。明季城破，被執不辱，遂遇害。順治八年旌表。

廩生江逈妻夏氏，名誥，桐城人。逈應試江南，卒於邸，誥聞其訃，水漿不入口。櫬歸，仰天一慟而絶。順治十五年旌表。

高氏女，桐城人。許字王家俊，夫亡，衰絰奔喪。設主於室，遂守貞以終。於康熙年旌表。

陳朝楝妻方氏，桐城人。氏生二子，舅妾無子，抱他人之子立爲己後，翻奪氏之産以去，氏未嘗與較。

余宣妻馮氏，太湖人。年十九夫亡，撫二子之吉、之星成立。後之吉娶詹氏，吉亡，詹嘔血死之。星生子旦，娶王氏，被賊寇執，自刎。邑令詳旌其門。

汪興之妻嚴氏，太湖人。年二十四夫亡，不食，向族衆泣拜，哀求葬夫祖墓，夫之祖若父未葬者並求葬之。隨姑祭於墓畢，先歸自縊。

周嘉聘妻何氏，懷寧人。左兵變，嘉聘負重創，氏罵賊不絶口，遂并兩女俱遇害。

龔自成妻蘇氏，廣東惠州人。成娶歸潛山，復遠遊。有暴客忽突入，欲污之，氏力扼其吭，大呼。鄉鄰奔赴，暴急嚙氏臂，因得逃。氏遂嘔血絶粒死。邑令往驗之，臂上傷痕陡起，其齒跡宛然。時當暑日午，氏所居三里内忽風雨陰霾，驗尸畢即止。康熙十一年題旌，暴論如律。

方才妻田氏，宿松人。年二十二歲，夫病死，矢志守節，已歷九年。有第三伯方德，遊蕩廢産，逼氏改嫁。氏拚死不從，自刎而死。雍正九年旌表。

林茂芝妻蔣氏，潛山人。夫亡，服闋自經死。

汪氏女，懷寧人。父爲農民。女幼許字畢和，和流落不歸家，女待至二十八年。有奸民畢三，假托和名謀娶，女聞自經而死。

（束）〔束〕氏女，桐城人。生於農家，許字江鐸，未婚。鐸死，誓以身殉夫。父母止之，乘間引匕首自刎。父視其創未殊，方謀救女，女遽以兩指從創中斷咽而死，時年十八。祀烈女祠。

周經女，桐城人。許字陶亢宗，婚有日矣。陶没，女聞絶粒，奈父母勸之食。女遂絶口不言死，届婚期，闔户自縊。祀烈女祠。

朱紹先妻虞氏，望江人。夫亡，絶粒以殉。

何振伊妻宋氏，望江人。夫客死嶺南，氏聞訃自經。

徐順貞，望江人。許字彭元，元抱病聲啞，彭父母願聽改適，而女固持不可。後彭竟絶婚，女悲不自勝，乘間謂其弟曰：「願汝善事父母。」遂自縊死。

孫瑛妻劉氏，潛山人。瑛省試歸，覆舟溺死。氏慟不欲生，時因有妊數月，姑及伯姒力勸乃止。及産一女，遂以頭觸柱，昏仆於地，勺水不入口七日卒。

孫天祐妻張氏，太湖人。年二十，祐病，即私誓曰：「設不諱，當相從君地下。」及祐死，斷髮納於棺，隨引剪刺喉，姑與母共强奪之。自是勺水不入口，乘間自縊死。

周芬熊妻光氏，桐城人。年二十一，賦于歸僅八月，夫亡。氏殮葬畢，絶粒七日，不死。以刀自刎，端坐而逝，顔色如生。

徽州府

唐

吴嫗，休寧人。黄巢之亂，賊至，嫗曰：「寧斷吾頭，不可戕吾鄉！」賊怒殺之，見白血，駭去。

宋

程氏女，歙人。方臘來寇，女年十七，不受辱罵賊死。

汪門二烈，歙人。汪福妻王氏，汪承和妻吴氏，姑媳也。方臘寇歙，姑自經，吴爲殮畢，亦縊死。

朝旌雙烈。

元

程趙妻鄭氏，程旺妻吕氏，俱歙人。至正十五年寇亂，吕負二歲兒，敗卒欲掠之去，鄭往救被殺。

呂大罵，亦遇害。

知縣羅宣明妻蔣氏，歙人。寇起，蔣被執，力拒之。賊怒斫其臂，墜崖下死。

鮑琪妻吴氏，歙人。至正年遭亂，不辱被害。

吴興祖妻吕氏，歙人。至正年遭亂遇兵，不辱被害。

胡氏，婺源人。寇殺其夫，欲掠之，胡自刎。

明

汪一中妻程氏，歙人。嘉靖中，一中官江西副使，討賊遇害。程號慟投井，救出不死，不食五日而卒。詔贈淑人。

鮑大賓妻劉氏，歙人。夫殁，劉年十八，慟哭廢食。祖姑與姑持之極哀，願相依爲命。後二姑没，絶粒死。詔旌孝烈。

程有仁妻羅氏，歙人。早寡，有仁兩從弟各舉次子，氏請並立爲嗣，曰：「今可死矣。」不食八日而卒。事聞旌表。

汪鳳苞妻吴氏，歙人。年二十，舉子國維，夫亡，撫棺誓曰：「魂而有知，相待泉壤，當於此子娶婦時相見。」迨子成婚甫畢，氏絶粒七日卒。建坊旌表。

檢討汪偉繼妻耿氏，隨夫任京邸。崇（正）〔禎〕甲申，從偉從容自縊，題曰：「夫婦同死，節義成雙。」特祠縣治。

丁開先繼妻程氏，歙縣人。

汪彥雲妻洪氏，歙縣人。

孝廉汪一鸞妻唐氏，歙縣人。

庠生程璟妻淩氏，歙縣人。

汪道耆妻方氏，歙縣人。

汪孟禄妻詹氏，歙縣人。

吴貞美妻江氏，歙縣人。

張元迪妻吴氏，歙縣人。

羅所學妻許氏，歙縣人。

鮑欽忠妻程氏，歙縣人。

王永盛妻汪氏，歙縣人。

黄養蒙妻汪氏，歙縣人。

程大節妻吴氏，歙縣人。

汪知幾妻蔣氏，歙縣人。

方大法妻程氏，歙縣人。

太守程金繼妻劉氏，歙縣人。
程時懋妻孫氏，休寧人。
徐鍾泰妻程氏，休寧人。
進士程鉉妻范氏，休寧人。
汪繼蔭妻黄氏，休寧人。
序班吴繼芳妻汪氏，休寧人。
汪申賢妻程氏，婺源人。
宋時欽妻金氏，婺源人。
倪大綬妻胡氏，祁門人。
以上夫亡殉死，事聞旌表。
劉昌妻洪氏、妾春香，俱歙縣人。
黄永龍妻董氏，歙縣人。
鄭瓛妻汪氏，歙縣人。
吴誠妻鄭氏，歙縣人。
庠生鄭瀚妾程氏，歙縣人。
庠生胡錀妾程氏，歙縣人。

黄正笏妻程氏，歙縣人。
鮑師周妻洪氏，歙縣人。
黄世學妻董氏，歙縣人。
程如璜妻汪氏，歙縣人。
方大章妻吴氏，歙縣人。
方長憲妻洪氏，歙縣人。
程邦彦妻徐氏，歙縣人。
謝湯妻汪氏，歙縣人。
謝繼縉妻蔣氏，歙縣人。
程德明繼妻鄭氏，歙縣人。
黄九叙妻程氏，歙縣人。
孫鶴妻姚氏，歙縣人。
鄭燮妾王氏，歙縣人。
胡周保妻項氏，歙縣人。
鮑雲翔妻李氏，歙縣人。
黄汝材妻施氏，歙縣人。

方瑞符妻黄氏，歙縣人。
羅光祖妻黄氏，歙縣人。
汪一會妻黄氏，歙縣人。
方憲濂妻金氏，歙縣人。
潘嘉會妻徐氏，歙縣人。
謝應徵妻吴氏，歙縣人。
吴沛妻黄氏，歙縣人。
程尚寶妻馬氏，歙縣人。
洪鐘聲妻方氏，歙縣人。
吴士志妻黄氏，歙縣人。
汪仲杲妻胡氏，歙縣人。
徐文敏妻汪氏，歙縣人。
張夢鯨妻程氏，歙縣人。
楊尚仁妻潘氏，歙縣人。
吴賓廷妻汪氏，歙縣人。
吴寵錫妻程氏，歙縣人。

黄高振妻鄭氏，歙縣人。
羅懷用妻胡氏，歙縣人。
許允文妻鄭氏，歙縣人。
胡德修妻方氏，歙縣人。
葉茂榴妻程氏，歙縣人。
吴維岳妻汪氏，歙縣人。
吴塤妻汪氏，歙縣人。
項澤妻汪氏，歙縣人。
許時功妻蔣氏，歙縣人。
許大文妻潘氏，歙縣人。
許明俊妻徐氏，歙縣人。
鄭時亮妻吕氏，歙縣人。
方時鵬妻莊氏，歙縣人。
趙泌妻吴氏，歙縣人。
程高儀妻許氏，歙縣人。
方道彦妻洪氏，歙縣人。

方世錦妻汪氏，歙縣人。
鮑觀澳妻徐氏，歙縣人。
程士鶚妻方氏，歙縣人。
汪文鳳妻鄭氏，歙縣人。
鮑文奎妻程氏，歙縣人。
汪應伭繼妻李氏，歙縣人。
方以仁妻黄氏，歙縣人。
方仲昭妻程氏，歙縣人。
方可承妻程氏，歙縣人。
汪君峻妻方氏，歙縣人。
吴同蘭妻程氏，歙縣人。
吴家贊妻程氏，歙縣人。
謝一駱妻方氏，歙縣人。
吴光妻項氏，歙縣人。
吴從誠妻鮑氏，歙縣人。
吴文靖妻王氏，歙縣人。

吴敏學妻潘氏，歙縣人。
張伯升妻方氏，歙縣人。
程道宏妻淩氏，歙縣人。
朱一龍妻黄氏，休寧人。
吴邦寧妻項氏，休寧人。
汪道行妻查氏，休寧人。
汪道夫妻程氏，休寧人。
陳潭妻吴氏，休寧人。
邵懋卿妻朱氏，休寧人。
張顯昊妻汪氏，休寧人。
吴良士妻程氏，休寧人。
汪横妻曹氏，休寧人。
張尚倖妻汪氏，休寧人。
夏大經妻徐氏，休寧人。
汪懋才妻金氏，休寧人。
程有翺妻許氏，休寧人。

黃如蒠妻吴氏，休寧人。
邵志立妻汪氏，休寧人。
王尚友妻蘇氏，休寧人。
畢宗永妻吴氏，休寧人。
武生繼妻汪氏，休寧人。
吴江繼妻葉氏，休寧人。
汪士任妻程氏，休寧人。
戴時達繼妻汪氏，休寧人。
黄起説妻程氏，休寧人。
汪大經妻吴氏，休寧人。
黄瀚妻程氏，休寧人。
吴元傅妻程氏，休寧人。
蘇廷煃妻汪氏，休寧人。
胡繼翔妻金氏，休寧人。
范師聖妻汪氏，休寧人。
程邦偉妻范氏，休寧人。

陳燿如妻汪氏，休寧人。
戴懋賢妻徐氏，休寧人。
金如坊妻吴氏，休寧人。
汪大成妻陳氏，休寧人。
戴士廉妻程氏，休寧人。
王承芳妻吴氏，休寧人。
金道周妻汪氏，休寧人。
汪漳妻方氏，休寧人。
方可堯妻汪氏，休寧人。
王大化妻孫氏，休寧人。
金汝光妻程氏，休寧人。
葉時昭妻戴氏，休寧人。
胡謂妻程氏，休寧人。
洪令德妻程氏，休寧人。
朱良臣妻方氏，休寧人。
朱良相妻曹氏，休寧人。

陳時麟妻朱氏，休寧人。
朱之爾妻汪氏，休寧人。
汪廷薦妻吴氏，休寧人。
黄道生妻吴氏，休寧人。
胡士燦妻戴氏，休寧人。
金吾棐妻查氏，休寧人。
程其賢妻王氏，休寧人。
胡亨華妻方氏，婺源人。
查懋功妻江氏，婺源人。
查仲嘉妻胡氏，婺源人。
江宗周妻許氏，婺源人。
汪思永妻楊氏，婺源人。
王承葉妻倪氏，祁門人。
謝富妻葉氏，祁門人。
李應時妻謝氏，祁門人。
汪之望妻陳氏，祁門人。

胡宗孔妻汪氏，祁門人。

蔣大行妾鮑氏，祁門人。

以上皆夫亡殉死。

方應鳳妻饒氏，祁門人。夫死，痛絶復甦。比葬，虚右壙。及服闋，設奠盡哀，闔户飲藥而死。

周元吉妻胡氏，祁門人。夫客死，胡年纔十九，候櫬歸，撫棺痛泣，袖刃自刎。

江棠妻汪氏，婺源人。正德癸酉，饒寇剽掠，汪氏躍入水中死。女甫十歲，亦駡賊投水死。旌建雙烈坊。

黄應元妻姜氏，黄以位妻吴氏，俱歙人，寓正陽關。流賊破關不辱死。

吕德可妻黄氏，歙人。夫遠賈，鄰有富兒逾墻犯之，氏奮詈，聲徹鄉里得免。氏忿自經。訟於官，鄰兒論如律。

朱汪妻吴氏，歙人。汪死，吴視殮畢即仰藥死。

劉師基妻金氏，休寧人。從夫客武昌，遇流寇欲犯之，駡賊而死。

胡舜妻王氏，祁門人。爲賊所執，駡賊不辱，賊恨支解之。時年二十一。

庠生謝爾瓛繼妻程氏，休寧人。夫病，兵入室，氏墮檐死。

胡仕瑛妻鮑氏，績溪人。夫出外，鮑爲勢迫而死。建坊旌表。

洪日升妻潘氏，婺源人。其姒不良，潘諫誡之。姒欲蠛潘以自解，乘升出，夜舉火，潘登樓大呼。

有一少年招之，潘不從，赴火死。婢鮑氏救之，亦死。時謂二烈。

胡某妻張氏，婺源人。嫁未幾夫亡，人强娶之，不從，嚙指血寫詩裙上自刎死。

管竿妾王氏，新安衛人。竿死，家人以王無子，固欲嫁之。王號哭不從，密製棺衾，托家長撫其嫡孤，從容飲藥而死。

江鰲妻姚氏，歙人。姚有容儀，而鰲穢陋，氏歸而安之。鰲溺死，家人逼之嫁，遂飲藥死。

吴琥祥妻閔氏，歙人。嫁未期年，夫客死。有謀奪其志者，遂自縊。

黄世胄妻魏氏，楚人。世胄客楚，娶焉。夫死，鄰舍火，氏曰：「未亡人得所矣。」里嫗牽其裾，竟絶裾而死。

黄锜英妻許氏，歙人。家酷貧，夫死，時方嚴寒，氏身僅二單衣，解其一以衣尸。紉其一於裳，號慟赴溪水死。

余明賓妻詹氏，婺源人。年少夫亡，家貧無子，勸嫁不從，哀慟不食死。

張友妻洪氏，歙人。早寡無子，姑納聘逼嫁，遂縊死。

吴洧妻張氏，歙人。洧感寒死，張隆冬衣單衣，誓以死殉。姑累强其再適，遂自經死。

方瑄妻汪氏，歙人。早寡無子，家貧甚。叔逼之嫁，仰藥死。

程榮寵妻方氏，休寧人。夫亡，姑欲奪其志，遂自縊死。

吴寬浩妻鄭氏，歙人。早寡，拮据養姑。姑殁，兄子陰受聘，計使輿人擁之去。鄭知，號咷無及，假更衣自經死。

張蔗妻陳氏，祁門人。年十八，蔗死，有子三歲，母欲奪其志，不從。母因毒死其子，陳遂自經。

江文振妻汪氏，黟縣人。振病，未婚卒。惡少擁衆搶娶，氏剪髮割面。縣嘉貞烈，令傍母守節。母亡，不食縊死。

鮑正春女，歙人。許配吴士榜，榜客死燕京，訃至，女自縊。奉旌。

謝世顯女，祁門人。字李天春，夫亡奔喪，立嗣守節。子既娶，乃不食死。事聞旌表。

黄天秩妻程氏，休寧人。天秩病不起，母篤愛之，欲與俱畢命。氏跪請曰：「媳願以身代夫。」是夕自經死，天秩病遂瘳。

汪氏女，休寧人。許字吴文衮，衮殁，衰服奔喪，闔户自經。

汪氏女，休寧人，名美娘。許字戴鈕，鈕卒，自樓投地，絶而復甦。父母强之嫁，不從，自縊死。

汪氏女，績溪人。許字吴大振，夫亡絶粒死。

黄氏女，休寧人。許字江士驗，驗殁，女吞金死。

程禧義女，歙人。許字王廷用，廷用死，父母勸嫁，不從，逃之姑所自經。

方渭女，歙人。許聘汪鳳。時鳳死，女要姑逆歸，自經墓所，遂合葬。

鮑氏女，休寧人。許聘王繼先，夫亡，衰絰奔喪，絶粒七日而死。

吴文燧女，歙人。許字孫某，夫亡，女往哭，編髮纏頸死之。

吴繼潭女，歙人。許字張姓，夫亡自縊死。

蔣氏女，歙人。許字程德濂，濂客長沙二十年不通音問，姑諭更嫁，女悲號成疾死。

游天禄女，婺源人。許字汪舉賢，賢亡，歸汪，修婦禮服除，絶粒死。

李鵬時女，休寧人。許字余坡，坡歿，女慟不食。逾年，父母欲再嫁之，遂自盡。

蔣氏女，祁門人。許字光有本，本亡，女扼吭而死，與本合葬。

陳國盛女，祁門人。幼字謝進泰，泰殤，女自經死。

方氏女，休寧人。許字汪淮，淮客外另娶，母議擇配，不從，自經死。

吴漳妻朱氏，歙人。漳病篤，氏籲天請代，刲股和糜以療。載《武宗實録》。

國　朝

吴沛妻黄氏，歙人。沛亡，不食死。

滕舉女，婺源人。許字俞照，將歸，聞照亡，女不食七日而死。

淩嘉恪妻吴氏，歙人。夫亡死殉。

畢掄妻胡氏，歙人。夫亡死殉。

俱順治年旌表。

王則榮妻葉氏，歙人。夫客梧州，忽聞柩歸，細問其由，大慟，遂絶粒而死。

滕蛟妻汪氏，婺源人。夫亡死殉。

胡天琰女，績溪人。許字曹明登，未嫁，曹病歿，奔喪立嗣。承祀事畢，絶粒死。

吴淑姬，歙人。許字黄是，是肄業楚中，病歿。柩歸，女衰服往弔，至夕自經死。

汪氏女，休寧人。許配太學程道翼，未嫁，程死丹徒，女聞訃自縊。

葉氏女，黟縣人。許字盧顒，顒死，女母適病，病愈乃歸盧。三年喪畢，不食而死。

以上康熙年旌表。

方駿業妻吴氏，歙人。刲股療祖姑病。夫疾，割股不救，殯夫棺，不食七日而歿。

徐氏女，歙人。許配江承增爲養媳，增死揚州，女不食九日死。

胡光祖妻吴氏，績溪人。夫亡，慟絶救甦，强視喪葬，絶食六日，復自盡。

以上雍正六年旌表。

楊恂妻金氏，休寧人。夫亡終喪，卜葬定嗣，氏易服告舅姑，以不終侍高堂爲罪，不食六日而歿。

烈婦查氏，黟縣人。

俱雍正八年旌表。

吴宣來妻朱氏，歙縣人。夫亡，畢葬事奉主歸家，夜即自經。雍正九年旌表。

黄百壽妻鮑氏，名正姑，歙人。翁鉉死泰州，氏脱簪珥遣夫尋翁柩。資盡，復罄所有再往。骨終不得，百壽亦客死。氏乃鬻婢歸夫柩，葬畢絶粒以殉。

曹自强妻俞氏，婺源人。山賊亂，自强遇害，將掠氏，氏抱尸號泣。賊怒，被殺。

朱熠妻程氏，休寧人。戊子，土寇圍門，氏度入門必見辱，遂自縊。

朱可旺妻汪氏，休寧人。戊子夏遭賊，義不受辱，奪刃自刎。未殊，血流遍體，赴水死。

朱文昭妻黄氏，休寧人。戊子，寇入室，氏匿層樓，盜獲其子，氏恐不免，赴水死。

王之璘妻程氏，休寧人。璘早卒。戊子，寇劫氏，欲污之，氏駡不絶口，盜怒支解之。鄉人立廟祀焉。

黄氏女，休寧人。許字曹旋吉，吉死，女卧一小樓，凡五載。聞有欲委禽者，遂絶粒而死。

洪咸慶妻金氏，休寧人。夫亡無子，既立嗣，遂投繯死。距夫亡四十二日，年二十四。

鄭國鏡妻汪氏，休寧人。年二十一寡，吞鉛死。

黄肇基妻戴氏，休寧人。事繼姑孝。年二十五，夫客死正陽鎮，氏知自經。

趙鏞妻王氏，休寧人。〔年〕①十七，適趙未彌月，趙即出外溺死。柩歸，慟哭自縊。

副榜吴傑妻程氏，休寧人。年二十三寡，投繯、投井皆爲家人救免，遂絶粒卒。

胡茂枝妻鮑氏，歙縣人，夫亡身殉。

羅維祺妻葉氏，歙縣人。年二十三，夫客死於楚，柩歸，慟哭嘔血死。

① 據前後文記述體例擬補。

項長眉妻程氏，歙縣人。事姑極孝。夫客亡，柩歸，葬畢自縊。

生員戴光祀妻黄氏，休寧人。夫亡，氏夜半吞鉛而死。

嚴氏女，休寧人。許字汪居，將婚而居亡，女請往親奠而返，越五日自縊。

邵其星妻胡氏，休寧人。夫亡，次年一子又亡。氏家貧，有耄姑憐其早寡，欲令他適，氏曰：「夫死不死，以有子也。子死不死，以姑老也。今姑命吾嫁，吾捨死無處所矣。」即日自經而絶。

謝永緣妻蔣氏，名富弟，歙縣人。年二十三，夫亡，絶粒十三日死。

程玉柱妻汪氏，休寧人。夫病將瞑目，自經同亡。

汪大姑，歙縣人，監生齡之女。許字侍御陳菁孫式玠，聞式玠訃至，自縊死。

汪裔越妻程氏，休寧人。父賈，寄籍長洲，適汪期年而寡。翁及父母憐其少，欲奪其志，不可。屢强之，程泣而言曰：「既聞命矣，請歸吴徐商之。」詣夫殯所，拜訣。翁送之河干，父母俱在舟中。至夜半，潛推篷赴水死。三日始得尸，面如生。

山溪烈婦，旌德人。嫁數月夫死，無子，又無翁、姑、伯、叔，依母守節。後父母潛許他姓，且將娶。氏聞，欣然曰：「事固如此，當一辭夫墓。」晨起，理粧易新衣，内皆密紉。行至溪口，時山水暴漲，踴身入水死。乘流數里，罥岸樹而止。有石工見之，欲解其衣，衣結不可解，忽自批其頰曰：「父母欲奪吾節，吾死，汝小人輒敢無狀，吾褫汝魂矣。」語畢，昏仆地死。觀者歎異，父母爲合葬故夫墓焉。

張桂喜，歙人。夫尹春爲黄氏青衣，主婦程知書史，嘗講古列女事訓諸姑姒，張從旁竊聽，輒稱羡不已。夫死，掩户自經，家人救免。輒詣市市毒藥，市者以他藥紿之，得不死。遂自備一棺，遍拜家衆，卧其中不起。主婦泣挽之，張泣對曰：「僕婦念不可回，自聽講列女時已決矣。」堅卧絶粒而死。

沈社松妻汪氏，歙人。歸沈僅一歲，社松以勞苦致病。氏知不起，私食宫粉，姑亟奪之。夫亡，絶粒十六日而卒。

寧國府

漢

丹陽太守孫翊妻徐氏。翊將嬀覽殺翊，見徐氏，將逼而娶之。徐紿之曰：「乞晦日，設祭除服①乃可。」覽許之。徐氏密與孫翊舊將孫高、傅嬰等謀。至晦日，命高、嬰等甲而入，預匿之户下，使人報覽曰：「服除矣。」覽遂入，伏兵殺覽。徐氏持首以祭翊墓，一軍皆驚。按：徐非宣人，然奇節著於宣，故首志表之。

① 「除服」，《四庫》本作「服除」。

唐

洪勝可妻梅五娘，涇人。夫死黄巢之亂，賊逼梅，梅引刀即自刺而死。涇人祀之①，號爲香心五娘。

元

紀吉甫女，宣城人。至正間爲賊所獲，不辱見殺。同時又有胡氏者，囓斷賊指，亦見殺。明弘治間立二烈祠。

明

章世安妻文氏，涇縣人。歸章七日，夫没自經。隆慶年旌。

吴仕期妻貢氏，宣城人。仕期以上書忤張居正，杖死蕪湖獄中。貢奔求尸，赴南臺訟冤。夫婦並旌。

施之濬妻徐氏，字領姑，宣城人。與施氏指腹爲婚。或嗾湯一泰欲强委禽焉，徐不受，促濬完

① 《四庫》本無「涇人祀之」四字。

婚。湯訟之，攝女出質，女遂憤恚投塘死。疏聞，建烈婦祠。

王鍍妻梅氏，字柏香，南陵人。鍍没，剪髮自誓，立鍍兄子以爲後。有富人謀娶之，梅引刀刺左目，復自縊死。後建坊立祠。

胡金妹，南陵人。幼許郭未嫁，郭没，衰麻赴喪。服闋上夫墓，即觸磚而死。事聞旌表。

劉元機妻汪氏，旌德人。夫亡、子殤，自經。事聞旌表。

周自眷妻羅氏，太平人，夫死自經。萬(歷)〔曆〕年旌。

周尚潔妻胡氏，太平人。夫死，縊於柩旁。萬(歷)〔曆〕年旌。

方志亨妻陳氏，太平人。志亨死，遂自經。萬(歷)〔曆〕年旌。

孫雙元妻項氏，太平人，夫死自經。萬(歷)〔曆〕年旌。

崔廷寀妻譚氏，太平人。寀溺死，譚聞訃自縊。天啓年旌。

孫尚選妻張氏，太平人。選卒，衰絰經死。懷宗時旌。

杭一清妻宋氏，宣城人。清卒，自經死。

陡門婦，失其姓。正德間，宣城大旱，婦從夫行乞，至陡門，夫一去不返。居人悦其貌，邀與歸，婦堅不往，與之食，亦不受。無何，饑困，就飲於河，蹶而死。

顔材女小姑，宣城人。正德間方九歲，受馬氏聘，馬氏子殤，乃私用麻束髮三年。後有求聘之者，復用麻勒目雙瞽，誓守不他字。年七十一終。

劉慶八妻馮氏，宣城人。夫亡，子甫孕，娣姒諷之曰：「嫠婦之艱苦，非嚙鐵者不勝。」馮即投袂起，拔壁釘鉋嚙之，剨然有齒痕。復抉其臂肉釘壁，曰：「若有異志，鐵肉俱糜。」年八十有三而没。後取釘鉋視之，臂肉宛然，齒痕如故。子大賢妻李氏，亦以節稱。

齊瀛家婢祥梅，宣城人。瀛三歲墮水，梅急入深處，手援加之於頂。瀛得以救起，而梅遂溺死。瀛建文殉難，齊泰之裔嗣也。

魏氏女，宣城人。許字貧家子。有豪强納爲媵，既至，堅不從。遂撻之，抗聲死杖下。

羅愷妻孫氏，宣城人。避寇從姑匿松下，寇執姑將殺之，孫氏出請代，因刼之共載，抱松大呼不從，遂見殺。三日猶抱此松不仆，人呼爲抱松女。

庠生張大名妻貢氏，宣城人，夫亡不食死。

邑令童寬妾章氏，涇人。寬爲萬載令，卒於官。章扶櫬歸，將近抵涇，嫡迎喪至，悉取行裝付之，投河死。

吴當道妻潘氏，涇縣人。夫亡矢志，翁故更遣之，遂自經夫墓而死。

胡世彩妻程氏，涇縣人。彩客死於豫，程悲慟飲鴆死。

吴倍之妻翟氏，涇縣人，夫亡刺喉死。

徐瑾妻王氏，字葆秀，涇縣人。年十六，歸瑾未半月，瑾痘没。有夫兄欲奪其志，氏自刎死。

丁滔女，涇縣人。未婚，遭夫不肖，轉鬻豪家，自刎全節。

董電妻翟氏，涇縣人，夫没自經死。

沈恩妻曹氏，涇縣人。入山避賊被執，不辱死。

程宗業妻陳氏，寧國人。業患瘋，諷陳改適，氏曰：「吾請自盡，可以絶君慮。」遂投水死。

陳仕興妻張氏，寧國人。遇土寇亂被執，過水塘躍入，水淺而不没，以頭埋泥中不起，斃於亂箭。

饒鼎妻楊氏，寧國人。鼎客巢邑，服單衣溺死。楊招魂葬之，遂撫孤自守，雖冬不衣袷。二子既成立，竟着單衣出，坐近宅池中死。

汪一珍妻譚氏，旌德人。夫亡，服闋觸墓死。

譚江宗女，旌德人。許字某，已知爲庶子，父遂毁盟，女自縊而死。

吕邦祐妻管氏，旌德人。夫没，引繩絶脰死。

江伭妻吕氏，旌德人。夫病，刲臂療之，不起。孤復殤，遂絶粒而死。

汪元妻吕氏，旌德人，夫亡絶粒而死。

任永祉妻戴氏，旌德人。夫亡，立叔子爲嗣，嗣没，自縊死。

焦尚恩妻林氏，太平人。夫亡，富室欲奪之，林以鐵釘刺目獲免。

魯大妻王氏，太平縣人。夫亡，惡少夜劫之，王以首撞其人，自嚙斷一指，惡少逸走。既没，里人碑之曰：「魯大嫂貞節墓。」

徐僅妻王氏，太平人。程中柱妻張氏，太平人。俱殉夫死。

胡廷欽妻李氏，太平人。夫亡無嗣，有逼令改節者，李引刀自截其耳。年七十，以節終。

葉尚亨妻劉氏，太平人。嘗割股療姑。夫亡，自縊死。

李時通妻胡氏，太平人。通客死羅山，胡自經死。

曹楷妻王氏，太平人。夫病篤，禱天求代，夢神許之，即服夫之衣冠，自經死，夫愈。邑令表之曰「貞烈」。

監生林首春妻焦氏，太平人。夫溺死吴門，氏自刎、自經，皆遇救免。柩至，號慟不食死。

胡森之妻李氏，太平人。夫病，刲股不愈，遂自經死。

陳上受妻焦氏，太平人。夫亡，以鐵火筋刺喉，血流不絕。匝一月，復自經死。

崔日升妻焦氏，太平人，夫亡自縊。

陳上龍妻汪氏，太平人。

崔士郁妻李氏，太平人。

李一程妻湯氏，太平人。

汪新妻江氏，太平人。

以上夫亡自縊。

夏可倚妻程氏，太平人。夫亡，自刎遇救，未殊。夜以匕抉吭而死。

生員朱士修妻周氏，太平人。修溺死，周仰藥以殉。

鄭之彭妾崔氏，太平人。事姑及嫡甚謹。之彭亡，崔從死。

崔恒壽女，太平人。許配吴姓，夫有惡疾，翁固請他適。崔聞，遂自縊。

董女鼎姑，太平人。許字孫學賢，賢没，女絶粒死。兩家遂合葬焉。

陳秋女，太平人。許配項暹，將嫁暹没，女自縊死。

監生王應熊妻趙氏，太平人。夫客死，趙罄奩資以返其櫬，哭奠數日自經死。

徐子興妻楊氏，南陵人。明末遇寇，脅之不從，躍入池中死。

國朝

孫元容妻汪氏，太平人。元容卒京邸，汪聞自縊。順治八年旌表。

林有茂妻崔氏，太平人。茂亡，遺孤又殤，遂自縊。

崔幹壽妻吴氏，太平人。夫亡，視殮畢，遂自縊。

俱康熙年旌表。

韓文明妻王氏，宣城人。夫亡，有從侄欲奪其志，陰構武弁逼之。王氏執利刃，誓死相抗，獲免，得守節以終其志。於雍正五年旌表。

唐鳳騰妻楊氏，宣城人。鳳没，楊自經，繩絶不死。置夫柩於其寢室，坐卧流涕，三年如一日。丙戌兵亂，家人勸之避，氏哭曰：「遍野皆兵，何擇焉？賊至，惟一死耳！」賊亦相戒毋犯楊節婦云。

徐士榮妻吴氏，宣城人。遇亂兵，投澗中，水淺不得溺。兵以其槊擬之，曰：「汝上，吾活汝。」不應，遂剸死。

高桂妻梅氏，宣城人。避兵黄渡，與夫相失，被執不從。兵以刃批其頰，梅濺血而駡。兵斷其腕，擊其齒，刺其腹，至死仍駡不絶聲。

趙氏二女賽娥、賽英，宣城人。皆及笄未字，遇寇不從。娥乃自掐其嗓死，英且哭且駡，被賊支解。

楊方昜妻劉氏，宣城人。歸楊五日夫没，剪髮自誓。鄰婦偶以微言動之，氏拔利刀示之，曰：「此刀乃我日作鏡、夜作枕者也。」卒以節終。

談良逵妻稽氏，宣城人。逵貧鬻妻，妻不從，强輿之去。至其售家，衆方賀飲，婦自縊死。

王朝寀妻詹氏，宣城人。未婚，夫疾篤，力請往侍，四旬而夫没，氏剪髮納棺内。喪畢，母與姑以言諷之，氏服鹽滷死。

吴望侯妻梅氏，宣城人。年十七，夫没，父母欲奪其志，即以剪刀插喉死。

焦三一妻周氏，太平人，遇寇兵不辱被殺。

焦守元妾周氏，太平人。爲寇所掠，大駡不辱被殺。

梅春嶽妻陳氏，太平人，遇亂避兵赴水死。

焦冬妻張氏，太平人，遇亂避兵赴水死。

陳鶴老妻焦氏，太平人。夫亡自縊。貧無以殮，焦見夢於姑，乃得織紝所積碎金，與夫同殯。

黄通妻孫氏，太平人，通亡自縊。

李京生妻陳氏，子萬吉妻陳氏，俱太平人。遇亂，姑媳同縊於一繩，時稱雙烈。

焦八顧妻林氏，太平人。順治間爲山賊所執，不辱死。

焦鳳鳴妻陳氏，太平人。遇賊，舉家被執，賊欲污之，陳紿之曰："捨我夫若子，則從爾。"賊並釋之，陳遂奮躍入水。賊怒，投石擊殺之。

邵珍妻孫氏，太平人，夫没投井死。

陳社妻胡氏，太平人，夫亡自刎。

陳福元妻焦氏，太平人，夫没自經死。

林婉姑，太平人。許字方啓祥，祥没，往拜舅姑，代子職。姑後以殉夫自刎，氏理兩喪畢，勒脰而死。

查斌妻汪氏，涇縣人。夫婦並執於賊，汪紿賊縱夫，即自沉於水。

童灌妻唐氏，涇縣人。賊殺其夫，唐紿令焚之，自投烈焰死。

〔吴有愷妻趙氏，涇縣人。夫亡守志。雍正六年旌表。〕①

① 此條據《四庫》本補。

鄭瑶妻沈氏，涇縣人，遇賊觸崖石死。

王有聘妻張氏，南陵人。未婚夫亡，赴水死，時年十四。

徐維原妻許氏，南陵人。康熙甲寅逆藩叛，寇盜蜂起，凡婦女奔竄者路經竹塌①河，皆僕背負而渡。許獨正色曰：「僕焉得負我！」傍徨河畔久之。寇大至，遂投河死。

吴一騰妻何氏，南陵人。夫亡，孝事其姑。姑没後絶食死。

劉有福妻章氏，南陵人。夫亡，三年喪畢，絶粒而逝。

何來妹，南陵人。許字程志廷，廷没，女守制三年。服除祭夫墓，絶粒而死。

俞侣賢妻鄧氏，南陵人。夫亡，子甫三歲，夫從兄某暴悍，逼鄧改適，至加箠楚。鄧引刀自決，乃止。歲荒，義不受憐，日②惟閉户飲水，凍餒而死。

李時衡妻朱氏，南陵人。娠五月，夫病，謂曰：「我死，汝少，奈何？」朱嚙指灑血滿衣，曰：「藏此爲信。」家貧歲荒，終日忍饑。有富人欲强聘之，朱引刃自刺，以救得不死。年七十二，服所藏血衣而卒。

劉統妻趙氏，旌德人。統死行間，趙號慟曰：「俟吾狐立，即報夫地下。」順治十四年，大水漂室，

① 「塌」，《四庫》本作「榻」。
② 「日」，《四庫》本作「自」。

人皆竄，趙曰：「死吾分也，何避焉？」遂溺死。

吴一茂妻虞氏，寧國人。茂亡家貧，舅欲奪其志，虞以刀斷右臂却之。

池州府

三國

吴孝娥，大帝時，其父池州鐵官，入冶不鎔，法當死。娥憂之，遽躍入冶，骨化鐵遂鎔。時人號曰聖姑，立廟以祀。

唐

桂盛女，石埭人，名金釵。黄巢之亂，女爲寇所執，欲污之，投井死。里人號曰金釵井，春、秋祀之。三月中，有結茆爲舟載稻菽至井旁，禱禳以却疫者。

宋

黄奉先，貴池人。父官太尉，征西凉陷於敵。女時年十八，募卒往襲，得其父還。

明

禮部侍中黄觀妻翁氏，貴池人。靖難兵入，觀徵兵江上，命收觀妻女，給配象奴。象奴至，翁出釵珥給之市酒脯，乘間携二女投通濟橋下死。其尸流賽洪橋，母女相抱立水中，面色如生。

朱彦明妻唐氏，貴池人，名貴梅。姑悍而淫，私一富商，商見唐悦之，賂其姑，姑强之弗聽。繼以炮烙，體無完膚，終不聽。乃以不孝訟於官，更受官刑。親黨咸勸其吐實，唐曰：「全吾名而污吾姑，非孝也。」雉經於後園古梅樹下，尸懸於樹三日，顔色如生。每歲梅月之下，隱隱見其形。楊慎爲傳紀其事。嘉靖初祀烈女祠。

康紋女，名清姑，貴池人。正德中流賊掠江上，父爲所執，女泣請釋父，願以身從。父既釋，行已遠，遂駡賊躍入水中。賊鈎之，駡益厲，賊怒支解死。嘉靖初祀烈女祠。

柯廷玉妻曹氏，貴池人。夫亡，葬畢自經死。

何文宇妻江氏，青陽人，夫亡自經死。

周世祚①妻汪氏，貴池人。早寡，剪髪剜面，誓無他志。嘉靖年旌。

胡輸忠妾江氏，貴池人。年二十一夫亡，有强之改適者，闔户自經。

① 「祚」，《四庫》本作「祥」。

孫大賓妻倪氏，青陽人。年十六夫亡，無子家貧，父母與姑皆令之改適，氏斷指截髮以示。年七十九卒。

吴某妻鮑氏，青陽人。姑誨之淫，不聽。逼杖之，夜即赴清水潭溺死。時盛暑，陳尸三日，顔色不變。

甯士望妻曹氏，青陽人。望客死豫章，氏聞訃自經。

徐正明妻李氏，青陽人。年十八夫亡，無子，剪髮剔目以自誓。家貧甚，居恒爲人舂織。年七十，終。

施某妻沈氏，青陽人。年十四歸施，夫貧，去爲僧，翁姑欲令之改適，氏聞服毒死。

佘心浩妻汪氏，年十七浩亡，汪撫尸躃踴，觸柱而死。

桂惟芳妻汪氏，石埭人。惟芳患惡疾，術家言氏命不利於夫，氏聞之，仰天祝曰：「但得夫疾愈，何惜一死！」遂自縊。

蘇仁賓妻徐氏，石埭人。夫病革，氏悲痛先自經。事聞旌表。

庠生桂一秀妾萬氏，石埭人。見逐於嫡，父母令改適，不可。强之，遂自縊。

桂氏女，石埭人。許字李巖護，後李家業淩替，父九花欲更以許富室，女聞，吞毒鼠藥而死。

洪邦國妻汪氏，貴池人。年十九，夫客死於粤，櫬歸哭奠畢，遂闔户自經。天啓年旌。

宋某妻陳氏，貴池人。嫁二年而寡，夫兄迫令改適，不聽。因私受富人之金，令統衆劫去。氏聞其期，即沐浴投繯。繩斷，復引紡車鐵鉤自刺死。

檀之堅妻高氏，建德人。夫卒京邸，氏欲自裁，以有娠中止。既而產一女，氏遂絶粒七日死。懷宗年旌。

徐致通妻佘氏，建德人。夫病，籲天願以身代。及將革，遂引刀刺骨，與夫同日死。事聞旌表。

檀時中妻陳氏，建德人。年十七夫亡，遺孤纔數月，父母欲奪其志，氏剪髮剺面，以死自誓。事聞旌表。

檀魁妻金氏，建德人。夫病，指其腹曰：「若生男，善育之。」既而生女，氏乃引刀自刎。既殊，猶僵立不仆云。

方有淑妻金氏，建德人，夫亡自刎。

葉自齊妻包氏，貴池人。少寡守志。崇(正)〔禎〕十六年，左兵至，率其子婦陳氏、章氏、胡氏同赴水死。

曹世榮女，貴池人。年十五未字，父爲亂兵所執，女紿之曰：「苟得脱吾父，吾從爾。」父既去，即大駡求死，遂遇害。

鮑某妻胡氏，貴池人，農家婦。被亂兵執，欲污之，氏抱樹大駡，兵斷其兩手殺之。

孫有芳妻方氏，貴池人。左兵至，有芳携妻女避山中。兵逐有芳，氏遂乘間解帶縊女死，即自縊於樹。七日，兵退始殮，面如生，樹爲枯死。

包意妻胡氏，貴池人。爲楚兵所掠，逼污之，大駡不辱。兵怒，乃取被絮裹氏纏於樹，自頂灌油至踵，燃火作照具。及旦，家人往視，膚骨灰燼，惟貞心宛在，取和骨灰葬之。

柯良華妻洪氏，貴池人。子大器方在襁褓，猝與兵遇，氏遂湧身躍入深潭中，戴大器於首出水上。尸浮水面，越三晝夜，里人救大器得生。後大器早卒，婦包氏苦節，自矢撫遺孤成立。兩世節烈，郡守旌其門。

曹士璋妻檀氏，貴池人。爲亂兵所執，紿之曰：「有藏貲千金，爲我致之，當從爾。」兵争往，遂自經死。

朱之湘妻吴氏，貴池人。

陳堯中女，貴池人。

陳堯廷妻孫氏，貴池人。

吴森妻陳氏，貴池人。

杜宣妾某氏，貴池人。

朱正洪妻許氏，貴池人。

吴先謨妻吴氏，貴池人。

程宗尹妻吴人，貴池人。

吴果妹，貴池人。

葉思震妻杜氏，貴池人。
杜鉉妻章氏，貴池人。
章謨妻柯氏，貴池人。
庠生吴道泰妻孫氏，貴池人。
徐灝妻譚氏，貴池人。
張啓瑜妻許氏，貴池人。
楊村程婦傅氏、鮑氏、俞氏，俱貴池人。
胡承化妻張氏，貴池人。
王應鳳妻羅氏，青陽人。
王富妻黄氏，青陽人。
章召妻徐氏，青陽人。
徐清妻王氏，青陽人。
沈有來妻程氏，青陽人。
章六妻裴氏，青陽人。
孫廷祚妻包氏，青陽人。
孫遠祚妻熊氏，青陽人。

孫睿妻柯氏，青陽人。

郭應春妻江氏，青陽人。

汪炳妻章氏，青陽人。

朱文榜妻某氏，青陽人。

何應華妻孫氏，青陽人。

熊遠魁妻包氏，青陽人。

以上寇執不污，被殺或投水。

陳璧妻陳氏，璧弟鼎妻江氏，青陽人，皆少寡。左兵掠城，二氏乃各捉一刀，出避雲鶴山，俱死亂棘中。

熊士章妻張氏，青陽人。賊退覓其尸，手握刀如生時。

賊怒斷其手足，將其母子夾以二箕投火，焚其尸而去。

畢應勳妻葉氏，銅陵人。兵執不辱，脅殺其子，即前觸刃死。

庠生佘應泰妻葉氏，銅陵人。少寡，撫二遺孤。左兵至欲犯之，不可。乃殺其所抱一孫，必不可。又殺其一子，氏奮罵，前觸刃死。

汪嘉慶①妻俞氏，銅陵人。年二十，夫爲兵所殺，欲污氏，氏陽諾之。誘兵解刀，隨握刀殺兵，投水死。

佘日智母張氏、妻丁氏，銅陵人。避兵深洞中，賊舉燎熏之，各解帶自經死。

徐鼎祥妻陳氏，銅陵人。

丁學大妻朱氏，銅陵人。

鍾思兼妻葉氏，銅陵人。

郜一仁妻陳氏，銅陵人。

章國藩妻張氏，銅陵人。

汪有源妻胡氏，銅陵人。

朱某妻陳氏、弟婦劉氏，俱銅陵人。

佘繼懋妻何氏，銅陵人。

佘儒道妻徐氏，銅陵人。

丁應運妻施氏，銅陵人。

崔啓弼妻張氏，銅陵人。

---

① 「汪嘉慶」，《四庫》本作「汪應嘉」。

銅陵學博謝天寵妻佘氏、妾藕氏，銅陵人。
謝雲妻葛氏，銅陵人。
謝與師妻佘氏，銅陵人。
庠生謝升妻佘氏，銅陵人。
謝巖妻殷氏，銅陵人。
拔貢戴君榮妻孫氏，銅陵人。
庠生佘遂妻張氏，銅陵人。
佘繼商妻章氏，銅陵人。
佘心鏡妻陳氏，銅陵人。
劉得志妻方氏，銅陵人。
馮得時妻鄭氏，建德人。
柯鳳吉妻鄭氏，建德人。
徐正陽妻陳氏，建德人。
江中源繼妻楊氏，建德人。
姚時中妻柯氏，建德人。
洪某妻趙氏，建德人。

洪圖福妻檀氏，建德人。

江永祐妻馮氏，建德人。

王一女，建德人。

董承禧妻徐氏，建德人。

高日早妻張氏，東流人。

方堯春妻吴氏，東流人。

章氏女，東流人。

金氏女，東流人。

王如斗妻王氏，東流人。

以上賊掠不受辱，或被殺，或投水，或赴火死。

蘇瓊妻舒氏，石埭人。瓊官於蜀，死張獻忠之難，氏聞自刎。建坊旌表。

江棠女，名巽容，建德人。遇兵欲污之，大罵躍入潭中，兵怒攢刀刺之，潭水盡赤。

劉牛女，建德人。有姿容。賊逼污之，投深淵死。賊怒索其尸於下流，支解之。

黄雲祥妻方氏，東流人。父病，刲股獲痊。流寇圍城，舅姑柩在室，氏弗忍遠離，絶粒以死。

庠生諸大箴妻劉氏，青陽人。大箴屢舉不第，憤鬱而死。氏以幼子託姑，血淚泉湧，六日而死。

國朝

尤氏女，名滿姑，貴池人。許字陳維翱，女聞翱歿，投水死。

桂氏女，名命姑，石埭人。許字楊紹輝，未婚。夫亡，女年十六，聞訃乃引刀自刎。父、祖救之，未殊，延醫敷治，女拒醫絶粒而死。

桂氏女，貴池人，名藻姑。許字陳明誠，陳殤，女沐浴更衣，鍵户自經。

以上皆康熙年旌表。

紀國綱妻呂氏，貴池人。未嫁，夫染瘋疾，將絶婚，女力持不可。歸綱數年，綱歿。有强之他適者，即自經。

陳一文妻盛氏，貴池人。年十七夫亡，自經，舅姑救止之。後遇兵至，衆皆走避，氏曰：「男女雜行，非所願也。」遂掩幃縊死。

王氏女，貴池人。幼許字陳照，照夭，女聞絶粒七日而死。

胡茂妾陳氏，貴池人。夫死，與嫡誓守。後嫡有異志，將先遣陳，陳不從，夜投龍王潭以死。

沈明宦妻陳氏，石埭人，遇亂兵赴水死。

許虎祥女，石埭人。年十四，亂兵逼污之，不從，斷其臂而殺之，竟無血。

許一圖妻吴氏，石埭人。與媳某氏爲亂兵所執，欲污之，氏紿之曰：「我室中有金，取與爾。」兵信之，入室，先手刃媳，遂自刭。

沈明元妻汪氏，石埭人。順治十六年，海寇犯江寧，闌入池陽，氏懼不免，乃密縫（袿袙）〔袿祖〕①，服毒死。

李元麟妾笪氏，石埭人。元麟令廣西，嫡畏遠不行，氏隨往。元麟染瘴癘卒，氏扶櫬歸里，登樓自經死。

庠生方坤妻李氏，子媳林氏。李石埭人，坤死自刎以殉。子啓祥先亡，幼聘太平縣林翹女，未婚，歸方守貞。至是翁歿、姑刎，殯斂畢，沐浴自經。

桂志道妻沈氏，石埭人。夫亡，撫棺大慟。既而收淚不言，入室自經。

楊氏女，名華玉，石埭人。許字汪餘慶，婚有日而餘慶歿，女聞入室自縊。先是，汪病劇，女謂二妹曰：「世俗婦女殮製衣履如男子式，甚無謂。」投繯之夕，預以衣履置其側，其家如言殮之。

檀士神妻陳氏，貴池人。年二十四夫亡，無子，誓不改適。值歲饑，姑與其母强爲擇配遣行，氏沐浴更衣，詣夫塋泣别，從容言笑，晚自縊死。

陳河北妻桂氏，貴池人。年二十二夫亡，葬畢服除，從容自縊死。

王永大妻陳氏，貴池人。夫亡，食貧守志。有利其改適者，姑陰主之，氏聞自縊。

① 據《四庫》本改。

蘇敏妻沈氏，石埭人。敏病劇，氏刲股和藥，弗愈。敏亡，氏出嫁奩分給家人，乘間自縊。

李正皓妻沈氏，石埭人。家貧甚，以織紝供衣食。生子甫三月，夫亡，姑利其改適，百計逼之。氏度不免，乃潛詣夫墓，號慟再拜赴水死。

吴太滿妻楊氏，青陽人。夫亡，遺腹子生七日殤，母家欲奪其志，自經死。

徐開生妻袁氏，青陽人。夫亡，姑迫改適，遂自經。

柯秉直妻陳氏，青陽人。年十八，歸柯期月夫亡，遺腹生子，誓死以守。夫兄某欲奪其志，氏觸階幾絶，少甦，又欲自經，某懼而止。後年七十三終。

吴太定妻劉氏，青陽人。年二十餘夫亡，子幼，舅姑衰老，忍死撍拄。忽夜半火起，二老不能行，氏衝火入掖舅出。復冒死負其姑，頭髮焦爛，衣裙拂落，火片盈地。後姑享大耋，氏年逾七十殁。

桂銓妻彭氏，石埭人。夫亡，絶粒求死，舅姑諭止之。姑殁，諭其子曰：「死吾願也，已遲汝父十年。」嘔血數升卒。

馮兆陞妻張氏，東流人。夫亡，撫孤南溟成立，娶婦張氏。南溟又早卒，氏悲不自勝，赴水死。婦張奔至水濱，撞石幾絶。並以節著。

徐穀樂妻馮氏，建德人。幼事繼母盡孝。歸徐六年，夫亡，艱苦撫孤。孤又殤，泣拜舅姑，遂縊死。

程道隆妻朱氏，建德人。夫亡，孝事舅姑，遺腹生子，撫之成立。及舅姑殁，喪葬畢，遺孤又殤。

氏泣曰：「未亡人無用生爲矣。」赴水死。

李緒妻蘇氏，建德人。夫病篤，曰：「泉路茫茫，何能獨往？」氏含泣曰：「諾。」夫歿，姑防之密，氏佯爲笑語，潛登樓縊死。

陳氏女，東流人。許字張元秀，夫亡，絶粒自經。

蘇百福妻徐氏，石埭人。歸蘇三月，夫亡，冰霜自矢。母兄欲奪其志，氏大慟，周身密紉自經死。

桂伸側室周氏，江都人。伸公車道邘上，納之留兩月，氏有娠。伸入都，購疾而殞。柩回，氏長慟迎於舟次，因扶歸石邑。生子，托於嫡，不食數日卒。

畢天培妻沈氏，石埭人。一日夫出，有强暴突入室犯之，引刀自刎死。

林嶷女，貴池人。幼奇慧，三歲能誦詩，通大義。事父母尤孝謹。許字桐城儒士汪士椽，未婚。士椽死，女聞，鍵户梳裝，服汪納幣衣自刎，端坐而逝。死之前一日，鄰里見屋有火光，即之不見，咸以爲義烈所感云。

江南通志卷一百八十

人物志

列女　義烈四

太、廬、鳳三府

太平府

三國　吴

李衡妻習氏。衡守丹陽，諸葛恪徙琅邪王休於郡，衡過繩之，習諫不聽。孫琳迎休立之，衡懼，謀奔魏，習勸其詣獄自陳。休赦還郡，進威武將軍，加棨戟。

唐

李白二孫女，一歸陳雲，一歸劉勸，皆農夫。觀察范傳正改瘞白於青山之陽，欲令二女改適士族，二女不從。范奇之，復其家。

宋

焦湝妻洪氏，黄魯直甥。宣和間遇盜於江，欲逼之，氏不污自溺。侍婢宜恩、均奴亦死之。

元

葛通甫妻月娥，西域人，軍職馬禄丁女。沔寇至，城失守，娥恐見辱，抱所生女赴水死，侍婢相率争溺者九人。大暑七日得其尸，面皆如生。邑人合葬黄池里爲十女墓，立祠以祀。

明

花雲妻郜氏，侍兒孫氏，俱繁昌人。陳友諒犯太平，花雲死之，郜以三歲兒煒付孫，遂自溺。孫瘞郜畢，抱煒逃，爲友諒所執，得脱。復逃渡江，爲敗軍捽入水，附斷木至蘆渚，摘蓮實啖兒，得不死。煒年十二，授虎賁衛千户，奉郜骸骨歸，束草爲雲軀，合葬於上元縣。

陳諫妻李氏，廣東人。隨諫之太平任，兩月夫死，氏曰：「吾少嫠，豈可與叔萬里同歸？」遂不食而死。

陶安繼妻陳氏，當塗人。夫病歿，子昱、孫卯兒坐法徙軍。陳以前子從戎，叩閽泣奏。帝泫然憫念，時卯兒已死，立即赦出昱歸養，封氏姑孰郡夫人。

張氏女，名仙貞，繁昌人，張玘女。正德中，流賊剽掠，仙貞年方十七，護母病不忍走，被執。至江口抱樹泣，罵不受污，賊遂殺之。

繆釜妻張氏，蕪湖人。釜以母喪哀毁成疾，將死，語氏曰：「汝芳年，宜善自託。」氏哀泣自縊死。越二日，釜亦死，遂合葬。

楊文俊妻李氏，當塗人，名妙清。年十七適楊，未期夫病篤，遂告氏曰：「早嫁勿自困。」氏哀痛先自經死。

王德成妻蕭氏，蕪湖人。夫死守節。有謀娶者，舅姑潛受聘禮，氏佯許，届嫁期自縊死。

庠生方名蛟妻洪氏，繁昌人。蛟死，氏觸棺哀慟，七日不食，自經而死。

淩守丞女，繁昌人。許鄭未嫁而夫殤，淩七日不食死。

柯昌茂妻蕭氏，繁昌人。崇(正)〔禎〕辛巳流賊至，蕭被執，不受污，亂刀剖腹而死。

謝智妻柯氏，繁昌人，聞流賊至投水死。

周氏女，繁昌人。許字庠生李模，未嫁。崇(正)〔禎〕癸未左兵至，挾女不從，臨之以刃，女堅拒被殺，剖尸爲四。

從氏女，繁昌人。許字姚之基，未嫁。聞左兵將至，自溺死。

宣壁妻王氏，繁昌人。左兵至，氏携幼女逃，兵殺其女而脅氏。氏趨赴水，兵追殺之，裂其尸。

章其闇妻陳氏，繁昌人。左兵入，闇携氏逃匿，亂兵漸逼，氏恐被辱，遂自經死。

胡之寧妻戴氏，當塗人。黄兵屠城，之寧被殺，驅氏行，氏紿之曰：「家内有金鐲，可取去。」見婢亦被縛，更紿之曰：「願偕婢從汝。」婢得釋，經市河牽婢躍水死。

貢生吴昌祚妻謝氏，當塗人。黄兵屠城，得謝於苧田，掖之行。謝以兩手抱樹大駡，兵斷其指，氏以指擲兵面，兵磔之。

孫士毅妻陶氏，當塗人。夫倖免，得襲氏指歸殮，終身不再娶。

庠生陳衷韞妻張氏，當塗人。夫死守節。黄兵掠城，執之，氏堅拒不從。兵忿怒剜其胸，鈎其臟腑，寸磔之。其母奔護亦被殺。

張元喆妻倪氏，當塗人。有孝名。亂兵掠及，氏没深淵，兵出之。氏奪刀斫兵不中，遂自刭，兵怒臠其尸。

周金章妻程氏，當塗人。黄兵屠城，夫死無子，氏遂自溺。其婢方十二歲，亦從之死。

某氏，當塗人。明季殘兵掠於鄉，程遇之，赴水死。其子周正體亦從之溺。

黄兵屠城，有婦數人匿城樓，撤其梯。氏至欲上，衆恐黄兵至，却之。兵隨至，執之，訊及樓上，氏曰：「無人。」兵以刃置氏頸懾之，無異辭，遂被殺。衆婦獲免，群拜而瘗之，惜其姓氏無可考。

閻哈兒妻某氏，蕪湖人。閻菜傭，日不謀一食，姑屢勸改嫁，氏不肯從。姑陰諾富家子聘，氏與哈兒相抱大慟，自經死。

鄒氏，蕪湖人，失夫姓字。黄兵掠鄉，夫以大盆積草卧婦於其中，置之塘側。兵鈎得之，欲挾婦去，以刃示婦，引頸曰：「死便死耳，又何懼？」兵怒碎其尸。

葛氏女，蕪湖人，施必韶聘妻。遇賊至，自溺死。

王明德妻，徐州人。王爲郡司鐸，氏失姓。黄兵屠城，明德偕其妻躍入泮水而死。

國朝

甘氏女，蕪湖人。許字丁國瑞，夫死，女年十六，父母憐其少年且貧，諷以改適，女不從。侍父母以女紅資養，衣食常不能給。父母病，數月不解帶，籲天祈禱，多方療治不效。及父母歿，女預將週身衣裳縫固，自經而死。雍正八年旌表。

湯德符妻芮氏，當塗人。國初，土寇竊發，官兵剿之，寇衆皆逃竄。氏携三歲女與夫相失，恐遭俘辱，抱女躍溝溺死。

汪立樞妻許氏，休寧人，許大潮女。汪寓蕪湖，往楚數載而不歸，氏以女紅事姑。汪死於楚，氏誓死守節。夫兄逼氏令改適，氏潛飲鹽滷一升，又自投於井，鄰婦救出。滷氣大發，膚銷肉縮，口中喃喃尚聞「今好了，今好了」數字而死。

黄良騄妻俞氏，本歙縣人，生長蕪湖。年二十七夫卒，欲以身殉，遺子八月，父諭以撫孤，氏乃緘紉作勞，令子就傅。子至八歲痘殤，氏絶粒而死。

何焕妻郝氏，繁昌人。焕廢業，迫於凍餒，夜啓户自溺。氏驚起，携子與女三人赴救，偕溺死。

于斯光妻汪氏，繁昌人。適光未期，夫殁，欲殉，因有妊苟延。既産女弗舉，氏哀慟七日而死。

豫章烈婦，不知姓名。順治戊子，大兵再定江西師旋，婦被掠，藏舟中。欲狎之，婦不從。至翠螺山馬王廟前殺之，截尸爲四。

林珏妻孫氏，當塗人。珏死，氏欲身殉，痛瞽姑無養，繼嗣無人，因忍死，罄衣飾以養姑。及姑殁，送死盡禮，哀毁而殁。

俞廷耀妻陶氏，蕪湖人。夫殁，氏年二十五，哀慟絶粒七日而死。

鍾、蔡兩義婢，俱當塗人。一陶荷衣，奉侍鍾太常媳丁氏；一王氏女，奉侍蔡指揮女弟蔡氏。丁、蔡皆孀居守志。二婢及笄，命嫁不從，願侍奉終身，各長齋數十年，以室女終。

陳吉士妻章氏，繁昌人。有强污者，不辱而死。

廬州府

唐

朱延壽妻王氏，舒城人。延壽姊爲楊行密夫人，行密狎延壽，延壽怒，陰與田頵通謀，事泄見殺。妻集家人，聚寶貨焚府舍，曰：「誓不以皎然之軀爲讎人所辱！」遂赴火死。

元

忠宣公余闕妻蔣氏，從闕守安慶。城陷，率其妾與子女墮井死。

明

黔國公吴復妾楊氏，合肥人。復守黔陽卒，氏自經。詔贈貞烈淑人。

漳國公鄭亨妾張氏，合肥人。亨卒，氏自經以殉。詔贈貞節淑人。

徐錫印妻朱氏，成國公純臣女。錫印嗣永康侯爵，卒，朱樓居十餘年，足不履地。及流賊陷京師，捧廟主自焚死。

仰賴妻李氏，無爲人，賴亡自經。

吴一朝妻趙氏，合肥人，夫亡自經。

侯一香妻潘氏，無爲人。早寡。里有富人洪某慕其姿，餌潘至家，欲污之，潘拔刀自刺死。事聞旌其門，洪論如律。

張氏二女，合肥人。正德壬申，流賊入境，欲驅二女行，女相携赴水死，得尸手猶不解。

儲如英妻王氏，合肥人。有殊色。崇（正）〔禎〕壬午，爲賊所逼，氏駡不絶口，引懷中刺刀自刺死。

高士貞妻王氏，合肥人。壬午，聞賊入城，將投井，侍婢梅兒牽其衣，勸少緩，見賊來死未晚也。答曰：「見賊恐不得死所矣。」遂先投井。長女繼之，梅兒亦溺死。

胡拱極妻黄氏，合肥人。流賊突至，氏被執駡賊，身被七刃而死。

祝亮工妻桂氏，舒城人。壬午春，遇賊被執，抱一枯樹不動，曰：「此我死所！」賊斷其頸，猶堅抱枯樹不釋。亮工至，其手方解。

監生祝長祉妻李氏，舒城人。城破，匿水中。賊下水掖之，氏駡賊滚入深流。賊怒，刀石交擊，渠水爲紅。

胡中恒女，舒城人。許字張阿閣。城陷駡賊，支解之。

任科妻王氏，舒城人。姿殊麗。衆賊擁之，大駡不辱死。

生員汪士德妻洪氏，舒城人。姑年八十餘，扶掖出郭。賊前欲犯之，氏堅抱其姑被殺。女始笄，伏尸慟哭起，反刃擊賊，死之。

生員曾脉昌妻濮氏，舒城人。賊劫之，不從，與兩媳李氏、黄氏俱被殺。

曾克昌妻謝氏，舒城人。賊令炊飯，不從。沃以沸湯，亦不爲動，乘間自刎死。

貢士趙振先妾某氏，舒城人。城破被執，賊露刃恐之，不從，斷其頸，挺立如故。

曾之唯女，舒城人。城破，賊執其臂，女引刀斷臂而死。

郭維慶妻許氏，舒城人。賊獲之，先殺慶，令婦騎馬，氏大罵投水死。

生員張國屏女，舒城人。許字同邑李楷。崇(正)〔禎〕壬午，流寇至舒破城，女被寇所獲，女曰：「乞賜一刀，以全我節。」賊怒殺之。

侯之楷妻胡氏，舒城人。城破，賊支解其夫。伏夫尸罵賊，賊怒，並殺之。

蕭貞白妻張氏，無爲人。崇(正)〔禎〕十五年，流寇至，夫妻俱被執。氏紿賊使釋其夫，遂詈賊，賊斷其舌，投尸烈焰。僕蕭見氏死，厲聲罵賊，賊支解之。

董國治妻馬氏，無爲人。寇至被掠，欲污之，氏以頭觸賊刃，血淋灕仆地，賊怒剖其尸。

周培忠妻張氏，無爲人。崇(正)〔禎〕壬午，流賊入城，氏與培忠俱被掠。氏且哭且罵，賊怒斫其足，更火其廬，夫婦同時焚死。

佘承德妻楊氏，無爲人。流賊突至，殺其夫，氏奮罵投水死。

佘玉女，無爲人。流寇殺其兄，將犯玉女，女奮罵不從，被寇寸磔死。

徐畢璋妻朱氏，無爲人。流寇破城，朱方孕，與璋妹奔井邊，氏曰：「井口狹，煩姑推而納之。」朱既下，璋妹哭曰：「父母安在，吾伴嫂死矣。」亦躍入井。

陸官治妻沈氏，無爲人。城破，氏年十八，與小姑名蟾女年十四，以巾帕相繫投井死。

生員王之翰妻陸氏、妾張氏，俱合肥人。流寇至欲污之，不辱而死。

唐經國妻董氏，合肥人。

學使趙函乙母高氏、妻解氏，俱合肥人。

生員王時彦母湛氏、媳張氏，俱合肥人。

成允母陳氏、其妯張氏，俱合肥人。

蕭嗣傑妻葛氏，合肥人。

胡一龍妻闞氏，合肥人。

王希松妾臧氏，合肥人。

汪英母周氏，合肥人。

夏聘功妻韓氏，合肥人。

胡璞母余氏，合肥人。

張姓婢鄭氏，合肥人。

劉芝妻張氏，廬江人。

貢生王孫謀妻張氏、孫媳姚氏，俱廬江人。
貢生姚履和妻丁氏、妾談氏，俱廬江人。
毛可達妻姚氏，廬江人。
曹二妻周氏，廬江人。
黄爾新妻吴氏，舒城人。
江教妻胡氏，舒城人。
黄氏婦、女五人，舒城人。
朱名遠妻方氏，舒城人。
生員任翼世母孔氏、妻祝氏，俱舒城人。
生員楊善妻程氏，舒城人。
黄某妻胡氏，舒城人。
汪世德妻楊氏，舒城人。
任天經妻許氏，舒城人。
姚永佑女，舒城人。
江躍鯉妻孔氏，舒城人。
生員曾之才妻張氏，舒城人。

張天鼎妻單氏，舒城人。

張奇之妻朱氏，舒城人。

姚永著妻王氏，舒城人。

曾之唯妻黄氏，舒城人。

生員金生一妻胡氏，舒城人。

胡太和女，舒城人。

趙崇仕女，無爲人。

張景妻朱氏，無爲人。

畢力尚妻張氏，無爲人。

宇道達妻耿氏，無爲人。

石汝瓊妻蔡氏，無爲人。

生員劉光生妻朱氏，無爲人。

李從仕妻嚴氏，巢縣人。

嚴成寬妻鍾氏，巢縣人。

高某妻俞氏、鄭氏，巢縣人。

生員黄秉元妻某氏，巢縣人。

生員潘景黎妻陳氏，巢縣人。

潘一鳳女，巢縣人。

潘玫妻朱氏，巢縣人。

何大知妻徐氏、女何氏，媳智氏、時氏、喬氏，俱巢縣人。

楊茂儒妻馬氏、女楊氏，巢縣人。

生員李應甲妻劉氏，巢縣人。

趙昌言妻王氏、妹趙氏，巢縣人。

負販妻，巢縣人，佚其姓氏。

生員徐奇妻姜氏，巢縣人。

葛遇明妻尹氏，巢縣人。

胡學禮妻徐氏，巢縣人。

趙宏勳母熊氏、女佛兒，巢縣人。

嚴成志妻陳氏、女五一兒，巢縣人。

陶之令妻沈氏，巢縣人。

陶璨妻管氏，巢縣人。

葉士彦妾陳氏、胥氏，俱巢縣人。

徐奇女，巢縣人。

以上遇流寇至，不辱而死。

褚汝英妻王氏，合肥人。賊污不從，投水死。

遺名婦，合肥人。壬午流寇入，避難至縣橋，遇賊投水。賊下馬掖之，婦披髮大罵，身中數矢而死。

汪賜兒，無爲人。年十五，鄰有狡童竊窺之，賜兒不勝忿恨，自縊而死。

張必美妻蕭氏，無爲人。歸美半載，美亡，蕭年十七，與姑王氏同孀居。軍人徐爾興脅之，其姑懼禍，勸諭蕭從之，蕭曰：「我死則禍已，何懼爲？」遂縊死。

蘇蔭妻阮氏，無爲人。鎮將黄得功守州，有小卒窺氏逼之，紿以就浴，閉户自縊而死。

李烈女，無爲人，陳氏家人女。許字馬氏子，馬貧，未能取。有武弁朱某與陳密，見女姿態絶人，謀於陳，出白金百兩，令倍償馬原聘，而已聘爲繼室，陳許諾。女聞之，謂母曰：「主命不可違，惟邀馬郎至家一面，以了宿緣可也。」嫗如言，設酒食延馬至。女隨母出，再拜而入。檢聘物擲於庭，大聲曰：「業已生離，需此何爲？」馬涕泣而去。女謂母曰：「馬郎無復再會，幸遠送之。」母送近馬舍而返，女已自經死。

任育民妻解氏，舒城人。育民早亡，解年二十許，翁老而貧，將遺嫁，解自縊死。

周氏女，名留姑，廬江人。許字包某，未婚夫卒，女奔喪成服，絶粒八日死。

丁氏女，廬江人。許字王子詔。詔殁，父潜許鄰子段某，女遂投井死。

陶憲臯妻汪氏，舒城人，居梅心鎮。鄰有惡少窺氏姿，夜梯墻入，氏抵死拒之，大呼動鄰里，惡窘乃奔。次日，氏以首觸壁，掩面泣曰：「女子無閫外聲，我即不受污，何顔復活？」越三日，扃户自經。惡伏法。

邢瑞妻林氏，無爲人。年十九，夫没。殮畢慟哭不食，旬日嘔血死。

郭士行妻陳氏，舒城人。夫亡，遺二子。未幾，二子疫死，氏曰：「我不即死者爲有二孤也，今二子俱死，我何生爲？」遂不食死。

生員謝昌言妻詹氏，合肥人。昌言病篤，呼詹曰：「若艱苦已極，須早爲衣食計，勿再遇如昌者。」詹痛哭請先殉，遂自縊。未幾，昌言亦死。

高士俊妻孫氏，合肥人。年十七，夫出門貿易溺死，氏聞自縊。郡守吴大朴旌其門。

孫氏，合肥人，佚夫姓名。

黄仁後妻胡氏，舒城人。

沙楝妻張氏，舒城人。

謝容妻錢氏，無爲人。

王羅春妻李氏，巢縣人。

胡氏女，巢縣人。

皆殉夫死。

國　朝

張熼妻杜氏，合肥人，夫歿自經。旌表。

沈夢雲妻楊氏，舒城人。夫死，里少有謀委禽者，氏聞之自縊。旌表。

周維先妻趙氏，舒城人。維先以薙髮爲業，病卒。氏有娠，忍死以俟。父母遽議改適，氏曰：「事急矣，吾不能待也！」取薙髮刀自刎死。事聞旌表。

朱子才妻胡氏，廬江人。夫死守節。有强暴謀污之，自縊而死。於康熙年旌表。

黎志美妻劉氏，廬江人。早寡。夫兄兩次逼嫁，氏剪髮破面，鳴官保節。於雍正四年旌表。

邑庠生蔡機妻金氏，合肥人。工書畫。夫亡，盡檢付火，絶粒旬餘。家人乘昏憒，飲以參湯復甦，如是者再。後終餓死。於雍正八年旌表。

卞氏女，無爲人。許字童文成。夫歿，女年十七，欲死，父固止之，諭以在家守貞。逾年，父念女意或可轉，有媒妁在門，女揣知，即自經死。

謝桂女，無爲人。許字王道。道歿，女年十四，隨母往奠，願留事尊嫜，母强之歸，不可。久之，父母念其幼，欲改適，紿以母病趣回，而媒妁在堂。母令女膾魚款之，女謂母曰：「此生魚可念，奈何必致之死？」笑容自若，母略不疑也。乃從容縊死帷中。

以上雍正九年旌表。

何大封妻阮氏，無爲人。夫死守貞。有授以肉誤犯其手者，引刀截指，血濺尺許，一室盡駭。蓬首鶉結，時聞哭聲，如是者六十年。

高明令張國城妾王氏，舒城人。張亡，遂不食而死。

劉有紳妻謝氏，無爲人，夫亡自縊。

朱二女，無爲人。許配陳子仲，子仲殤，陳爲子叔更納采焉。親迎前一日，女靚妝投屋後溪死。

某妻董氏，無爲人。嫁未一期，夫病羸，氏抱持供湯藥者數年。某兄素無行，料弟必不起，敦逼改嫁，堅執不從，夜投水死。

郭氏女，巢縣人。許字黄萬正，貿易不返，人傳已死。父母改字袁姓，婚期至，女閉户自經。

剛啓元妻陸氏，巢縣人，殉夫死。

趙士玉妻萊氏，巢縣人。夫故服三年喪，葬畢服闋，遂絶食而死。

史子明妻孔氏，巢縣人。夫貿易溺死，聞訃投繯。

任紹周妻郭氏，巢縣人，夫歿不食死。

黄瓚妻吴氏，無爲人。夫死，年少，族人逼改適，不從。强以胡姓入贅，氏佯諾之，及期，潛啓後扉沉池中死。

祖懿修妻唐氏，巢縣人。夫歿欲殉，有遺腹不果。及生女，椎胸而卒。

徐君仲妻劉氏，舒城人。早寡。里豪賄族掠娶，氏自縊死。

朱吉士妻張氏，舒城人。夫亡，姑逼其改適，自刎死。

奚某妻晉氏，舒城人。夫歿，族人逼嫁，自縊死。

宋又郊妻鮑氏，舒城人。郊赴省試，卒旅舍，氏聞訃自經。翁姑諭之曰：「有遺孤在，撫者何人？必欲殉夫，待子長成可也。」氏勉應之。後十三年，子長，終絶粒死。

方肇祥妻任氏，舒城人。

宋又禮妻王氏，舒城人。

李廣圻妻奚氏，舒城人。

汪守信妻王氏，舒城人。

徐乾妻吴氏，合肥人。

龔紹渤妻吴氏，合肥人。

張拱明妻李氏，合肥人。

方永芝妻宋氏，合肥人。

汪曾三妻聞氏，合肥人，嘗割股療姑。

蕭元秉妻賈氏，合肥人，夫亡身殉。

高繼國妻陸氏，合肥人。夫歿，以兄死歸寧，父乘機逼嫁，不從。謀計劫之，氏紿以别姑拜夫墓。

及歸，待姑寢，遂縊床側。

黄承業妻張氏，名玉德，合肥人。承業本太倉人，贅於肥。婚後歸省，病亡，氏聞投繯以殉。

王景燦妻董氏，合肥人。景燦病甚，封股療之，肉盡臂脱死。

趙徵妻江氏，合肥人。早寡。撫孤婚娶畢，拜夫墓一慟而卒。

蘇氏女，合肥人。許配劉姓，夫歿自縊。

蔡氏女，合肥人。許配劉智，智歿不食死。

張氏女，合肥人。許字黄氏子，黄殀，女素服悲號，夜静自縊。

武舉胡希儼妻王氏，舒城人。夫亡，絶粒六日，家人百方解勸，强起視息，哀毁數月而死。

鳳陽府

漢

周郁妻趙氏，蘄人，趙孝之女。少習儀訓，閑於婦道。郁多行不道，郁父偉謂新婦：「賢者當以道匡其夫，不改，新婦之過也。」婦拜受命，退謂左右曰：「我無樊、衛二姬之行，故翁以責我。我言而不用，翁謂我不奉教，罪在我。若見用，是子違父而從婦，罪在彼，不如死也。」遂自縊。

宋

鍾離婦。紹興間，金人陷濠城，氏被卒執去，詈罵不屈，卒斷其臂而死。

王宣妻曹氏，定遠人。建炎中，盜馬進焚掠臨淮，曹卧病不起，賊劫持之，大罵不屈死。

閔居正妻蒲氏，定遠人，蒲卓女。幼寡言笑，通《孝經》，自註《列女傳》。十七適閔，會閔當從軍，與蒲泣別。蒲慷慨義形於色，謂：「丈夫當立功閫外，婦亦分榮晝錦耳。」後數年，閔凶聞至，婦年二十有六，決意自裁，姑及母防之急。逾三日，自縊。

元

婁氏于某妻，名壽春，定遠人。年二十餘。至正十二年正月，爲亂兵所驅，義不受辱，赴濠水死。

史五妻徐氏，定遠人。元末兵亂，五爲義兵巷戰死，兵懸其首於西門。兵退，氏求夫積尸中，以所繫繡囊辨之方得，載歸，治大棺以殮。氏沐浴縊死，與夫同棺而葬。

樊婦張氏，夫死於兵，子宗吉方十歲。婦爲兵所驅，匿水中，驅者謂宗吉曰：「呼爾母來，我活汝。」宗吉以告其母，母曰：「吾非不汝顧，但不能失節以求生耳。」遂罵賊不絶，死於水中。

朱氏女，靈璧人，名善真。永樂間，其父以校尉客居京師。善真及笄，許聘丁文聰。丁死，父議他聘，女曰：「吾身雖未事丁，而業已議婚，可更二姓耶？」遂縊死。事聞，詔旌貞烈。

王之屏妻劉氏，鳳陽人。夫故，誓以身殉，里鄰以姑老勸，遂感泣堅志養姑。及姑死，適遘盜焚劫，氏奔夫墓樹自縊，旬日如生。

何淵女，宿州人。許嫁王璣，未歸而璣卒。父母欲令他適，女慟哭不從。一日，偕姑至墓，慟哭幾絶，母姑扶回。尋嘔血卒。

王邦妻馬氏，年十六歸邦，邦溺死，氏欲往赴水同死，家人阻之，遂自縊。

厲贇妻薛氏，壽州人。年十九，贇疾篤，薛云：「汝瞑目去，我即來矣。」贇死越六日，遂自縊。

屠照妻楊氏，壽州人。照亡，氏撫孤守節。孤以病亡，遂自縊。

張秀女，虹縣人。年十五，聰慧貞静。流寇陷城，賊入女家，避困中自經死。

王綬妻徐氏，靈璧人。正德間，流寇至靈璧，氏被執，不辱見殺。

董鑾妻茅氏，靈璧人。流寇入掠，氏抱一子、携一女投水死。

以上正德間旌表。

吴方妻王氏，暨四女奴女、妙壽、珍女、妙奴，俱定遠人。正德壬申，流賊趙鐩陷定遠，氏同四女皆不受辱投水死。

鄒鳳三女，定遠人，長滿廂、仲妙聰、叔臘女。正德間，流賊陷定遠，皆不受辱而死。

張旻長女妙鈐、次女妙連、養女端氏，俱定遠人。流賊陷城，皆投水死。

沈淳二女，長秀女、次四女，定遠人。正德壬申，流賊陷城，二女皆不受辱投水死。

方淳妻居氏暨二女，定遠人。

方清妻丁氏、女金女，定遠人。

鄭翱妻錢氏，定遠人。

鄭祥妻尉氏，定遠人。

尉柏妻沈氏，定遠人。

汪春妻陸氏，定遠人。

陳浦妻袁氏，定遠人。

陳浙妾盛氏，定遠人。

鄒儒妻唐氏，定遠人。

吴裕妻朱氏，定遠人。

周杰妻汪氏、女周氏，定遠人。

周天禄妻鄭氏，定遠人。

楊斜妻吴氏，定遠人。
吕鸞妻方氏，定遠人。
金慶妻王氏，定遠人。
潘沔妻沈氏，定遠人。
郭奉妻錢氏，定遠人。
張福妻汪氏，定遠人。
徐行繼母金氏，定遠人。
徐昇妻鄭氏，定遠人。
孫爵繼母陶氏，定遠人。
吴讓妻唐氏，定遠人。
方金妻吴氏，定遠人。
徐禄妻葉氏，定遠人。
鄒鳳妻王氏，定遠人。
方忠女留女，定遠人。
賈清妻王氏，定遠人。
沈舉女蘩女，定遠人。

顧惠女妙聰，定遠人。
尉海女小六女，定遠人。
方銑女妙定，定遠人。
周桂女五女，定遠人。
陳恩女所女，定遠人。
吕潤女老姐，定遠人。
鄧宗女真女，定遠人。
李海女妙翠，定遠人。
顧銑侄女聰女，定遠人。
陶松女智女，定遠人。
徐冕妻沈氏，定遠人。
許爵妻楊氏，定遠人。
包易女艾女，定遠人。
方恩妻郭氏，定遠人。
徐禮妻陸氏，定遠人。
葛堂女妙堂，定遠人。

汪杲妻許氏，定遠人。

曹宣妻楊氏，定遠人。

沈翱妻居氏，定遠人。

蘇成妻王氏，定遠人。

尉海妻顧氏，定遠人。

顧鐸妻陳氏，定遠人。

錢英母王氏，定遠人。

顧鉞妻沈氏暨二女，定遠人。

錢廣妻梅氏，定遠人。

陸紀妻王氏，定遠人。

居遂妻賈氏，定遠人。

杜翱妻李氏，定遠人。

胡景妻周氏，定遠人。

畢良妻蔣氏，定遠人。

彭良母姚氏，定遠人。

成瓚妻杜氏，定遠人。

徐堂妻楊氏，定遠人。

以上皆正德壬申流賊趙鐩陷定遠，不受污或自經、或自溺、或被殺。

羅瓊妻石氏，定遠人，遇賊不辱自縊。

周氏，臨淮人，王新民家婢。年十八配王羊，成婚甫數月，羊病故，氏夜自縊。

李信章妻潘氏，臨淮人。年二十七，夫故，誓不欲生，父母勸守甚密。及夫葬，慟幾絶，遂自縊於壙所。

夏天祥妻某氏，臨淮人。天祥傭工於陳姓家，病篤，氏刲股救之，弗愈。夫亡，衣殮畢，隨投塘死。

郭女，臨淮人。年十四，鄰火作，延及女家。時夜分，女寢樓上，披衣起，下樓將逾門限，見救火者如堵，女抱羞不前，遂躍火中死。火滅覓女尸，肢體不化，人皆異之。知縣魏宗衡勒石曰「郭烈女」。

張海女，懷遠人。年數歲，許聘唐昕，將嫁而昕卒。女聞之即毁容，不食自經。父母解之，女亦念父母年老，恐爲己痛，忍死以俟。後委禽者至，父母微勸之，女曰：「天乎！是不容吾生也！」遂縊死於床楣。

綠衣女，鳳陽人，不知姓名。獻賊陷郡，女避賊，爲賊所見，争犯之，堅抗不從。縛於庭槐，灌油燎之，女謾駡不輟而死。

生員孫有繼妻何氏，鳳陽人。年十九，夫死三日，闔户自縊死。

耿二姐，鳳陽人。許字吴太良，吴死，耿奔拜，自經柩傍。事聞，建貞烈坊。

庠生許良相妻張氏，臨淮人。良相卒，越七日即自縊柩傍。奏聞旌表。

劉綬妻梅氏，臨淮人。年十七，綬卒，氏苦節五年。父母欲奪其志，不從，遂縊死。事聞旌表。

王雄妻吕氏，臨淮人。年二十，雄卒，無以葬，氏盡解其服飾資之。既窆，即抱幼女托親撫養，遂自縊死。閭黨無不傳述，事聞旌表。

庠生華樓妻顧氏，臨淮人。夫故殮畢，親戚盡散，遂自縊於棺側。奏聞建坊。

王馭乾妻韓氏，臨淮人。年十八，馭乾死。越二七日，焚香哭奠，夜自縊死。建坊表其門。

李玉妻石氏，臨淮人。年二十四，玉病，多方療治。及卒，竭蹶殯殮，候蓋棺畢，縊死柩傍。赤貧無遺，郡邑爲之棺殮合葬。奏聞，建貞烈坊。

庠生黄槩妻(邱)〔丘〕氏，臨淮人。年十九，嫁纔五月，槩亡，氏閲二日縊死柩側。事聞旌表。

周錫遠妻薛氏，懷遠人。夫婦染疫，夫先病亡，氏忽甦，自縊死。

張師孟妻徐氏，懷遠人，徐子魁女。母目矇，女剜肝肉和藥，母飲而目明。後適張，張病，割股以進，不效。及卒，氏悲痛不食，三日縊死於柩旁，時年十九。邑令申請以孝烈表之。

姚黨妻賈氏，懷遠人。黨死，賈泣曰：「君其遲，我即從君逝矣。」夫姊勸之他適，賈曰：「夫在，人不得見我面。夫死，可反面事人乎？」遂自經死。

孔固妻胡氏，懷遠人。夫歿，氏年三十，誓以死殉，晝夜號泣，七日不食死。

杜應試妻趙氏，懷遠人。夫病篤，氏許身殉。及亡，殮畢，擗踴痛哭，觸棺而死。

王朴妻孔氏，懷遠人。夫死，氏伏棺號泣，三日不食，至夜縊死。

李自修妻徐氏，懷遠人。自修病，割股以進，不效。及卒，氏殮夫畢，遂縊死。

李發春妻石氏，懷遠人。姑病，刲左臂肉和羹以進，姑食之，病稍愈。夫死，自縊者再，家人救免。

俟防者少懈，遂縊死，時年十有八。憲使表其門曰「孝烈」。

張思讓妻劉氏，宿州人。歸張方逾月而夫病卒，殮畢，遂自縊柩旁。

婁楷妻郇氏，宿州人。夫亡，慟哭不已，閉室自縊。萬(歷)〔曆〕間旌。

葛儒女，臨淮人。許聘胡桐。年十七，桐病卒，女聞自縊死。萬(歷)〔曆〕間旌。

鄭鑾女，宿州人。年十五，許聘秦文顯，未歸夫亡，聞訃即日自盡。建坊旌之。

張守恭女，宿州人。許聘劉氏，聞劉卒，女扃户自縊。郡人慕其義，葬伯姬冢傍。

張弼妻江氏，宿州人。弼病故，慟哭盡哀，聞者無不垂淚。殮畢，即自縊於柩前。

劉大川女，宿州人。幼議婚陸姓。及笄，陸貧兒行乞，父欲改婚富家，女謂母曰：「吾願適陸氏，即同乞，所甘心。」父母卒別受聘，女潛縊死。

季國模妻黄氏，宿州人。年二十，國模卒，氏縊柩前。州守申請旌表。

沈朝妻郭氏，靈璧人。嫁甫逾年，夫死，無子，悲號自經以殉。

張崇志妻王氏，靈璧人。年十八，適張甫一月，夫溺死，遂自縊。萬（歷）〔曆〕間旌。

甘洛妻梁氏，靈璧人。年二十八，有娠，洛病篤，梁誓曰：「生男爲爾守，生女則死。」已生女，遂自縊以殉。

徐藻妻李氏，宿州人。藻死，殮訖自經。天啓間旌。

趙繼明妻周氏，宿州人。繼明病死，含殮畢，沐浴投繯。巡按題旌。

趙光大妻孟氏，宿州人。事姑孝。夫病篤，氏以死許。母、嫂慰止之，氏曰：「吾籌之熟：家故貧，無子可守，將靦顏二姓乎？」夫歿，乘間自縊死。

陳宗孟女，宿州人。許字余揚名，揚名病死，女往弔慟，欲留養姑，母迫之歸。途中謂母曰：「兒失所天，身無所容矣。」抵家悲泣不能止，自縊死。天啓間旌。

丁道明妻馬氏，宿州人。道明早世，馬誓死殉，母防之三日，得間縊柩前。

王鳳鳴妻張氏，宿州人。事姑孝。鳳鳴歿，六日不食死，時年二十。

諸生徐拱杓妻葛氏，宿州人。歸徐後生女，及笄，小字曰文。崇（正）〔禎〕辛巳秋，賊入其室，女大罵自刎。其母乘間墜樓而死。母子雙節。

徐映乾妻程氏，宿州人。映乾以哭母過慟病歿，氏越三日登樓自縊。

徐琳妻王氏，宿州人。年十七，琳亡，氏自經以殉。

常曰璜妻張氏，宿州人。夫故，即日自縊。

徐長堅妻宋氏，宿州人。長堅病死，氏年二十，即引繩屋梁，母牽裾止之，氏曰：「吾志決矣，勿令頸血污人衣。」遂縊死。

黄萬里妻劉氏，宿州人。萬里遇賊被害，氏駡賊不屈，死之。

蔣如翊妻丁氏，宿州人。懷宗時，里中大亂，丁避之母家。賊驟至，知不免，因紿之曰：「吾父瘞金，指授汝。」賊從之行，過井邊，投井死。

徐國憲妻王氏，宿州人。初，王有姑適國憲伯氏琳，於崇（正）〔禎〕時殉節。國憲病亟，王執國憲手曰：「勿吾慮，當學吾姑。」及國憲没，含殮畢自縊。

魏夢鶴妻時氏，鳳陽人。夫爲寇殺，氏隕井以殉。

胡志賢妻滕氏，鳳陽人。賊至，一家被執，欲殺志賢，氏以身蔽之，求死。賊憫其義，釋其夫並一家人。

趙國俊女，鳳陽人。懷宗時，流賊屠鳳，母携女出避遇賊，欲掠去。母不忍舍，女佯爲樂從狀，俟母得脱，大駡躍入水死。

黄嘉賓母梁氏，鳳陽人。懷宗時，獻賊至，氏同媳梁氏與其女三人，携手結帶，曰：「與其溺於人，寧溺於淵。」共投深池死。

王新簭妻張氏，鳳陽人。張孀居。懷宗時，寇犯鳳，值姑老病篤，舉家咸遁，張携女婢守。姑死，含殮畢，適賊至，欲犯之，張以金紿之。乃與女潛取賊刀，先斃女，後自刎未絶，指婢斷其喉，婢從之，賊驚嘆而去。

魏民治妻陳氏，繼室沈氏，俱鳳陽人。流賊犯鳳，欲殺魏，陳以身蔽，願請代。賊殺氏，魏得脱。既娶沈，民治死，家貧無子，沈苦節終身。

方之奇妻胡氏，鳳陽人。懷宗末寇亂，舉家逃竄。氏被掠，哭駡不屈死。

李鐵匠妻顧氏，定遠人。年二十四。懷宗時，流寇至，顧急赴濠水。賊尾其後，脅以刃，復援之，顧堅沉水中，被殺死。

張煜妻杜氏，定遠人。年二十二，煜疾卒，杜自縊，姑覺急救。如是者三，遂絶飲食七晝夜，卒自縊。

申有綱妻劉氏，定遠人。聰慧通文墨。年十五，適山西民申有綱，夫亡自縊。

徐旭妻韋氏，定遠人。懷宗時，流寇逼之，投井死。

周時宜妻吴氏，定遠人，遇寇投水死。與韋氏同奉詔旌。

陶志善妻王氏，壽州人。年二十，夫死，撫棺號啼七晝夜，自縊。

吴崇讓妻梁氏，壽州人。懷宗時，扶姑劉氏避流賊。及爲所獲，氏不從。賊刃其姑脅之，氏抱姑痛哭，致剖腹墮胎而死。

高雲路女，壽州人。年十五，遭劉兵亂投河死。

王文燦妻高氏，壽州人。年二十一，夫故，閉户自縊。

楊壽域妻袁氏，壽州人。楊壽朋妻韓氏。遭亂，袁氏駡賊受戮，賊欽其節，因釋壽域。其弟妻韓氏，溺死池塘。

張應明女，壽州人。夫不才，逼共鬻爲奴，氏恐辱家聲，遂自縊。

陳時黻妻朱氏，壽州人。年二十，夫故，哀毁餓死。

許諫妻劉氏，壽州人。遭亂兵不受污，斷舌剖腹而死。

劉壯生妻范氏，壽州人。幼通《孝經》《内則》。夫亡，毁容苦節。遭兵亂，姑墜江，范從之死。

葛某妻張氏，壽州人。夫殁，撫女守節。流寇至，被擄閉於寺，見有烈火，挈女躍入，俱焚死。

生員楊宇宁妻潘氏，壽州人。遇寇，擄潘上馬，氏從馬上躍投溪中，水淺吞沙死。

莊氏，靈璧人。夫死，撫女守節。遇流寇亂，携女入井中。賊以石擊之，尸并碎。

劉惺如妻李氏，靈璧人。流寇犯靈璧，李時懷孕，持刀剖腹以死。

周賓蘭妻陶氏，靈璧人。夫亡，氏誓以死殉。逾三月，遺腹生子，子又殤，遂自經死。

馬雲衢妻田氏，靈璧人，夫死自縊。

生員趙佳兆妻梁氏，靈璧人。遇寇，知不得脱，遂自刎。

李希儒妻張氏，靈璧人，名妙蓮，遇寇携女投河死。

庠生高選妻時氏，虹縣人。明季流寇亂，夫爲寇追赴河死。氏絶粒七日，遂自縊。

曹廷琇妻甘氏，懷遠人。年十八，廷琇病故，氏伴姑紡績，毁容苦守，以包袱作枕。服闋時，同姑拜墓歸，夜啓包袱出衣履，遂自縊中堂。邑令旌之曰「正操可風」。

庠生李本妻段氏，懷遠人。明末劉良佐兵叛，段扶祖姑避於鄉。遇賊急奔入井，賊持之，撾石擊賊面。賊怒，裂其首而死。崇（正）〔禎〕時旌。

陳佺妻殷氏，懷遠人。年十九，佺死，氏即縊，姑救之。苦守三年，服闋自縊。

滎樂湖妻郭氏，懷遠人。懷宗末，劉良佐兵叛，過懷遠，女被執，衣帶環結如織。賊執刃强逼，女佯請賊佩刃解帶，及接刃，自刎死。舊志不知其爲郭，只名結帶女子，今考新修《懷遠縣志》識之。

孔從周女，懷遠人。許字彭永年子。懷宗末，彭氏星散，無由通音問。有名家子執幣求婚，女不從，自縊死。

張雲鵬妻王氏，懷遠人。爲流賊所獲，氏厲聲罵賊。賊怒，斷指、割舌，碎尸而死。

生員顧賀泰妻席氏，臨淮人。

耿氏女，臨淮人。方聘未歸，夫亡自縊。

趙文學二女，臨淮人。流寇犯境，女舉家被害。先潛地窖中得脱，聞寇去，出逃村中。寇復集，二女恐污，携手投井而死。

國朝

張國憲二女、憲弟國俊婦龔氏，俱宿州人。憲長女年十八，次女年十六，龔氏年二十三。懷宗時，礦賊數萬破塞，大肆焚掠。二女自料不免，並投繯，襲續縊。一門三烈，俱順治間旌表。

生員張煒妻劉氏，宿州人。嚮賊數十騎突入煒家，劉被執，指竈底誑之曰：「是窖金所。」賊擁往掘之，劉乘隙急持厨刀，自刎而死。

夏日升女，宿州人。許字貞吉，尋卒。女聞訃焚衣佩，不食嘔血死。

生員張士純妻魏氏，宿州人。夫卒，氏屢欲投繯，姑防之。逾日，乘間自縊。

張文獻妻田氏，宿州人。夫病篤氣絶，氏遂自刎。逾時，文獻復甦，而氏已死。文獻遂薙髮爲僧。

生員秦純臣妻蔣氏，宿州人。年二十，純臣卒，自經柩側。

梁氏女，宿州人。夫死無子，依父守節。有楊乙者，誘至其家，勢逼爲妻，梁不從自縊死。

夏勖女，壽州人。許字方自申，未嫁而自申歿。其妹許字劉璇，劉亦死。妹與姊相約以死殉，姊曰：「我當死，但父母年老，汝勿效以傷親心。我爲其易，汝爲其難。」遂衣喪服投繯死，妹遵姊命守貞六十餘載。

王連錫妻葉氏，定遠人。强暴逼辱，氏詈駡不從，遂自經死。俱康熙間旌表。

許守學妻于氏，虹縣人。守學他往，有王二者潛入氏室逼污。氏不從，憤恨自溺死。雍正三年旌表。

魏天臣妻谷氏，虹縣人。爲强暴許含所逼，氏不受污辱自縊死。雍正五年旌表。

周鉉女，宿州人。許字張潔，張死，女即欲往殉，母勸止之。逾年，母潛許丁姓，女知之，自書「張潔妻周氏」於衣前，縊死。雍正六年旌表。

馬三捷女，臨淮人。許字鄭極，未婚而鄭歿，氏守貞三載，服闋自經。

趙佐妻戴氏，宿州人。夫歿，氏年二十三，無子，氏哀號竟夜，拊棺自經死。

李文進妻柏氏，虹縣人。爲匪人柏魁逼辱，氏不從，自縊而死。雍正七年旌表。

俱雍正九年旌表。

生員黑昆妻楊氏，臨淮人。子甫三歲，昆病歿，氏飲毒而死。

陳遇妻張氏，臨淮人。年二十，夫亡誓死，號泣幾月，嘔血而死。

周維先妻趙氏，臨淮人。夫亡，引刀斷喉而死。

李信章妻潘氏，臨淮人。夫没，誓不欲生。及葬夫時，遂自縊於墳所。

杜維楫妻陳氏，宿州人。維楫病歿，陳視棺殮未畢，投繯死。

丁更新女，宿州人。許字徐之修子。夫病歿，女年十七，聞訃哀泣不食，飲毒死。

張其璿妻董氏，宿州人。璿病篤，氏衣不解帶者累月。及璿卒，自縊死。

范錫爵妻沈氏，宿州人。夫歿，年二十三，含殮畢自經死。

張烈女，宿州人。夫樵于野，遇狼被噬，氏哀泣至其處，以鐮絶脰死。

丁氏，丁昌泰女，宿州人，爲瞿氏子婦，夫亡自縊死。

劉冲漢妻何氏，宿州人。冲漢歿，氏躬親含殮，悲號欲絶。逾日，自縊柩前。

李如德妻孫氏，宿州人。夫卒，視棺殮畢，出簪珥、衣襦給家人，投繯死。

喬印妻陳氏，宿州人。印卒，號泣三日投繯死。

生員張奏妻楊氏，宿州人。夫歿，楊年二十七，無子女，視棺殮畢，哀慟自縊死。

梁荆萃妻化氏，宿州人。年二十一，夫歿投繯，家人救之，乘間服砒礵死。

黄得中妻盛氏，宿州人。年十八，夫死，自縊於夫柩旁。

陳秀妻尹氏，宿州人。秀歿，氏日夜號泣，自縊死。

王梅妻陳氏，宿州人。夫歿，哀慟欲絶，謂叔曰：「吾姑少寡，今衰老，善侍之。吾其殉乎！」遂投繯死。

卞魯妻楊氏，壽州人。夫死，自經以殉，時年二十。

生員黄以位妻吴氏，壽州人。夫死，年二十二，守節奉姑。遭寇至，爲所執，偕姑躍入火中焚死。

伊嫂姜氏，亦同時投河死。

生員侯謹度妻張氏，壽州人。夫歿，絶食以殉。

孫會隆妻羅氏，懷遠人。會弟培隆妻張氏。嚮賊突至，二氏奔避小舟。賊追獲，張駡曰：「汝作賊犯國法，敢侵節婦耶？」賊怒殺之，砍三刀不仆。羅急持櫂桿以擊賊，賊復殺之。時羅年二十，張十九。

江藻女，懷遠人。許聘符世緯，世緯歿，女過符守節三年。服闋投繯死。

余尚德女，懷遠人。許字王國隆。國隆遠遊不返，尚德携妻女尋至龍亢，不值，遂寓焉。母死，女同父灌園紡績爲業。每晨起，以巾覆頰左右，鄰女鮮睹其面。康熙二十八年，父又歿，女盡捐衣物殯殮。閲二日，自縊死。

生員葛先質妻尚氏，懷遠人。先質因母歿哀毁成疾，氏曲爲調護。年餘，先質歿，氏痛哭縊死尸側。

支斐妻湯氏，懷遠人。夫歿，氏年二十一，痛絶投繯，家人救甦，慰之曰：「孤在抱，汝死，孤何屬？」未幾，孤病殤，氏解腰絰縊夫墓側。

陳文忠妻何氏，懷遠人。文忠與弟文德同居，有文德妻弟蕭克讓時往來，窺氏室密邇，乘文忠他出，夜潛入，氏聞聲大呼，蕭遁。氏夜集舅姑，泣訴曰：「余暑月遭强暴夜逼閨榻，何面目活人世？誓必死！」文忠歸，氏泣告，盡以衣飾授之，乘夜投繯死。

張國善妻潘氏，懷遠人。年二十三，夫亡，投繯殉。

生員胡一琠妻楊氏，懷遠人。年十五適一琠，甫一載，一琠歿，哀毁投繯，家人救甦。繼姑病篤，謂氏曰：「我旦夕必死，有子七歲，爾翁後嗣賴此一綫爾，幸勿死，爲我撫之。」氏勉從姑命，撫夫弟至十五歲。值夫忌辰，祭奠後，語父母伯叔曰：「我所以八年不死者，爲翁姑撫孤故耳，今已成立，遂初志。」即投繯死。

沈望樓女，定遠人。適劉某，赤貧，氏知文墨，以女工給饘粥。會劉出，有强暴者欲犯之，沈厲辭以拒。自揣夫懦，恐貽横辱，遂自縊柿樹下。

時超仲妻顧氏，虹縣人。夫歿，自經柩側。

庠生沈起湄妻陸氏，定遠人。起湄疾篤，陸夜泣告天，願以身代。及歿，越三日自縊柩側。時年十八。

魏尚秀妻胡氏，定遠人。夫死欲殉，母與妯娌密防之。家人逼其改嫁，慟哭不食，自縊死。

鈕旭妻陳氏，定遠人。旭歿，氏潛身投繯，姑姊救免。又奮身入火中，眉鬢焦枯不死。越三日，乘隙自縊。

閆進妻張氏，定遠人。夫歿，孤殤，父母欲令改嫁，自經死。

周之璋妻王氏，定遠人。之璋死，氏泣語其姒曰：「予失所天，豈能苟生？姑之生養死葬，惟姒始終其事。」同①姑就寢，潛往拜辭，自縊死。

王璟徹妻朱氏，王瑄徹妻楊氏，俱定遠人。璟病歿，朱投繯死。楊許字瑄，未婚，瑄病劇，接至夫家，侍湯藥。二日，瑄卒，遂自經柩旁。

① 「同」，疑當爲「伺」。

趙民化妻周氏，定遠人。夫歿，自經以殉。

張應祥妻譚氏，壽州人。夫溺死，氏年十八，投繯以殉。

孫天佑妻夏氏，壽州人，夫歿自經。

徐容肅妻周氏，壽州人，夫歿自縊死。

張相女，壽州人。許字周錫林，周亡，聞訃自縊，爲之合葬。

方丑妻鮑氏，壽州人，夫死自經。

劉某妻毛氏，壽州人，夫死自縊。

吏員王玉璘妻朱氏，壽州人。夫病，禱天願以身代。及歿，投繯以殉。

韓萃妻余氏，壽州人。家赤貧，賃屋半間以居。有鄰何上者，乘萃他往，夜破門逼辱，氏大呼，何遁。氏悲憤自經死。

生員徐致浩妻李氏，壽州人。夫歿欲殉，俟子長而自經。

侯中簡女，壽州人。許字陳某，陳歿，訃至自經。

蔣承運妻卜氏，壽州人。夫病，割股。夫歿，自經以殉。

孫某妻夏氏，壽州人。夫歿，絶粒三日死。

陶于義妻張氏，壽州人。夫歿，氏以死殉。

繆氏女，壽州人。許字謝岐山，謝歿，女聞訃投繯死。

江南通志卷一百八十一

人物志

列女　義烈五

潁州一府　滁、和、廣、六、泗五州

潁州府

三國

曹令女，夏侯文寧之女。適曹爽從弟文叔，蚤死服闋，後父母欲嫁之，令女乃以刀截兩耳。依爽，及爽誅，曹氏盡死，文寧强迎令女歸。微使人諷之，令女佯許諾，竊入寢室，自斷其鼻，曰：「仁者不以盛衰改節，義者不以存亡易心。曹氏全盛之時，尚欲保終，今衰亡而棄之，禽獸之行，吾不爲也。」司馬宣王聞而嘉之，聽乞一子，養爲曹氏後。

隋

魏氏木蘭，亳城東魏村人。隋恭帝時，募兵戍北方，木蘭父當往而老羸，弟妹俱稚，木蘭乃請於父代行。歷十二年，身接十有八陣，樹殊勳，人不知其女子也。後奏凱還，天子嘉其功，除尚書，不受，懇奏省親。及還，釋戎服，衣舊裳，同行者駭之。聞於朝，召赴闕，欲納之宮中，曰：「臣無媲君之禮。」以死拒之。帝驚憫，贈將軍，謚孝烈。鄉人歲以四月八日致祭，蓋孝烈生辰云。

宋

盧兒，潁州人，歐陽修妾。修卒，盧兒哭之慟，淚血，以死殉葬焉。

吕祉妻吴氏，霍(邱)〔丘〕人。紹興間，酈瓊叛降於劉豫，祉死，氏遂自縊。

明

魏隆甫妻張氏，潁上人，張恭女。正德間，流賊亂，氏被擄逼辱，氏詈罵，以手批賊頰，被殺。

生員嚴禄妻許氏，潁上人。正德間爲流寇執，不屈投水死。

韓欽妻王氏，潁上人，爲寇所脅投水死。

吴濟女，潁上人。流寇屠其家，執女去。不肯行，哭且駡，躍入水中死。

石球妻呈氏，潁上人。流寇至，夫被傷，氏匿草中得免。賊過，荷夫以歸。夫死，氏七日不食扼吭死。

王乾妻楊氏，王坤妻楊氏，倶潁州人。嘉靖間爲賊所逼，走匿高樓，竝焚死。

王加會妻楊氏，潁州人。加會病革，曰：「汝當何如？」氏泣曰：「死耳。」加會揮淚歿，氏語姑曰：「婦已許死者矣。」遂自縊死。

雙烈張氏、吕氏，倶潁州人。張清女，許字劉中焞，未嫁夫亡，女年十九，哀號詣弔。比葬前一日，縊死柩傍。焞弟中燿娶吕氏，燿亡，氏年二十，刎頸死。

孫錡妻馮氏，潁州人。錡歿，氏自縊。

姚模妻樊氏，潁州人，樊倫女。模歿，氏不食死。

劉梅女，潁州人。幼通文翰。許字李之本，李亡，女飲泣不食，誓以死從。語父曰：「兒爲李服三年，且需吾弟稍長。寄語公姑，勿爲李郎置槨。」遂盡去鉛華，教弟讀書，親爲正句讀。越一年，梅潛許田姓，擇期納采，女聞自縊死。郡守臨其葬，男女往觀如市。時田家亦來致奠，舉酒一酹，而柩前酒具劃然碎裂，起高丈餘，繞檐紛墜。事聞，詔旌其門。

張其猷妻盧氏，潁州人。年十九，其猷墮水死。氏以頭觸楣，絶復甦，徐曰：「終夫喪，相從於地下耳。」越歲，姑憐其無子，囑媒氏微諷之，氏遂自縊。

王永繼妻時氏，潁州人，夫死五日自縊。

張雲鵬妻臺氏，潁州人。鵬病危，氏許殉，以三日爲期。鵬死，氏如期就縊，侍婢救之不死，恨曰：「奴敗我事，令我負約。」遂絶粒至七日，頓足曰：「遲矣，郎得無疑我。」仍縊死。有司題旌。

潁水烈婦，不知姓氏，住潁河北。夫爲人傭工，病篤，婦泣曰：「事急矣。殮葬無所出，請鬻妾。」遂自售於賈船，得資爲夫置衣棺。揮淚別去，投潁水死。

韓有學妻孫氏，潁州人。有學死，自縊，鄰里鬻棺埋之。

黄鵠妻温氏，潁州人。鵠病危，氏許以身殉，鵠泣解所繫絛付之。鵠亡，遂縊死。

唐汶妻郭氏，潁州人。夫早世，翁姑俱八十餘，氏拮据奉養。翁姑殁，殮葬如禮，遂不食死。

范希文女，潁州人。許聘朱廷諫，未嫁夫死，女自縊。

馬似龍妻史氏，潁州人。夫死，自縊柩傍。

鄧任妻丁氏，潁州人。任病久，罄奩救之。不效，惟存聘時簪二枝，一綰於任髮，一自綰，曰：「妾安敢負此簪？」任死三日自縊。

李枝茂妻王氏，潁州人。夫病，刲肉療之。不起，自縊死。

張大壯妾曹氏，潁州人，夫亡自經。

儲濬妻吕氏，潁州人，夫亡自縊。

董瑁妻王氏，潁州人。夫亡，族無屬姓，王殮而葬之。依母氏居，服除後自縊死。

王家僕婦，潁州人，劉子安妻，失其氏。劉姓無賴好博，病死於外，婦聞之，即自縊死。

蔣應節女，潁州人。年十六，許聘李啓芳。李死，女聞自縊。

王瀚妻盧氏，潁州人。瀚死，氏自經。

李驥妻胡氏，太和人。正德六年，流賊陷城，有卒逼之，氏不辱死。賊感其義，戮其卒，以禮葬之。

王昭妻陳氏，太和人。正德六年，流賊擄氏上馬，氏詈罵不從，投於河，賊斷其尸。

李欽女，名玉蓮，太和人。爲賊所擄，憤罵不受辱被殺，時年十六。與陳氏竝勒石旌善亭。

劉一貴妻張氏，太和人。賊夜劫之，氏詈罵不辱。賊怒，燎之於火中。

羅進女，太和人。年十六，許字王仲英子。夫死，女聞訃自縊。有司旌其門。

徐珏妻劉氏，太和人。夫歿，自經以殉。事聞，建貞烈坊。

于新豐妻趙氏，太和人。年十八，夫死即自經，與夫同殮。

韓禮女，蒙城人。年十五。正德六年，賊破城，禮藏女窖中。賊執禮欲殺之，女從窖中大呼：「勿殺我父！」賊起窖得女，劫之上馬，女曰：「釋我父即從汝。」賊釋禮，女罵賊被殺。

戴九姐，蒙城人，戴淵女。幼聘張海，海歿，女方十五，聞訃自經死。

時志學女，蒙城人。許字田儒。年十六，田死，欲往守制，父母阻之。伺父母出，自縊於寢室。

姜氏女，蒙城人。許聘何其恭，恭殁，哀痛成疾，終不食死。父母憐之，與何合壙。

馮氏女，蒙城人。賊至，逼之，不受污，罵賊被殺。

張琦妻盧氏，蒙城人。流賊入境，執氏驅之行，氏抱女投水死。

李氏，佚夫姓，蒙城人。夫爲賊驅，不知所往，氏與女潔兒俱投井死。

魏瑶妻謝氏，蒙城人。孀居，年七十，流賊至，媳王氏負而逃至河濱暫息。賊逼近，謝曰：「勿以老身累爾等。」遂投水死。王氏與其女二姐及賀銘妻丁氏與其子女，俱相挽入水死。後凡得七尸，邑令建七節祠祀之。

張思謙妻劉氏，蒙城人。夫亡，自經以殉，家人救免。防之七日，不食而死。

何仲清妻莊氏，蒙城人。夫死，自縊柩側。縣令奠而表之。

程稔妻韓氏，蒙城人，夫殁自經。

潘養晦妻牛氏，蒙城人。夫殁，欲以死殉，姑苦諭撫孤，氏勉從守節。後子以痘殤，氏投井死。有司爲請建坊。

戴韞珽妻田氏，蒙城人，夫殁自經死。郡邑爲建貞烈坊。

張萃黄妻王氏，蒙城人，本江寧籍。幼好讀書，通繪事。張亦工丹青。夫卒，氏盡以夫婦合作諸繪納棺中，對鏡自縊。有司上其事，建異烈坊。

張顯思妻周氏，蒙城人。夫疾革，氏曰：「會須同歸。」夫囑之曰：「俟吾友某來一見乃蓋棺，然後聽子爲計。」越五日，友果至。殮訖，氏即自經。

海秀妻李氏，亳州人。嘉靖二年，歲大饑，秀死，李不能葬，負土爲墳，抱女沈河而死。越三日，尸浮如生，女猶在抱。御史張惟恕表其閭，祔祀夏侯令女祠。

孫鈞妻龎氏，亳州人。鈞販豕爲業，夜行爲盜所殺，氏年二十四，誓志守節。家人逼嫁，氏遂自經。

蔡銑妻杜氏，亳州人。年十八，夫死自經。

王敷紀妻汪氏，潁上人，夫死自縊。

石佐妻楊氏，潁上人。夫亡，自死以殉。

王越妻張氏，潁上人。夫死，氏殉。

遲義敏妻陳氏，潁上人，夫死自縊。

生員高翼龎妻封氏，潁上人。龎病，氏割股不能療，立嗣成服，遂自經。天啓間旌。

官三捷妻陳氏，潁上人。捷兄三仕以罪死丹徒，捷千里覓骸骨歸，勞瘁而卒。氏絶飲食，號泣七日死。

饒文地妻王氏，潁上人。饒傭於富家，氏織紝奉姑。夫亡守節。姑逼令改嫁不從，自縊死。

滑鯤妻孫氏，潁州人。夫亡矢節。流寇逼之，氏罵賊死。

白鷗妻袁氏，潁州人。鷗死，袁食貧守節，自教其子精衷舉於鄉。會流寇陷潁，精衷被執，其媳李氏奉袁越城避之，袁足損不能行。賊至，害袁，竝刃李。賊退，李得蘇，拮据棺殮，苦節撫子。相繼以孝著。

韓光祖妻武氏，潁州人。賊至潁，氏同子婦李氏罵賊不屈，投火自焚而死。又氏一妹、一女，與孫媳王氏偕殉。

鹿獻陽妻王氏，潁州人。獻陽爲推官，氏封孺人。賊至，氏命服端坐罵賊死。其子妾董氏，與俱死。

張大同妻章氏，潁州人。流寇陷潁，大同出殉父難，章遂同二側室宋氏、蔣氏、郭氏閉門自焚死。

李栩妻劉氏，潁州人。賊入城，劉勸姑避他所，自扃户投繯死。

盧敏妻劉氏，潁州人。守節二十七年。寇陷潁，遂見害。其第五兒及孫女二姐同遇害。

甯儉妻楊氏，潁州人。儉罵賊不屈死，氏與子婦唐氏、劉氏、幼孫俱死之。

甯偉妻谷氏，潁州人。潁城陷，氏閉門不出。賊脅辱，不從見殺。

武宗尹妻甯氏，潁州人。夫爲參戎，久宦遠塞，甯孝事孀姑，姑病，刲股療之。寇陷潁，執甯索金帛，甯詈罵投井死。其女爲王於岐妻，其子婦劉氏携二幼女竝殉焉。直指旌其閭曰「一門三烈」。

王猷妻時氏，潁上人。寇陷潁，氏墮井中。賊散，子復出之。未幾，賊又至，執其子去，氏憤罵死之。

其婦杜氏被數刀，猶匍匐姑傍。見姑氣絶，號呼投井死。孫十二歲，亦同死。

劉佐臨妻胡氏、劉國佐妻張氏，潁州人。胡與張，妯娌也，聞流賊至，相約同死。胡曰：「火烈。」

張曰：「水潔。」及城陷，胡曰：「吾不使賊見吾面。」遂投火死。張赴池中。

亓中雅妻武氏、亓中元妻儲氏、亓中程妻李氏，潁州人。遇流賊，妯娌三人投井死。

張大章妻李氏、媳劉氏，潁州人。遇賊，怒罵不屈被害。劉氏刳腹死。

郝慎修妻劉氏，潁州人。氏夫與子守圍城，餉皆劉炊。城陷，投火死。

李虛白妻韓氏，潁州人。夫部郎，封孺人，遇賊不屈投水死。

石橋婦，潁州人，不知誰氏。婦爲賊劫至北關石橋上，抵死不從。賊怒，磔氏死。有司誌其地以表之。

緑衣婦，潁州人，不知姓名。賊逼辱之，不從，爲賊磔死。

李琦之妻梁氏，潁州人。流寇破潁，琦之死於難，氏抱尸而泣，縊死夫側。梁作棟之女。

王立妾陳氏，潁州人。氏與嫡同匿尼庵中，爲賊所執，以鐵瓜遞擊之，陳曰：「我嫡也，擊彼無益。」賊嚴訊幾斃，投水死。

劉黽慇妻李氏，潁州人，與女永姐竝死於賊。

王祉妻田氏，潁州人。遇賊，與一女同死。

李逢辰妻邢氏，潁州人。遇賊抱子投水死，經旬，尸浮水上，其子猶在抱。

張調理母劉氏，潁州人，其妻張氏暨弟婦李氏，城陷，俱投水死。

張肅範妻張氏，潁州人，一家俱被害。賊逼氏相從，氏拜尸而往，至河邊投水死。

盧和鼎妻吴氏，潁州人，賊至投水死。

吴道行妻曹氏，與二幼女及劉楷妻鍾氏，俱潁州人，遇難投水死。

李向榮妻殷氏，潁州人，一門死節。

干同麟妻甯氏，潁州人，遇難投繯死。

王鼎隆妻張氏，潁州人，遇難縊死。

陳奎章妻王氏，潁州人。夫死方殮，賊至，疑有藏金，欲開棺，婦以身護柩，賊怒劈死。

劉黽愿妻王氏，潁州人，側室龔氏，俱遇賊投水死。

王啓昌妻劉氏，潁州人。夫被殺，駡賊遇害。

王有聲妻郭氏，潁州人。城陷，遇賊索銀錢，氏大駡，觸刃而死。

王應元妻郭氏，潁州人。賊欲犯之，氏大駡，賊怒殺之。

陳格心妻金氏，潁州人。遇賊，獲其女，金往救，與女三姐同死。

程懸楷妻張氏，潁州人，長子必遂妻何氏、次必邁妻張氏，俱遇賊投水而死。

張鶴騰側室徐氏、周氏，潁州人。遇賊焚掠，徐、周同投火死。

李福徵妻陶氏，潁州人。遇賊焚掠甚迫，陶端坐一室，遂焚死。

鹿萬春妻張氏，潁州人。撫孤守節，年且七十。賊索金帛，不應。以刃加其項，氏引頸受之。其子婦劉氏慟駡，扃户引火自焚。賊歎曰：「真義婦也。」併捨之。

李維紀妻趙氏，潁州人。城陷，一家十八口俱投井死。

張嗣房妻郭氏，潁州人，子媳王氏，寇至，計無所逃，俱赴水死。

申大志妻周氏，潁州人，駡賊被殺。

劉大潤妻李氏，潁州人，駡賊被殺。子婦某氏往救，遂同遇難。

楊克振妻王氏，潁州人。與孀姑李氏竝駡賊不辱，賊忿恨，以刃刺死。

張大賡母王氏，潁州人。流寇逼潁甚迫，計無所逃，氏與妾周氏皆不受屈，遂於樓下積薪，同登樓駡賊自焚而死。

徐繕妻張氏，潁州人。遇賊大駡，挺身不屈，引頸就刃，賊怒刃之。

生員張嗣軫妻李氏，潁州人。城陷遇賊，氏不受屈，駡賊被殺。

甯田姐、甯偉姐，俱潁州人。遇賊被劫，奮駡不辱，争前就刃而死。

生員盧鎔妻劉氏，潁州人。寇逼城，氏初不驚，惟携一子一女閉户聽之。及城陷，家人逃避，氏引其子若女至池上，先推女，次舉子，繼自投於水。後三日賊去，家人覓尸於水。爲審視，自項迄足，襟裾貼服及鬢髮間，皆有所繫，始悟閉户時爲之云。

推官亓豫側室李氏，潁州人。流寇破城，氏遇之，駡賊不屈而死。

東關外女子，潁州人。避兵渡橋，遇賊抱持之，女亟碎①其面，賊怒磔而擲於河。

甯佺妻劉氏，潁州人。

李生白妻韓氏，潁州人。

亓文杰妻劉氏，潁州人。

劉廷桂妾楊氏，潁州人。

盧尊妻田氏，潁州人。

張南俊妻杜氏，潁州人。

張奎生妻甯氏，潁州人。

郭邦藩妻李氏，潁州人。

張瑋妻章氏，潁州人。

李學點妻楊氏，潁州人。

張調燮妻李氏，潁州人。

嚴克謹母崔氏，潁州人。

嚴克謙妻杜氏，潁州人。

---

① 「碎」，疑爲「啐」字之誤。

田旆生妻王氏，潁州人。
楊季麟妻張氏，潁州人。
王用乾妻李氏，潁州人。
徐履方妻王氏，潁州人。
徐通方妻甯氏，潁州人。
方時申妻廖氏，潁州人。
王應妾焦氏，潁州人。
郭雄楚妻史氏，潁州人。
張俊業妻王氏，潁州人。
張美珍妻雲氏，潁州人。
張美珩妻杜氏，潁州人。
楊三桂妻張氏，潁州人。
王致志妻唐氏，潁州人。
郭之産妻邵氏，潁州人。
郭之光妻王氏，潁州人。
劉憲妻張氏，潁州人。

郭之本妻張氏，潁州人。

徐延嗣妻胡氏，潁州人。

王承祖妻王氏，潁州人。

劉光楚妻王氏，潁州人。

湯承緒妻賈氏，潁州人。

姚仁妻王氏，潁州人。

張應楊妻朱氏，潁州人。

姚克恭妻李氏、長媳張氏，俱潁州人。

張應辰妻劉氏，潁州人。

湯雲孫妻徐氏，潁州人。

田用坤妾胡氏，潁州人。

劉士珗妻王氏，潁州人。

武烈妻苗氏，潁州人。

李鳳孫妻劉氏，潁州人。

李元白妻王氏，潁州人。

王琠妻劉氏，潁州人。

李鯤化妻張氏，潁州人。
李道琦妻李氏，潁州人。
董元宰妻郭氏，潁州人。
郭世謙妻李氏，潁州人。
劉斌妻郭氏，潁州人。
陳應鵬妻王氏，潁州人。
賀加貞妻趙氏，潁州人。
李琮妻陳氏，潁州人。
段廷謨妻王氏，潁州人。
孫廷垣妻郭氏，潁州人。
谷國善妻儲氏，潁州人。
笪顯祖妻潘氏，潁州人。
李淑妻李氏，潁州人。
李世達妻張氏，潁州人。
柳廷蘭妻王氏，潁州人。
時向茂妻王氏，潁州人。

以上皆流寇破城時，或溺水，或自縊，或駡賊，皆不屈而死。

藍恒芳妻管氏，潁州人。年二十二，而值芳病篤，氏籲天求代，與祖母言，誓不獨生。至芳死之三日，盡焚其衣奩琴瑟，泣盡而繼以血。乘殯事倉皇，得間解繩自縊。州牧任民育申請旌表。

張朝京妻劉氏，潁上人。同夫歸寧，遇寇欲污之，劉紿曰：「愧夫在，幸縱之去，乃可從。」賊釋京。氏度夫去遠，遂投於井中。賊出氏，刃逼之，氏憤駡不屈，賊怒碎其尸。邑令申請旌奠之。

生員徐澄妻朱氏，潁上人。寇至欲污之，紿以匿子，入室閉門縊死。寇破壁入，忿氏死，仍碎其尸。邑令廖躬奠旌之。

謝朋升妻汪氏，潁上人。謝出城遇叛兵，碎其尸。氏號泣中野，遍覓夫尸不得，遂還家自縊死。里人重其義而葬之。

陳東妻韓氏，潁上人。遇賊欲污之，氏駡賊，賊怒割舌死。

曹雲龍女，潁上人。幼聘於謝誥，誥亡，勢家强聘爲妾，氏縊死，合葬於謝。

汪良夔妻江氏，霍（邱）〔丘〕人。流寇至，刃其舅姑。氏令二女遁匿，餌賊以錢帛，誘及河濱，奮身入水，賊刃斃之。越二年，賊又至，二女避賊舟中，長從艙中躍入河。季繼之，爲賊所持，挈之登岸。季恐辱身，極口詈駡激其怒，賊肢解之。人稱「汪氏三烈」。

萬言妻吴氏，霍（邱）〔丘〕人。城陷，氏往母家避之。賊至，同妹入水死。萬爲之合葬。

程翼聖妻汪氏，霍（邱）〔丘〕人。流寇至，氏恐辱身，先自縊死。其妾沈氏，亦自經死。

張汝敬妻蔡氏，霍（邱）〔丘〕人。城陷，家人逃竄，氏整衣拜先祠，閤户自經。

汪可奇妻陳氏，霍（邱）〔丘〕人，子毓秀媳王氏。懷宗時，流寇陷城，陳被執，加之以刃，不屈。長子毓秀起救，死之。其媳王氏奮身以護，亦被殺。

林起翰妻裴氏，霍（邱）〔丘〕人，寇至自縊。

林冲漢妻朱氏，霍（邱）〔丘〕人。城陷，氏護夫柩，不忍遠逃。賊入室，氏力拒，賊斷其兩手而死。

汪長清妻詹氏，霍（邱）〔丘〕人，賊至被執不辱死。

王璿妾楊氏，霍（邱）〔丘〕人，遇賊被執不辱死。

黄日芳妻陳氏、側室李氏。黄爲霍令，城陷死之，二氏同溺澗死。

胡本廉妻周氏，霍（邱）〔丘〕人。年二十，守節撫孤。孤亡，遂自縊。

曾長治妻戴氏，霍（邱）〔丘〕人。年二十五，夫死，氏服鴆赴火，欲與俱死，母救之。後一日，復自經，救之復甦。遂哀號不食，乘間以頭觸棺而死。

張希相妻儲氏，霍（邱）〔丘〕人。夫亡，氏絶飲食，淚盡繼以血，七日死。

王冕妻某氏，霍（邱）〔丘〕人。夫歿，悲號不食而死。

孫士望妻桑氏，太和人。懷宗時爲寇掠，氏罵不絶口，賊焚其軀。有司表之。

張敬妻孫氏，太和人。賊殺其二女，逼辱不從被殺。

秦培篤妻王氏，太和人。流寇入室，夫婦罵賊死。

趙三在妻司氏，太和人。年十七，遇流賊亂，與父母同匿被擄。迫令上馬，氏不從，奪刀刺賊。賊怒糜其體，猶戟手撼指不仆。三在及其父母抱之哭，俱被殺。

于京妻李氏，太和人。京庠生，早死，李撫孤子拱乾守節。流賊至，執京之祖有成，京父澤九泣代弗許，同被殺。氏與姑汪氏挺立劇駡，以瓦器投賊。賊怒，又殺之。時拱乾在有成懷抱中，至死未釋，數尸狼籍，僅乃得免。

韋應倫女，年十五未字，太和人。懷宗時流寇亂，父應倫被擄，女投繯死。

黄之奎妻汪氏，太和人。適之奎，以孝聞。流寇至，欲傷其翁姑，氏大呼曰：「寧殺我，勿傷我翁姑也！」迫之上馬，不從。刃之，至死駡不絶口。

生員夏景虞妻劉氏，太和人。夫死無子，一女復殤，遂縊。

趙鴻基妻方氏，太和人。年十九，夫死，自經於尸傍。院司表之。

李珩妻魏氏，太和人。夫死，撫孤。孤殤，氏哀悼欲死，其母迎歸以居。比拜墓歸，半夜縊死。邑令表之。

郝赳妻張氏，太和人。年十七，夫死自經。

郭氏，太和人。夫農家牧兒，與其儕浴於河，溺死。氏以襟蒙面，自投其溺處。明日，二尸相抱而出。

阮藴貞妻陸氏，太和人。夫避亂覆舟死，氏聞投繯以殉。

侯世禄妻韓氏，太和人。年十七，夫歿，氏自縊死。

苗尚義妻范氏，太和人。懷宗時，流寇入境，自縊死。

崔起妻程氏，蒙城人。闖賊入城，氏與媳胡氏相向縊死。

懷毓秀妻冀氏，蒙城人。秀死無子，氏自縊以殉。

庠生王烒妻夏氏，蒙城人。懷宗時，烒爲兵所殺，氏不辱死。

朱應鴻妻翟氏，蒙城人。鴻年四十，艱於起卧，氏典鬻俱盡。夫亡，乞於途人，僅買一棺，殮畢自經。

程宗洗妻王氏，蒙城人。寇至，恐辱自縊。

程姓妻梅氏，蒙城人。年十八，寇至攻樓，持磚擊寇不利，自縊死。

程姓妻甯氏，蒙城人。年二十四，夫亡，忍死養姑四十餘年。姑死，氏仍禮葬畢，縊死於姑墓。

駱姓妻吴氏，蒙城人。年二十，撫幼子守節。寇焚其樓，氏倉皇抱子下避。賊劫之，不從被殺。

程姓妻倪氏，蒙城人。夫病，嘗刲股。及死，撫繼子守節奉姑二十餘年。寇至欲污之，不從被殺。

魏姓妻胡氏，蒙城人。年二十，夫亡，撫幼女守節十餘年。寇至，自經而死。

吴希堯妻張氏、弟希孟妻楊氏，蒙城人。二氏偕行避賊，賊見欲擄之，楊以傘柄擊賊，俱被害。

楊芳博妻王氏，蒙城人。夫死既窆，遂自經。

翟雲府妻劉氏，蒙城人。寇至，一家被害。欲擄婦，婦曰：「吾夫有金埋後園。」賊往取，氏抱子墮井死。

王二賢妻王氏，蒙城人。寇逼其舍，舅氏病，倩勇夫舁舅同遁。卒遇賊，欲驅氏行，罵曰：「我家世衣冠，恨不能提劍斷汝頸耳！」賊怒殺之。

胡懋芳妻郭氏，蒙城人。懷宗時，賊侵亳，懋芳負母偕氏奔避橋下。群賊至，指氏曰：「汝從我。」氏以手挽姑，寇曰：「當先殺此老嫗。」氏曰：「從則從，勿殺我姑。」奮身登橋投急流中死。

孫養冲妻李氏，蒙城人。守節撫孤。闖賊破城，氏獨廬居墓側。有巨寇袁時中，逼令造食，氏大罵，賊怒刃之。

朱紱女，名蘭，蒙城人。許聘胡姓，時年十四。寇攻鄰樓急，女引頸令父殺，父不忍，女自縊噴血死。

吴太亨女，名弟，蒙城人。許聘程某。年十五，賊至，避於姑樓。賊縱火攻樓，女墜下。賊强之行，罵賊被殺。

王姓婦曾氏，蒙城人。夫早亡，守一歲子。寇至欲污之，不從，就刃無懼色。

胡尊周妻楊氏，蒙城人，夫死自縊。

唐詩妻梅氏，蒙城人。寇至，逼氏，氏厲聲罵賊，賊怒殺之。

李寧妻季氏，蒙城人。流賊入境，寧同氏竄荒野中，賊漸逼，夫婦驚散。賊脅氏上馬，氏罵不絶口。賊斫其臂墜地，罵愈厲，斷其喉乃死。越七日收殮，面色如生。

魏達妻丁氏，蒙城人。賊亂，氏被獲，大罵奪賊刀，遂遇害。

陸履順妻王氏，蒙城人。

張得英妻陳氏，蒙城人。

張得昂妻高氏，蒙城人。

張得智妻張氏，蒙城人。

以上四氏，俱與丁氏同時遇害。

王景凡妻楊氏，蒙城人。懷宗時，土寇脅王入夥，不從被殺。逼氏行，紿之曰：「掩我夫方從汝。」賊果掩之。氏偕行遇井，携女投井中死。

王可道妻江氏，蒙城人。夫死，貧不能殮，鄰里合錢買棺，期次日葬。及期，至其家，氏已自縊於尸傍。但見飲食畢具，蓋以待舁棺者。衆重其烈，復合錢竝葬之。

丁樞妻陳氏，蒙城人，夫亡自縊。

李澤久妻季氏，蒙城人。夫亡，飲毒而死。

李澤溥妻許氏，蒙城人。溥病將革，憐許年少無歸，氏曰：「我今有歸也。」托故入他室縊死。溥聞，歎息而逝。祀表貞祠。

張起鳳妻許氏，蒙城人。值寇亂，起鳳被殺。賊逼氏，氏大罵遇害。

張良臣妻某氏，蒙城人。歲饑，夫婦謀食於蒙。良臣病死，氏遂自經以殉。

陸捷略繼妻段氏，蒙城人。夫死，夫之弟侄許嫁於劉姓，詐以賊縛氏。比之劉家，以銀簪刺心死。祀貞烈祠。

鄒承鳳妻盧氏，蒙城人。夫殁，年方十七，殮畢，遂縊死。

楊藴奇妻王氏，蒙城人。夫死，自經以殉。

馬鼎銓妻楊氏、鼎新妻王氏，俱蒙城人。兄弟偕亡，楊年二十四，有子。王年十九，無子。王語楊曰：「汝有子宜撫，我無子宜死。」遂自經。楊忍死苦節，撫孤成名。郡縣表之。

牛光斗妻劉氏，蒙城人。夫被賊殺死，氏遂自縊。

穆際元妻蔣氏，蒙城人，夫殁自縊。

魯大智妻王氏，蒙城人。流賊至，夫被殺，氏罵賊自刎。

劉啓明妻周氏，蒙城人。夫死，殮畢自經。

戴而卓妻潘氏，蒙城人。夫病，久醫藥無資，病將革，氏泣曰：「願先君死，令君瞑目。」遂自經。時盛暑，顔色如生，無一蠅集其身。越五日，卓亦死。

武月溪妻閻氏，蒙城人。夫殁於京，有欲謀娶者，氏自經死。

唐九章妻張氏，蒙城人。懷宗時，流寇破舊縣集，氏被執，罵賊不絶口，賊碎其尸。

國朝

張極妻朱氏，潁州人。年二十二，夫歿自縊。

張小四姐，亳州人。惡少程某强逼之，四姐奮駡不從遇害。

范圍化妻季氏，太和人。年十五，駡賊死。其柩側嘗有蝶繞。

任希賢妻任氏，蒙城人。夫死，慟哭投繯，家人急救得甦。殯夫後仍自經死。

以上順治年旌表。

劉毅妻甯氏，潁州人。毅亡，葬之前一日，氏自縊柩側，遂合葬。

劉氏女，潁州人。許字蔡佩，未娶而佩死，女年十七，聞訃自經。

李鉉妻張氏，蒙城人。鉉傭於亳病死，柩抵家，氏痛哭自縊。

楊德福妻張氏，蒙城人。德福出外，鄰惡史圭典直入氏家，强逼之，氏奮詈不從。史怒，以石碎氏頭而死。事聞，史服辜。

以上康熙年旌表。

劉擴妻李氏，潁州人，進士李敏孫之女。夫亡，投繯者二，家人救之，慰云：「今方有孕，當育子爲夫後。」未幾，舉一女不育，遂自經。事聞旌表。

馬小妻段氏，太和人。夫傭工於外，豪棍逼辱之，氏不從，自刎而死。雍正五年旌表。

高承烈妻許氏，亳州人，夫死自盡。
李氏女榮姐，太和人。有李二者，挾刃逼辱，女喊罵不從被殺。
以上雍正九年旌表。
鍾鼎妻劉氏，潁州人。鼎死，投水以殉。
亓敬修妻時氏，潁州人，夫死自縊。
許會妻張氏，潁州人。姑有污行，并有欲污婦者，氏不從投井死。
謝叔闇女，潁州人。幼受鄭生聘，鄭亡，女聞自縊。
生員郭幹濟妻趙氏，潁州人。夫死，姑張氏一慟而卒。趙竭蹷營殯，自經死。
孟氏女，潁州人。許字監生方嘉相。夫死，哀泣自經，家人救免。乘間投溝而死。
梅友檜妻宋氏，亳州人。夫死，無子，氏年二十有一。三年服闋，投繯以殉。
陳桂環妻劉氏，亳州人。夫他往，氏少艾獨居。逆僕程中挾刃相逼，氏力拒就死，中亦自殺。
馬文炳女，名長姐，亳州人。許字未婚。夫死，聞訃自縊以殉。
孫玉妻蔣氏。
李善久妻王氏。
李海金妻李氏。
聶世綬妻張氏。

張遠妻李氏。

戴希聖妻程氏。

以上俱亳州人，夫歿自縊。

鄧士勳妻蔣氏，亳州人。夫亡無子，苦節奉姑，姑歿投繯死。

馮氏女，亳州人。許字傅守昆。傅亡訃至，女以死殉。

鎖琰妻李氏，亳州人。嫁三日夫歿，氏視殮畢，即自經以殉。

馬景瑗妻邢氏，亳州人。夫死，撫孤。孤痘殤，氏自縊死。

鄧成龍妻丁氏，亳州人。年二十二，夫亡，絶粒不食數日死。

張御六妻仰氏，亳州人。夫貿易客死，柩歸，自經以殉。

滁　州

宋

丁國賓妻，州人，佚其氏。建炎間饑亂，盜殺人以食。國賓遭掠，將烹之，其妻泣曰：「丁族亡且盡，獨夫存。」請代。賊釋丁而烹之。

元

羅汀妻何氏，州人。汀家貧，賣餅，何當壚。時丞相脱脱家人陳威横甚，見何悦之，誘汀出貿易，沈之於江，躍數四乃没。歸言汀病死，盡還其資。何孤身零丁，竟歸威，生二子。一夕，夢汀云：「汝後遊園，見池黿即我，冤可雪也。」何不解。後偶憑園檻，忽見黿墮池中，躍不起。威醉失笑，何因憶夢，怪問之，具得其狀。適御史行部且至，乃夜殺二子，逃出訴之御史。收威寘極刑，籍其家半給何養。辭不受，設汀位，招魂祭奠，遂自殺。

明

彭禾妻施氏，滁州人。禾病劇，諭以改適，氏泣曰：「君尚不知我耶？」因取禾所嘔血盡吞之。禾亡，自經。

袁蘭妻丁氏，全椒人。蘭死無嗣，氏泣曰：「夫者天也，夫既殞，吾何生爲？」越宿自經死。事聞旌表。

馮璋妾王氏，來安人。璋病革，氏先自縊。人以報璋，璋亦氣絶，遂葬璋側。

楊希曾妻吴氏，滁州人。年二十，夫亡，母勸改適，氏佯諾，母去，自縊。

何氏女，滁州人，家烏衣鎮。崇(正)〔禎〕丙子，流寇突至，欲污之，女堅拒奮駡，賊怒亂砍之。

張子玉妻王氏，全椒人。
張君常妻晉氏，全椒人。
胡繼業妻丁氏，全椒人。
金楚珍妻吳氏，全椒人。
夏禹凖妻武氏，來安人。
余應鳳妻趙氏，來安人。
丁華妻沈氏，來安人。
　以上皆寇掠不屈被殺。

國朝

姚氏女，滁州人。許字來安韓鈞，鈞亡，女聞訃自縊，與韓合葬焉。康熙年旌表。

和州

宋

張弼妻徐氏，和州人。建炎三年爲亂兵所執，氏瞋目大罵，賊殺之，投尸江中。

楊驥妻陳氏，和州人。正德十六年，爲賊所掠，欲污之，氏大罵不從，賊怒磔死。

偰睽妻王氏，和州人。侍婢偶遺氏鞋，爲惡少所拾，謔語及婦。婦聞之，引刀自刎死。

胡崇仁妻周氏，含山人。隨夫宦粵西，以憂歸。道經郴江，適山猺嘯聚，氏懼爲所辱，沈江死。

王氏女，和州人。幼許字黄景茂，景茂貧且疾，父背前盟，更許楊姓，女聞自經。

生員楊德隆妻張氏，和州人。城陷，賊欲牽之去，氏抱柱，十指皆爲賊斷，死於家。

張延印①妻田氏，和州人。遇賊大詈，觸階而死。賊怒，復支解之。其孫婦劉氏暨孫女，皆見殺。

生員王旭妻姚氏，和州人。城陷，氏謂旭曰：「吾女子，惟有一死，君當速走。」旭曰：「汝既死節，吾讀書人，寧復污賊刃耶？」遂同赴水死。

運判馬如虬妻劉氏、側室何氏，俱和州人。城陷，何爲賊所執，不屈，奪賊刃自刎。劉罵賊，亦自刎。

府判馬如融妻張氏、側室張氏，俱和州人。城將陷，率妾匿土窖中。聞窖上轟聲如雷，知賊至，

① 「印」，疑本作「胤」。

因相誓曰：「吾等義不可辱！」遂相繼刎死。

庠生張國維母陳氏，和州人。城陷，居舍皆燼，氏坐不離。賊疑其有匿，拷訊之。陳曰：「我貧家婦，焉得金？」賊掘其坐處，氏力阻曰：「我之坐守者，家譜耳。」賊掘得之，見其先人有科貢出仕名目，遂疑爲富家，愈行拷訊致死。

生員王貞妻杜氏，和州人，城陷罵賊死。貴池劉城有《乞刀硬婆傳》。

沈士良妻史氏，和州人，諸生沈喆母也。聞賊攻城，率婦陳氏哭拜家廟，曉之曰：「喆兒送汝祖葬，幸未入城，或可不死。我與汝，婦人也，義不可生，當覓死所。」及城破，并投城隅池中死。

宋德懋母穆氏、妻邵氏，俱和州人。賊攻城急，氏語邵曰：「吾夫若子家世清白，余兩人可爲賊鋒濺乎？」姑媳相抱投水死。

趙爲光母張氏、妻王氏，俱和州人。賊陷城，張同媳將裹衣綫結赴水死。

夏繼爵妻辜氏，和州人，青年以《柏舟》自誓。流寇陷城，氏率子婦王氏並投水死。

馬如蛟妻張氏，和州人。流寇陷城，氏同妾張氏、吴氏皆不屈自刎而死。

姚希舜妻馬氏，和州人。賊攻城急，氏藏利刃，同數女匿土窖中。俄聞窖上掘土聲，遂出刃自刎，衆女義之。

李有顧妻錢氏，和州人。

曹鐸妻成氏，和州人。

張元貞妻黃氏，和州人。
陳孔時女，和州人。
馬如虹妻楊氏，和州人。
林之芳妻黃氏，和州人。
林日熇妻鄭氏，和州人。
張燦母成氏，和州人。
劉春元妻朱氏，和州人。
薛志登妻尹氏，和州人。
王弘中妻魯氏，和州人。
王朝璋妻魯氏，和州人。
沈應麟妻朱氏，和州人。
王良器妻耿氏，和州人。
宋文元妻劉氏，和州人。
魯思周繼妻劉氏，和州人。
馮遇年妻班氏，和州人。
宋之準妻李氏，和州人。

王懿母陳氏，和州人。

楊九思母鄭氏，和州人。

萬鑑母童氏，和州人。

鄭祭時妻何氏，和州人。

趙世光妹，和州人。

余守榮女，和州人。

劉從先妻耿氏、余氏，俱和州人。

明倫堂烈女，和州人。

烈女祠前烈婦，和州人。

下察院烈女，和州人。

東門烈婦，和州人。

西門烈婦，和州人。

州前烈婦余氏，和州人。

馬葉妻嚴氏，和州人。

陳孔傳繼妻魯氏，和州人。

宋光祖妻徐氏，和州人。

過守耕妻王氏，和州人。
宋德明妻馮氏，和州人。
王元舉妻范氏，和州人。
姚守中妻萬氏，和州人。
姚承舜妻鞠氏，和州人。
姚時中妻王氏，和州人。
劉柱妻姚氏，和州人。
孫裔昌妻張氏，和州人。
孫終駿妻劉氏，和州人。
張崇孔妻孫氏，和州人。
萬道光妻郝氏，和州人。
李可培妻周氏，和州人。
鄭倫母譚氏，和州人。
彭昂母吕氏、婦僂氏，和州人。
魯思慶妻高氏、子婦陳氏、孫婦何氏，俱和州人。
李日芳祖母余氏，和州人。

王朝佐妻徐氏，和州人。
王朝敬妻劉氏，和州人。
王弘策妻鄧氏，和州人。
王弘先妻鞠氏，和州人。
曹盡忠妻成氏，和州人。
吴僕女，和州人。
萬道統妻魯氏，和州人。
高一本妻胡氏，和州人。
林日燦妻俞氏、子媳宋氏，和州人。
劉萬業妻鄧氏，和州人。
馮繼科母宋氏、伊婦陳氏，和州人。
盛名女，和州人。
盛可觀妻王氏，和州人。
盛可紀妻張氏，和州人。
王師臣女，和州人。
馬逢常妻張氏、長媳張氏、次媳祝氏，俱和州人。

郭宗儀母劉氏，和州人。

孫三聘妻計氏，和州人。

鮑璞妻張氏，和州人。

張拱斗母劉氏，和州人。

趙應光妻韓氏，和州人。

宋之普妻楊氏，和州人。

宋之白妻蕭氏，和州人。

戴九元妻嚴氏，和州人。

戴九思妻吕氏，和州人。

戴九疇妻石氏，和州人。

魯懋聲妻戴氏，和州人。

馬士遜妻黄氏，和州人。

王琉母滕氏，和州人。

沈繼夔妻魯氏，和州人。

方用中母魯氏、伊婦王氏，和州人。

方時中母楊氏、伊婦戴氏、側室張氏，俱和州人。

張崇德祖母林氏、母親陳氏，和州人。
孟學孔妻林氏，和州人。
張時行妻沈氏，和州人。
盛美母某氏、伊婦張氏，和州人。
王政行母鄭氏，和州人。
林應鰲妻張氏，和州人。
羅春育妻黄氏，和州人。
王懋勳妻郝氏，和州人。
劉之翼妻葉氏、伊婦湯氏，和州人。
魯天性妻周氏，和州人。
魯率性妻王氏，和州人。
魯見性妻楊氏，和州人。
魯彝性妻張氏，和州人。
孫標妻尚氏，和州人。
馬大立妻王氏，和州人。
范鎔妻魯氏，和州人。

盛廷德妻王氏，和州人。
陶應昌母魯氏，和州人。
盧茂春妻陳氏，和州人。
蘇友義妻劉氏，和州人。
鞠中黄妻聶氏，和州人。
黄之祚母鞠氏，和州人。
陳賓吾妻李氏，和州人。
朱成龍妻某氏，和州人。
熊健妻陸氏，和州人。
張映斗妻高氏，和州人。
張尚儒妻汪氏，和州人。
王良翰妻魯氏，和州人。
林毓麟妻陳氏，和州人。
生員陳王策妻姚氏，和州人。
鮑璞母邵氏，和州人。
喬芳楷妻鮑氏，和州人。

劉璽母耿氏、媳王氏，和州人。
劉延漢妻柴氏，和州人。
林登祉妻吴氏，和州人。
楊之燦祖母韓氏、長媳李氏、次馬氏，和州人。
孫承緒妻時氏，和州人。
王朝安妾謝氏，和州人。
方友信母潘氏，和州人。
王尚絅妻沈氏，和州人。
王尚純母錢氏、純女王氏，和州人。
王位中母孟氏，和州人。
王熙母譚氏，和州人。
聶守玉妻李氏，和州人。
王子尚妻翁氏，和州人。
成其功妻王氏，和州人。
劉臺妻王氏，和州人。
王用賓妻尹氏，和州人。

王用賢妻杜氏，和州人。
王用聘妻魯氏，和州人。
王用極妻戴氏，和州人。
武維周妻姚氏，和州人。
王翰妻孫氏，和州人。
張履中母陳氏，和州人。
姚某妻張氏，和州人。
班之升妻楊氏，和州人。
何守元妻王氏，和州人。
王應訓妻宋氏，和州人。
張鵬翼妻王氏，和州人。
葉敬中母高氏、婦宋氏，和州人。
趙文選妻夏氏，和州人。
耿自明妻郝氏，和州人。
王彦母魯氏，和州人。
張汝寬妻譚氏，和州人。

馬文卿妻徐氏，和州人。

尹郊祖母李氏，和州人。

魯國俊妻張氏，和州人。

耿憲昌妻葉氏，和州人。

朱之翰妻馬氏，和州人。

以上俱崇（正）〔禎〕時遇流寇陷城，或自經，或蹈火，或赴水，或被殺，貞烈卓然。

慶永奇妻王氏，含山人。流寇破含山，夫婦陷賊營，氏紿以家有藏金，可縱夫往取。賊信之，閉氏空室。潛解所繫腰襪自經，賊怒磔其尸。

唐運昌妻洪氏，含山人。隨夫避寇和州楊宅。賊攻城亟，囑夫携二子育葵、育蕃遠遁，氏携幼子與楊諸婦積薪焚死。

蔣曙妻胡氏，含山人。奉姑避寇爲所執，紿之，賊釋姑，氏不屈死。

張秉純妻劉氏，和州人。城陷，秉純絶粒死。氏亦勺水不入口，閲十有六日，肌肉銷鑠，命子扶至柩前祭拜，一慟而死。

張侶顔妻王氏，和州人。年十九，生子甫周歲，值叛兵肆掠，氏同母避於朝陽洞。兵攻洞急，氏以子付母，挺身躍洞外。洞高數十仞，亂石觸撞，頭顱粉碎，血肉淋漓。收殮之日，衆不忍視。

國朝

陶爾盛妻倪氏，和州人。里黠欲强污之，不從遇害。雍正十年旌表。

楊氏女，含山人，爲汪丁明養女。許字王章，丁明尋悔，欲更爲豪右妾，女不從。逼之，因檢王氏聘物繫肘後自經死。

余維藩妻許氏，先世新安人，父客運漕，遂家焉。年十八歸藩，藩有癲疾，氏謹修婦職。越八年，夫亡，勺水不入口，衰絰自經。

陳氏女，和州人。許字黄彝鉉，未婚夫亡，女數欲引決，父母防之密，遂歸黄拜舅姑，若將終身。至夜，以髮雜繯辮攣結自經死。有遺書辭家人，字字血痕。

張鼎奎妻佘氏，含山人，居運漕鎮。夫死，氏絶粒十九日。將革，遠近觀者如堵。鎮人爲斂金建祠。

張萬策妻唐氏，含山人。國初，潰兵攻掠，氏與弟廷對俱爲所執，氏泣曰：「父死母孀，弟不可死，我不可生。」因紿兵願以身從，乞釋弟。及弟行遠，遂躍入水死。兵怒，鉤其尸磔之。

陳世禾妻鄭氏，含山人。十九歸禾，禾親早喪，每號泣，氏亦泣。禾兩兄失偶，無子，氏舉子世清，伯氏欲以爲嗣，禾許之。禾病死，氏遵命以子嗣伯。氏絶粒死，將死時子索乳，乳則血也，兒大懼而啼，氏亦顧柩而啼。死時年二十五。

廣德州

明

雲氏女，廣德人。適魯姓，爲亂兵所拉，欲污之，義不辱，兵怒磔之。

吴良珙妻陳氏，建平人。值亂，氏携幼子被執，紿以簪珥所藏處，遂投井死。七日後顔貌如生。

王命錫妻田氏，建平人。姑兩目皆瞽。一日聞亂，鄰婦迫之出，田曰：「我何忍捨姑往？」遂被獲。

逼氏上馬，不從，以刃揮之而殞。

某氏逸其姓，年二十夫亡，甚貧，爲姑求虀於越溪。無賴少年戲之，婦投溪而死。名其冢曰節婦墩。

趙鶴六女，廣德人。許字步溉，溉客死錢塘，父母欲更嫁之，氏遂經死。

嚴以作妻傅氏，建平人。嚴死，氏托孤女於夫妹，閉户自縊。以救復甦，乃碎一碗吞之死。

潘之城妻韋氏，建平人，夫殁殉夫死。

姚善富妻王氏，建平人。善富入太學。燕師起，叔父恕以陳迪婿故死節，善富又以恕故自經，詔陳尸御史廊下七十五日。氏凡三伏闕上疏，乃得允歸殯。

國朝

濮宗元妻胡氏，廣德人。歸濮未幾，鄰有金木匠頻挑之，氏嚴拒。一日，越嶺詣伯姆家，金瞰知，持斧候於山僻，脅不從，遂被害。康熙年旌表。

王氏女，名小姑，建平人。許字宗茂松，未婚夫殞，女聞訃即絶粒，夜則閉幃篝燈，密製衰絰。如是三日，伺母、弟皆寢，乃更衣，將元聘禮帖、釵鈿納懷袖投繯死。宗氏迎櫬與茂松合葬焉。雍正九年旌表。

岑達觀妻潘氏，建平人。達觀祖母朱、母烏，俱早寡守節，潘又寡無子。時烏氏病，朱氏年老矣，曰：「吾不忍再見少年寡婦侍側也。」密諭其父迎歸，任擇所之。父托鄰媪自以其意微動女，女志斬然。久之，私怪其姑杳不通問，而數聞人言再醮利益，悲憤欲歸姑家，鄰媪因明告姑意。乃大慟自縊，救甦者再。朱聞之，亟迎歸，與兩世孀姑相守以歿。

六安州

明

趙軏妻周氏，六安人。正德壬申，流賊掠周氏去，周紿之曰：「家有金珠，請歸取之。」至家，携子女投水死。

庠生(邱)〔丘〕民法妻張氏，六安人。賊掠欲污之，死不可奪。及覓得其尸，刀痕遍體，兩手堅握中衣。至殮，力撥其手不能開。

謝天爵妻陳氏，六安人。遇賊，賊欲掠之去，氏奮駡不從遇害。

失名女，六安人。賊猝至，避不及，爲賊所執，大駡不辱被殺。

貢生鄧我榮妻馬氏，英山人。年十九，避流寇於羊角山被執，不辱而死。

鄧君衡妻王氏，六安人。夫亡，紉衣密縫，從容自盡，投繯之後，顔色如生。

張九叙妻鄧氏，六安人，夫亡身殉。

黄文議妻潘氏，霍山人。夫亡，自經於棺側。

國　朝

邵型妻劉氏，六安人。夫死殮畢，遂閉户自經死。雍正八年旌表。

趙碩孝妻胡氏，六安人，殉夫死。

泗州

宋

王宣妻曹氏。建炎中，盗馬進焚掠臨淮，宣要曹氏避之，曹曰：「婦人不出閨門，君請自往。」賊至，宣避之，曹卧牀不起。賊劫持之，大駡不屈被害。

張同朱妻陳氏，泗州人。歲饑，就食青陽，夫鬻之於虹縣李簡。氏通身密縫，至簡家，以剪刀自刺死。

陳旺妻劉氏，泗州人。旺殁，劉不食十餘日死。

明

青陽民妻，失其姓。夫以官逋繫獄，久不得出。妻曰：「鬻我於遠商，庶可不偕亡也。」夫從之。既成券，痛哭分袂，夫得生，氏赴水死。

副使王養正妻張氏，泗州人。養正官副使，死於任，氏聞訃絶粒七日死。

張箕妻李氏，五河人，夫亡自縊。

何氏女，泗州人。年十一，父貧，鬻女誤入於娼家。歲餘，女始悟，歎曰：「生而不良，不如死之爲愈。」遂引刀自刎。太守楊遜表之。

俞潭女，泗州人。年十七。正德間流賊犯境，女被執，抗顏峻詞，義不受辱。賊以兵懼之，罵曰：「吾良家女，豈汝狗盜偶邪？」賊怒，叢刺之，至死罵不絶口。州人爲立祠。

劉大文女，泗州人。有强暴毆其母，闌入閨房，女見勢急，以身蔽之不能止，且横罵焉，女曰：「吾處子也，焉有受人毆辱，尚靦顔求活哉？」不食死。

何雄二養女，盱眙人，長名春景，少名進喜。雄逼爲娼，二女聯臂投淮。數日，逆流雙浮水面，顔貌如生。本縣申請建祠致祭。

周六韜妻陳氏，盱眙人。年二十三，韜死，子幼，守節事姑。姑亡，有迫之他適者，遂縊於寢室。事聞建坊。

胡貞啓妻侯氏，盱眙人，夫死自縊。建烈婦碑於津泥集。

周夢熊女，盱眙人。婿有廢疾，欲易婚，女聞自經。

袁領女，盱眙人，遇賊至不辱死。

樊九錫女，盱眙人。賊至，不辱罵賊死。

劉植妻朱氏，盱眙人。歲飢家貧，夫令改嫁，不從自縊。

趙靠妻顔氏，盱眙人。歲旱飢甚，夫逼氏嫁，不從經死。

吕氏，盱眙人。姑老家貧，夫逼改嫁，赴水死。

蔡氏女，天長人。許字潭長，長病，迎之歸，曰：「吾鬼籙中人，不忍復點若身，若以兄事吾。待吾死，得至易簀，吾瞑目矣。」蔡侍湯藥六閱月。長死，遂自經。

王蔡子婦胡氏，天長人。蔡灌園城北，子亡，胡年二十餘，其姑欲嫁之，乃自沈於河，得救，歸母家。異日，姑爲季娶婦召還，氏謂姑曰：「婦有夫服不祥，應暫避。」闔户自經。

袁婦楊氏，天長人。年十六，袁貧甚，欲驅爲娼，楊不從。捶楚備加，自縊死。

王漢妻徐氏，天長人。漢貧他出，徐於野田採蘋而食。豪强葛爽欲私之，强裂其裾，徐泣曰：「吾婦人也，何辱至此！」遂縊死，爽亦暴卒。

張德妻周氏，天長人。夫亡，養姑撫女。姑有疾，刲股救愈。有豪鄰欲逼娶之，氏斷髮自刎。

胡錦妻林氏，天長人。錦亡，撫孤守節。鄰人欲强娶，氏剪髮投井。知縣楊州鶴表之。

萬崐妻陳氏，天長人。夫死家貧，遺孤四歲，氏常枵腹以育之。後子溺死，遂自縊。

李文茂女，五河人。女幼孤，母沈守節，贅婿相依。婿亡，有欲逼改嫁者，遂自經死。

沈一經妻曹氏，五河人。流寇壓境，爲賊執，氏不從。露刃脅之，復引弓作欲射狀，氏怒罵曰：「刃且甘受，何畏射？」賊怒解其體。

聶鼎妻姚氏，五河人。嘉靖癸丑，被賊執登舟，氏度不免，紿賊曰：「業已相隨，但乳兒在岸，棄之不忍。」賊信之。氏登岸，躍入急流中死。

孫鑾女，五河人。母朱氏卒，鑾繼娶李，携前夫之子鄭州兒同居。州兒欲私之，女訴於姊曰：「彼敢辱我，必刃之而後死！」一日，州兒紿母他出，調女，女佯諾，使閉門，遂殺之，女亦自刎。事聞，建祠立坊旌表。

張五教妻沈氏，五河人。適張二十五日夫歿，扃户自經。

歐伯鎮妻戴氏，五河人。年十八夫歿，哀泣視殮畢自經。邑令表之。

宋雲雁妻盛氏，五河人。年十七，夫亡自經。萬〔歷〕〔曆〕間旌表。

王序禮妻丁氏，禮弟序爵妻郭氏，五河人。序爵爲賊殺，郭方懷孕，及生子閲月，投繯死。嫂丁氏適生女，丁不忍侄之無養，遂棄女乳之。後序禮死，丁守節撫侄成立。

都尚禮女，五河人。幼許字桑氏子，桑家貧，有惡疾，尚禮議改適，女聞之投繯死。

瞿氏女，天長人。許字董君兆，未嫁。崇〔正〕〔禎〕十年，流賊猝至，女自度不免，遂刎頸死。

李準妻胡氏，天長人。準不才，以氏償逋，氏曰：「我豈事二夫哉？」自經死。

苗百壽妻張氏，天長人，張僉憲孫女。值流賊至，見氏欲執之，母稽首乞哀，賊殺之。旋牽氏臂，氏駡曰：「賊奴辱我手，速斷去！」寇怒，臠磔其軀。時溽暑，家犬爲守其尸不去，他犬入，則嗥吠逐之。後家人收葬，膚體猶香。

鍾淳女，天長人。年十六，許聘繆一元。夫亡，女哭泣不已，父母解之曰：「當擇良子配汝。」女垂首不應。母强問之，曰：「雞乎？犬乎？吾人也。許一而已。」一日，取繆氏聘物焚之，自縊死。歸其尸於繆合葬焉。

胡氏女，天長人。許字未婚，夫死，自縊以殉。

周氏女，天長人。許字潘明，未適夫夭，女願奔喪，不果。伺母炊，自經死。

歐纘修妻鄒氏，五河人。纘修赤貧，氏勤儉相夫。崇（正）〔禎〕十年，流賊破城，擄氏逼辱，不從。賊刃之，至死猶罵賊。

李應元妻陸氏，五河人。流賊犯五河，應元被擄，氏聞，奔賊營泣告，願留己而遣夫，賊欣然從之。應元猶不忍去，氏謂曰：「夫死，妾亦必爲所擄，俱死無益也。」頃之，夫遁已遠，遂奪刃自殺。

鄒述孔妻張氏，五河人。流賊破城，遇氏，以手拽之，大罵被殺。

石守仁女，五河人。年十七，質美而性莊。流賊突至，父母逃死，女被執。逼辱之，女抱槐樹，厲聲罵賊。賊怒，使數人牽之，不解。斷其兩手，罵如初。又斷其足，愈罵不絕，痛仆地。賊褫其衣，女嚙賊指斷其三。賊眾擁薪焚之，後所焚地血痕點點，遇雨則燥，暘則濕。

張大漢妻郭氏，五河人。歸張月餘，流賊入境，俱被執。將刃大漢，氏抱泣，賊捨大漢而拽氏。欲逼之，氏趨投河，水淺不能溺。賊撈救，氏大罵，兩手持淤泥沙石向賊憤擊。賊怒，并其夫支解焉。

孫天祿女，五河人。崇（正）〔禎〕十七年，遇兵觸刃死。

臧某妻石氏，泗州人。流寇至被擄，厲罵不辱，賊怒支解之。

國朝

王臣賡妻齊氏，盱眙人。年十九，賡暴病而亡，氏遂自縊。順治間旌表。

楊三魁妻馮氏，盱眙人。强暴逼奸，不從投水死。

姚心妻李氏，盱眙人，夫死自縊。

烈婦蔡氏，天長人。

王天祥妻趙氏，泗州人。夫溺洪澤河，氏聞，密紉内外衣投淮死。

石氏，盱眙人。爲强暴逼辱殺傷，夜沈淮水中，三日後尸浮水面。

方大成女，五河人。許字丁象觀子，未適婿亡，女求死殉，父母固防之，女遂不復言。久之，見媒嫗往來相繼，女窺知其意，至晚閉閣投繯死。

倪景妻王氏，泗州人。夫客死，氏聞絶粒。母迎歸，勸慰之。數日泣辭歸，自經死。

以上康熙間旌表。

白三妻謝氏，五河人。夫雇工於沈簡升，簡升累次强奸，氏不從，自刃以死。雍正三年旌表。

周森女，盱眙人。許字來安業覲光，未婚。覲光死，女聞投繯以死。雍正九年旌表。

宋尚義妻俞氏，泗州人，夫亡赴水死。

胡尚德女，泗州人。年十四，割股救母。許聘楊三極，極爲人傭工，死於梅城。父母欲更卜婚，女曰：「願歸婿骸葬之，乃相從。」父母取婿柩歸，及葬往拜奠，歸自經死。

王氏女，泗州人。年十九，夫宋弼貧不能娶，聞弼病卒，氏服喪百日自縊死。

江南通志卷一百八十二

人物志

列女　完節一

江、蘇二府

江寧府

宋

劉虎妻王氏。虎爲觀察使，自廬州徙居建康，拒元兵於五河，中矢洞腹而死。氏守志五十餘年。

虎子裕妻郝氏，孫應麟妻亦郝氏，皆早寡守節。

王友筠妻李氏，句容人，淳祐年旌表。

元

李成妻周氏，上元人。

劉英傑妻吴氏，上元人。

劉祐妻馬氏，上元人。

王元壽妻楊氏，上元人。

張和妻黄氏，溧水人。

以上俱守節旌表。

明

何官童妻汪氏，上元人。母病刲股，夫亡守節。

李志妻孫氏，上元人。

李純妻屈氏，上元人。

蘇官福妻薄氏，上元人。

田二妻王氏，上元人。

黄公受妻龔氏，上元人。
陳安兒妻汪氏，上元人。
奚善才妻顧氏，上元人。
劉受妻楊氏，上元人。
陳保兒妻吴氏，上元人。
劉留住妻倪氏，上元人。
鄧信妻魏氏，上元人。
伊端妻魏氏，上元人。
楊阿庇妻陳氏，上元人。
楊氏，佚夫名姓，江寧人。
李老哥妻孫氏，江寧人。
沈氏，佚夫名姓，江寧人。
于氏，佚夫名姓，江寧人。
孫敏妻喬氏，江寧人。
唐思敬妻尤氏，江寧人。
庠生陳福妻俞氏，江寧人。

趙壽妻吕氏，江寧人。

羅受童妻倪氏，江寧人。

舉人任忱妻焦氏，江寧人。

徐昱妻錢氏，江寧人。

葉阿僧妻張氏，江寧人。

陳阿福妻秦氏，江寧人。

張純妻龔氏，江寧人。

王關孫妻言氏，江寧人。

陸阿葛妻倪氏，江寧人。

趙春妻吕氏，江寧人。

周稱住妻張氏，江寧人。

徐真保妻朱氏，江寧人。

孫成道妻徐氏，江寧人。

徐鳳岐妻王氏，江寧人。

王應鳳妻顧氏，江寧人。

張五妻俞氏，江寧人。

李佛保妻胡氏，江寧人。

夏齊周妻董氏，江寧人。

童鉉母張氏，江寧人。

黄益妻梅氏，江寧人。

方翰妻盛氏，江寧人。

生員張光世妻康氏，江寧人。

李長庚妻唐氏，江寧人。

陳鎧妻王氏，江寧人。

庠生陳河洛妻王氏、側室尹氏，江寧人。王年十八，尹年十五，夫以割股救母創死，王斷髮截耳置棺中，與尹同守節。

朱約妻石氏，句容人。

笪元善妻鄧氏，句容人。

徐尚學妻趙氏，句容人。

曹哻妻張氏，句容人。

馬壽春妻王氏，句容人。

譚謙妻王氏，句容人。

孔士傑妻許氏，句容人。
陳儀之妻魏氏，句容人。
張德清妻周氏，句容人。
舉人武尚訓妻王氏，溧水人。
陳時美妻蕭氏，高淳人。
楊紹春妻王氏，高淳人。
葛善三妻劉氏，高淳人。
孔昌妻劉氏，高淳人。
李德祚妻章氏，高淳人。　封股愈夫，夫亡守節。
陳時召妻張氏，高淳人。
生員吴近伯妻施氏，高淳人。
孔尚武妻陳氏，高淳人。
劉開宗妻李氏，高淳人。
趙思訓妻狄氏，江浦人。
嚴師心妻蔡氏，六合人。
高仲良妻張氏，六合人。

吴達妻俞氏，六合人。

趙思訓妻張氏，六合人。

生員朱思近妻弓氏，六合人。

丁允恭妻洪氏，六合人。

丁尚彬妻解氏，六合人。

馬鑑妻江氏，六合人。

郭盟妻徐氏，六合人。

厲暟妻徐氏，六合人。

林寶妻許氏，六合人。

楊祖壽妻余氏，府軍衛人。

以上皆受旌表。

吴仁妻馬氏，上元人。年十八夫亡，奉姑教子，兵過相戒無敢犯。壽百有二歲。

王嘉相妻殷氏，上元人。

王以材妻狄氏，江寧人。

張治妻武氏，江寧人。

謝瑜妻張氏，江寧人。

庠生劉芳遠妻林氏，江寧人。

張逸妻孫氏，句容人。初，張、孫二家俱娠，遂訂婚。逸年十歲而父死，舉家謫戍，逸隨母往。稍長，母命還鄉就婚。氏之父欲負約，氏不可，曰：「娠而許之，患難而棄之，非人也。」卒歸逸，遂從之成所。

王梁妻端木氏，溧水人。早寡，撫幼孤成立。娶婦生孫，襁褓之中，子、婦相繼卒，又撫孫成立。苦節七十餘年，壽九十有六。

陳忠妻王氏，江寧人。忠守交趾戰没，氏年二十三，與其父携二幼女登竹筏求忠尸殮之，扶柩南歸。以苦節終。

史可模妻李氏，順天人，故相國可法之弟婦。夫亡，長跪夫柩前，號泣五晝夜。垂死，父母力勸乃止，奉孀姑來江寧。姑病篤，刲股療之。有要人聞其賢，遣官往聘，脅以危言，氏乃割耳、截鼻拒之。

史存守妻趙氏，子媳徐氏，俱高淳人。

劉定濤妻葉氏，高淳人。

孫可大繼妻王氏，高淳人。

史汝華母王氏，高淳人。

以上皆守節數十載。

國朝

邢道悌妻袁氏，高淳人。悌卒，子甫彌月，氏囓指血自誓靡佗①。

生員朱圻妻盛氏，江寧人。

江良機妻徐氏，江寧人。

梁資生妻顧氏，江寧人。

汪仕禹妻朱氏，江寧人。

張文科妻鄭氏，江寧人。

太學生沈啓元妻葉氏，六合人。

袁日近妻邢氏，江寧人。年十八寡，生遺腹子名鳳池，撫養成立入泮。

陳鳴霄妻邢氏，高淳人。年十七適霄，逾年霄卒，百苦備嘗，養姑課子。壽至八十三歲卒。

生員陳鳴鶴妻李氏，高淳人。甫生子夫歿，或勸之改節，氏曰：「不見我邢母乎？」姑歿，禮葬。撫子入庠。

以上順治年旌表。

① 「佗」，《四庫》本作「他」。

袁士奇妻魯氏，上元人。事舅姑盡孝，撫兩孤親自訓督。

姚震妻張氏，上元人。

李順妻林氏，上元人。

許國柱妻張氏，江寧人。守節清貞，持家盡瘁。

生員徐名貽妻張氏，江寧人。

金士文妻汪氏，江寧人。十九歲寡，守志終身。

監生蔣宗藩妻曹氏，江寧人。

傅懋哲妻孔氏，高淳人。夫死，撫孤守節。

庠生王思誠妻張氏，高淳人，撫子薇仕温縣知縣。

金振昂妻楊氏，高淳人。早寡，力貧茹苦守節。

趙世輔妻梁氏，江浦人。喪夫無子，紡績奉養翁姑，苦節自守。

欒仁侯妻劉氏，江浦人。事繼姑以孝聞，撫嗣子克成立。

以上康熙年旌表。

孔衍岳妻沈氏，高淳人。夫病劇辭婚，氏曰：「我願死作孔氏之鬼。」及歸孔二載而寡，立嗣守志，紡績事姑。年八十五卒。雍正元年旌表。

談明寰妻陶氏，上元人。

吴永熾妻程氏，上元人。

吕雋公妻張氏，上元人。夫死，藉針指養舅姑，守節四十八年。

貢生武遴瑁妻李氏，江寧人。

舉人方宣嚴妻何氏，江寧人。苦節四十三年，奉高堂、訓子女，悉中禮節。

生員鄭詠妻俞氏，江寧人，矢志守節四十八年。

甯琪妻蔣氏，江寧人。夫亡，葬祭以禮，撫子成立。

楊明介妻汪氏，江寧人。少寡守志，辛苦備嘗歷四十年。

生員周家璜妻王氏，句容人。夫死欲殉，念遺孤在抱，撫之守節。

李昌焕妻戴氏，句容人。年十八夫亡，絶粒欲死，因有遺娠，翁姑諭以存，後乃受命。連事繼姑，俱以孝聞。

湯子韜妻陳氏，句容人。夫亡欲死，翁姑諭以孤兒何托，遂撫孤成立。

生員趙甡妻傅氏，句容人。夫亡無子，立侄以延夫後。守節五十三年。

以上雍正二年旌表。

生員徐必選妻周氏，江寧人。夫亡殮畢，將自經，恍惚見朱衣人呵止之，因昏仆地，救甦。苦節，課三子皆成立。

周爾恒妻沈氏，江寧人。早寡，撫孤成立。

劉霈妻顧氏，江寧人。十九歲寡，事姑孝，訓嗣子嚴。

生員劉炎妻曹氏，江寧人。事姑孝，教子嚴整有方。

蕭文耀妻張氏，江寧人。

顧廷樞妻陳氏，江寧人。

高拱誠妻梅氏，江寧人。

監生吳敷政妻駱氏，句容人。

以上雍正三年旌表。

儒士胡文曜妻陳氏，明大理寺評事舜仁女，上元人。年二十一夫亡，遺孤陽生纔八月，守志七十年卒。氏幼秉家教，事姑教子，閨門整肅。明季歲饑，出奩資起屋百餘間，以業餓民。孫曾科第聯綿，任輿大魁天下。及今十世同居，皆母德留貽也。

詹以言妻楊氏，江寧人。守節三十八年。赤貧，十指養姑，撫幼子聰成立。

吳森妻景氏，江寧人。夫歿，撫孤子成立。年九十一卒。

王文彬妻張氏，江寧人。年十九而寡，誓死守節，久而彌堅。空閨獨處，一婢子侍側，雖子侄亦罕見其面。

唐世奇妻李氏，江寧人。

曹明禮妻吳氏，江寧人。

金佩珠妻張氏，江寧人。
監生孫大成繼妻任氏，江寧人。
張祉公妻吴氏，江寧人。
周國鎮妻程氏，江寧人。
陳新治妻裴氏，江寧人。少寡，奉事翁姑備極誠孝，守節課二子弘祚、弘禩，勤儉成家。
以上雍正四年旌表。
錢景祥妻姜氏，上元人。守節五十餘年，撫遺腹子士揚成立。卒後有白烏營巢於墓門，鄉里閭咸以爲貞孝所感。
汪詢益妻方氏，江寧人。夫亡守志，事舅姑以孝著。
朱純滙妻周氏，江寧人。撫嗣子長成，畢生勤儉。
生員王楫妻朱氏，江寧人。孝事孀姑，冰霜獨凛，守節四十五年。
宋尚質妻金氏，句容人。適夫十月寡，撫遺腹子以存夫後。
生員王璽妻朱氏，句容人。
陳有能妻邢氏，高淳人。夫没，家貧，孝養翁姑盡禮，撫孤成立。守節四十餘載。
曹良鵬妻魏氏，高淳人。勤紡績，奉養翁姑。
王一祚妻孔氏，高淳人。早歲孀居勤苦，奉養翁姑滫瀡不缺，撫繼嗣有成。

魏昌隆妻李氏，高淳人。夫病三載，侍奉不怠。夫故後，孝養舅姑，撫育幼子。

陳天柱妻卞氏，高淳人。夫没後，事翁姑益謹，撫遺腹子教養成立。

楊貽度妻孫氏，高淳人。侍夫疾病，艱苦備嘗。矢志守節，撫孤成立。

甘振圖妻陳氏，高淳人。夫亡後，孤兒方在襁褓，撫育五歲而殤，即撫姒之次子爲嗣，恩如己出。

監生邢蔭錦妻孔氏，高淳人。孝事翁姑，撫孤成立。奉養舅姑，惟資紡績。

何廷蛟妻鄭氏，高淳人，撫孤守節。

何朗然妻劉氏，高淳人。孝事翁姑如子，撫嗣子如己出。壽八十餘而卒。

强萃甫妻陸氏，六合人。

劉嘉蔭妻齊氏，溧水人。

趙尚詒妻吕氏，溧水人。

以上雍正五年旌表。

紀坤妻（邱）〔丘〕氏，上元人。夫死欲殉，念舅姑及遺孤無倚，茹荼守節。

彭文燦妻夏氏，江寧人。

周思顔妻張氏，江寧人。

夏明長妻陳氏，句容人。

許震妻徐氏，句容人，撫子官至御史。

孔一傳妻汪氏，高淳人。事翁姑克盡婦道，教育嗣子入邑庠。

生員陳相綬繼妻徐氏，高淳人。事姑孝，教子嚴，勤儉治家。

孔衍家妻鄧氏，高淳人。夫亡家貧，撫二子紡績資生。

生員陳景綬繼妻夏氏，高淳人。

監生陳國錦妻邢氏，高淳人。事孀姑盡孝，教嗣子遊庠。

葛自新妻劉氏，高淳人。竭力事翁姑，撫嗣子有成。

葛自巍妻禹氏，高淳人。撫孤守志，仰事俯育，悉取辦於十指。

以上雍正六年旌表。

蔡雲程妻王氏，上元人。

王志燦妻余氏，上元人。

王銓妻陶氏，上元人。

生員吳芃妻方氏，江寧人。

生員李之賓妻汪氏，六合人。

生員李廷基妻鄧氏，六合人。

監生汪士儆妻濮氏，六合人。

許世英妻李氏，六合人。

以上雍正七年旌表。

監生羅興濂妻徐氏，上元人。

吴士純妻陳氏，江寧人。

汪文璽妻舒氏，江寧人。

周邦憲妻史氏，高淳人。

王章妻尹氏，溧水人。

監生戴重慶妻章氏，溧水人。

張盛甫妻何氏，六合人。

以上雍正九年旌表。

馮佐妻吴氏，上元人。夫客死於外，家貧，氏茹荼守志五十餘年。

生員夏之玉妻劉氏，上元人。家貧，盡力孝姑，撫二嗣孤成立。苦節五十餘年。

徐必選妻曹氏，上元人。夫病，鬻簪珥以供醫藥。夫亡，治女紅以供衣食。口授諸孤以經書。子佩爲名諸生，孫元肅登賢書，皆奉氏遺教也。

生員張奇標妻朱氏，江寧人。夫亡，子繼燦僅一齡。娶婦生孫元勛，燦又夭，氏與婦同撫孤孫。

周渭漁妻姚氏，江寧人。夫亡無子，立侄爲嗣，侄又夭。氏敬事翁姑，喪葬盡禮。

張可恒妻吴氏，江寧人。夫亡兩月，遺腹生子志尹。事姑三十六載，姑殁，喪葬盡禮。

易天恩妻王氏，江寧人。夫亡守志，撫遺腹子成立，葬翁姑皆成禮。

王新煜妻阮氏，江寧人。生前明萬（歷）〔曆〕間，守節六十二年。撫遺腹子知中歷練成家。事詳縣志。

徐文選妻王氏，江寧人。夫亡守志，教訓四子有方，咸能成立。

葉弘忠妻謝氏，溧水人。夫亡矢志，奉翁姑盡禮，撫嗣子成立。

生員陳魯妻孔氏，高淳人。氏嫻禮法，夫與二叔舌耕治生，氏奉舅姑盡婦道。夫殁後，二叔亦相繼亡，氏勸二姒哭毋慟，恐傷舅姑心。共撫子侄，無偏厚焉。

儒童陳正妻曹氏，高淳人。夫亡，截髮一束，入棺自誓。事翁姑膳必精潔。見翁姑思子，婉容勸慰，而妯娌時見有淚痕。

儒童陳浩妻王氏，高淳人。撫彌月孤成立。足不出户，守節二十九年。

生員尚懋官妻金氏，江寧人，舒城教諭金標室女。歸江浦尚懋官，懋官臨終囑氏孝事二親，撫愛幼弟。氏欲身殉，勉從守志。

朱維祖妻何氏，江寧人。事姑盡孝，勵節撫孤子琛、璉、璋皆成立。

解自書妻陳氏，上元人。

戎國鯉妻王氏，江寧人。

歐陽鈖妻潘氏，江寧人。

莫世興妻姜氏，江浦人。

蕭枝馩妻姚氏，溧水人。

楊懋中妻孫氏，高淳人。

楊懋藹妻濮陽氏，高淳人。夫亡苦節，孝翁姑，撫遺腹子，積勞二十二年，嘔血而歿。

楊復齡妻李氏，高淳人。夫亡無子，侄生甫彌月，立爲後。四齡而殤，氏欲自盡，族人念其誠，復立一孫以延祀。

童懋仲妻孔氏，高淳人。

陳開慧妻孫氏，高淳人。

孔毓閏妻邢氏，高淳人。

張三祝妻成氏，江浦人。

以上雍正十一年旌表。

張玉貴妻吳氏，上元人。

王輻妻聞氏，上元人。

劉上國妻夏氏，上元人。

胡元臣妻傅氏，上元人。

馮起龍繼妻李氏，上元人。

徐必成妻袁氏，江寧人。

以上雍正十二年旌表。

沈天長妻吴氏，上元人。

方葵妻朱氏，上元人。

伍虞九妻哈氏，江寧人。

商雨公妻姚氏，江寧人。

任牧妻張氏，江寧人。

張文元妻李氏，江寧人。

談如玉妻張氏，江寧人。

吴待士妻孔氏，高淳人。歸吴三載，夫病篤，氏刲股救之，不痊卒。後父母欲其歸寧，不可。又嘗刲股以療其姑。

王廷槐妻童氏，高淳人，少寡守節。姑病，刲股以進，立愈。

張大甐妻李氏，高淳人。大甐病危，氏割股和藥以飲之。姑老失明，朝夕侍奉不離左右。撫遺腹子成立。

以上雍正十三年旌表。

沈嘉訓妻俞氏，上元人。孝養舅姑，苦節六十餘年。子祖壽，辛未武進士。

生員梁金銓妾楊氏，上元人。生子二齡銓歿，未幾子亦死。氏竭力立嗣，矢志靡佗，苦節五十年。

延澤遠妻葉氏，上元人。少寡，孝奉孀姑，歷備艱苦。

通判郭景巒妻羅氏，上元人。

張謙六妻王氏，上元人。夫亡，撫幼子成立。年八十九卒。

張埴妻汪氏、妾韓氏，俱上元人。埴死，汪年二十八，韓年十八，共撫嗣子成立。

生員程位妻吴氏，上元人。少寡，事翁盡禮，撫三子成名。

吴臨皞妻錢氏，上元人。

徐友一妻藍氏，上元人。

汪廷堅妻冷氏，上元人。

李一讓妻王氏，上元人。

梁世烈妻王氏，上元人。

曹泰妻周氏，上元人。

吴執中妻成氏，上元人。

王毓秀妻白氏，上元人。

孫恕先妻李氏，上元人。

李元馨妻孫氏，上元人。

張大受妻宋氏，上元人。

陸醫士妻郁氏，上元人。

張汝吉妻王氏，上元人。

李薦可妻王氏，上元人。

賈廷紳妻況氏，上元人。

監生鄧璪妻李氏，上元人。

林九瞻妻李氏，上元人。

徐敦一妻姚氏，上元人。

馮進妻謝氏，上元人。

張國祥妻馮氏，上元人。

徐冠吴妻宋氏，江寧人。撫孤子惺成進士，官湖北布政。

生員唐仲熊繼妻張氏，江寧人。歸唐一載而寡，撫孤六歲而殤貧無依歸母家，苦志守節。

曾開可妻劉氏，江寧人。早寡，誓死靡佗，撫遺腹子成立。

談自新妻馬氏，江寧人。年十七，歸談一年夫亡，無子，堅志守節。

梁景堂妻周氏，江寧人。少寡家貧，奉孀姑盡孝，憑女工以度日。撫兩孤娶婦生孫，治家有法。苦節六十載。提學鄧鍾岳給「松貞柏勁」匾額。

監生汪祖昇妻吴氏，江寧人。年少孀居，節操凛然。事姑孝，教三子皆成立。閫政整肅，鄉里稱之。

何集妻郁氏，江寧人。其女適張錫，亦以節著。

候選知縣林師求妻韓氏，江寧人。孝事舅姑，撫孤成立。

馬驥妻楊氏，江寧人。

涂必遴妻張氏，江寧人。

張弘矩妻金氏，江寧人。

藺藻妻費氏，江寧人。

劉道立妻顧氏，江寧人。

胡修準妻王氏，江寧人。

卞國南妻賈氏，江寧人。

鄒大成妻芮氏，江寧人。

鄒儒珍妻曹氏，江寧人。

生員李林妻蔡氏，江寧人。

宋彦昭妻江氏，江寧人。

縻廷縉妻薄氏，江寧人。

張繼白妻陳氏，江寧人。

許泥水妻李氏，江寧人。

吴淑妻俞氏，江寧人。

薄履培妻鄭氏，江寧人。

劉敦妻趙氏，江寧人。

夏仲廣妻朱氏、子良積妻高氏，俱句容人。

庠生李英妾陳氏，句容人。少寡，撫三月孤日煦入太學。

魏振英妻雍氏，句容人。早寡，撫嗣子，孝姑嫜，備嘗荼苦。

周克經妻葛氏，高淳人。

周克聖妻李氏，高淳人。

周士剛妻王氏，高淳人。

周應心妻李氏，高淳人。

秦耀先妻孟氏，溧水人。

司徒國章妻王氏，溧水人。

以上皆少年守節，歷數十載。

蘇州府

漢

孫奇妻范氏，長洲人。年十八，夫亡，父母將迎還家，氏乃割耳鼻，謂曰：「父母以我年少色美，故有異圖。今已殘矣，迎將何往？」乃止。

沈伯陽妻顧氏，長洲人。少寡，父陰納人聘，氏割耳止之。

三國　吴

張白妻陸氏，長洲人，績女。嫁甫三月，白坐兄温事廢徙，誓死不再適。姚信表云：「蹈履水火，志凛冰霜。」

元

王廷用妻滕氏，長洲人。孀居，以禮自持。嫁女不登其門，遇娶婦不預婚宴。年八十七終。

陳熙載妻張氏，吴江人，夫亡守節。大德二年旌表。

明

張新妻華氏，長洲人。
張彦達妻胡氏，長洲人。
張得妻顧氏，長洲人。
鄉貢樓紹妻王氏，長洲人。
張成妻唐氏，吴縣人。
姚榮妻黄氏，吴縣人。
陳可久妻孫氏，吴縣人。
吕元哲妻錢氏，吴縣人。
劉彦敬妻阮氏，吴江人。
查華二妻楊氏，吴江人。
陳剛妻錢氏，昭文人。
季益妻李氏，昭文人。
嚴華妻陶氏，昆山人。
范安妻淩氏，昆山人。

水德妻李氏，昆山人。

以上洪武年旌表。

蔡仲彬妻夏氏，吴縣人。

印仲彬妻周氏，吴縣人。

訓導王永年妻陸氏，長洲人。

陳彦良妻金氏，長洲人。

以上永樂年旌表。

戴君用妻吴氏，吴縣人。

王友諒妻陳氏，昆山人。

趙學遜妻徐氏，長洲人。

以上宣德年旌表。

俞毓妻狄氏，吴縣人。

杜德潤妻顧氏，吴縣人。

姚宗敏妻盛氏，吴縣人。

諸士賢妻祝氏，吴縣人。

仰餘澤妻張氏，長洲人。

華季謀妻張氏，長洲人。
韓伯濟妻張氏，長洲人。
陳守恒妻陸氏，常熟人。
陳復妻鄒氏，常熟人。
王永仁妻莊氏，常熟人。
吴充存妻陳氏，常熟人。
吴本妻林氏，常熟人。
俱正統年旌表。
周公美妻劉氏，長洲人。景泰年旌表。
陸塤妻浦氏，長洲人。
范忠妻淩氏，吴江人。
朱亮妻陳氏，常熟人。
錢悦妻徐氏，常熟人。
張元甫妻楊氏，昆山人。
以上天順年旌表。
郁信妻矯氏，吴縣人。

蘇倫妻陸氏，吴縣人。

顔鎡妻吴氏，吴縣人。

陳頤妻華氏，長洲人。

王公著妻吴氏，長洲人。

魏公晋妻尤氏，常熟人。

蕭貴妻吴氏，長洲人。

蔡克温妻淩氏，常熟人。

徐元亮妻曹氏，常熟人。

錢景暘妻鄒氏，常熟人。

錢鎡妻包氏，常熟人。

錢景豫妻徐氏，常熟人。

祝晨妻錢氏，常熟人。

顧希秀妻胡氏，常熟人。

刑部主事盧瑛妻夏氏，昆山人。

以上成化年旌表。

李芳妻傅氏，吴縣人。

王昂妻唐氏，長洲人。
進士顧竑妻杜氏，吴縣人。
杜弘妻皇甫氏，長洲人。
錢承恩妻周氏，常熟人。
夏衡妻吴氏，昆山人。
進士張經妻龔氏，昆山人。
鄭友光妻朱氏，昆山人。
趙繼妻王氏，吴江人。
以上弘治年旌表。
顧應祥妻朱氏，吴縣人。
吴嵩妻沈氏，吴縣人。
俱正德年旌表。
顧昂妻范氏，吴縣人。
徐昇妻袁氏，長洲人。
龎榮妻顧氏，吴江人。
龔泰妻張氏，常熟人。

蕭綸妻顧氏，常熟人。
朱鉉妾葉氏，常熟人。
王時雨妻項氏，昆山人。
以上嘉靖年旌表。
張秩妻陳氏，長洲人。
吴羽妻張氏，昆山人。
俱隆慶年旌表。
陸某妻浦氏，吴縣人。早寡，撫孤子桂成立。桂至孝，母失明，日夜禱於周孝子祠，母目復明。事聞，以母貞子孝同旌。
劉炳妻杜氏，吴縣人。
殷相儒妻錢氏，長洲人。
繆天秩妻張氏，吴縣人。
姚汝轍妻文氏，長洲人。少寡，善事兩姑，撫十月孤希孟成進士。
鄭之鑑妻袁氏，長洲人。
顧兩疏妻莊氏，長洲人。
徐桴妻龔氏，長洲人。夫亡守志。侍女吴氏亦不嫁，相依六十餘年。

龔淮妻施氏，長洲人。
陳子禄妻徐氏，長洲人。
徐伯妻湯氏，常熟人。
王湖妻錢氏，常熟人。
仲補之妻錢氏，常熟人。
蔣拭妻季氏，常熟人。
徐裕德妻葉氏，常熟人。
陳欽明妻華氏，常熟人。
周鏇妻王氏，常熟人。
錢順理妻徐氏，常熟人。
沈瑞妻胡氏，昆山人。
沈象賢妻王氏，昆山人。
葛偉妻周氏，昆山人。
顧履祥妻周氏，昆山人。
吴珊妻金氏，昆山人。
楊一夔妻顧氏，昆山人。

張鑌妻沈氏，吴郡人。

錢于介妻王氏，吴郡人。

金存妻邵氏，吴郡人。

迮應召妻陸氏，吴郡人。

曹樊忠妻王氏，吴郡人。

以上萬(歷)〔曆〕年旌表。

倪必裕妻徐氏，吴縣人。

顧天爵妻陸氏，吴縣人。

李名芳妻沈氏，吴縣人。

金永思妻陸氏，長洲人。

朱紱妻劉氏，長洲人。

陳三錫妻杜氏，長洲人。

汪大訓妻程氏，長洲人。

韋福謙妻郁氏，常熟人。

聞武妻顧氏，常熟人。

宗時妻章氏，常熟人。

王甘節妻支氏，吴江人。
迮應中妻李氏，吴江人。
董賓妻翁氏，吴江人。
王以明妻沈氏，吴江人。
李旦妻黄氏，吴江人。

以上天啓年旌表。

王某妻徐氏，吴縣人。二歲喪母，歸王爲養媳。夫亡，撫孤守節。
許明臣妻翁氏，吴縣人。
嚴林甫妻劉氏，吴縣人。
席時龍妻吴氏，吴縣人。
曹文明妻張氏，昆山人。
吴之望妻李氏、側室李氏，俱昆山人。
許氏三節：許自學妻褚氏，昆山人，天啓年旌。許自正妻王氏，許自立妻歸氏，俱昆山人。崇(正)〔禎〕年旌，里中稱爲「三節」。
周汝夔妻徐氏，昆山人。
夏有播妻沈氏，昆山人。

陳張蘊妻張氏，昆山人。

姜渭枝妻王氏，昆山人。

史必通妻仰氏，長洲人。

陶允潤妻王氏，長洲人。

嚴孟濟妻葉氏，長洲人。

申用明妻徐氏，長洲人。

錢世臣妻王氏，常熟人。

沈嘉猷妻陳氏，常熟人。

吴文䕫妻姚氏，常熟人。

趙祖美妻王氏，常熟人。

李謨妻謝氏，常熟人。

錢世顯妻徐氏，常熟人。

嚴樸妻金氏，常熟人。

陸崇禮妻王氏，常熟人。

許震妻徐氏，本江寧人，寓於吴。夫亡守節，教子成名，官御史。

王協嘉妻魏氏，昆山人。

高紹金妻趙氏，昆山人。

呂成性妻陳氏，昆山人。

戴褒之妻顧氏，昆山人。

徐應時妻諸氏，昆山人。

湯敏妻何氏，吴江人。

顧紹芳妻張氏，吴江人。

沈億妻吴氏，吴江人。

仲文第妻楊氏，吴江人。

王有德妻周氏，吴江人。

陸朝愷妻黄氏，吴江人。

梅熻妻屠氏，吴江人。

沈謙妻張氏，吴江人。

吴思誠妻倪氏，吴江人。

黄居堂妻沈氏，吴江人。

殷道成妻袁氏，吴江人。

何瑜枝妻張氏，昆山人。十七歲歸瑜枝，甫閲月，夫亡，守節六十年。

以上崇(正)〔禎〕時旌表。

楊愷妻淩氏，吴郡人。愷殁，所親議改適，淩剪髮斷指以示志。

徐銓妻朱氏，長洲人。早寡，教子汧成進士，伏闕陳情請旌。

吴鑛妻王氏，長洲人。夫亡，矢志守節，教子成進士。

朱寵妻陳氏，吴郡人。夫亡，姑强之嫁，斷指截髮，不食七日，卒從其志。

陸阜妻張氏，吴郡人。

劉嘉績妻顧氏，吴郡人。

蔣廷貴繼妻徐氏，吴郡人。

曹綬妻蘇氏，吴郡人。

陸糍妻何氏，吴郡人。

顧徵妻查氏，吴郡人。

楊廷樞繼妻費氏，吴郡人。

劉曙繼妻陳氏，吴郡人。

劉點繼妻都氏，長洲人。

吴怡春妻范氏，吴郡人。

朱氏雙節，皆朱文輝女，長洲人。長女秀芳，適劉乾。次女秀蘭，適徐雲程。芳一年寡，年十九。

蘭三年寡，年二十二。同居守節。

蔣氏雙節：長洲蔣煥妻楊氏，二十而寡。煥從子鰲亦早卒，其妻懷氏亦長洲人，相依苦節。

姚氏雙節：一姚祥妻李氏，一姚舜民妻吴氏，俱長洲人，少寡守節。

馮氏雙節：長洲馮旻妻蔡氏，十七歸旻，一年而旻卒，遺腹子時春，蔡苦志撫之。時春長，娶陸經女，逾年而時春又卒，生一子僅四月，陸守節如其姑。

章昆妻李氏，長洲人。

殷庚妻高氏，長洲人。

周倫妻蔡氏，長洲人。

史雲翔妻黄氏，長洲人。

顧君敏妻周氏，長洲人。

楊焞南妻蔣氏，長洲人。

顧廷槐妻毛氏，長洲人。

盛恩妻王氏，常熟人。

王迪妻蘇氏，名妙真，常熟人。少寡，有謀娶者，斷指以示志。

夏恕妻鄭氏，常熟人。恕爲四川布政使，死遜國之難，鄭没入官，將以爲妾，鄭因截兩耳，乞爲尼以終身。

程廷珮妻吴氏，常熟人。少寡，舅姑諷以改適，吴斷四指以示志。

葉氏三節婦：葉凱妻桑氏，名素安。凱患風痼，死於水，素安抱女投水，衣罥樹得不死。與姊素貞、嫂程蘭苦守。世稱「葉氏三節」。素貞適邑人陳宣，宣以割股救母病卒。素貞年二十二，荼苦終身。俱常熟人。

錢勳妾周氏，常熟人。歸勳未匝月勳死，族人欲嫁之，周操刀哭詈，卒完其志。

王室妾朱氏，常熟人。

王夢鼐妾張氏，常熟人。

錢文二妾曹氏、許氏，文死守節，俱常熟人。

朱氏四節：朱亮妻蕭氏，亮早卒，氏撫子嘉徵，娶婦許氏。嘉徵早卒，許撫子廷瑞，爲娶婦陳氏。廷瑞又早卒，陳撫子昌齡，聘韓氏。未婚卒，韓氏哭泣半載，亦死。稱「四世貞節」。俱常熟人。

譚景曜妻錢氏，常熟人。

錢世濟妻周氏，常熟人。

鄧顥妻錢氏，常熟人。

錢建武妻戴氏，常熟人。

孫邃徵妻張氏，常熟人。

潘紹宗妾金氏，昆山人。

唐士則妻曹氏，昆山人。夫客死，舅目眚，姑寢疾，扶持奉養無少怠。其喪葬皆如禮，人稱節孝。

陳可樂妻王氏，昆山人。孀居四十年，言動以禮。晚患目眚，醫至，却去之，曰：「吾手不能與人肦視也。」

鄭忠妻何氏，昆山人。少寡，舅姑皆八旬，遺二孤，紡織自給。舅姑歿後，喪葬以禮。課二子有成。氏年八十有三。子庚早卒，子婦沈氏亦少寡，守志撫孤。稱「一門雙節」。

沈仁妻楊氏，昆山人。年二十一夫亡，誓以身殉，溺水者再，皆救免。遂築連壙以示志，卒年六十。

張必昇妻陳氏，昆山人。年十八夫亡，誓不食。姑沈亦不食，相持數日，氏乃大慟曰：「姑弗食，我死姑矣。」勉復食，奉姑三十年姑乃歿。歸依母家，十指自給。御史旌門，歷二十四臺皆恤焉。氏壽登九十有六。

王佐妻陸氏，昆山人。

周存恒妻郁氏，昆山人。年二十夫亡。存恒故姓王，繼於周，病亟，周姓之黠者令郁別舍，欲恒殯王氏墓。郁携孤縮寢地而陳靈几，如是者十年，卒依王氏。晝夜緝績，以活盲姑，積所餘凡三十年，翁姑與存恒乃克葬。卒，年七十有三。

孫世昌妻范氏，昆山人。少寡守節，嘗割臂肉療姑病。

陳生妻馮氏，昆山人。年十九夫亡，生子甫三月，忍饑操作，撫孤子炤成立爲諸生。未幾，炤又死。苦節六十一年而卒。

鄭子方妻張氏，昆山人。未嫁時夫病不起，張矢志不二，父母乃義而嫁之。凡十三日夫亡，守貞四十二年卒。

蔣喆妻許氏，昆山人。

王原甫妻徐氏，昆山人。

王銀妻吴氏，昆山人。

張誥妻盧氏，昆山人。

丁潮妻許氏，昆山人。

陳志德妻龔氏，昆山人。

許承喆妻汪氏，昆山人。

鄒麟妻沈氏，昆山人。

任鳳鳴妻蘇氏，昆山人。

朱瑞禧妻顧氏，昆山人。

陳允恭妻周氏，昆山人。

顧升陛妻周氏，昆山人。

陸明孝妻全氏，昆山人。

王志周妻顧氏，昆山人。
王伯極妻沈氏，昆山人。
諸敏妻龔氏，昆山人。
歸紹唐妻俞氏，昆山人。
戴霖妻盛氏，昆山人。
沈堯薦妻薛氏，昆山人。
姚起虞妻唐氏，昆山人。
陸湘卿妻張氏，昆山人。
陶性友妻衛氏，昆山人。
楊洪妻周淑真，昆山人。
徐孝妻潘妙真，昆山人。
孫承陸妻虞氏，昆山人。
王時妻范氏，昆山人。
朱國鼎妻張氏，昆山人。
顧維翰妻吴氏，昆山人。
管大年妻趙氏，昆山人。

徐登瀛妻梁氏，昆山人。
夏都妻茅氏，昆山人。
章胥鏡妻包氏，昆山人。
顧瓊妻張氏，昆山人。
易春江妻郭氏，昆山人。

國朝

朱基妻王氏，吴縣人。
歸文達妻陳氏，長洲人。
徐茂滋妻蕭氏，常熟人。
王瑞龍繼妻戴氏，常熟人。
金熺妻倪氏，吴江人。
以上順治年旌表。
王薇妻鄭氏，吴縣人。
胡汝濬妻王氏，吴縣人。
吴之翰妻金氏，吴縣人。

朱尚仁妻錢氏，吴縣人。
范以時繼妻胡氏，吴縣人。
生員項垓妻毛氏，吴縣人。
沈元鼎繼妻趙氏，吴縣人。
尤文鳳妻沈氏，吴縣人。
贈翰林院編修彭瑛妻黄氏，吴縣人。
孫廣妻陳氏，吴縣人。
馬應貞妻王氏，吴縣人。
殷佑寧妻周氏，周順昌女，吴縣人。
倪兆麟妻湯氏，吴縣人。
管邦傑妻周氏，吴縣人。
顧奕榮妻吴氏，吴縣人。
王憲父妻申氏，吴縣人。
沈懋敬妻李氏，吴縣人。
譚昌嗣妻朱氏，吴縣人。
監生王盛業妻沈氏，吴縣人。

徐肇弘妻何氏，吴縣人。
監生黄喈妻許氏，吴縣人。
惠有名妻李氏，吴縣人。
陳廷瑞妻（邱）〔丘〕氏，吴縣人。
生員蔣佩妻陸氏，吴縣人。
監生陸焜妻沈氏，吴縣人。
張文俊妻嚴氏，吴縣人。
王霶妻申氏，吴縣人。
監生汪立玉妻方氏，吴縣人。
吴公遜妻王氏，吴縣人。
毛家貞妻周氏，吴縣人。
馮彩生妻過氏，吴縣人。
馮世忠妻倪氏，吴縣人。
陸禹鰲妻毛氏，吴縣人。
蔣垣妻盛氏，長洲人。
鮑邦舜妻蔣氏，長洲人。

葛子延妻黄氏，長洲人。
沈國彦妻周氏，長洲人。
胡世敬妻葉氏，長洲人。
生員馬國璉妻吴氏，長洲人。
王允持妻張氏，長洲人。
王允瑞妻金氏，長洲人。
朱履正妻金氏，長洲人。
郁士賢妻聞氏，長洲人。
生員沈熤初妻周氏，長洲人。
金天任妻周氏，長洲人。
朱雲武妻張氏，長洲人。
王三芷妻張氏，長洲人。
程應斗妻姚氏，長洲人。
朱瑞甫妻陸氏，長洲人。
何庶純妻徐氏，長洲人。
馬守强妻王氏，長洲人。

沈純武妻顧氏，長洲人。

武舉葉萬郡妻余氏，長洲人。

程治妻孫氏，長洲人。

楊隆起妻謝氏，長洲人。

計煥妻宋氏，長洲人。

蔣鉌妻王氏，長洲人。

監生張大紹妻沈氏，長洲人。

陸侍國妻謝氏，長洲人。

郭繼昌妻王氏，長洲人。

袁泰徵妻吴氏，長洲人。

華經埏妻吴氏，長洲人。

金廷揚妻顧氏，長洲人。

吴炳妻顧氏，長洲人。

王叔一妻張氏，長洲人。

葉子莪妻陸氏，長洲人。

周之正妻吴氏，長洲人。

陳用爵妻閔氏、爵子家蕡妻范氏，俱長洲人。

張尚志妻薄氏，長洲人。

周濬岳妻張氏，長洲人。

聶應葵妻王氏，長洲人。

周安國妻陸氏，長洲人。

沈以泓妻金氏，子媳施氏，俱長洲人。

鄒允毅妻諸氏，長洲人。

王孝垂妻呂氏，長洲人。

吴嘉諭妻張氏，長洲人。

吴嘉祚妻徐氏，長洲人。

顧峻妻鄭氏，長洲人。

顧慶榮妻王氏，長洲人。

盛應蛟妻張氏，長洲人。

黄尚廉妻徐氏，常熟人。

錢安修妻高氏，常熟人。

王予黼妻李氏，常熟人。

監生翁松齡妻李氏，常熟人。
監生顧永錫妻李氏，常熟人。
顧之櫝妻鄒氏，常熟人。
蔣鵬扶妻張氏，常熟人。
蔣邴妻徐氏，常熟人。
倪逢濂妻胡氏，常熟人。
汪鳴玉妻陳氏，常熟人。
邵爾旃妻孫氏，常熟人。
生員張溯夔妻于氏，常熟人。
賈玉如妻王氏，常熟人。
生員錢亮妻李氏，常熟人。
席永恒妻蕭氏，常熟人。
張素詒妻趙氏，常熟人。
許世勳妻徐氏，常熟人。
徐雲鵬妻李氏，常熟人。
監生孫弘銓妻翁氏，常熟人。

楊漢妻陸氏，常熟人。
任君瑞妻張氏，常熟人。
沈錫禧妻邵氏，常熟人。
殷鉉妻王氏，常熟人。
王松齡妻錢氏，常熟人。
吴元鳳妻孫氏，昆山人。
陳兆寧妻曹氏，昆山人。
郁懋賢妻陸氏，昆山人。
徐允美妻潘氏，昆山人。
監生朱復新妻葛氏，昆山人。
監生徐永美妻浦氏，昆山人。
王同欽妻周氏，昆山人。
王孚妻朱氏，昆山人。
鄭玉佩妻支氏，昆山人。
鄭敷政妻葉氏，昆山人。
鄭嗣昌妻徐氏，昆山人。

顧晋瑛妻潘氏，昆山人。
王國璋妻陳氏，昆山人。
方修緒妻潘氏，昆山人。
貢生葉湑妻李氏，昆山人。
顧升明妻朱氏，昆山人。
金來鵬妻劉氏，昆山人。
盛雲路妻許氏，昆山人。
王思友妻張氏，昆山人。
秦君選妻王氏，昆山人。
張大業妻馮氏，昆山人。
沈際飛妻鈕氏，昆山人。
生員李邦靖妻徐氏，昆山人。
夏國祚妻潘氏，昆山人。
閔文淵妻陸氏，吴江人。
徐子建妻陳氏，吴江人。
潘自强妻黄氏，吴江人。

顧柄南妻張氏，吴江人。

金昉妻邵氏，吴江人。

生員盛時英妻王氏，吴江人。

吴綸江妻沈氏，吴江人。

陸尚忠妻潘氏，吴江人。

周廷修妻施氏，吴江人。

吴鍾妻孫氏，吴江人。

楊臺妻周氏，吴江人。

徐復初妻楊氏，吴江人。

沈士瑞妻曹氏，吴江人。

汝承典妻施氏，吴江人。

葉士俊妻吴氏，吴江人。

于啓行妻吴氏，吴江人。

生員陳孝若妻沈氏，吴江人。

生員沈永霑妻葉氏，吴江人。

以上康熙年旌表。

生員繆士竑妻沈氏，吴縣人。

徐大鵬妻李氏，吴縣人。

徐曰瑛妻（邱）〔丘〕氏，吴縣人。

顧旭繼妻謝氏，長洲人。少寡，家貧，有四棺在室。比鄰火起，氏號泣呼天，且抱棺欲與俱焚。旋風反火熄，棺竟無恙。

生員王周秩妻宋氏，長洲人。年二十八而寡，子繼孟甫四歲，撫之十八年而繼孟又卒。孟婦艾氏年二十三，姑婦相依守節。

吴以恭妻程氏，長洲人。

生員陸應良妻吴氏，長洲人。

生員張李燦妻王氏，長洲人。

生員黄戴濤妻顧氏，長洲人。

熊永錫妻沈氏，長洲人。

周允恒妻孟氏，長洲人。

太僕寺寺丞陳濟生妾胡氏，長洲人。濟宦京邸，隨嫡顧孺人侍養太淑人於家，以和順得其歡心。濟没後，遺孤樹葵僅週歲，氏備嘗艱辛，撫養成立。年八十六而終。

方炳先妻毛氏，昭文人。

陳炳妻高氏，昭文人。
潘大艮妻江氏，昆山人。
朱來震妻沈氏，昆山人。
生員龔飛妻沈氏，昆山人。
周穎妻卜氏，吳江人，子能察妻朱氏，俱年少而夫亡，矢志守節。
沈治妻吳氏，吳江人。

以上雍正元年旌表。

生員宋敏行妻王氏，吳縣人。
生員許愈顯妻陸氏，吳縣人。
曹符妻蔡氏，吳縣(氏)〔人〕①。
湯自申妻顧氏，吳縣人。
黄之暉妻沈氏，吳縣人。
沈成妻汪氏，吳縣人。
陸永思妻張氏，吳縣人。

① 據《四庫》本改。

生員蔣壎妻朱氏，吴縣人。

吴中乂妻葛氏，吴縣人。

喻昌聲妻張氏，吴縣人。

石琬玉妻尤氏，吴縣人。

石介藩妻章氏，吴縣人。

汪文玥妻倪氏，吴縣人。

生員朱鍾妻張氏，吴縣人。

蔣躍龍妻談氏，吴縣人。

夏洵妻張氏，長洲人。

生員金之鎮妾鈕氏，長洲人。

薛文良妻楊氏，長洲人。

編修沈旭初妾宋氏，長洲人。二載夫亡，懷娠四月，生子曾同，撫教之成立，苦節四十二年。曾同舉孝友端方，任知縣。

陶士龍妻高氏，長洲人。

歸信生妻毛氏，長洲人。

施爾弘妻李氏，長洲人。

范君昇妻殷氏，長洲人。

陸聞吉妻何氏，長洲人。

黄農妻金氏，長洲人。

生員黄志高妻盛氏，長洲人。

顧三俊妻羅氏，長洲人。

孫萬一妻汪氏，長洲人。

胡文榮妻周氏，元和人。少寡守節。遺孤善述亦早歿，與媳王氏撫孤孫錦麟。仲女適吴姓五月亦寡，歸家守志。稱爲「胡氏三節」。

邵止善妻顧氏，常熟人。

霍功臣妻倪氏，常熟人。

生員蕭國梓妻金氏，常熟人。

生員戴秋濤妻蔣氏，常熟人。

生員屈永浩妻翁氏，昭文人。

監生邵溁華繼妻歸氏，昭文人。

高捷妻秦氏，昭文人。

歸沅妻黄氏，昭文人。

生員歸澧妻錢氏，昭文人。
衛炳範妻陳氏，昭文人。
監生張列星妻李氏，昭文人。
監生葉肇起妻徐氏，昆山人。
魏宗頤妻王氏，昆山人。
徐鍾麟妻陳氏，昆山人。
葉如清妻李氏，昆山人。
黄文龍妻沈氏，吴江人。
生員吴秩臣妻趙氏，吴江人。
生員丁彪妻王氏，吴江人。
周晫妻沈氏，吴江人。
陳正寅妻沈氏，吴江人。
顧枚妻秦氏，吴江人。
生員錢士銓妻龎氏，吴江人。
計嵩妻范氏，吴江人。
吴起術妻沈氏，吴江人。

陳機妻屠氏，吴江人。

生員申達妻沈氏，吴江人。

以上雍正二年旌表。

鈕瑗妻周氏，吴縣人。

阮祥龍妻顧氏，吴縣人。

監生吴名録繼妻沈氏，吴縣人。

陸錫録繼妻劉氏，吴縣人。

金尚敬妻龔氏，吴縣人。

吴聖基妻張氏，吴縣人。

程湄妻陸氏，吴縣人。

陸雲章妻黄氏，吴縣人。

鮑日昇妻程氏，吴縣人。

潘可楷妻丁氏，吴縣人。

沈永正妻范氏，吴縣人。

沈成琛妻陸氏，吴縣人。

陳之棟妻顧氏，吴縣人。

生員金友張妻龔氏，吳縣人。

龔飛熊妻嚴氏，吳縣人。

監生盛大業妻歸氏，吳縣人。

生員王華嶽妻沈氏，吳縣人。

生員（邱）〔丘〕承周妻盧氏，長洲人。

前明無錫縣知縣朱采繼妻陳氏，長洲人。年二十一，適朱五載夫亡，遺孤三歲，家貧流寓，饔飧不給，氏以女工自給。事寡姑十年，訓孤子成立，茹荼五十七載。

（邱）〔丘〕文濂妻沈氏，長洲人。

吳國俊妻胡氏，長洲人。

生員徐恪妻陸氏，長洲人。

羅載元妾朱氏，長洲人。

生員沈一鶚妻王氏，長洲人。

馮映京妻申氏，長洲人。

張家閔妻華氏，長洲人。

徐時修妻高氏，長洲人。

孫文進妻朱氏，長洲人。

徐士裕繼妻王氏，長洲人。
徐觀成妻華氏，長洲人。
韓秉質妻王氏，長洲人。
金隆祀妻顧氏，長洲人。
生員沈曾貽妻顧氏，長洲人。
於子斌妻汪氏，長洲人。
金大成妻王氏，長洲人。
潘煒妻陸氏，長洲人。
監生范洪妻王氏，長洲人。
沈維成妻金氏，長洲人。
沈維翰妻姚氏，長洲人。
汪拱辰妻蔣氏，長洲人。
孫憲德妻陸氏，長洲人。
貢生金上簡妻申氏，長洲人。
邢復達妻魏氏，長洲人。
徐大宗妻顧氏，常熟人。

生員錢維翰妻陶氏，常熟人。
朱鋏妻姚氏，常熟人。
許重進妻包氏，常熟人。
黄予瓚妻陳氏，常熟人。
馬維仁妻陳氏，昭文人。
監生翁祖思繼妻蘇氏，昭文人。
景象泰妻葉氏，昭文人。
陸宏業妻陳氏，昆山人。
生員張塈妻吴氏，昆山人。
姜廷輔妻朱氏，昆山人。
蔣麟祥妻錢氏，吴江人。
許士貞妻徐氏，吴江人。
監生史烱瑚妻周氏，吴江人。
以上雍正三年旌表。
許明卿妻惠氏，吴縣人。
惠萬錫妻王氏，吴縣人。

袁國章妻林氏，吴縣人。
顧鸞妾胡氏，長洲人。
施昀妻王氏，長洲人。
陳濟咸妻韓氏，長洲人。
潘柳達妻李氏，長洲人。
吴德仁妻程氏，元和人。
生員張起龍妻毛氏，子弘德妻亦毛氏，俱長洲人，姑婦雙節。
監生諸德滋妻葛氏，新陽人。
許子野妻包氏，昭文人。
王臣吉妻繆氏，昭文人。
監生徐寶善妻錢氏，昭文人。
王璵妻馬氏，昭文人。
陸文焕妻吴氏，吴江人。
監生陳鍹妻周氏，吴江人。
吴以焯妻沈氏，吴江人。
倪世茂繼妻陳氏、子生員兆龍妻周氏，俱吴江人，姑婦雙節。

以上雍正四年旌表。

殷善運妻張氏，吴縣人。

李嘉釰妻許氏，吴縣人。

錢士魁妻俞氏，吴縣人。

張子先妻方氏，吴縣人。

張必達妻孫氏，吴縣人。

莫蘭森繼妻張氏，吴縣人。

金理妻許氏，吴縣人。

監生沈光埈妻王氏，長洲人。

顧雯妻周氏，長洲人。

生員吕焕妻范氏，常熟人。

生員單可大妻嚴氏，常熟人。

錢子文妻徐氏，常熟人。

顧全賓妻倪氏，常熟人。

王路淳妻徐氏，昭文人。

蔣君佩妻徐氏，昭文人。

周受豐妻單氏，昭文人。
嚴鎮妻錢氏，昭文人。
陸暟妻顧氏，昭文人。
秦宓妻盛氏，昆山人。
李啓祥妻卞氏，新陽人。
生員陳苞豐妻趙氏，吴江人。
徐孔嘉妻錢氏，吴江人。
許士峨妻陶氏，吴江人。
監生汪天極妻孫氏，吴江人。
生員王濤妻周氏，吴江人。
施爾英妻潘氏，震澤人。
以上雍正五年旌表。
席永臻妻金氏，吴縣人。
林載功妻王氏，吴縣人。
沈自灝繼妻張氏，吴縣人。
陸汪妻徐氏，吴縣人。

徐國維妻陳氏，長洲人。
許經妻吴氏、經弟綸妻趙氏，俱長洲人，一門雙節。
管嵊妻朱氏，元和人。
曹晟妻陸氏，元和人。
生員許元瑋妻柴氏，昆山人。
生員許南金妻陸氏，昆山人。
許孝穎繼妻王氏，昆山人。
董振楣妻楊氏，昆山人。
嚴克武妻王氏，吴江人。
葉藴谷妻沈氏，吴江人。
陸元勳妻徐氏，吴江人。
張發妻潘氏，吴江人。
　　以上雍正六年旌表。
秦世芳妻李氏，吴縣人。
蔡掄元妻張氏，長洲人。
吴炳妻顧氏，長洲人。

監生胡聰妻嚴氏，元和人。
生員朱鐄妻黄氏，元和人。
顧佃妻陳氏，常熟人。
王似宗妻孫氏，常熟人。
徐宸翰妻黄氏，常熟人。
李岳鳳妻錢氏，常熟人。
曹奕昌妻項氏，昭文人。
胡廷錫妻黄氏，昭文人。
瞿雲倬妻許氏，昭文人。
黄御安妻郁氏，昭文人。
生員譚爾表妾馬氏，昭文人。
陸念錫妻吴氏，吴江人。
金湯銘妻陳氏，吴江人。
潘秉樞妻沈氏，吴江人。
生員朱璐妻（邱）〔丘〕氏，吴江人。
生員張廷珪妻沈氏，震澤人。

貢生劉汝璋妻李氏，震澤人。

李文耀妻沈氏，震澤人。

生員沈暐妻陸氏，震澤人。

以上雍正七年旌表。

張逈妻陳氏，吴縣人。

徐君倣繼妻張氏，吴縣人。

朱起鳳妻尤氏，吴縣人。

包宏聲妻張氏，吴縣人。

生員蔣枚妻顧氏，吴縣人。

職監沈其謨繼妻殷氏，吴縣人。

朱曰義妻周氏，吴縣人。年十九夫亡，子在襁褓，蕭條一室。賴義叔祖維瞻百計經營於外，氏得苦守，撫子三十餘年。

朱日華妻曹氏，吴縣人。夫亡子幼，翁姑年高，仰事俯育，苦節三十餘年，子得成立。

吴禹傳妻曹氏，吴縣人。

金梧鳳妻劉氏，吴縣人。

湯觀文妻施氏，吴縣人。

朱錫光妻金氏，長洲人。
生員顧提命妻吴氏，長洲人。
生員顧求懿妻張氏，長洲人，翰林張大受女。
張鑑妻吴氏，長洲人。
朱盛晟妻范氏，長洲人。
陶慶星妻吴氏，長洲人。
金湄妻姚氏，長洲人。
馬詠妻張氏，長洲人。
唐宗商妻王氏，元和人。
言興妻朱氏，常熟人。
張豐繼妻劉氏，昭文人。
州同周樹穀妻朱氏，常熟人。
朱元壽妻周氏，常熟人。
曹雲鴻妻劉氏，常熟人。
蕭大綸妻龐氏，常熟人。
陳寶文妻曹氏，常熟人。

王予標妻馮氏，常熟人。
程誕先妻江氏，昭文人。
監生孫弘業妻姚氏，昭文人。
潘允文妻沈氏，昭文人。
夏乾德妻朱氏，昆山人。
吴申妻何氏，昆山人。
陸睿侯妻李氏，昆山人。
生員陳璜妻錢氏，昆山人。
王成易妻李氏，昆山人。
方沆妻龔氏，新陽人。
方天恩妻馬氏，新陽人。
張茂妻馬氏，吴江人。
嚴懋躋繼妻周氏，吴江人。
錢元祉妻吕氏，吴江人。
費元謙妻錢氏，吴江人。
徐淇繼妻周氏，吴江人。

計宗蕃妻吴氏，吴江人。
吴德基妻沈氏，吴江人。
麗芹妻徐氏，吴江人。
生員唐飛熊繼妻黄氏，吴江人。
袁聖揆妻朱氏，吴江人。
施鳳來妻張氏，震澤人。
趙枝延妻茅氏，震澤人。
周君惇妻陸氏，震澤人。
徐鼎爵妻張氏，震澤人。
顧彦臣繼妻蘇氏，震澤人。
吴士易妻趙氏，震澤人。
施賡南妻潘氏，震澤人。
生員沈上臨妻許氏，震澤人。
以上雍正八年旌表。
生員熊楷妻顧氏，吴縣人。
陳文睿妻鄭氏，吴縣人。

生員熊吴桓妻程氏，吴縣人。
生員朱善斌妻許氏，吴縣人。
貢生陳奕銓妻周氏，吴縣人。
衛學坤妻沈氏，吴縣人。
許雲液妻王氏，吴縣人。
職監瞿履祥妻汪氏，吴縣人。
職監李維均妾馬氏，長洲人。
監生顧宗臣妻張氏，長洲人。
鮑應祥繼妻謝氏，長洲人。
劉三重妻沈氏，長洲人。
監生陸汝灝妻施氏，長洲人。
貢生顧宗讓繼妻陳氏，長洲人。
陳溶妻吴氏，長洲人。
吴匯妻顧氏，長洲人。
生員徐滋德妻邵氏，長洲人。
生員張元亨妻薛氏，長洲人。

王某妻楊氏，長洲人。
生員林模妻姚氏，長洲人。
黄宸銑妻葛氏，元和人。
顧廷正妻嚴氏，元和人。
監生張宏度妻裴氏，元和人。
宋淵妻葉氏，元和人。
（邱）〔丘〕志道妻周氏，元和人。
儒士蔡日章妻郁氏，元和人。
生員仰天植妻毛氏，元和人。
仰鼎玉妻郎氏，元和人。
施玉鎰妻張氏，元和人。
朱弘緒繼妻顧氏，元和人。
周祥發妻戴氏，元和人。
生員張俊德妻傅氏，元和人。
生員李鑛妻王氏，常熟人。
吴承恩繼妻鄒氏，常熟人。

吴振祁妻錢氏，常熟人。
殷慶澧妻譚氏，常熟人。
殷慶沿妻王氏，常熟人。
生員謝青妻陳氏，常熟人。
貢生沈沛妻孫氏，常熟人。
程榎妻潘氏，常熟人。
監生孫芝田妻李氏，常熟人。
吴覲宸妻王氏，常熟人。
監生錢惠妻曾氏，常熟人。
高祥妻許氏，常熟人。
張朝綱妻謝氏，常熟人。
鄭有登妻蔡氏，昭文人。
程光斗妻黄氏，昭文人。
潘昱妻沈氏，昆山人。
陶秀卿妻顧氏，昆山人。
錢維藩妻徐氏，吴江人。

褚啓文妻支氏，吴江人。
金道惠繼妻石氏，吴江人。
周恂孺妻屠氏，吴江人。
湯元泰妻王氏，吴江人。
麗䞉妻吴氏，吴江人。
朱①繼儒妻張氏，吴江人。
趙允中妻繆氏，吴江人。
王元璣妻陸氏，吴江人。
項其炳妻錢氏，吴江人。
監生陳之晉妻錢氏，吴江人。
麗維垣妻周氏，吴江人。
錢順山妻潘氏，震澤人。
周公望妻沈氏，震澤人。
趙日昇妻唐氏，震澤人。

① 「朱」，《四庫》本作「李」。

鄒逢吉妻王氏，震澤人。

吴桓臣妻葉氏，震澤人。

生員陳德涵妻周氏，震澤人。

生員宋倚相妻秦氏，震澤人。

生員鈕漢璽妻黄氏，震澤人。

以上雍正九年旌表。

汪斌妻朱氏，長洲人。雍正十年旌表。

生員蔣猷妻嚴氏，吴縣人。家貧苦守，遺三月孤，撫之成立。

太學生章克勳妻周氏，吴縣人。年二十四守節，事舅姑最久。舅好善樂施，氏嘗以針黹所餘佐之。

許西美妻周氏，吴縣人。夫病，竭力侍奉。夫亡守節，孝事老姑。姑病六載，氏侍湯藥無倦。

嚴信通妻許氏，吴縣人。夫渡湖溺死，氏匍匐湖濱，欲以身下殉，親族勸止。事舅姑盡孝，撫孤成立，苦節終身。

儒童張德純妻汪氏，吴縣人。于歸時翁已先殁，惟孀姑在堂，氏事之極得歡心。夫亡無子，近房俱單傳，無可議立，氏奉姑三十餘年。

朱應智妻顧氏，吴縣人。夫病，時舅姑俱年高瞽目，氏一身侍奉不倦。夫卧床褥三載，備歷辛勤。夫既歿，夫之寡嫂唐氏亦無子。舅以七十二歲卒，姑以八十一歲卒，經營喪葬，節孝兩全。

毛廷相妻吳氏，吳縣人。于歸未一載，夫即抱病，氏曲慰夫志，孝事舅姑。夫亡無子，以侄紹爲嗣。舅姑既歿，氏猶以不得入土爲己責，節省勤績，歷年乃得營葬。

陸非熊妻馬氏，吳縣人。年十七適非熊。明年，非熊渡太湖溺死，氏雇漁舟網尸不獲，號泣湖濱七日。方欲投水以殉，尸忽浮出，顏色未改，見者驚異。時氏生兒三月，姑勸以撫孤延嗣爲重。姑思子時時泣下，而氏每委曲解慰之。孤子成立，奉氏教以勤儉成家。今孫亦成立矣，氏猶不廢紡績。

謝其蔚妻孫氏，吳縣人。夫父母俱歿，有祖母彭氏在堂，又有兩小叔、小姑。于歸五載，夫以病卒。氏益敬事祖姑，善事小叔、小姑，以終夫志。立侄爲嗣，以延夫祀。

中書汪與圖妾張氏，吳縣人。事夫主十三載，有子十二歲。汪病歿後，遺産就荒，氏乃竭力支撐。撫教遺孤，延師課讀，俾子成立。

胡金仙繼妻陶氏，吳縣人。夫亡，事姑盡孝，撫子娶媳。生孫而子夭，又撫孤孫。

姜子熊妻戴氏，長洲人。夫亡，翁抱病，姑喪明，氏矢志守節，奉養翁姑。

儒童屠雲來妻徐氏，長洲人。辛苦相夫。夫歿守節，紡績以供舅姑甘旨，撫遺腹子成立。

職監謝廷貴妻王氏，長洲人，明大學士王鏊七世孫女。夫亡守節。姑年八十失明，飲食寢興，氏侍奉不離左右。撫夫嫡侄爲嗣。

潘魯得妻陳氏，長洲人。夫亡守節，事舅姑二十餘年，撫夫侄爲嗣。

王衛保繼妻鄭氏，長洲人。夫亡後，舅耄家貧，又遭回禄，氏勉力支撑，撫前妻三子成立。

儒童王家琛妻孫氏、琛弟家琦妻陳氏，長洲人。家琛爲時亨仲孫，能文有聲，筆墨工妙而早殁。孫氏寶惜收藏，以付嗣子，與叔姒陳氏並守。長伯舉子，先以嗣琦，俟再舉乃立爲琛後。家琛之伯兄家瓚，三人素相友愛，陳氏曲體夫意，庭無間言，與孫氏稱雙節。

生員吴昌言妻顧氏，長洲人。昌言，明兵科給事中吴适之孫，廪監生吴詵之子。丁卯鄉試染疾，未終場而歸，遺卷已蒙薦賞，昌言不及見而卒。舅姑悲慟，氏拭淚勸慰。撫教二子，有聲士林。知府陳鵬年給有「白首完貞」扁額。

儒童吴導恒妻錢氏，長洲人。導恒亦吴适之孫，癸丑進士吴瞻之子。氏父内閣中書錢廷釚，奩贈饒裕。氏敦儉約，上佐菽水，下資膏火。夫殁一載，姑舅相繼辭世，五年之中，三營殯葬成禮。

儒童吴華妻李氏，長洲人，亦吴適孫，高郵學正吴諶次子。氏年十七于歸，二十而寡，與顧氏、錢氏爲一門三節。子肯，稷郡庠生。

（邱）〔丘〕瑞仙妻吴氏，長洲人。夫亡，事姑菽水取給女紅，教子勤於課誦。

蔡起夔妻姚氏，夫亡守志，能以婦代子職，拮据營葬。

王家棟妻孫氏、棟子永齡妻謝氏，長洲人。孫年十六歸家棟，事翁姑克盡婦道。夫亡，有二子，長永齡，教以經營克家，次子道焜，教以讀書入泮。永齡年二十四而夭，其子復殤，孫與媳謝氏相依共守。

沈子愉妻張氏，元和人。撫遺腹子成立，事姑克盡孝道。

朱之炌繼妻程氏，元和人。夫病，盡力調①護。姑病痢不能起，狼籍牀褥，氏手自浣滌。及歿，鬻奩具購地營葬。

顧景榮妻謝氏、陳佩玉妻徐氏，俱元和人。皆夫亡守志不二，能以婦代子職，竭力經營喪葬。

户部郎中沈曾頤妾陳氏、談氏，俱元和人。頤中年喪子，奉母命置兩側室，陳生一女，談並無出。頤宦京師，二氏隨嫡顧宜人奉養毛太宜人於家，並能和順承事。及曾頤死，二氏並矢志同守。

黄國祥妻王氏，夫亡後儉以持家，勤於教子。祥弟國瑞妻孫氏，瑞歿，孫苦志守節，與伯姒王氏稱雙節。氏尤知書，親族奉爲女師。俱元和人。

王獻其妻曹氏，元和人。辛勤相夫九載，撫孤子於襁褓。

金彩貫妻袁氏，元和人。以農家女知大義，葬翁姑，撫穉子成家。

廪生王時亨妻張氏，元和人。時亨十三歲入泮，十九歲食餼，闈試擬元者再。氏篝燈佐讀，竭力事姑。夫亡守志，以事姑教子爲己任。明末土寇竊發，氏偕姒張氏暨媳孫氏抱孫坐井傍，曰：「天祐衰宗，或得留此一綫。不然，此爲全歸之所矣。」幸得免難，守節以終。

夏準妻宋氏，元和人，明通政使宋學顯曾孫女。于歸時，姑年高多病，氏侍奉不離左右。家本清

① 「調」，《四庫》本作「救」。

貧，夫以怯症卒，氏苦節終身，教二子並成立。

太學生王用俊妻張氏，元和人，明兵部尚書鳳翼女。用俊爲時亨胞弟，九齡入泮，能文，工書法。氏奩贈甚厚，不以驕於妯娌。夫亡，矢志苦節五十五年。

生員龔鼎基妻翁氏，元和人。夫亡無子，以叔子爲嗣，敬事舅姑，甘旨無缺。父老無子，兼迎養焉。

顧漢臣妻蔣氏，元和人。夫亡矢志，孝事孀姑。夫存日，以未克葬父爲恨。氏於姑殁後，營葬三棺。

生員馬熙妻周氏，元和人，州佐周沅女。夫病三年，氏悉力侍奉。夫殁翁老，典簪珥供喪葬，養營甘旨。撫四歲孤，不事姑息。又刻其夫遺詩，以伸夫志。

吴自遠妻錢氏，元和人。夫亡，立侄爲嗣。營葬舅姑與夫喪，廬居墓側。

盛士秀妻莊氏，吴江人。年十八寡，無子，立侄爲嗣。勤於紡績，嘗以所積濟親黨之困乏。守節五十八年。

汝大器妻沈氏，吴江人。夫亡無子，撫侄爲嗣，事姑三十五年。侄夭，復立次侄。三代停棺，皆氏經營卜葬。

顧士達妻張氏，吴江人。夫亡，遺腹生子鋤，撫之成立。氏以夫早世，事翁姑愈極孝敬，奉斗以祈親壽。後翁姑殁，嘗泣謂其子曰：「三世未葬，可奈何？」出紡績所蓄曰：「以助汝。」子承命，拮据葬焉。

徐恒山妻沈氏，震澤人。夫亡，舅年六十，繼姑屠氏皆賴氏奉養。嘗值鄰家失火，繼姑卧於床，氏從烈焰中負之而出。

沈聖宇妻金氏，吴江人。夫亡，育孤苦節久著。

張賓來妻鄒氏，震澤人。夫亡，撫二孤嵩、嵩成立。嵩以畫名。

王有明妻曹氏，震澤人，廪生曹山池女。年十九歸有明，四載明死於盗，氏刺血書訟牒，盗伏法者十九人。氏善事舅姑，撫夫兄次子維翰爲嗣。

范輪思妻唐氏，震澤人。夫亡子殤，立侄爲嗣，教之成立。苦節五十一年。

儒童周祜妻曹氏，子婦劉氏，俱常熟人。曹生於富家，爲貧家婦，盡出奩資以供薪水。夫死無子，嗣子肇邠娶劉氏，肇邠又夭。曹與寡媳共守以事老姑，每日積五六文爲營葬計。劉氏十三歲失母，奉姑如母，一子三女並得婚嫁。

吴鳳翥妻孫氏，愈應鵬妻錢氏，錢天錫妻孫氏，俱常熟縣人。皆夫亡無子，守節奉姑，以夫侄爲子。

童天臣妻范氏，常熟人。夫亡，忍死事姑。家貧，饔飧不給，子自外傅而歸，氏以麥麨進姑，諭子勿分姑所食，子即遵命赴館。

儒童張録繼妻曹氏，常熟人，幼失怙恃，祖母張撫之。夫家貧甚，舅亡姑老，委以家務，甘旨無缺。夫亡時，指前妻子漢及氏子濬囑氏，氏撫視無異。姑繼卒，氏銖積寸累營葬事。夫二兄無後，亦爲葬之。

己卯舉人嚴密妻邢氏，常熟人。氏父母早亡，依於叔父。一姊先嫁，與姊經營父母窀穸，悉取辦於十指。于歸二載，夫應試北闈，比得雋旋即得疾，閱四歲乃歸，不能起行，氏扶持晨夕。夫亡，撫侄爲子。舉二孫而嗣子復夭，煢獨之慘，氏殆兼之，而矢志彌堅。

李元會妻丁氏，常熟人。氏幼讀《孝經》《内則》諸書，在家稱爲孝女。結褵三載，夫病劇，告之曰：「我家炊煙常斷，爾無嫌怨心。我疾，爾無一日寧，負爾多矣。」氏即泣誓無他志。夫殁，營葬事。嗣夫侄忽又夭，更嗣舒春，縣庠生。

黄虎臣妻顧氏，常熟人。夫亡，食貧苦守。

馮朝選妻李氏，昭文人。夫亡無子，立嗣守志。

瞿若樾妻許氏，昭文人。幼聞父吟哦聲，捨女紅而聽，父因教以《孝經》《内則》。歸瞿八載，夫病，侍湯藥晝夜不眠。夫亡無子，忍飢矢志，夫弟璉、瑅各減虀鹽助之。而兩叔繼殁，氏與瑅妻吴氏妯娌相依，稱雙節焉。

太學生瞿瑅妻吴氏，昭文人，青城令吴元印之女。幼嫺《内則》。夫以應試遇寒，卧床二載而殁，生三子一女。氏日織一布，以給饔飧，旁列經書，口授三子。及爲文，乃令就師，今俱列宫牆矣。葬翁姑與夫喪，竟得吉壤。

監生吴嶙妻程氏，昭文人。氏在家有孝女之稱。夫喪後，懸夫像坐卧一室。子澍，勉以循禮。知縣陳守創賜以扁曰「節茂松筠」。詳載《昭文縣志》。

儒童李蓮若妻丁氏，昭文人。幼知孝親，針黹所入悉歸父母。于歸未一載而夫殁，氏自縊以殉，舅姑救止。得舉遺腹子名天祐，自是食貧守節五十餘年。

儒童劉振穀妻錢氏，昭文人。夫亡，氏嘔血慟絶，舅姑許以立嗣延祀。嘗夜織，忽見二人執刃相向，氏知爲賊也，曰：「我可殺，勿傷舅姑。」賊聞言遁去。又海潮泛溢，鄰近漂没，氏與子媳跪拜舅柩側，水遂止，獨無恙。人皆謂誠孝所感。

修譔汪繹妾王氏，昭文人。年十七事繹，婉娩勤慎無忤容，正室亦憐愛之，委以家事。繹殁時，正室無子，撫王氏子如己出。正室嘗病，氏調護之得痊。子國正，每旦問安於祖母、嫡母前，氏之教也。

徐麟瑞妻陳氏，昭文人。夫亡家貧，苦守事舅姑。所遺屋三間、田八畝，舅姑殁，鬻田以葬之。縣令勞必達給「勁節千尋」扁額。

儒童潘史如妻范氏，昭文人。年十九于歸，舅姑即赴江陰廣文任，委氏以家事。夫病殁，罄奩資以供醫藥、棺殮。父遺銀三十兩，氏以週貧乏，曰：「我爲父作福。」子繼仁娶瞿氏，教以佐理家務，曰：「知治生，貧不爲害矣。」

鄭維夏妻葉氏，昭文人。夫亡課子，勤儉持家，惟事舅姑必備甘旨。

庠生陳繼緒妻沈氏，昆山人。夫亡，撫二歲孤。姑錢氏亦寡居，姑媳二人紡績自給，每以翁、夫未葬爲念，女紅日夜不輟，積十年始得營葬。姑得先膺旌典，氏竟以勞瘁卒。

張惠卿妻王氏，昆山人。夫亡後，舅姑繼殁。兩子一女，以養以教，歷四十餘年，口不出訕詈之聲。

庠生龔灝妻趙氏，昆山人。夫亡守志，奉姑撫孤，曲爲保護。夫弟涣夫婦俱殁，遺有三女，皆氏教育成長，具奩嫁之。

金元調妻顧氏，昆山人。夫殁，遺子女五人。未百日翁殁，明年姑又殁，氏辛勤殯葬，鞠育子女，咸得成長。

顧佩玉妻龔氏，昆山人。夫亡，遺有三子。上無舅姑，外無親援，氏紡績自給，不厭糟糠。撫養三子，延師教誨之。

徐日榮妻蕭氏，昆山人。于歸奉事舅姑，極得歡心。夫亡無子，以夫侄九經爲嗣。苦節四十五年。

徐仁生妻朱氏，昆山人。于歸之日，惟夫祖姑蕭氏在堂，氏事之盡禮。夫病，鬻衣飾供湯藥。弗愈，氏欲自經，以救免。立夫侄允賢爲嗣。

生員陳汝旭妻沈氏，昆山人。夫亡守志。善於操家，葬翁姑，育孤子國棟，嫁二女，人稱其賢。

生員楊瀛妻周氏，新陽人。夫亡後，事孀姑益謹。辛勤女紅，典鬻衣釵，營葬翁柩。姑殁，遂合葬焉。撫嗣子天植，愛如己出，延師課之。

夏霪妻鄒氏，新陽人。善事舅姑。夫亡，有三子，長出繼大宗，幼亦出嗣，惟次子桐爲己子。娶莫氏而桐夭，長幼並請歸宗，氏不許，以幼子所出爲桐後，人謂氏知大體。

夏桐妻莫氏，新陽人。年二十歸桐，二十四夫亡，孀姑鄒氏撫慰之，以少子所生子爔爲嗣。事姑三十餘年，姑媳相依爲命。

夏彰妻王氏，新陽人。本農家女，于歸時祖翁、祖姑尚存，事之盡孝。夫亡，遺腹生子名啓賢。稍長，即令仍習農業毋奢望也。

邵宗冉妻吳氏，新陽人。夫亡無子，舅姑相繼患病，氏忍死奉侍湯藥。後立侄爲嗣，嗣夭，復撫孤孫婚娶。守節六十八年。

王唯宗妻何氏，新陽人。生儒家，性儉約。二十九歲夫亡，事舅姑盡禮。舅歿，姑復久病，氏倩鄰婦乳姑數月，病忽愈。姑歿，賣田房以供葬。

生員韓蔣林妻周氏，長洲人。

副貢生王天錫妻宋氏，長洲人。

貢生江斌妻朱氏，長洲人。

邵希哲妻徐氏，長洲人。

生員郁世楷妻張氏，長洲人。

呂能明妻葉氏，長洲人。

朱鼎牧妻呂氏，長洲人。

季隨妻吴氏，長洲人。

陳又遵妻黄氏，元和人。

生員胡士焕妻馬氏，元和人。

蔡中宸妻淩氏，元和人。

顧溱妾沈氏，元和人。素有才德，主家務。溱没，嫡庶争殉，兩孤牽衣啼哭。溱母泣，諭以老幼誰依，因忍死守貞撫子。勤苦作家，經營葬事。課子入泮，孫亦遊庠，皆氏訓誨之力。

生員施恩澤妻申氏，元和人。夫亡，事翁姑更慎於夫在日。撫庶出子峻、樞如己出，俱克成立。

吴永臨妻翁氏，吴縣人。

郭愫妻龔氏，吴縣人。

夏九州妻蔡氏，吴縣人。

孫均妻汪氏，吴縣人。

生員章周娗妻馮氏，吴縣人。

生員申琳妻王氏，吴縣人。

張茂喜妻陸氏，吴縣人。

吴申恒妻葉氏，吴縣人。
湯元恒妻邵氏，吴江人。
吴晋卿妻麗氏，吴江人。
葉昌裔妻沈氏，吴江人。
金蜚妻黄氏，震澤人。
陳子文妻楊氏，震澤人。
生員陳文焕妻姜氏，常熟人。
譚贊育妻黄氏，常熟人。
席啓進妻顧氏，常熟人。
蘇佶妻陳氏，常熟人。
譚士端妻蘇氏，常熟人。
貢生王世煜妻金氏，常熟人。
徐國瑞妻唐氏，昭文人。
鄭銘妻譚氏，昭文人。
程廷錦妻孫氏，昭文人。
錢揚先妻項氏，昭文人。

生員程徐天妻李氏，昭文人。
張恢祖妻蔣氏，昭文人。
葉均禄妻吴氏，昆山人。
曹宗鐸妻王氏，昆山人。
朱之璇妻方氏，昆山人。
張紹宗妻鄭氏，新陽人。
王紹緒妻李氏，新陽人。
何學詩妻黄氏，新陽人。

以上雍正十一年旌表。

(邱)〔丘〕自珍妻陸氏，吴縣人。
張廷相繼妻周氏，吴縣人。
監生王祖孝妻高氏，吴縣人。
徐雲峰妻袁氏，吴縣人。
李芳華妻郭氏，吴縣人。
張如鶴妻顧氏，吴縣人。
陸允謙繼妻曹氏，吴縣人。

陸時霖妻曹氏，吴縣人。
張録妻龔氏，吴縣人。
吴世隆妻金氏，吴縣人。
陸雲從妻金氏，吴縣人。
華岳高繼妻沈氏，吴縣人。
李秉發妻潘氏，吴縣人。
金連城妻馬氏，吴縣人。
陳天錫妻朱氏，吴縣人。
吴繆妻高氏，長洲人。
朱鼎文妻沈氏，長洲人。
何繼昌妾顧氏，長洲人。
王宗瑮妻楊氏，長洲人。
監生朱錫謀妻劉氏，長洲人。
江起嵋妻沈氏，元和人。
毛誌震妻李氏，元和人。
董本素妻顧氏，元和人。

陶天錫妻楊氏，元和人。

監生莊祖祜妻沈氏，元和人。

顧澐妻陳氏，元和人。

生員顧璐妻金氏，元和人。

監生沈穀繼妻欽氏，元和人。

原任廣西容縣知縣葉子循繼妻鄭氏，元和人。

盧天鋌妻顧氏，元和人。

生員張源湄妻王氏，昆山人。

陳振新妻顧氏，昆山人。

金宗瀛妻郁氏，新陽人。

生員夏高斌妻周氏，新陽人。

監生浦渭綸妻闞氏，新陽人。

顧葆和妻邢氏，常熟人。

潘天殷妻范氏，常熟人。

管佩妾蘇氏，常熟人。

許學夔妻錢氏，常熟人。

李國俊妻王氏，常熟人。

徐德培妻劉氏，常熟人。

生員錢之瑛妻黄氏，常熟人。

王爲霖妻徐氏，昭文人。

華蓋妻徐氏，昭文人。

朱仁世妻許氏，昭文人。

李象琛妻朱氏，昭文人。

徐宗勣妻夏氏，昭文人。

曹君章妻張氏，吴江人。

華君鎮妻沈氏，吴江人。

陳衍虞妻吴氏，吴江人。

生員陳王祺妻沈氏，吴江人。

梅士燦妻淩氏，吴江人。

監生陳深妻孫氏，吴江人。

楊德佩妻嚴氏，震澤人。

張群望妻朱氏，震澤人。

范君禮妻李氏，震澤人。
張維塤妻黄氏，震澤人。
王燦文妻吴氏，震澤人。
唐聖林妻楊氏，震澤人。

以上雍正十二年旌表。

沈德元妻金氏、妾王氏，俱長洲人。
陳邦衡妻湯氏，長洲人。
顧元寧妻孫氏，長洲人。
金既章妻錢氏，長洲人。
張念玆妻陸氏，長洲人。
汪際會妻吕氏，長洲人。夫殁，撫孤及孫，苦節終身。
歸吉士妻黄氏，元和人。歲饑，以米奉舅姑，自啜糠麋。
沈應祥妻孫氏，元和人。夫亡守志。姑病劇，乳之得瘥。
嚴惟式妻陳氏，元和人。火延夫棺，痛哭死守，風返火滅。
徐復妻羅氏、徐愷妻毛氏，俱元和人。
楊元吉妻支氏、吉子汝立妻孟氏，俱元和人。

金廷琇妻沈氏，元和人。夫亡守節。歲凶，紡績易米養姑。

喻彩臣妻張氏，元和人。

程仲詹妻袁氏，元和人。

施廷正妻季氏，元和人。

殷是憲妻繆氏，元和人。

陳之正妻吴氏，元和人。

王慕溪妻周氏，元和人。

徐引妻顧氏，元和人。

王家説妻陳氏，元和人。

姚仁妻陳氏，元和人。

徐樹穀妻戴氏，元和人。

宋斌妻施氏，元和人。

陸謂妻宋氏，元和人。

黄戴濤妻顧氏，元和人。

楊茂林妻李氏，元和人。

趙道濟妻周氏，元和人。

監生吴瀚妻徐氏，吴縣人。
沈廷恕繼妻洪氏，吴縣人。
計廷琇妻郁氏，吴縣人。
監生吴高妻陸氏，吴縣人。
徐芬妻劉氏，吴縣人。
仲世英妻許氏，仲士達妻沈氏，俱吴江人。
朱曦妻楊氏、朱臣妻顧氏、朱受妻陸氏，俱吴江人。
丁慈妻吴氏，吴江人。
王季雲妻徐氏，吴江人。
王道宗妻吴氏，吴江人。
吴羽文妻金氏，震澤人。
李上台妻宋①氏，震澤人。
金璧妻吴氏，震澤人。
生員童鍠妻汝氏，震澤人。

① 「宋」，《四庫》本作「宗」。

李含芳妻王氏，震澤人。
唐元愷妻何氏，震澤人。
馬福先妻徐氏，震澤人。
吴應奎妻王氏，震澤人。
金子英妻馬氏，震澤人。
馬維熊妻陸氏，震澤人。
沈爾昌妻淩氏、沈泓妻陳氏，俱震澤人。
孫世楷妻范氏、楷子兆蒸妻黄氏，俱常熟人。
徐天虬妻吴氏，常熟人。苦貧甘茹藜藿。姑病，以乳奉養。
顧維章妻章氏，常熟人。夫亡，刲股療翁，舌舐姑目復明。
李仲茂妻錢氏，常熟人。姑患噎，啖之以乳，自食糗草。
刁可就妻朱氏，常熟人。
生員錢頤妻王氏，常熟人。
貢生席京妻沈氏，常熟人。
蔣琪妻張氏，常熟人。
生員黄式妾金氏，常熟人。

范俊英妻錢氏，常熟人。
嚴易溱妻錢氏，昭文人。
孫自成妻鄭氏，昭文人。
楊鎮妻范氏，昭文人。
周源溢妻吴氏，昭文人。
王以就妻趙氏，昭文人。
鄒國秀妻錢氏，昭文人。
沈天祐妻何氏，昭文人。
金鑑妻盧氏，昭文人。
王元遵妻周氏，昆山人。
費志遜妻顧氏，昆山人。
朱倩玉繼妻蘇氏，昆山人。
楊叙銓妻顧氏，昆山人。
孫有馮妻張氏，昆山人。
宋養淳妾黄氏，昆山人。
顧繁祉妻馬氏，新陽人。

邵冠六妻吕氏，新陽人。

以上雍正十二年旌表。

劉紹洙妻胡氏，長洲人。及笄歸劉，半載夫亡，苦節終身。

張期純妻陸氏，元和人。年十七于歸。純患羸疾，結縭日扶掖成禮，一月而寡。家貧，苦節六十年卒，親族殯之。

雷嗣宗妾金氏，元和人。無子，撫嫡子及他媵子皆成立。

張文臣妻吴氏，吴縣人。

孫瑜妻羅氏，吴縣人。

王鏞妻張氏，吴縣人。

闞子雍妻鄒氏，吴縣人。

張士悦妾曹氏，吴縣人。

楊桂妻鮑氏，吴縣人。

張祥卿妻杜氏，吴縣人。

唐文德妻潘氏，吴縣人。

徐荀六妻朱氏，吴縣人。

陳九齡妻郭氏，吴縣人。

陳兆嘉妻蔣氏，吴縣人。

黎東杲妻賀氏，吴縣人。

沈文謨妻王氏、妾朱氏，俱吴縣人。

蔡永埏妻李氏，長洲人。

朱希永妻沈氏，長洲人。

蔡王聘妻李氏，長洲人。

蔣維垣妻錢氏，長洲人。

夏國祚妻潘氏，長洲人。

顧琛妻蔣氏，長洲人。

貢生劉懋德妻朱氏、妾程氏，長洲人。

鄒城妻丁氏，長洲人。

吴鏐妻高氏，長洲人。

鄒子循妻諸氏，長洲人。

馮士傑妻李氏，長洲人。

葛籛妻戴氏，長洲人。

顧維藩妻徐氏，元和人。

顧璐妻金氏，元和人。

顧迺猷妻郭氏，元和人。

顧雲倬妻江氏，元和人。

陸禧妻黄氏，元和人。

宋之淹妻潘氏，元和人。

顧山進妻張氏，元和人。

洪學濂妻姚氏，元和人。

監生朱綬妻江氏，元和人。

蘇茂佳妻虞氏，元和人。

鄒基妻高氏，元和人。

徐周肇妻夏氏，昆山人。

顧二求妻邵氏，昆山人。

何崊妻王氏，昆山人。

陸允石妻朱氏，昆山人。

徐與磐妻許氏，昆山人。

顧鋆妾孫氏，昆山人。

徐與霖妻顧氏，昆山人。
李遥功妻葛氏，昆山人。
王唯宗妻何氏，昆山人。
余謳妻葛氏，昆山人。
王迪慈妻秦氏，昆山人。
戴聖吉妻姚氏，昆山人。
僉事莊朝生妾黄氏，昆山人。
吴殿鳴妻周氏，昆山人。
盛翊廷妻錢氏，昆山人。
秦綸妻吴氏，昆山人。
趙士侃妻丁氏，昆山人。
張士芳妻王氏，昆山人。
鍾紹宗妻顧氏，昆山人。
顧上衡妻吴氏，昆山人。
秦夢龍妻周氏，昆山人。
吴維藩妻顧氏，昆山人。

李枝昌妻王氏，昆山人。
徐同功妻張氏，新陽人。
王柱國妻柴氏，昆山人。
顧在溶妻陸氏，吴江人。
王萬妻沈氏，新陽人。
朱用皞妻顧氏，新陽人。
王洵妾費氏，新陽人。
朱詒燕妻鄭氏，新陽人。
顧震修繼妻張氏，新陽人。
王汝翼妻鄭氏，新陽人。
朱玉書繼妻顧氏，新陽人。
楊天錫妻全氏，新陽人。
張長茂妻趙氏，新陽人。
馬弘本妻吴氏，震澤人。
以上皆少年守節歷數十載。

江南通志卷一百八十三

人物志

列女　完節二

松、常、鎮三府

松江府

明

任仕中妻俞氏，名淑安，上海人。有女嫁俞邦用，母女俱係早寡，同居守志。洪武中旌。

王彦章妻楊氏、章子端妻倪氏，俱華亭人。正統初旌。

阮文亮妻金氏，華亭人。
山宗海妻胡氏，上海人。
俱天順間旌。
蔡倫妻唐氏、倫子式妻侯氏，俱上海人。成化三年旌。
張璿妻胡氏、璿弟璣妻瞿氏、璣弟珩妻楊氏，俱華亭人。成化五年，旌其門爲「三節」。
孔瑜妻郁氏，上海人。
沈璠妻李氏，上海人。
茅瓊妻陸氏，上海人。
俱弘治間旌。
王惠妻張氏，華亭人。
黄鑾妻楊氏，華亭人。
俱正德間旌。
盛栻妻姚氏，華亭人。
顧雲龍妻姚氏，華亭人。
張杲妻任氏，華亭人。
富欽妻龔氏，青浦人。

黄裳妻王氏，金山衛人。

沈露妻蔡氏，上海人。

俱嘉靖中旌。

吴穡妻朱氏，華亭人。

陳鳴韶妻尹氏，華亭人。

吴聘甫妻李氏，華亭人。

宋堯俞妻張氏，華亭人。

韓宗義妻聶氏，華亭人。

張問仁妻金氏，上海人。

葛鈿妻金氏，上海人。

陳德瑜妻姚氏，青浦人。

徐伸妻范氏，青浦人。

俱萬（歷）〔曆〕年旌。

徐有慶妻沈氏，嘉興人。適華亭徐有慶，有慶亡，氏偕妾某守節，撫妾子本高。後本高疏請兩母并旌。

莫是卿妻李氏，華亭人。

徐正禮妻陸氏，華亭人。

顧可大妻劉氏，上海人。

以上天啓年旌。

何三德妻唐氏，上海人。夫亡撫孤。長子萬化舉進士，疏其母節以聞，天啓年旌。次子萬仞亦蚤世，婦李氏同姑守節。至懷宗時，詔建雙節坊。

張永鑑妻王氏，華亭人。

沈文炤妻宋氏，華亭人。

楊玉山妾張氏。楊納氏於應天，以婦妬未携歸華亭。後楊以貧病喪明，氏聞之，遽歸松拜正室，罄奩資嫁其二女，爲其二子納室，留侍湯藥。楊死，守志以歿。

陸瓛妻徐氏，青浦人。年二十而寡，避倭亂携夫骸骨以行，俟倭退歸葬。終身守節。

張天恩妻周氏，華亭人。年十九夫亡，未殮，值倭亂，族衆奔竄，獨氏守尸不去，撤屋板以殮，紡織營葬。年九十六卒。

章有容妻朱氏，華亭人。

徐琰妻王氏，華亭人。

徐文孫妻王氏，華亭人。

俱崇（正）〔禎〕時旌。

陸明揚妾潘氏，上海人。

國　朝

喬軫妻馬氏，上海人。
楊日就妻陶氏，上海人。
俱順治年旌表。
毛公純妻張氏，上海人。
周士琦妻張氏，上海人。
顧汝信妻胡氏，上海人。
馮飛五妻蔡氏，上海人。
王錫綸妻魏氏，華亭人。
生員陳偉妻金氏，華亭人。
唐江妻王氏，華亭人，與妾同守節。
監生宋雍妻顧氏，華亭人。
范景韓妻翁氏，婁縣人。
張陳偀妻王氏，婁縣人。

李顯妻徐氏，婁縣人。

生員郁肇虞妻鄭氏，婁縣人。守節事姑，割股療疾。

王豫瀍妻徐氏，婁縣人。

張鋆妻田氏，婁縣人。

貢生程志文妾蔡氏，婁縣人。

董璠妻陳氏，婁縣人。

陳藻開妻曹氏，青浦人。

孫日捷妻黄氏，青浦人。

金世裕妻莊氏，青浦人。

以上皆康熙年旌表。

高德豐妻鄒氏，華亭人。

生員張寧妻郁氏，婁縣人。

何月輪妻胡氏，婁縣人。

周之鑑妻滕氏，上海人。

以上雍正二年旌表。

生員顧受昌妻朱氏，華亭人。顧亡守節，事舅姑盡孝。

生員王正心妻孫氏，華亭人。夫歿，撫孤成立，守節終身。
生員馮拱妻周氏，婁縣人。
鍾鑑修妻黄氏，婁縣人。
朱言如妻吴氏，婁縣人。
生員陳葵妻王氏，青浦人。
生員孫鍵妻徐氏，青浦人。
監生諸宏詵繼妻方氏，青浦人。
生員諸原仁妻葛氏，青浦人。
以上雍正三年旌表。
生員曹聶弘妻朱氏，上海人。
喬來泰妻朱氏，上海人。
監生莫光緒妻王氏，婁縣人。
徐貞九妻張氏，婁縣人。
張世奇妻陳氏，婁縣人。
生員顧俞心妻朱氏，婁縣人。
顧元正妻趙氏，婁縣人。

生員葉衡侯妻翁氏，婁縣人。

許燕鎮妻張氏，婁縣人。

許青鎮妻朱氏，婁縣人。

生員莊思安妻郁氏，青浦人。

生員方大謨妻張氏，青浦人。

蔡維均妻邵氏，青浦人。

生員楊學榮妻夏氏，青浦人。

生員孫起龍妻吴氏，青浦人。

高維岳妻楊氏，青浦人。

賈期生妻徐氏，青浦人。

陸承晏妻王氏，青浦人。

沈巖伯妻王氏，福泉人。

包良有妻朱氏，南匯人。

邵珩妻翁氏，南匯人。

以上雍正四年旌表。

生員宋景雲妻孫氏，華亭人。夫故翁老，氏勤女紅易甘旨以孝養。守節終身。

生員汪思遜繼妻戴氏，華亭人，夫亡守節。

生員汪汝兆妻沈氏，上海人。

潘調鼎妻李氏，上海人。

謝起升妻朱氏，婁縣人。

貢生姜爾玨妾沈氏，婁縣人。

楊燦若妻蔡氏，婁縣人。

杜鎬孫妻朱氏，婁縣人。

生員謝天修妻潘氏，婁縣人。

李緝謐妻蔣氏，青浦人。

宋之琮妻吴氏，青浦人。

虞掌綸妻徐氏，青浦人。

陳静源妻胡氏，金山縣人。

施欽之妻孫氏，南匯人。

沈應賓妻趙氏，南匯人。

以上雍正五年旌表。

生員汪世爵妻程氏，華亭人。夫歿，守節五十餘年。

生員汪邇妻項氏，華亭人。夫歿，孝事舅姑，矢志守節。
貢生趙珩妻楊氏，華亭人。夫亡，教子有成，苦志守節。
薛光越妻陸氏，華亭人，夫死守節。
生員單乘見妻陳氏，苦節，撫遺腹子成立。
莊懿如妻王氏，華亭人。
張天麟妻沙氏，婁縣人。
何銘功妻黄氏，婁縣人。
翁天浩妾張氏，婁縣人。
生員張有曜妻黄氏，婁縣人。
唐良史妻馬氏，婁縣人。
顧飛鳴妻徐氏，婁縣人。
監生姚弘炯妻馮氏，婁縣人。
朱仲淵妻湯氏，婁縣人。
錢明黼妻倪氏，青浦人。
張德心妻戴氏，福泉人。
張德軫妻高氏，福泉人。

陳念昇妻沈氏，福泉人。

以上雍正六年旌表。

曹書臣妻姚氏，上海人。二十而寡，奉事舅姑，孝聲遠播，撫孤雲翼入泮。

淩君禄妻陳氏，上海人。

王鴻生妻吴氏，上海人。

陸廷柱妻汪氏，上海人。

張世顯妻鄒氏，婁縣人。

蔣元章妻葉氏，奉賢人。

蔣丕績繼妻沈氏，奉賢人。

徐爾德妻朱氏，青浦人。

徐茂初妻陳氏，青浦人。

張堯民妻田氏，民子臻麓妻吴氏，俱金山縣人。

以上雍正七年旌表。

孫繩浦妻龔氏，上海人。

于敬初妻蔡氏，上海人。

監生于捷繼妻張氏，上海人。

胡叙九妻姚氏，上海人。

生員唐孫岧妻馮氏，華亭人。

康又煌妻黄氏，婁縣人。

許仁妻馬氏，婁縣人。

生員邢曹瑜妻陶氏，婁縣人。

監生朱文炳妻鄭氏，婁縣人。

陶柯亭妻張氏，婁縣人。

顧原九妻任氏，婁縣人。

生員朱世衡妻楊氏，婁縣人。

楊蕚士妻李氏、蕚子賡①和妻朱氏，俱婁縣人。

談天禄妻王氏，青浦人。

以上雍正八年旌表。

陸瀛華妻陳氏，二妾吴氏、馮氏，俱上海人。

姚介錫妻張氏，上海人。

① 「賡」，《四庫》本作「賡」。

生員方紹昌妻張氏、昌子監生尚志妻許氏，俱華亭人。
貢生汪世錫妾孫氏，華亭人。
生員王其義妻姚氏，婁縣人。
汪思迅妻陸氏，婁縣人。
馬馭臣妻鮑氏，婁縣人。
范德璋妻馮氏，婁縣人。
監生程光道妻汪氏，婁縣人。
鄒維寶妻范氏，奉賢人。
監生鄒維嶽妻葉氏，奉賢人。
查蘊生妻曹氏，福泉人。
陳秩華妻曹氏，金山人。
周丕文妻陸氏，金山人。
陸渭公妻顧氏，金山人。
夏汝訥妻黄氏，金山人。
生員陳錫璜妻張氏，華亭人。
以上雍正九年旌表。

貢生鄒維寧妻曹氏，奉賢人，進士曹垂燦幼女。十六于歸，二十五夫亡，撫三孤成立。側室陸氏相依同守。夫本生父母、夫兄已病廢，氏生爲致養，殁爲營葬。季子煜病故，寡媳遺孤，皆賴氏撫恤焉。

歲貢汪思逵繼妻陳氏，海寧籍，工部尚書陳散永次女。年二十二歸汪，事耄舅盡禮，撫前室四子如己出。夫故，家計中落，事翁愈謹，擇師教子入泮。諸孫濟濟，亦訓勉之。思逵，婁縣人。

歲貢張菉繼妻許氏，婁縣人。夫至性克敦，氏在室亦以孝聞，于歸相敬如賓。夫亡，撫前室子焜娶妻生子。焜又殀，氏同寡媳更撫孤孫。媳即氏之堂侄女也。

張皋繼妻李氏，婁縣人。于歸時舅姑已殁，夫卜地未葬而亡，氏竭力營葬，以成其志。並舉夫柩祔焉。

監生宋瀛川妻金氏，婁縣人。克盡婦道。夫亡，立嗣守節。父母無子，殁爲營葬。

林詮妻曹氏，金山人。事姑孝。姑殁，積織紝資以營葬。

周朝柱妻瞿氏，上海人。姑殁，舅更娶，氏事之盡禮。夫亡，上有二兄，舅姑以氏賢，願就養於叔婦。

夫治命建渡橋、周恤遠族，氏皆勉力從之。撫孤學海成立。

談柏妻施氏，南匯人。夫亡，立侄爲後，擇地葬柏。先營姑壽域。舅病，以奩飾付叔，助辦棺衾。嗣子殁，同婦苦節。

王馨如妻錢氏，南匯人。年二十四夫亡，苦志撫孤，孤又夭，立侄爲嗣。孝事祖姑，營葬兩世喪。

蔡公威妻笪氏，華亭人。
陳嶷妻丁氏，華亭人。
生員許廷亮妾徐氏，婁縣人。
徐克瞻妻管氏，婁縣人。
沈犀然妻戴氏，婁縣人。
聶允瑄妻錢氏，婁縣人。
沈爾堪妻張氏，金山人。
生員沈宗鎬妻黄氏，金山人。
生員張來妻顧氏，上海人。
張燧妻朱氏，上海人。
陳萬建妻沈氏，上海人。
童柯妻龔氏，上海人。
徐弘緒妻王氏，福泉人。孝事舅姑，撫孤成立。
施觀妻錢氏，福泉人。

以上雍正十一年旌表。

王偁妻許氏，華亭人。

徐章妻顧氏，華亭人。
繆永泰妻秦氏，婁縣人。
董奕璜妻吴氏，婁縣人。
監生方榕妻孫氏，金山人。
金瑞生妻徐氏，上海人。
于見山妾江氏，上海人。
于楫妻姚氏，上海人。
監生金武瞻妻童氏，上海人。
淩文翰妻于氏，上海人。

以上雍正十二年旌表。

胡嘉誠妻潘氏、子熙臣妻嚴氏，俱華亭人。
生員董威寶繼妻顧氏，華亭人。
吴嘉錦妻程氏，休寧人。嘉錦，奉賢籍。
儒童姚日躋妻蔡氏，華亭人。子廣林妻陳氏，婁縣人。
生員錢宗潢妻沈氏，婁縣人。宗潢，寄籍嘉興。
黄振南妻顧氏，婁縣人。

王若愚妻莊氏，婁縣人。

孔天衢妻田氏，婁縣人。

仇朝鼎妻張氏，婁縣人。

以上雍正十三年旌表。

黄士英妻潘氏，嘉興人。士英，籍華亭。氏年十九歸黄，夫亡，撫一女既嫁，曰：「吾事畢矣。」一慟而絶。

高毓秀妻王氏，婁縣人，名之玫。年十九歸高，逾年夫亡，立嗣守節，事翁盡孝。工詩文，善畫，有《水明樓集》。卒，年三十四。

胡輔妻時氏，金山人。撫孤，授室生孫而媳死，又撫孤孫。

蔣光濟妾曹氏，上海人。濟亡，與嫡張氏立嗣守節。嗣子殤，張又卒，獨撫孤孫成立。

張世鞏妻顔氏、鞏子澤奐妻顔氏、奐子忠埏妻金氏，俱華亭人。

莊振妻薛氏，華亭人。

徐章妻顧氏，華亭人。

章有容妻朱氏，華亭人。

黄兆登妻陳氏，華亭人。

顧鑑妻吴氏，華亭人。

張秉豫妻林氏，華亭人。

徐一鳴妻黄氏，華亭人。

吴天賜妻莫氏，華亭人。

于景善妻朱氏，華亭人。

張羽翰妻范氏，華亭人。

監生馮進忠妻姚氏，華亭人。

張文炳妻范氏，華亭人。

陳彧妻裴氏，華亭人。

生員楊炯妻莫氏，華亭人。

王林野妻張氏，華亭人。

夏右六妻莫氏，華亭人。

莊慶修妻駱氏，奉賢人。夫死，家貧，紡織撫兩孤。後孤相繼卒，依於女家，撫幼孫成立。

張澤銑妻王氏，奉賢人。

張士逵妻錢氏，奉賢人。

張澤岷妻李氏，奉賢人。

宋琬妾楊氏，奉賢人。

秦玠妻郁氏，上海人。

儲藴瑞妻王氏，上海人。

儲重美妻陸氏，上海人。

張斗南妻程氏，上海人。

范子咸妻石氏，上海人。

陸天爵妻張氏，上海人。

生員孫鋋妾唐氏，青浦人。

孫紛妻尤氏，青浦人。

張灝妻林氏，青浦人。年二十歸灝，三年灝卒，與姑食貧守志。五喪尚未舉，鬻居營葬，僦一椽以奉姑。殁，盡禮葬之。身無完裙，紡績以老。

監生吕梓妻倪氏，青浦人。

沈某妻蔡氏，青浦人。

生員王鑒觀妻金氏，青浦人。

岑錦江妻顧氏，青浦人。

畢存芳妾陸氏，婁縣人。

顧懋之妻張氏，婁縣人。

湯來舒妻董氏，婁縣人。
吳之貞妻唐氏，婁縣人。
王大義妾陳氏，婁縣人。
姚廷聘妻張氏，婁縣人。
淩正容妻沈氏，婁縣人。
吳品王妻顧氏，婁縣人。
張文臣妻吳氏，婁縣人。
趙時覲妻徐氏，婁縣人。
徐翊郜妻吳氏，婁縣人。
張邦彦妻奚氏，南匯人。夫亡，截指以示不二。
施曰謀妻陸氏、謀子發妻葉氏、孫某妻某氏，俱南匯人。
黄成九繼妻張氏，南匯人。撫前妻子，子早卒，與媳同守。
謝金章妻陳氏、章子天鍾妻張氏，俱南匯人。
淩駿妻陸氏、駿子宗玉妻顧氏，俱南匯人。
申月胥妻淩氏，南匯人。
王正彝繼妻潘氏，南匯人。

華起洙妻金氏，南匯人。

程天碧妻劉氏，南匯人。

以上皆少年守節歷數十載。

常州府

南北朝　齊

蔣雋妻黄氏，義興人。夫早亡，家人逼嫁，欲自刎决，因得完節。建元二年旌。

唐

吴康之妻趙氏，郡人。父亡弟幼，歲饑母病，詣鄉里自賣，鄰人哀之，分米相贍。長歸康之，夫亡，誓死不二。

元

華鉉妻陳氏，無錫人，撫孤守節。至正二年旌。

明

史彥妻劉氏，武進人。洪武元年，彥除四川衛經歷，氏偕夫往。彥亡，負遺骸、携幼子，萬里還葬。廬於墓傍，紡績度日，以壽終。事聞，旌曰「貞節之門」。

章明妻陳氏，江陰人。洪武年旌。

龔明可妻石氏，武進人。明可簿徐溝病亡，喪不能舉，氏疏奏乞驛傳扶櫬歸，因著爲令。

張廷瑞妻王氏，武進人。夫亡，守節六十年。止一女，亦早寡，其娽母之女年十九喪夫，皆守節不二。事聞，表之曰「貞孝王氏之門」。

吴國祥妻劉氏，無錫人。夫亡，撫子璠。璠死，與婦朱氏共保其孤孫時敏。洪武中旌。曾孫婦尤氏，亦守節。成化年旌。

吴鐵妻秦氏，無錫人，守節六十年。旌。

錢栻妻胡氏，無錫人。栻幼病痼，氏歸即請立族子爲後。夫既亡，舅惑後妻，悉以田宅畀女，遣婦歸母家。姑亡，仍歸奉其舅，喪葬以禮。張愷有《傳》。

夏師顔妻趙氏，江陰人。

潘原妻吴氏，宜興人。

朱富妻張氏，宜興人。

以上洪武年旌。

王璉妻陳氏，宜興人。夫亡，苦節自勵。偶食鹽梅，吐核於地，氏叩天祝曰：「此核生蘖，可白妾心。」尋梃生樹，枝幹日茂，迨結實猶有鹹味，人咸異之。

蹇龍妻陳氏，宜興人。未嫁而龍雙瞽，請解盟，女以死自誓必嫁龍。生七子，夫亡，養姑撫子，以孝慈稱。吴儼有《嫁瞽歌》。

陶良知妻劉氏，武進人，夫亡守節。詔旌其門。

張世用妻謝氏，武進人。少寡，翁逼改嫁，斷髮明志。乃依父以居，歲營米帛養翁。翁歿，盡脱簪珥營葬。鄉人稱爲節孝。

翟應南妻錢氏，無錫人。年二十三，生子甫三月，夫客死，奉其姑扶柩而歸。未幾，舅姑繼歿。守志四十五年。詔旌其門。

孟澤民妻吴氏，無錫人。年二十一夫亡，其婢談氏年十八，所天亦亡，氏謂之曰：「汝婢也，當嫁。」婢泣曰：「主母欲爲貞婦，賤婢奈何有二心耶？且保孤實難，非婢誰當輔者？」紡績相依者五十年。

張應登妻陳氏，武進人。夫亡，子瑋尚在襁褓，氏教之成進士，遂疏請得旌。

左貴妾王氏，武進人。貴妻魯氏無子，王生二子，貴亡，矢志以撫孤，事魯如姑。永樂年旌。

朱應問妻陸氏、問子之瀚妻王氏，靖江人，俱守節旌表。

俞暉妻楊氏，無錫人。夫亡，哭踴幾絶，日懸其夫遺書「冰心雪操」四字於室。監司以聞，旌曰「榮節」。

王有教繼妻吳氏，無錫人。正統年旌。

陳文俊妻厲氏，無錫人。景泰年旌。

袁範妻陳氏，武進人。

翟雲舉妻梅氏，武進人。

張禮妻吳氏，武進人。

蔣士敬妻吳氏，武進人。

安某妻張氏，武進人。

張冕妻秦氏，武進人。

徐鎬妻武氏，武進人。

鄔世禄妻萬氏，武進人。

胡汸妻錢氏，武進人。

俱萬(歷)〔曆〕年旌。

王祐妻曹氏，武進人。永樂年旌。

史尚誼妻周氏，武進人。

周起鳳妻何氏，武進人。

張洽妻楊氏，武進人。

俱弘治年旌。

鄭柏妻周氏，武進人。隆慶年旌。

賈熊妻臧氏，武進人，夫亡守節。萬（歷）〔曆〕年旌。

浦邵妻過氏，無錫人。萬（歷）〔曆〕年旌。

鈕陛妻徐氏，無錫人。

張履和妻王氏，無錫人。

曹明妻錢氏，無錫人。

董言策妻姚氏，無錫人。

以上天啓年旌。

王湘妻李氏，無錫人。崇（正）〔禎〕時旌。

趙德金妻梁氏，無錫人。

余彦昭妻楊氏，無錫人。

茹洪妻陸氏，無錫人。

以上正統年旌。

邵璘妻談氏，無錫人。嘉靖年旌。
楊菽妻劉氏，無錫人，萬(歷)〔曆〕年旌。
錢公達妻姚氏，無錫人。天順年旌。
虞宗約妻孟氏，無錫人。姑盛年孀居，夫亡，與姑相守。成化年旌。
王鎧妻儲氏，宜興人。成化年旌。
趙禮妻楊氏，無錫人。正統乙未年旌。
壯章妻李氏，宜興人。正德年旌。
邵寶妻萬氏，宜興人。
吴弼妻潘氏，宜興人。
俱嘉靖年旌。
徐峻妻吴氏，宜興人。
丁烈妻陳氏，宜興人。
吴照妻范氏，宜興人。
歐一惟妻閔氏，宜興人。
王鉉妻陳氏，宜興人。
俱萬(歷)〔曆〕年旌。

史聞政妻俞氏，宜興人。

吳梁妻沈氏，宜興人。

俱崇（正）〔禎〕時旌。

吳駰妻屠氏，宜興人。早寡無子，父欲令改適，剪髮自誓，數日不肯食乃止。後叔氏舉子，告於姑立之。嘉靖年旌。

陳憲章妻邵氏，宜興人。夫亡，矢志撫遺腹孤。姑令改適，氏拔簪刺其目乃止。

吳序妾張氏，武進人。生一子，序亡，嫡欲嫁之，以死自誓，絶粒七日，嫡乃止。

徐大順妻王氏，武進人。夫亡守志，麻衣五十餘年。

毛中覺妻鄒氏，武進人。

周瑜妻潘氏，靖江人。

孫德妻韓氏，靖江人。

俱萬（歷）〔曆〕年旌。

徐福二妻張氏，江陰人。

吳士振妻（邱）〔丘〕氏，江陰人。

李貞妻蔣氏，江陰人。

夏公表妻李氏，江陰人。

趙椿妻吳氏，江陰人。
朱維言妻薛氏，江陰人。
何起潛妻包氏，江陰人。
何宗常妻瞿氏，江陰人。
黃迪妻張氏，江陰人。
沈頤妻錢氏，江陰人。
葛晟妻徐氏，江陰人。
周維聲妻錢氏，江陰人。
王克謀妻夏氏，江陰人。
屈遂良妻陶氏，江陰人。
陳孟昭妻周氏，江陰人。
吳儼妻杜氏，江陰人。
陳存信妻程氏，江陰人。
邵福一妻陸氏，江陰人。
花淑芳妻陳氏，江陰人。
吳祖妻張氏，江陰人。

吴宗傑妻周氏，江陰人。

吴宗善妻朱氏，江陰人。

吴宗道妻花氏，江陰人。

李善祥妻曹氏，江陰人。

花一葵妻張氏，江陰人。

查良妻許氏，江陰人。

周紀宗妻許氏，江陰人。

陳忠妻張氏，江陰人。

以上皆守節旌表。

王家度妻毛氏，武進人。年十九夫亡，家貧，撫孤嘗自督其課，聲淚俱下。子之柱成進士，疏請得旌。

湯儒妻王氏，宜興人。夫亡，姑强之嫁，不從。將劫之以行，會天大雪盈尺，王單衣卧雪中，覓之已僵死，至旦始甦，乃止。明萬（歷）〔曆〕中旌。

吴仕妾潘氏，宜興人。夫亡，子敦復尚在襁褓，撫之成立，至萬（歷）〔曆〕癸酉舉於鄉，又早卒。敦復妾沈氏生子士貞，能與姑拮据禦侮，教子成進士。旌曰「一門雙節」。

袁趨朝妻薛氏，江陰人。少寡，挈婢沈氏撫一歲孤成立。卒，年八十三。

徐大昌妻王氏，江陰人。年十七，夫亡，無子守節。
吴文炳妻張氏，江陰人。夫亡，撫九日孤守節。
周珣妻潘氏，江陰人。珣有痼疾，氏仍處子，年二十四而夫亡，守節四十年。
楊安仁妻戴氏，江陰人。
陸完妻朱氏，江陰人。
蔣鳴璋妻徐氏，江陰人。
陳臯妻許氏，江陰人。
俱萬(歷)〔曆〕年旌。
吴夢熊繼妻趙氏，宜興人。夢熊成進士，卒，氏年二十四，撫其孤成立。壽百有一歲。天啓年旌。
張汀妻吴氏，江陰人。天啓年旌。
張志熹妻倪氏、側室史氏，俱武進人。各生一子，夫亡，同志守節。
毛應喜妾陳氏，武進人。生子羽皇，喜亡，與嫡秦氏撫孤爲名進士。
左國光妻徐氏，常州人。少寡家貧，敗屋數椽，與夫櫬一室寢處，苦節二十餘年卒。
唐士奎妻張氏，無錫人。年二十五，夫亡，旦夕拊棺號慟，每日上食，相對如生。事舅姑以孝著。
吴天相妻曹氏，宜興人。

孔宗英妻王氏，江陰人。

項良木妻湯氏，靖江人。

楊遇春妻沈氏，靖江人。

倶崇（正）〔禎〕時旌。

王大紳妻浦氏，無錫人。

任一暘妻陳氏，宜興人。少寡，家赤貧，以鍼黹度日，不給則或拾敗葉煮白水飲之。色容愈莊，人莫敢窺其户。

歐鎮繼妻潘氏，宜興人。

陸經妻邵氏，宜興人。

李景妻鄭氏，武進人。

陸璿妻壯氏，武進人。

張希孟妻芮氏，武進人。

張希高妻虞氏，武進人。

吴曄妻周氏，武進人。

以上嘉靖年旌。

任卿妾李氏，武進人。

周至妻蔣氏，武進人。

王某妻歐氏，武進人。

以上萬(歷)〔曆〕年旌。

周備妻王氏，武進人。天啓年旌。

周於禮妻吴氏，武進人。

杭登瀛妻王氏，武進人。

吴起元妻鍾氏，武進人。

徐起爗妻彭氏，武進人。

任立德妻陳氏，武進人。

堵作岡妻許氏，武進人。

丁惟學妻吴氏，武進人。

史彙麟妻儲氏，武進人。

吴振華妻徐氏，武進人。

倶崇(正)〔禎〕時旌。

潘近隆妻張氏，武進人。

堵維崙妻許氏，武進人。

杭彦北妻楊氏，武進人。

杭志顔妻王氏，武進人。

周中行繼妻杜氏，武進人。

邵應魁妻王氏，武進人。

周子訒妻杜氏，武進人。

史孟麟妾留姑，武進人。

杭懋勤母王氏、勤妻趙氏，俱武進人。

何純嘏妻劉氏，江陰人。少寡守節，艱苦終身。

以上俱苦節歷數十載。

國朝

黄灝妻張氏，武進人。年十九守節，撫嗣子永成進士。

(邱)〔丘〕尚德妻毛氏，武進人。

劉果遠母榮氏，武進人。

徐德隆妻蔣氏，無錫人。少寡家貧，茹糠教子，年逾八十。

朱基寧妻錢氏，無錫人。

平若衡妻何氏，無錫人。
張國誼妻王氏，無錫人。
錢涵素妻趙氏，武進人。
林世芳妻徐氏，武進人。
蔡士儁妻陳氏，武進人。
王家奎妻戴氏，武進人。
呂志茂妻繆氏、子媳杜氏，俱武進人。
路遵上妻顧氏，武進人。年二十，夫亡守節，課子朝陽成進士。朝陽復早卒，荼苦終身。

以上順治年旌表。

白復隆妻何氏，武進人。
丁應春妻陳氏，武進人。
徐授妻周氏，武進人。
吳昇妻丁氏，武進人。
龔洪志妻吳氏，武進人。
朱紳妻王氏，武進人。
管文正妻宋氏，武進人。

王華京母鄒氏，武進人。

徐伯貞妻張氏，武進人。

王寵賚妻承氏，武進人。

王路妻陳氏，武進人。

徐珮妻丁氏，武進人。

李紹泌妻鄒氏，武進人。

高士臨妻曹氏，武進人。

屠用宣妻楊氏，武進人。

童君直妻楊氏，武進人。

周士鴻妻李氏，武進人。

周鼎賢妻張氏，武進人。

唐賡虞妻陳氏，武進人。

劉繩祖妻毛氏，武進人。

周弼垣妻張氏，武進人。

孫枝蕃妻吴氏，武進人。

龔廷秀妻徐氏、子媳某氏，俱武進人。

周美妻莫氏，武進人。
黄輝巖妻朱氏，武進人。
莊祖望妻陳氏，武進人。
蔣昂妻賈氏，武進人。
監生高爾侯妻徐氏，武進人。
華潤璋妻浦氏，無錫人。
華嵩祝妻陸氏，無錫人。
錢爾登繼妻薛氏，無錫人。
王侯東妻周氏，無錫人。
王有道妻秦氏，無錫人。
華夢旭妻胡氏，無錫人。
劉學理妻黄氏，無錫人。
生員楊音妻秦氏，無錫人。
生員秦已錫妻胡氏，無錫人。
華文號妻侯氏，無錫人。
張完我妻王氏，江陰人。

袁永康繼妻顧氏，江陰人。
何君碩妻蔣氏，江陰人。
劉國甫妻張氏，江陰人。
徐名臣妻沙氏，江陰人。
祝眉妻沈氏，江陰人。
吴鼎隆妻陳氏，江陰人。
邢雲龍妻馮氏，江陰人。
姚潤芳妻劉氏，江陰人。
邵翰妻李氏，江陰人。
陸念怡妻盛氏，江陰人。
黄繼襄妻郁氏，江陰人。
王世貞妻田氏，江陰人。
劉道中妻趙氏，江陰人。
陸伯淳妻葛氏，江陰人。
金應軫妻陳氏，江陰人。
季企妻陳氏，江陰人。

趙貞妻陳氏，江陰人。
湯文騄妻高氏，江陰人。
貢生徐德敷妻鄧氏，江陰人。
孫允恒妻程氏，江陰人。
儲啓夏妻史氏，宜興人。
吴近功繼妻歐氏，宜興人。
鄒振泰妻徐氏，宜興人。
路賢聚妻蔣氏，宜興人。
史丹書妻蔣氏，宜興人。
儲捷妻吴氏，宜興人。
楊國棟妻陸氏，靖江人。
以上康熙年旌表。
王希裕妻吕氏，金匱人。
曹陛妻趙氏，江陰人。
以上雍正元年旌表。
高瑞生妻張氏，武進人。

吕鍾彦妻楊氏，武進人。

監生周纘祖妻楊氏，武進人。

趙鶴詔妻白氏，武進人。

鄭昂妻巢氏，武進人。

黄九功妻龔氏，武進人。

袁漢祥妻葉氏，武進人。

陳禹宗妻周氏，武進人。

董之璜繼妻吴氏，武進人。

趙允信妻楊氏，武進人。

張元直妻周氏，武進人。

須以仁妻孟氏、仁子達道妻劉氏，俱武進人。

生員鄒之珣妻莊氏，武進人。年十九夫亡，撫三月孤成立。娶媳莊氏，孤又早世，媳亦繼志撫遺孫，誓不改節。里稱雙節。

唐國棟妻汪氏，武進人。

馬德馴妻符氏，武進人。

監生劉星調妻周氏，武進人。夫亡，事姑撫子，守節終身。

庠生孫永康妻唐氏，武進人。康歿，哀慟幾絶，立侄守志。
袁毓仁妻陶氏，武進人。
以上雍正二年旌表。
生員汪繼坤妻朱氏，武進人。事翁姑盡孝，撫幼子成立。
楊玉妻羊氏，武進人。
趙繼葵妻章氏，武進人。
生員須用康妻徐氏，武進人。
宣家栻妻錢氏，武進人。
沈鳳翼妻劉氏，武進人。
陸伊遠妻錢氏，武進人。
惲祖武妻劉氏，武進人。
曹陽侯妻周氏，武進人。
劉藎公妻鄒氏，武進人。
華之奭妻朱氏，無錫人。
朱克修妻華氏，無錫人。
高宗謙妻鄭氏，無錫人。

吴銓妻曹氏，無錫人。
張宗英妻蔡氏，無錫人。
孫堯年妻薛氏，無錫人。
生員薛榴祥妻楊氏，無錫人。事姑孝，撫子有成。
生員華逢年妻徐氏，無錫人。夫亡，矢志苦節三十餘年。
監生侯臣憲妻吴氏，無錫人。事翁姑克孝，撫嗣子成立。
副榜曆生馬壬玉妻薛氏，無錫人。
舉人考授中書馬翀妻王氏，無錫人。
王允揆妻薛氏，無錫人。
過景蓮妻馮氏，無錫人。
秦嫯妻朱氏，無錫人。
顧炡繼妻錢氏，無錫人。
候選教諭繆珩妻程氏，江陰人。
生員夏聲妻程氏，江陰人。
生員吴喤妻鮑氏，江陰人。
生員俞士鸞妻周氏，宜興人。夫殁，氏年甚少，截髮守志。

以上雍正三年旌表。

何季聲妻貢氏，武進人。

張辛嘉妻姜氏，武進人。

董漢妻蔣氏，武進人。

陸樛榮妻莊氏，武進人。

陳萬延妻都氏，武進人。

邵祥甫妻王氏，武進人。

邵永康妻光氏，武進人。

鄒延居繼妻吳氏，武進人。

廩生陸逢源繼妻陶氏與妾周氏，俱武進人。

柳叔文妻周氏，武進人。

董之珩妻周氏，武進人。

淩廷翰妻顧氏，武進人。

徐澍妻蔣氏，陽湖人。

生員馬福森妻吳氏，無錫人。

生員李堅繼妻邵氏，無錫人。撫遺孤，苦志守節。

武舉顧光斗妻華氏，無錫人。勵志守節，課子勤學。
生員秦純熙妻華氏，無錫人。撫孤守節，荼苦備嘗。
監生殷德元繼妻顧氏，無錫人。
方維墀妻穆氏，無錫人。
孫敬基繼妻趙氏，無錫人。
丁期昌繼妻仇氏，無錫人。
顧與桓妻邵氏，無錫人。
陳瑞臨妻張氏，無錫人。
顧增妻吴氏，無錫人。
生員顧學聖妻鄒氏，無錫人。
生員周金聲妻胡氏，無錫人。
生員薛聲焕妻胡氏，無錫人。夫故苦節，白首無間言。
周廷栻妻堵氏，無錫人。
胡天民妻顧氏，無錫人。
生員顧龍妻薛氏，無錫人。
周鏸妻孫氏，無錫人。

吴恒妻朱氏，無錫人。夫故，撫遺腹孤，辛勤紡績。
生員華亥正妻金氏，無錫人。
生員薛希晟妻湯氏，江陰人。夫亡，撫七月孤，苦志守節。
生員黄中治妻徐氏，江陰人。奉孀姑，撫弱子，孝慈並著。
吴輝之妻周氏，宜興人。
生員徐元枝繼妻邵氏，荆溪人。
姚廣仁妻祁氏，靖江人。夫亡，事翁姑盡孝，撫幼子成立。
貢生朱學洙妻劉氏，靖江人。事舅姑，撫嗣兒，孝慈備至。
以上雍正四年旌表。
周龍吉妻顧氏，武進人。
周龍雯妻錢氏，武進人。
陳弘人妻唐氏，武進人。
馮道和妻丁氏，武進人。
淩鴻遠妻畢氏，武進人。
司馬備繼妻劉氏，無錫人。
監生鄒文長妻安氏，無錫人。事翁姑，撫嗣子，茹荼守節。

監生秦文然妻顧氏，無錫人。
葉穆清妻華氏，無錫人。
汪逢辰妻鮑氏，無錫人。
周汝章妻陳氏，江陰人。
蔡能銓妾錢氏，江陰人。
薛瑊妻顧氏，江陰人。
顧埏妻吴氏，江陰人。
顧文宏妻蔣氏，江陰人。
孫允叙妻吴氏，江陰人。
楊廷璠繼妻侯氏，江陰人。
黄景孫妻施氏，江陰人。
生員過文鳳繼妻費氏，江陰人。
華原湘妻楊氏，江陰人。
浦治妻王氏，江陰人。
尤充鋐妻吴氏，江陰人。
季孝光妻薛氏，江陰人。

程仙枝妻金氏，江陰人。

何玉珮妻杜氏，江陰人。

生員沈傳硯妻袁氏，江陰人。孝事老姑，教養遺子。

監生夏元弢妻王氏，江陰人。撫遺孤，矢志守節。

沈覺瑩妻倪氏，江陰人。

潘積妻蔣氏，宜興人。

徐鳳梧妻儲氏，宜興人。

吴中焕妻許氏，宜興人。

儲福文妻俞氏，宜興人。

錢若泉妻張氏，宜興人。

陳瑄妻郁氏，宜興人。

吴龍岡妻萬氏，宜興人。

吴先庚妻秦氏、側室周氏，俱宜興人。

葉觀成妻吕氏，宜興人。

湯元豐妻陳氏，宜興人。

路庾妻任氏，荆溪人。

路晋錫妻潘氏，荆溪人。

知縣儲掄繼妻任氏，荆溪人。

徐殿桂繼妻周氏，荆溪人。

許明妻吴氏，荆溪人。

黄方穀妻沈氏，荆溪人。

周廷拔妻瞿氏，靖江人。

以上雍正五年旌表。

柳九苞妻陳氏，武進人。事孀姑盡孝，撫遺孤成立。

楊明德妻丁氏，武進人。年二十九夫亡，貧無棺，拆屋木爲之。灌園以贍姑。目忽失明，子徽每晨起以舌舐之，目復明。

毛重僖妻邵氏，武進人。

周培肇妻朱氏，陽湖人。

秦汝溥妻徐氏，無錫人。

吴忠正妻濮氏，無錫人。

趙鼒妻全氏，無錫人。

季慶臻妻高氏，金匱人。

楊弘妻過氏，金匱人。

繆日華妻顧氏，金匱人。

秦巽維妻樂氏，金匱人。

祝永吉妻施氏，金匱人。

鄒侗繼妻徐氏，金匱人。

張鍠妻葉氏，金匱人。

繆煜妻王氏，金匱人。

朱士揚繼妻李氏，金匱人。

許覲芳妻華氏，宜興人。事翁姑，撫弱子，勵節終身。

庠生儲宜位妻黄氏，宜興人。課子成立，苦節二十八年。

生員任雲威妻潘氏，荆溪人。事姑盡禮，撫子有方。

國子監助教潘秉禮妻吴氏，荆溪人，課孤紡績守志。

以上雍正六年旌表。

薛①欽贊妻陶氏，無錫人。

① 「薛」，《四庫》作「蔣」。

潘懋修妻張氏，無錫人。

葉方鏻妻强氏，無錫人。

朱克任妻浦氏，無錫人。

黄正位妻張氏，荆溪人。

雷繩奎妻虞氏，荆溪人。年二十二夫亡，家貧，竭力養姑，私自食糠粃。或勸令改適，引刀斷一指以誓。

陶頤妻祝氏，金匱人。

吴必達妻方氏，金匱人。

陳進妻王氏，金匱人。

王德溥妻張氏，金匱人。

鄒佩琬妻楊氏，金匱人。

儲玠妻馮氏，宜興人。

蔣憲貽妻惠氏，宜興人。

楊文若妻羊氏，荆溪人。

以上雍正七年旌表。

顧士鳳妻陳氏，武進人。

周亮采妻王氏，武進人。
屠天恩妻羅氏，武進人。
薛介眉妻季氏，武進人。
鄭覲妻陸氏，武進人。
薛景福妻陳氏，武進人。
吴應義妻屠氏，武進人。
張豫妻陳氏，陽湖人。
史乃堪妻吴氏，陽湖人。
陳永詒妻符氏，陽湖人。
杭國樞妻顧氏，陽湖人。
周紫羽妻孟氏，陽湖人。
謝天繩妻趙氏，無錫人。
吴遜妻薛氏，無錫人。
張朗如妻周氏，無錫人。
劉瞻屺妻秦氏，無錫人。
范瑞生繼妻唐氏，無錫人。

楊應奎妻華氏，金匱人。
倪之煃妻楊氏，金匱人。
蔡寅錫妻王氏，金匱人。
高衍疇妻吴氏，金匱人。
朱正位繼妻方氏，金匱人。
過振祖妻陳氏，金匱人。
朱起元妻華氏，金匱人。
王允恭妻倪氏，金匱人。
以上雍正八年旌表。
陳鳳林妻萬氏，武進人。
蔣之紀妻李氏，武進人。
蔣之綱妻薛氏，武進人。
盛天球妻陳氏，武進人。
鈕玉相妻許氏，武進人。
許正己妻吕氏，武進人。
戎德禮妻范氏，武進人。

張天相妻楊氏，陽湖人。
李時行妻王氏，陽湖人。
周止泉妻耿氏，陽湖人。
張天五繼妻倪氏，無錫人。
張虞鏞妻鄒氏，無錫人。
張禹錫妻曹氏，無錫人。
鄒臣龍妻雷氏，無錫人。
葉之恒妻薛氏，無錫人。
葉時森妻薛氏，無錫人。
楊孫衍妻秦氏，無錫人。
袁公超妻李氏，無錫人。
王永康妻徐氏，無錫人。
華柏齡妻馮氏，無錫人。
淩鵬妻樊氏，無錫人。
尤源功妻顧氏，金匱人。
浦漢章妻尤氏，金匱人。

華安詩妻范氏，金匱人。

生員華長吉妾王氏，金匱人。

平升元妻陳氏，金匱人。

薛元臣妻周氏，金匱人。

黄瑜妻金氏，金匱人。

秦景然妻華氏，金匱人。

朱君益妻惠氏，金匱人。

鄧應詔妻張氏，金匱人。

竇遠妻周氏，金匱人。

華師泰妻闞氏，金匱人。

生員華必達妻鄭氏，金匱人。

太學生司馬涑水妻黄氏，金匱人。

秦宗犖妻邵氏，金匱人。

華上珍妻申氏，金匱人。

黄進謨妻周氏，宜興人。

吴天裕妻徐氏，江陰人。

徐日躋妻劉氏，江陰人。

以上雍正九年旌表。

朱體民妻蔣氏，武進人。

王廷茂妻童氏，武進人。

惲彩臣妻蕭氏，武進人。

陳天祚妻胡氏，武進人。

龔克昌妻吳氏，武進人。

周鍾冕妻姚氏，武進人。

陶與時妻李氏，武進人。

監生林溥妻王氏，武進人。

鄒翰屏妻鍾氏，武進人。

張奎光妻佘氏，武進人。

張晉生妾芮氏，武進人。

顧文猷妻劉氏，陽湖人。

孔晉良妻吳氏，陽湖人。

毛士錦妻董氏，陽湖人。

金玉山妻皮氏，陽湖人。

朱良玉妻沈氏，陽湖人。

華煜曾妻沈氏，無錫人。

華鼎鉽妻葉氏，無錫人。

黄朝泰妻陸氏，無錫人。

黄玉成妻張氏，無錫人。

張衍曾妻楊氏，無錫人。

張洪志妻陶氏，無錫人。

朱國洪妻趙氏，無錫人。

糜天柱妻鮑氏，無錫人。

巢巘繼妻華氏，無錫人。

周彭年妻蔣氏，金匱人。

蔡文淵妻顧氏，金匱人。

施廷輔妾許氏，金匱人。

陳鼎妻高氏，金匱人。

倪秉繼妻鮑氏，金匱人。

王宗彝妻華氏，金匱人。

周貽哲妻某氏，江陰人。

以上雍正十年旌表。

屠廷輔妻陳氏，武進人。夫亡服闋，夫弟生子人麟，請爲夫後。太翁命翁姑析産，以氏孤苦，不令輪膳，氏曰：「長子媳，何可不奉養乎？」後嗣子漸長，氏之生母尚存，胞弟已殁，乃頻歸寧，并致餽遺。

儒童陳卓立妻王氏，武進人。夫亡，氏念門祚衰薄，苦守訓子。既營窀穸，又復訓孫以紹箕裘。

陳汝時妻鄒氏，武進人。夫亡，姑老，二子幼，氏拮据以養以教。有五孫焉。

鄒方宋妻都氏，武進人。夫亡，氏脱簪珥營葬，不以累舅姑。舅姑以氏青年守節，不令膳養，氏奉養益謹。撫孤象亨成立。

殷允文妻薛氏，武進人。于歸事舅姑與夫甚謹。閲六載，夫以中風暴卒，氏典鬻衣飾供喪葬，撫孤正賢、正行。值歲歉，氏與二子忍饑寒，而厚於奉姑。

儒童余時銓妻黄氏，武進人。夫亡，遺孤夭折，矢志不二。舅姑殁後，氏爲營葬，立侄爲嗣。

蔣玉麟妻喬氏，武進人。夫無伯叔，翁姑垂耄。夫亡，遺有二孤，氏以紡績供甘旨，而與孤饜糟糠，不使舅姑知也。孤長，並爲娶婦。孤與媳並皆棄世，乃撫四歲孤孫。氏因廣爲善事，燒逋券，歉歲煮粥賑濟鄉里，孫襲美竟得成立。

明龍溪令吴世于妾胡氏，武進人。性儉樸。歸吴，佐中饋、操井臼，深得嫡室徐氏歡心。吴亡後，氏所生孤甫三歲。嫡殁，殯斂盡禮，擇地合葬。教子得爲貢生。曾孫吴煜，今以廪生輪貢。

沈有譽妻陸氏，武進人。父貧病不能治生，氏在家常以針黹佐薪水。適沈後，翁姑亦貧，夫貿易他鄉，間月一歸，恒憂家計不給，氏以身任之，謂無憂也。夫後病，經年而殁，家益貧窘。姑殁，適當凶歲，氏焦思竭力以營殯斂。遺孤撫之成立。

陳福侯妻王氏，武進人。年十九歸陳，敬事孀姑。夫以攻苦致疾，氏脱簪珥供醫藥以佐讀。夫疾益深，卧牀三載，扶掖無倦。夫殁，煢煢與姑相依，以育其孤。又嘗罄衣裝、器皿施粥，以祈愈姑之疾。

生員邵永成妻楊氏，武進人。夫亡，長房惟一子，或勸其外繼，曰：「異姓豈可以承祧，親侄即子也，吾夫不享其祭乎？」撫之如己子。

儒童沈龍麟妻惲氏，武進人。幼嫺姆訓，于歸後敬事翁姑與夫。夫亡，遺腹生子而夭，抱二房侄乳之。三歲又夭，復嗣三房侄名法祖，氏親教之，諭以命名之義。

談道優妻楊氏，陽湖人。夫亡無子，伯叔輩皆赤貧，勸氏再醮，氏剪髮自誓。與繼子相依，紡績度日。

楊國巡妻湯氏，陽湖人。年十九于歸，夫因母喪哀毁致疾，氏侍奉湯藥者五載。夫亡，事後姑盡禮，撫二孤成立。親族皆稱道之。

虞道揚妻吴氏，無錫人。結褵九載，事孀姑丁氏盡禮。夫亡，子官皋纔五十日，氏立志苦守四十餘年。

虞銓妻吴氏，無錫人。銓家貧，訓蒙於外，氏奉養翁姑甚謹。夫亡五月而生子佐，矢志苦守。

虞四岳妻葉氏，無錫人。夫亡，食貧苦守，勉力營葬。二子克嗣書香。

張天慧妻李氏，無錫人。幼知書，不苟言笑。夫亡，以孀居主内事，妯娌無間言。教其子大棟成立。

全焯繼妻陳氏，無錫人。性甘淡泊，夫亡食饘粥。翁殁後，子復從叔外學，日惟一舉火而已。紡績之勞，恒忘寢食。

高仲瑜妻吴氏，無錫人。夫亡，無恒産，挈兩孤紡績度日，次第娶婦生孫。而次子亡，氏憐媳龔氏有同志，相依勵節，苦守五十餘年。

蔣世安妻華氏，無錫人。于歸後即主家事，夫得專心貿易，翁甚喜之。未五載而夫亡，翁繼殁，力營葬事，撫孤國華。亦精會計。

李柏年妻邵氏，無錫人。年二十二夫亡，撫孤以至婚娶。氏孝於父母，敬禮翁姑，里黨稱之。

夏國名妻鄒氏，無錫人。夫亡家貧，矢節撫孤。

榮本固妻郁氏，無錫人。于歸後即脱簪珥事操作，孝養翁姑，未知問安視膳之文，而飲食扶掖暗與禮合。夫亡，舅姑繼殁，急營葬埋。子大謨，教養兼至。

儒童華彦松妻張氏，無錫人，嘉善縣令張炯女。于歸後奉事舅姑，交口稱賢。當夫病卧時，舅姑相繼病亡，湯藥衣棺，氏一身拮据。夫亡，遺孤三歲，氏念三喪未葬，努力舉襄。迨兒成立，乃迎母張孺人終養於家。

太學生華煌妻鄒氏，金匱人。夫以嗜學致疾，氏竭蹶醫藥。夫殁，斷髮毁容，一以奉舅姑、教孤子爲事。舅姑殁後，即營窆穸。

陸演訓妻范氏，金匱人。夫亡，奉翁姑，撫遺孤成立。

吴鶴薦妻曹氏，金匱人。自幼端莊勤儉，得翁姑歡心。夫亡，事姑十五年，事舅二十五年，生養死葬皆畢，一子亦成立。

馬焕宗妻吴氏，金匱人。于歸後謹執婦道。夫亡，舅老病卧牀十三載，氏率子服勤不輟。三子皆成立。

許球妻華氏，金匱人。性孝，能識大體，每以讀書奮志勖其夫，姑甚愛之。夫亡後，事姑有加，撫孤子渭慈而嚴。

朱肇瑞妻毛氏，金匱人。九歲侍父母疾，晝夜不倦。歸朱後，勤儉相夫，積五六年衣食始足。夫殁，遺孤甫週歲。奉舅孝敬。夫柩未殯，鄰火延及，氏撫柩哀呼，火旋熄。遂力營葬事。

侯宜燕妻蔡氏，金匱人。夫亡，有遺腹子肇基。翁姑分爨，米三斗、茅屋四間，嘗至日中不舉火，惟以針黹自給。及輪養營葬，不以孀居廢禮。

趙儒琮妻任氏，金匱人。夫亡，奉孀姑十五年，姑媳相依爲命。及安葬舅、姑、夫三棺，與子躬親畚鍤，哀感路人。

儒童華秀妻鮑氏，金匱人。結褵六載，夫硯田餬口，氏紡織佐之。事其舅執婦道惟謹。夫殁，貧苦尤甚，子從師、納婦，皆一力撑支。

浦凱妻陳氏，金匱人。性清雅，不喜鉛華。于歸後相夫耕讀，姑甚愛之。夫殁，衣簪已爲醫藥費，茹荼苦守四十餘年。

恩貢生王玉汝繼妻秦氏，金匱人。夫喜交遊，賓朋來者，氏供應立辦。夫殁，撫前室賈氏所生二子與己二子，督課嚴謹，並有文名。叔母華氏孀居，貧無所依，氏割産以濟之。生母早寡，迎養四十餘年。

朱綬妻金氏，靖江人。夫亡，撫二齡孤成立，事舅姑無失禮。

貢生朱正詮妻侯氏，靖江人。知禮法。于歸後相敬如賓。夫將殁，囑以父母在堂，不克終養，且無子嗣承祧爲憾。氏曰：「舅，吾父。姑，我母。侄，吾子。君無憂也。」及議立紛紛，氏曰：「禮有應繼，不可意爲去取。」舅姑然之，即立長房次子遠爲嗣而撫教之，孝事舅姑不敢稍怠。

儒童吴心行妻劉氏，江陰人。年二十九，夫亡孤殤，立嗣生孫。嗣子復夭，撫孤孫成立。

夏南瑞妻顧氏，江陰人。夫亡，撫孤守節，孝養孀姑。未幾，孤夭，撫育嗣孫，延師課讀，俾以成立。

李文漢妻薛氏，江陰人，生員薛雲祥女。年二十三夫亡，撫孤守志。舅姑相繼殁，營葬三喪皆盡禮。延師課子，弱冠入泮。

監生高啓隆妻湯氏，江陰人。年十八歸高，甫七月夫亡，遺腹生子，又以痘殤，立嫡叔子爲嗣。葬翁、姑與夫三喪，歲時祭祀，哀痛盡禮。

梅日嚴妻尹氏，江陰人。夫亡，斷髮毁容，立祠以延夫祀，孝養舅姑。鄉邦欽仰。

邵天符妻顧氏，宜興人。年十七歸邵，數月夫亡，翁姑又相繼殁，氏連舉三喪，立嗣承祧。

史起龍妻蔣氏，無錫人。年十九歸史，數月夫亡，翁姑衰老，忍死支持，撫嗣孤成立。

張瑞昌妻丁氏，無錫人。年二十四夫亡，翁姑相繼殁，皆氏營葬。撫二齡孤將成立而死，復撫孤孫。苦節四十餘年。

華毓芳妻殷氏，金匱人。年二十四夫亡，立從侄爲嗣。家貧，紡績爲生，三世四喪皆氏營葬。卒，年八十有二。

陳德浹妻何氏，金匱人。夫亡，歲祲，竭力奉姑，自食糠粃、榆皮，苦節歷數十年。

生員佘士斌妾楊氏，武進人。撫嫡子成立，苦節終身。

生員馬自達妻吴氏，武進人。撫遺孤成立，守節四十年。

生員吴孟立妻黄氏，武進人。

周代商妻姚氏，武進人。

李名顯妻周氏，武進人。
陳復隆妻朱氏，武進人。
李應升妻林氏，陽湖人。
生員吴訪坡妻姚氏，陽湖人。
邵公静妻李氏，陽湖人。
顧文猷妻劉氏，陽湖人。
毛士錦妻董氏，陽湖人。
劉秉義妻唐氏，無錫人。
吕臧孫妻秦氏，無錫人。
尤澤長妻楊氏，無錫人。
生員薛麒勳妻劉氏，無錫人。
尤漢文妻范氏，無錫人。
沈謙吉妻祝氏，金匱人。
監生費士彬妻周氏，金匱人。
費士榕妻王氏，金匱人。
趙啓元妻周氏，金匱人。

馬桂芳妻祝氏，金匱人。
王廷楷妻温氏，金匱人。
方龍驤妻秦氏，金匱人。
監生陳瞻妻王氏，江陰人。
趙焘妻錢氏，江陰人。

以上雍正十一年旌表。

葉璵珍妻徐氏，武進人。
張桂生妻王氏，武進人。
仇逢源妻葉氏，陽湖人。
馮用調妻劉氏，無錫人。
林鼎復繼妻夏氏，無錫人。
華鳳妻李氏，無錫人。
劉時惠妻陳氏，無錫人。
華熙妻張氏，金匱人。
徐培妻黄氏，金匱人。
徐元彙妻張氏，金匱人。

周廷鎔妻賈氏，金匱人。

華國相妻張氏，金匱人。

陳西齡妻惠氏，金匱人。

浦時叙妻侯氏，金匱人。

丁士毅妻耿氏，江陰人。

王克章妻季氏，江陰人。

陸吉人妻張氏，江陰人。

黃沛蒼妻李氏，江陰人。

蔣弘宸妻陳氏，宜興人。

以上雍正十二年旌表。

孫其臬妻錢氏，無錫人。夫亡自縊，姑覺救甦，撫孤成立。

姚世茂妻孫氏，金匱人。夫歿，截髪毀容，以示不二。

華廷詔妻吳氏，金匱人。姑以家貧、氏年少，勸其改適，氏絶粒誓死，乃從其志。

監生陳奎妻陸氏，江陰人。姑病，割右股以進。夫病，復割左股。夫亡撫孤，而孤又早世，又撫遺腹孫成立。

鄧啓明妻薛氏，武進人。

楊大伸妻陳氏，武進人。

沈道柏妻湯氏，武進人。

施惠溥妻王氏，武進人。

生員王璣妻葉氏，武進人。

張重華妻馮氏，陽湖人。

倪善述妻葉氏，無錫人。

錢用行妻吴氏，無錫人。

徐天位妻楚氏，無錫人。

胡安泗妻范氏，無錫人。

葉自濂妻徐氏，無錫人。

蔣文煌妻蔡氏，無錫人。

監生秦起然妻周氏，無錫人。

監生張承訓妻葉氏，無錫人。

董惟玉妻王氏，無錫人。

華世禄妻潘氏，金匱人。

曹永時妻嚴氏，長洲人。永時，籍金匱。

吴必顯妻曹氏，金匱人。
馬瓚妻曹氏，金匱人。
林齊雲妻虞氏，金匱人。
吴大啓妻王氏，金匱人。
顧錫鶴妻過氏，金匱人。
莫敬業妻方氏，金匱人。
陳廷選妻張氏，金匱人。
朱調元妻周氏，金匱人。
顧宗榮妻陳氏，金匱人。
顧婉斯妻華氏，金匱人。
監生過炳謨妻林氏，金匱人。
監生貢啓元妻李氏，江陰人。
生員薛自超妻沈氏，江陰人。
生員沙廷相妻陳氏，江陰人。
沈應麒妻吴氏，江陰人。
吴江楓妻倪氏，江陰人。

薛鍾妻陳氏，江陰人。

生員徐祚妾吴氏，江陰人。

以上雍正十三年旌表。

黄仁源妻段氏、仁瀚妻張氏，俱武進人。段年二十八，仁源卒京邸，張歸未一載而仁瀚殁，娣姒奉翁姑、撫遺孤，一門雙節。

楊令儀妻朱氏，武進人。少寡家貧，紡績度日，苦節七十餘年。

徐孔嘉妻馮氏，武進人。于歸時舅姑已殁未葬，夫亡，氏一身措拄，喪葬如禮。撫孤成立。

王宸英妻沈氏，武進人。年二十二，夫亡無子，親族欲奪其志，氏引刀自刎。守節二十餘年。

沈龍鱗妻惲氏，武進人。夫亡，舅姑年邁，遺腹孤生兩月而夭，乳從侄爲嗣又夭，復撫他侄。苦節三十一年。

仇逢源妻葉氏，陽湖人。年十九夫亡，斷髪見志，撫匝月孤有成。守節五十年。

張重熙妻王氏，陽湖人。少寡無子，翁姑已没，父母無嗣，氏勤紡績，奉養終身。

孫洪甫妻丁氏，金匱人。年二十一夫亡，守節四十九年。

湯應科妻周氏，江陰人。少寡守志。遇兵，冒白刃保獲兩孤，苦節七十一年。

包應隆妻殷氏，江陰人。夫亡家貧，誓死守節。伯氏諷以改適，閉户自經，鄰嫗救免。

侯栻妾段氏，宜興人。年二十而寡，與嫡吕氏俱無子，家貧忍饑，撫兩女終無二志。

尹亮采妻蔣氏，宜興人。年十九而寡，遺腹生子。夫兄伯正逋糧無措，逼氏改適某姓，氏斷髮誓死，常懷匕首以備倉卒。及某姓訟於官，族人往直，乃獲終節。

奚伯用妻華氏，用子敷臺妻秦氏，俱江陰人。

吳心行妻劉氏，江陰人。

施應禄妻陳氏，武進人。

高維翰妻蔣氏，武進人。

張元佑妻徐氏，武進人。

張憲侯妻蘇氏，武進人。

馮修貞妻張氏，武進人。

毛浩然妻余氏，武進人。

朱壽焕妻黄氏，武進人。

徐璿妻陳氏，武進人。

張東華妻范氏，武進人。

李文璧妻蔣氏，武進人。

邵彩顔妻裴氏，武進人。

陳天章妻黄氏，武進人。

張大榮妻薛氏，武進人。
黃元龍妻李氏，武進人。
汪國瑞妻周氏，武進人。
吴蘭生妻黄氏，武進人。
葉長發妻周氏，武進人。
金玉衡妻惲氏，武進人。
徐宣猷妻湯氏，武進人。
葉春華妻蔣氏，武進人。
高士臨妻曹氏，武進人。
唐容妻薛氏，武進人。
董璋妻趙氏，武進人。
謝繩安妻白氏，武進人。
謝澍妻朱氏，武進人。
張永高妻鈕氏，武進人。
孫復儒妻金氏，武進人。
許雯生妻白氏，武進人。

孫異撰妻陸氏，武進人。
張洪勳妻劉氏，武進人。
屠昆妻金氏，武進人。
朱月枝妻劉氏，武進人。
劉聖臨妻秦氏，武進人。
汪飛麟妻劉氏，武進人。
陶君亮妻謝氏，武進人。
王鼎新妻沈氏，武進人。
湯自申妻龔氏，武進人。
徐聞夏妻楊氏，武進人。
楊繼兑妻朱氏，武進人。
許大鵬妻石氏，武進人。
鮑聖英妻謝氏，武進人。
鄒騁妻白氏，武進人。
裴達士妻周氏，武進人。
裴衮妻唐氏，武進人。

李文命妻張氏，武進人。

嚴士奇妻徐氏，武進人。

畢玉度妻吴氏，武進人。

屠永文妻丁氏，武進人。

丁九思妻張氏，武進人。

龍溪令吴奕妾胡氏，陽湖人。

王昌祚妻張氏，陽湖人。

陸雲妻孫氏，陽湖人。

劉希謝妻許氏，陽湖人。

王邦俊妻劉氏，陽湖人。

徐楚材妻管氏，陽湖人。

謝振鱗妻吴氏，陽湖人。

吴蓼初妻楊氏，陽湖人。

謝振濤妻湯氏，陽湖人。

張致和妻陳氏，陽湖人。

鄒翰飛妻金氏，陽湖人。

楊廷鑑妻徐氏，陽湖人。
崔敉武妻徐氏，陽湖人。
張達聰妻周氏，陽湖人。
張重明妻吴氏，陽湖人。
唐舜生妻馬氏，陽湖人。
張宗毅妻浦氏，無錫人。
陸元裳妻厲氏，無錫人。
朱廷宰妻許氏，無錫人。
劉奕妻顧氏，無錫人。
吴國俊妻顧氏，無錫人。
張祥卿妻朱氏，無錫人。
王有祉妻江氏，無錫人。
馬雲龍妻李氏，無錫人。
曹懋勤妻陳氏，宜興人。夫病割股。夫死，撫嗣子成立。
陳振先妻朱氏，子媳余氏，俱無錫人。
許叔誠妻李氏，金匱人。

朱紹文妻堵氏，金匱人。
潘倬妻路氏，宜興人。
周倫妻盧氏，宜興人。
吴允禔妻秦氏、側室周氏，俱宜興人。
周一琪妻蔣氏，宜興人。
陳振寰妻孫氏，宜興人。
孫文耀妻吴氏，宜興人。
錢襟白妻蔣氏，宜興人。
張巍登妻徐氏，宜興人。
徐曰儁妻許氏，宜興人。
吴時成妻孫氏，宜興人。
孫誠妻秦氏，宜興人。
王宏妻樊氏，宜興人。
徐懋省妻范氏，宜興人。
許肇篪繼妻周氏，宜興人。
徐榮瑚妻許氏，宜興人。

任賡伊妾楊氏，宜興人。
汪世嘉妻錢氏，宜興人。
李家駒妻孫氏，宜興人。
許某妻吴氏，宜興人。
許某妻華氏，宜興人。
溥某妻任氏，宜興人。
吴湛妻任氏，宜興人。
儲蒼霖繼妻岳氏，宜興人。
徐炳然妻吴氏，宜興人。
謝祖德妻郤氏，宜興人。
程文英妻吴氏，宜興人。
王翼素妻陳氏，宜興人。
任家楫妻徐氏，荆溪人。
孔傳勳妻張氏，江陰人。
孔大聲妻(邱)〔丘〕氏，江陰人。
周子受妻錢氏，江陰人。

潘景洙妻盛氏，江陰人。
夏宗泗妻湯氏，江陰人。
張堯賓妻景氏，江陰人。
包洞侯妻薛氏，江陰人。
陸世榮妻繆氏，江陰人。
薛家瑞妻黄氏，江陰人。
張尉豐妻奚氏，江陰人。
王昌汝妻張氏，江陰人。
繆仲晟妻曹氏，江陰人。
貢星客妻黄氏，江陰人。
趙錫武妻徐氏，江陰人。
夏南瑞妻顧氏，江陰人。
吴從鼎妻徐氏，宜興人。
周又伯妻姚氏，宜興人。

以上皆少年守節，歷數十年。

鎮江府

宋

張緯妻陳氏，金壇人。宣和年旌。

元

欒氏，溧陽人。大德年旌。

張氏，溧陽人。至大年旌。

余氏，溧陽人。皇慶年旌。

明

任原妻陳氏，金壇人。

莊秀妻朱氏，丹徒人。

戴榮妻王氏，丹徒人。

盛德彰妻李氏，丹徒人。

葛彥祥妻吴氏，丹徒人。
竇文彬妻潘氏，丹徒人。
范宗啓妻梁氏，溧陽人。
以上洪武年旌。
王德妻儲氏，丹陽人。
聶寧妻周氏，丹徒人。
俱正統年旌。
王某妻楊氏，丹徒人。
楊昇妻歐氏，丹徒人。
沈輗妻鄧氏，丹徒人。
俱景泰年旌。
史子澄妻王氏，溧陽人。
錢賢妻聶氏，丹徒人。年二十二守節，壽九十九終。
趙銓妻高氏，丹徒人。
俱成化年旌。
道某妻法氏，丹徒人。

陳鑑妻吴氏，丹徒人。

嚴軫妻杜氏，丹徒人。

儲禄妻盛氏，丹陽人。

俱弘治年旌。

周時妻葉氏，丹徒人。正德年旌。

張鑾妻孫氏，丹陽①人。

儲才妻戴氏，丹陽人。

丁俸妻張氏，丹陽人。

戈武妻茅氏，丹陽人。

馬慶妻蔣氏，丹陽人。

靳貴妻金氏，丹徒人。

曹仁妻程氏，丹徒人。

楊紹恩妻張氏，丹徒人。

王恩妻黄氏，丹徒人。

---

① 「陽」，《四庫》本作「徒」。

湯習妻蔣氏，溧陽人。
欒鍾妻楊氏，溧陽人。
欒鎰妻鍾氏，溧陽人。
楊庭茂妻王氏，溧陽人。
史侃妻王氏，溧陽人。
吕商妻吴氏，溧陽人。
芮夔妻陳氏，溧陽人。
戴觀妻彭氏，溧陽人。
黄東啓妻蔣氏，溧陽人。

俱嘉靖年旌。

錢璽妻嚴氏，丹徒人，子婦金氏與孫媳蕭氏，三世少寡，俱以高年壽終。隆慶年旌。
(朿)〔束〕①偉妻孫氏，丹陽人。
宦時敏妻王氏，丹陽人。
姜纓妻靳氏，丹徒人。

---

① 據光緒《丹陽縣志》二十六改。

虞原道妻王氏，金壇人。

史光國妻丁氏，金壇人。

湯一心妻高氏，金壇人。

俱萬（歷）〔曆〕年旌。

王金礪妻高氏，金壇人。

孔貞明妻徐氏，金壇人。

史洪綸妻賀氏，金壇人。夫亡，事姑盡孝。一日，火延夫柩，賀拚死守烈焰中，天忽雨，火滅。有盜經其户，曰：「此節烈家也。」相戒勿犯。

王同寅妻湯氏，金壇人。

費勉仁妻狄氏，溧陽人。

俱天啓年旌。

王言妻袁氏，丹徒人。生子未彌月夫亡，族人欲奪其志，氏乃避居，守節五十餘年。

何烈妻孫氏，丹徒人。

王潮妻祝氏，丹徒人。

蔡貞妻孫氏，金壇人。

王澍妻虞氏，金壇人。

高仕妻于氏，金壇人。
馮福謙妻王氏，金壇人。
丁周妻朱氏，丹陽人。
徐儼妻趙氏，丹徒人。
何金根妻韓氏，丹徒人。
沈復隆妻周氏，溧陽人。
笪之玠妻張氏，丹徒人。子昌齡生十日夫亡，撫養成名。
陳際妻王氏，溧陽人。
　　俱崇（正）〔禎〕年旌。
唐氏女，溧陽人。許字蔣文粹，粹以事遣戍，義不更適，至年五十二，粹還始歸之。

國　朝

周大順妻盧氏，丹徒人。
陳懋勳妻李氏，丹陽人。
　　以上順治年旌表。
莊日盛妻李氏，丹徒人。

凌自達妻田氏，丹徒人。
貢生蔣曰祥妻程氏，丹徒人。
吴彭妻張氏，丹陽人。
潘瑞封妻史氏，溧陽人。
以上康熙年旌表。
楊永妻巫氏，金壇人。
季應春妻徐氏，丹徒人。
生員華思齊妻茅氏，丹徒人。
生員郭宏妻張氏、子媳張氏，俱丹徒人。
嚴有亮妻張氏，丹徒人。
閔本憲妻汪氏，丹徒人。
以上雍正元年旌表。
馮嘉兆妻吴氏，丹陽人。
姜之澍妻高氏，丹陽人。
生員章正期妻尤氏，丹陽人。
余之桂妻張氏，丹陽人。

郭嶺妻張氏，丹陽人。
張士桂妻錢氏，丹陽人。
吴承隆妻孔氏，丹陽人。
李康國妻顧氏，丹陽人。
淩士聖妻顧氏，丹陽人。
生員張宗銘妻韓氏，丹陽人。
監生法遵猷妻王氏，丹陽人。事舅姑，撫嗣子，守節終身。
郭守愚妻貢氏，丹陽人。
以上雍正五年旌表。
王國信妻唐氏、子媳錢氏，俱丹徒人。
周掄元妻吴氏，溧陽人。
周在蔭妻陳氏，溧陽人。
以上雍正六年旌表。
生員曹日章妻胡氏、子媳萬氏，俱丹徒人。
嚴士弘妻祝氏，丹徒人。
張國慶妻楊氏，丹徒人。

湯升妻姜氏，丹陽人。

史夏治妻黄氏，溧陽人。

以上雍正八年旌表。

卜燦妻萬氏，丹徒人。夫亡，撫遺腹子至二十三歲，即自預置一棺，曰：「此子多疾，萬一不幸，何以生爲？舅姑老矣，忍以我後事累之耶？」舅病篤，虔禱，神示夢延算。雍正九年旌表。

盛思維妻陳氏，丹陽人。

蔡禮和妻胡氏，丹陽人。

以上雍正十年旌表。

姜志圉妻陳氏、圉曾孫瀛秀妻張氏，俱丹陽人。陳適姜三載，生二子而寡，父欲奪其志，議重婚，迎轎及門，氏啓後扉攜孤逃匿草澤中。比歸，翁喜而泣，愈重其志。瀛秀歿時，目張若有言者久之，張悟曰：「先曾祖姑陳以守節育孤，乃有此子姓，我聞命矣。」言訖而夫暝，氏果堅守奉舅姑。其子侯采，名列庠序。

郭天成妻張氏，丹陽人。適郭見夫家貧，撤環瑱以事操作。孝舅姑，篝燈勸夫勤學。夫歿，撫孤文郁讀書入泮。舅姑故，殯葬成禮。

狄惟賢妻莊氏，溧陽人。夫病瘵，氏刲股和糜以進，疾少間。夫故，撫彌月子，葬舅養姑。值歲饑疫，施藥以濟人。

賀衍芳妻潘氏，丹陽人。

于芝祐妻王氏，金壇人。

于房若妻王氏，金壇人。

以上雍正十一年旌表。

王會圖妻任氏，丹徒人。

王建本妻吴氏，丹徒人。

陳啓學妻蔣氏，丹徒人。

張國慶妻楊氏，丹徒人。

蔡俶妻景氏，丹陽人。

葛起宗妻夏氏，丹陽人。

以上雍正十二年旌表。

陳明睿妻王氏，丹徒人。陳兩世單傳，睿殁時氏妊身甫三月，後生子世綱。孝姑教子，朝夕取給於十指。

睦鼎鏋妻桓氏，丹陽人。

賀廷寶妻（束）〔東〕①氏，丹陽人。

姜龍珍妻王氏，丹陽人。

以上雍正十三年旌表。

于大來繼妻李氏，金壇人。夫亡，氏無出。兄憫其貧，贈田一頃，氏以歲入完前妻子女婚嫁。兄殁，悉返其田於兄子，而自甘冰蘗。

王梓妻徐氏，江寧徐時盛女。幼字金壇王汝驤子梓，梓目盲，王辭婚，氏甫八齡，哭卧數日。于歸七載，梓病瘵卒，氏年二十七，守節十八年而終。撫孤充然入泮。

朱祚元妻顧氏，丹徒人。

程山立妻王氏，丹徒人。

歐陽楠妻駱氏，丹徒人。

何佳行妻江氏，丹陽人。

吴踵息妻酈氏，丹陽人。

任鏡妻郭氏，丹陽人。

葛穎明妻眭氏，丹陽人。

---

① 據光緒《丹陽縣志》卷二十六改。又，《丹陽縣志》以之入明。

于星焕妻荆氏，金壇人。

司寅卞妻蔡氏，金壇人。

司一龍妻徐氏，金壇人。

史嘉妻于氏，金壇人。

史玉泉妻武氏，金壇人。

周崧妻楊氏，溧陽人。

尤不磷妻狄氏，溧陽人。

狄傳明妻吴氏，溧陽人。

狄呈祥妻白氏，溧陽人。

以上皆少年守節歷數十載。

江南通志卷一百八十四

人物志

列女　完節三

淮、揚、徐三府　太、海、通三州

淮安府

明

蔡景召妻王氏，山陽人。早寡。值元末兵亂，險阻備嘗，而氏守節愈堅。

蔡仲銘妻夏氏，山陽人，夫亡守節。

耶律氏五節婦，山陽人。耶律養正娶韓氏，名惟秀，甫六月而養正卒於官，其弟敏亦亡，韓與敏妻賈氏相守。賈尋歿，其二子肅、寬尚幼，韓撫如己子。肅娶楊氏，逾歲而歿，楊年方十九。寬娶丁氏，洪武時官户部侍郎，卒，丁年二十，生一子立，與楊氏同守節。立娶金氏，亦早卒，金年二十四守節，竟與楊、丁俱以壽終。淮人稱「五節婦」。

許成五妻黄氏，鹽城人。年十九夫亡，事老姑、撫幼子，以節孝稱。

李德妻陳氏。德，淮安衛軍，北征陣亡。氏撫遺腹子，守節終身。

以上洪武年旌。

顧文魁妻穆氏，淮安衛人。夫亡撫孤，甘貧苦守，謹事翁姑。事聞旌表。

周勝妻朱氏，山陽人。勝充校尉，挈氏往，歿於役。氏年少，其軍伍中有誘奪其志者，以死自誓。守節三十餘年。永樂中旌。

王彦孚妻杜氏，山陽人。從夫戍雲南，夫亡，誓死自守，卒以夫櫬歸。

梁貴妻邵氏，山陽人。隨夫戍金齒，夫亡，年二十五，携孤裹夫骨歸。守節終身。

李彦真妻陳氏，山陽人。

張思仁妻王氏，山陽人。

韓寧妻孫氏，山陽人。

趙仲名妻黄氏，山陽人。

蘇希瞻妻彭氏，安東人。

蕭友諒妻劉氏，安東人。

俱宣德年旌。

趙義妻張氏，山陽人。義客死，舅姑以氏年少無子，欲嫁之，氏誓死不從，守節終身。正統中旌。

陳從禮妻劉氏，安東人。景泰中旌。

唐彦賓妻李氏，鹽城人。天順中旌。

馬海妻邵氏，清河人。其子璽長妻周氏，亦早寡，與姑同守節。

李政繼妻范氏，清河人。

以上弘治年旌。

許寬妻王氏，山陽人。夫亡，母欲嫁之，氏將自殺，母乃止。

李塘妻朱氏，錦衣衛人，寓淮安，夫亡守節。

郁賓妻龐氏，山陽人。

潘好古妻楊氏，安東人。

趙印妻王氏，安東人。

以上正德中旌。

欒環妻薛氏，鹽城人。夫亡無子，將自剄，救免，以守節終。

盧應春妻金氏，山陽人。

王延祥妻陸氏，山陽人。

許友卿妻陳氏，山陽人。

蔣堯臣妻周氏，大河衛人。

林相妻卓氏，山陽人。

朱志妻蘇氏，安東人。

以上萬（歷）〔曆〕年旌。

王繼祚妻韓氏，安東人。

賈漂妻朱氏，安東人。

俱天啓中旌。

王彦高妻潘氏，鹽城人，夫亡守節，出粟四千石賑饑。事聞，得旌表。

易無極妻孫氏，鹽城人。夫亡守節。子之興年十五，刲股療其母病。事聞，表其門曰「母貞子孝」。

薛炳妻羅氏，安東人。

施有教妻皇甫氏，安東人。

井田妻王氏，安東人。

以上崇（正）〔禎〕時旌。

夏時中妻王氏，鹽城人。夫早喪，守節教子紹爲廉吏。

蔣有慶妻齊氏，山陽人。于歸時夫已久病，夫亡，矢志守節。

朱价妻張氏，鹽城人。

朱金妻錢氏，鹽城人。

徐華妻淩氏，鹽城人。

耿諫妻曾氏，鹽城人。

陶守成妻顧氏，鹽城人。

夏道一妻周氏，鹽城人。

孟世昌妻殷氏，鹽城人。

王師儁妻吴氏，鹽城人。

郭魯得妻淩氏，鹽城人。

司拱辰妻王氏，鹽城人。

熊時信妻蕭氏，鹽城人。

王在鎬妻易氏，鹽城人。

以上皆少年守節歷數十載。

國朝

生員吴之瓚妻吕氏，安東人。撫蔭昌尚未週，訓之遊庠。
薛世寀妻石氏，安東人。
徐文采妻潘氏，安東人。
訓導吴警妻李氏，安東人。
以上順治年旌表。
宋灝妻淩氏，鹽城人。
張仲妻金氏，鹽城人。
生員禹守貴妻章氏，山陽人。撫遺腹子生孫，俱顯達。
王國銓妻厲氏，山陽人。
李鳳貞妻周氏，山陽人。
夏錫疇妻王氏，桃源人。
盧邦定妻謝氏，桃源人。
生員徐貴瑞妻孫氏，安東人。
劉三綱妻夏氏，安東人。

劉胥慈妻馬氏，安東人。

以上康熙年旌表。

曹玥妻丁氏，山陽人。事翁姑孝，撫幼子伴太姑守節。雍正三年旌表。

職監胡昌禧妻禹氏，山陽人。

監生孫如熊妻徐氏，安東人。

陳朝鼎妻王氏，桃源人。成婚六月夫亡，撫嗣守節終身。

以上雍正四年旌表。

貢生陳仁灝妻吴氏，清河人。

生員張兆棟妻王氏，清河人。

丁元棫妻吴氏，清河人。棫故，氏年二十六，家貧撫孤，苦志守節三十餘年。

以上雍正五年旌表。

生員孫飛熊妻賈氏，安東人。

生員汪之灝妻張氏、媳丁氏，俱清河人。灝没，張懷妊五月，後生子必達。及長，娶媳丁氏，達又卒，丁亦隨姑苦守。

生員張植妻楊氏，清河人。撫二子愛而嚴，俱獲遊庠。

以上雍正六年旌表。

紹興府同知程階側室趙氏，山陽人。雍正七年旌表。

淩包山妻王氏，鹽城人。

夏禹治妻劉氏，鹽城人。

監生程熾妻崔氏，安東人。

以上雍正九年旌表。

儒童郭怡妻卞氏，山陽人。夫亡無子，孝養舅姑。姑久病，氏禱天割股以進，獲痊。立族子震爲嗣。

儒童潘兆昱妻高氏，鹽城人。事舅姑盡禮。夫亡後，育孤守節五十餘年。子炳，孫映、旺，俱遊泮。

監生高維嶽妻孫氏，鹽城人。

蔡應熊妻張氏，鹽城人。

潘如苓妻劉氏，鹽城人。

楊絅妻張氏，鹽城人。

仲又秘妻王氏，清河人。

薛如芳妻嵇氏，安東人。于歸時舅姑已垂白，夫伯兄故，氏生子紳爲伯兄後。夫繼歿，伯姒遺腹生子，而伯姒亦故，氏撫乳之如己子。舅姑歿，營喪葬如禮。僕拾金於途，氏急令還之。既而，知其人欲爲父買棺者，禮謝而去。紳爲邑增生，紳子登賢書。

以上雍正十一年旌表。

李遂妻秦氏、妾馮氏，俱鹽城人。

劉漢妻錢氏，鹽城人。

張文郁妻陳氏，清河人。

職監張文彬妻宋氏、妾潘氏，俱清河人。

以上雍正十二年旌表。

職監陳宗劉妻洪氏，山陽人。

儒童徐光國妻陳氏，鹽城人。夫歿投繯，遇姑救甦，諭以撫孤大義而止。後子又歿，教育遺孫國祥成立。尤喜周恤孤貧。死之日，被澤者哭奠盈門。

陳維垣妻吴氏，鹽城人。

徐元利妻韓氏，鹽城人。

潘樞妻葛氏，鹽城人。

以上雍正十三年旌表。

高爾珩妻淩氏，山陽人，嘗割股以療夫病。

顧時俅妻王氏，山陽人。夫亡守節。鄰人兩遭火災，婦居茅屋獨全。

王琳妻張氏，山陽人。夫亡無子，歷事三姑，曲盡孝養。

朱廣宸妻楊氏，山陽人。夫亡，守志養姑。姑疾，割肝療治。

陳清叟妻孫氏，山陽人。

周縞妻葛氏，山陽人。

王全祐妻劉氏，山陽人。

李年妻王氏，山陽人。

陸行可妻蔣氏，山陽人。

殷坦妻王氏，山陽人。

陸吕陽妻司氏，山陽人。

劉偲妻楊氏，山陽人。

宋振貽妻周氏，山陽人。

宋安貽妻張氏，鹽城人。

宋茂元妻陳氏，鹽城人。

李化龍妻薛氏，鹽城人。

尹節印妻宋氏，鹽城人。

郭克廣妻楊氏，鹽城人。

淩宗愷妻王氏，鹽城人。
成月鐸妻楊氏，鹽城人。
陳利國妻劉氏，媳林氏，俱鹽城人。
陳該秉妻劉氏，桃源人。
以上皆少年守節歷數十載。

揚州府

三國

華諝妻某氏，廣陵人。年十八，子譚甫期歲，夫亡守節。

宋

魯有儀妻孟氏，揚州人。夫亡守志。元祐間，詔封旌德縣君。
王令妻吴氏，廣陵人。夫亡無子，遂依母家守志。元祐間旌。

明

李巖妻陳氏，泰州人，夫亡守節。洪武年旌。

管賢妻闞氏，江都人。

管哲妻馬氏，江都人。

曹三妻閔氏，儀(徵)〔真〕人。

張二妻蔣氏，儀(徵)〔真〕人。

唐公孫妻林氏，興化人。

許保妻景氏，興化人。

王思誠妻張氏，興化人。

于朝宗妻張氏，寶應人。

朱斌妻劉氏，泰州人。

以上永樂年旌。

典史劉得妻左氏，江都人。

殷成妻徐氏，儀(徵)〔真〕人。

徐觀妻鄭氏，儀(徵)〔真〕人。

李三妻蕭氏，儀(徵)〔真〕人。
劉聚妻戚氏，高郵人。
陳壽妻邵氏，高郵人。
卜英妻華氏，高郵人。
張貴妻于氏，高郵人。
徐禮妻袁氏，興化人。
陳貴妻竇氏，泰州人。
陳原友妻薛氏，儀(徵)〔真〕衛人。
張彦銘妻孫氏，儀(徵)〔真〕衛人。
王子忠妻張氏，儀(徵)〔真〕衛人。
以上宣德年旌。
高慧妻陳氏，儀(徵)〔真〕人。
錢信妻高氏，儀(徵)〔真〕人。
張成妻商氏，儀(徵)〔真〕人。
以上正統年旌。
仲公旺妻鄭氏，寶應人。成化年旌。

教諭李鉉妻楊氏，江都人。弘治年旌。

周練妻陳氏，江都人。

生員章鑑妻李氏，江都人。

蔡㷲妻姜氏，江都人。

金鑾妻褚氏，江都人。

以上正德年旌。

儒士沈夢麃妻蔡氏，江都人。氏歸沈三年而寡，子洪禮甫生，鞠育盡瘁，守節五十餘年。

儒士林文鵬妻陳氏，儀（徵）〔真〕人。

李長祺妻姜氏，興化人。

俱奉旌表。

國朝

李和妻高氏，江都人。和歿，守節撫孤，織紝度日。

庠生沈北辰妻楊氏，興化人。

朱天耀妻仲氏，寶應人。

陸陵妻劉氏，寶應人。

生員陸如崗妻仲氏，寶應人。

生員范爾念妻成氏，寶應人。

王氏，佚夫名，泰州人。

監生于應鰲妻戚氏，泰州人。少寡，守節七十餘年卒。

以上順治年旌表。

孫氏，泰州人。康熙十九年旌表。

李鑰妻王氏，江都人。守節撫孤。姑病，刲股以救。康熙四十四年，聖祖南巡，御書「節孝可風」四字賜之。

黄巨卿妻郁氏，夫亡，訓子雲成立。雲受知於州守陳某，後聞陳罹難，郁趣雲往視，鬻産救解，事卒白。江都人。

田士英妻周氏，江都人。夫亡，不食五日，忍死撫孤。年九十，御賜「節壽」二字。

江九皋妻程氏，江都人。

俞國賢妻史氏，江都人。

江徵妻汪氏，江都人。

張復陞妻吴氏，江都人。

吴瓚妻閔氏，江都人。

高向明妻李氏，江都人。
監生李天球妻湯氏，江都人。
孫繼士妻程氏，江都人。
劉世章妻侯氏，儀（徵）〔真〕人。
方承式妻（邱）〔丘〕氏，儀（徵）〔真〕人。
鄭世延妻張氏，儀（徵）〔真〕人。
劉欽相妻李氏，儀（徵）〔真〕人。
朱一偉妻吴氏，儀（徵）〔真〕人。
廩生李品玉妻陳氏，高郵人。
（邱）〔丘〕日岠妻徐氏，高郵人。
李從先妻胡氏，寶應人。
生員沈元美妻孫氏，泰州人。
孫氏，佚夫名，泰州人。
李浣妻吴氏，興化人。
以上康熙年旌表。

黄應聘①妻汪氏，江都人。孝養孀姑，撫育孤子。雍正元年旌表。

卞玉相妻錢氏，江都人。

吴湘妻沈氏，泰州人。

俱雍正二年旌表。

蕭日曠妻俞氏，江都人。

耿大廉妻張氏，江都人。

徐裔蔚妻俞氏，江都人。

俱雍正三年旌表。

卞咸亨妻錢氏，江都人。

郭綏妻楊氏，江都人。

吴敦佑妻徐氏，江都人。

李弘涵妻韓氏，江都人。

王待聘妻居氏，江都人。

吴元誠妻湯氏，江都人。

① 「黄應聘」，《四庫》本作「黄聘」。

藍應舉繼妻仲氏，江都人。

林嵩妻徐氏，儀（徵）〔真〕人。撫未彌月之孤，事姑守節。

以上雍正四年旌表。

吴念祖妻程氏，江都人。

鄭毓琮妻王氏，江都人。

巴士遇妻閔氏，江都人。

吴植松妻羅氏，江都人。

吴人元妻鄭氏，江都人。

汪應亨妻張氏，儀（徵）〔真〕人。

韓加鼎妻丁氏，儀（徵）〔真〕人。仰事年邁之姑，俯育四月之子。

生員喬崇仁妻王氏，寶應人。

增生徐嘉譽妻解氏，興化人。孝翁姑，撫孤祚𢉤成立。

監生吴澤郁妻陳氏，興化人。

鄧一茂妻王氏，興化人。撫未週子，伶仃孤苦守節。

生員陳嘉謨妻沈氏，興化人。

吴賁繼妻楊氏，高郵人。

吳守信妾王氏，泰州人。
吳灝妻池氏，泰州人。
徐篤生妻周氏，泰州人。
以上雍正五年旌表。
胡重英妻馬氏，江都人。
宦介公妻浦氏，江都人。
孟嘉諭妻何氏，江都人。
程林浤妻馬氏，儀(徵)〔真〕人。
生員汪越辰妻劉氏，寶應人。
以上雍正六年旌表。
方可成妾王氏，江都人。夫疾革，時王年二十，呼至榻前，畀以金帛遣嫁，王截髮自誓。夫故，即屏居小樓，惟朔望下樓，一謁其嫡。撫子成立。
黃國麟妻王氏，儀(徵)〔真〕人。
監生劉中楫妻陳氏，寶應人。夫亡，撫孤家隆，教之有方。
廩生劉家珍妻高氏，寶應人。
喬深妻劉氏，寶應人。深没，撫孤守節終身。

以上雍正七年旌表。

羅天賦妻黄氏，儀（徵）〔真〕人。

劉國翼妻王氏，寶應人。

生員喬溶妻劉氏，寶應人。

生員劉演書妻張氏，寶應人。

生員趙密妻張氏，寶應人。

以上雍正八年旌表。

黄履勖妻馬氏，江都人。夫病亡，撫三月孤成立。遇親族之急者，嘗周之，人咸稱焉。

余佳庚妻方氏，甘泉人。夫亡，遺孤兩月，撫之成立。敬事翁姑，一如幼之孝於父母。

楊孔林妻張氏，寶應人。于歸即遇夫疾，日供湯藥者三年。夫亡，無子女、無兄弟，族無可繼之人。氏見舅姑年老，矢志守節。針黹所積，卜地葬夫，并爲舅姑製壽衣棺。臨没不能言，惟執姑手不忍捨。

劉永淑妻蔡氏，寶應人。氏嫻家訓，于歸以紡績佐夫奉姑。夫殁，足不逾閾，聲不聞户外。教子尤有義方。

費文逵妻應氏，寶應人。奉舅姑，撫遺雛，苦節五十年。

吕弘書妻許氏，寶應人。撫孤入泮。孤殁，又撫遺孫。

生員歐之蒼妻吉氏，寶應人。

朱鑑妻黄氏，寶應人。

盧恪妻潘氏，寶應人。

以上雍正十一年旌表。

魏學祖妻陳氏，江都人。

金瑞玉妻查氏，甘泉人。

生員方巖妻鄭氏，儀(徵)〔真〕人。

范必遐妻成氏，寶應人。

以上雍正十二年旌表。

沈信妻程氏，休寧人，信籍甘泉。

陳子臣妻周氏，儀(徵)〔真〕人。嘗冒火救父。夫亡，守志撫孤。

監生解謂妻劉氏，興化人。夫殁，斷髮毁容，誓死終節。

儒童潘孫謀妻劉氏，寶應人。

以上雍正十三年旌表。

高以遵妻季氏，江都人。撫二孤，叔利其産，令改適，氏投繯、投井，並遇救。乃罄所有與叔，携二子出避，女紅自給。

高熊彦妻佘氏，江都人。夫卒，氏年十八，遺腹生子。舅姑相繼殁，氏營葬畢，即歸母家。或潛謀奪志，氏挈孤兒夜出，投伯高夔彦欲自盡，夔彦留之，給衣食焉。嚴訓孤子補諸生。未幾，子又死，氏益窘。苦節七十一年。

陳宗文妻朱氏，儀(徵)〔真〕人。少寡，奉夫主小樓中，教二子必使跽主前。家貧，常忍饑飲水。

戴應龍妾臧氏，儀(徵)〔真〕人。龍殁，氏裂面截髮，撫孤成立。

生員張汝誠妻朱氏，寶應人。少寡，事孀姑刁氏委曲承順。其子人傑又早世，與媳張氏柏舟共矢，三世完節。

韓昌嗣妻胡氏，寶應人。家酷貧，苦節五十餘年。及卒，無以爲殮，邑令賻葬之。

胡潤妻房氏，寶應人。夫亡，事孀姑盡孝。姑病，湯藥必親嘗，衣不解帶。守節六十四年。

翁御六妻譚氏，泰州人。少寡，夫兄與仲姒皆逼令改適，氏乃斷髮誓死，訟於官乃止。苦節四十年。

趙承將妻鄭氏，寶應人。夫死無子，夫之兄與侄暗搆紀姓者劫娶，氏抵死不從，紀姓懼禍，送還母家。母鳴於官，邑令王宸儒乃罪其夫之兄與侄，而爲立嗣。

程宗孟妻吴氏，江都人。

丁士毅妻謝氏，泰州人。

王志貞妻徐氏，泰州人。

朱佩熹妻王氏，泰州人。

吴華諝妻某氏，江都人。
張衍恒妻王氏，江都人。
程烱妻張氏，江都人。
嚴嘉瑞妻臧氏，儀(徵)〔真〕人。
王大經妻殷氏，儀(徵)〔真〕人。
高祺年妻李氏，儀(徵)〔真〕人。
龍三汲妻胡氏，儀(徵)〔真〕人。
李繼芬妻嚴氏，儀(徵)〔真〕人。
王景常妻于氏，孫媳張氏，俱儀(徵)〔真〕人。
汪應暐妻金氏，媳黄氏，俱儀(徵)〔真〕人。
黄爾翊妻高氏，儀(徵)〔真〕人。
程時逸妻楊氏，儀(徵)〔真〕人。
劉沂妻曹氏，儀(徵)〔真〕人。
黄侍訓妻朱氏，儀(徵)〔真〕人。
支從義妻包氏，儀(徵)〔真〕人。
吴自誠妻胡氏，儀(徵)〔真〕人。

車又珍妻王氏，儀（徵）〔真〕人。
王文聖妻殷氏，儀（徵）〔真〕人。
吴德弘妻劉氏，儀（徵）〔真〕人。
汪有植妻夏氏，儀（徵）〔真〕人。
夏欽儒妻黄氏，儀（徵）〔真〕人。
程志伊妻陳氏，儀（徵）〔真〕人。
殷震生妻劉氏，儀（徵）〔真〕人。
李之林妻殷氏，儀（徵）〔真〕人。
王明求妻任氏，儀（徵）〔真〕人。
朱之琮妻吴氏，儀（徵）〔真〕人。
朱琦妻汪氏，儀（徵）〔真〕人。
邢聞正妻殷氏，儀（徵）〔真〕人。
朱麟翔妻黄氏，儀（徵）〔真〕人。
汪墀母方氏，儀（徵）〔真〕人。
葉蔚越妻黄氏，儀（徵）〔真〕人。
洪曠妻吴氏，儀（徵）〔真〕人。

洪曉妻朱氏，儀(徵)〔真〕人。
程皓妻于氏，儀(徵)〔真〕人。
趙國定妻卓氏，儀(徵)〔真〕人。
柳啓鳳妻王氏，儀(徵)〔真〕人。
胡恭直妾方氏，儀(徵)〔真〕人。
楊世培妻黎氏，子媳邵氏，俱興化人，姑媳同節。
戴良臣妻楊氏，興化人。
生員黃銓妻冷氏，興化人。
任穀昌妻翁氏，興化人。
以上現請題旌。
太學生盧懷珍妻戴氏，寶應人。
閔橋妻陳氏，寶應人。
張仍妻梁氏，寶應人。
房登禄妻吴氏，寶應人。
范式符妻成氏，寶應人。
生員喬日政妻徐氏，側室陳氏，俱寶應人。

王尚文妻韓氏，寶應人。
潘元焻妻賈氏，寶應人。
朱之紹妻成氏，寶應人。
方應祖妻吴氏，寶應人。
楊澄時妻方氏，寶應人。
舒熊甲妻朱氏，寶應人。
潘元燦妻賈氏，寶應人。
刁恂妻鄭氏，寶應人。
相於成妻王氏，寶應人。
姜應熊妻姚氏，寶應人。
朱克邁妻仲氏，寶應人。
李延春妻朱氏，寶應人。
趙如奎妻馬氏，寶應人。
陸金聲妻吉氏，寶應人。
吴仲妻喬氏，寶應人。
喬國顯妻胡氏，寶應人。

刁恒妻張氏，寶應人。
賈昌仕妻刁氏，寶應人。
庠生呂音調妻劉氏，寶應人。
張得柏妻李氏暨次媳某氏，俱寶應人。
呂弘吉妻許氏，寶應人。
刁忭妻韓氏，寶應人。
王與公妻陳氏，寶應人。
屠尚卿妻盧氏，寶應人。
陸維巖妻刁氏，寶應人。
刁弘遠妻韋氏，寶應人。
生員喬人傑妻倪氏，寶應人。
吴驗修妻方氏，寶應人。
李昌壽妻牛氏，寶應人。
楊啓雲妻朱氏，寶應人。
閔純孝妻張氏，寶應人。
祁班妻蕭氏，寶應人。

胥玉庭妻征氏，寶應人。
生員潘世勳妻王氏，寶應人。
祁珏妻王氏，寶應人。
王有惠妻朱氏，寶應人。
鈕廷勳妻鄭氏，寶應人。
生員成偉修妻湯氏，寶應人。
汪國元妻朱氏，寶應人。
喬可貞妻徐氏，寶應人。
季之杞妻鄒氏，寶應人。
太學生徐兆行妻王氏，寶應人。
刁旭旦妻潘氏，寶應人。
唐守智妻施氏，寶應人。
朱玉妻劉氏，寶應人。
沈景舜妻朱氏，寶應人。
生員劉承緒妾王氏，寶應人。
陳逵生妻盧氏，寶應人。

張煜妻刁氏，寶應人。
王埏母陳氏，寶應人。
于德吾妻王氏，寶應人。
李文進妻萬氏，寶應人。
劉遇渭妻劉氏，寶應人。
胡廷鏡妻范氏，寶應人。
施瑗妻居氏，寶應人。
王以將妻陳氏，寶應人。
潘于治妻王氏，寶應人。
生員朱之祀妻袁氏，寶應人。
劉璠妻張氏，寶應人。
孫謙吉妻施氏，寶應人。
賈謙生妻仲氏，寶應人。
吴九聞妻季氏，寶應人。
耿長文妻紀氏，寶應人。
胡廷鐸妻成氏，寶應人。

季楨妻李氏，子媳沈氏，俱寳應人。

王寧士妻劉氏，寳應人。

王克禮妻喬氏，寳應人。

王復曾繼妻郎氏，寳應人。

劉景生妻王氏，寳應人。

生員劉及妻王氏，寳應人。

劉浩妻成氏，寳應人。

劉參生妻胡氏，寳應人。

監生張貫元妻汪氏，寳應人。

監生朱芾妻馬氏，寳應人。

劉相妻王氏，寳應人。

雷同言妻趙氏，寳應人。

生員王猷妻喬氏，寳應人。

王訓妻成氏，寳應人。

朱崇妻成氏，寳應人。

高爾第妻王氏，寳應人。年二十七夫亡，守節六十五年，年逾九十。

潘盛美妻徐氏，寶應人。年十八夫病，氏刲股弗救，苦節五十年。

杜桓妻許氏，寶應人。

吴沂妻徐氏，泰州人。

陳敬妻文氏，泰州人。

王金鑑妻秦氏，泰州人。

鮑忠國妻范氏，泰州人。

王裕忠妻劉氏，泰州人。

王德卿妻吴氏，泰州人。

何起虹妻喬氏，泰州人。

黄德溢妻陳氏，泰州人。

王裕還妻尤氏，泰州人。

蔡士雄妻李氏，泰州人。

劉允懋妻嚴氏，泰州人。

方開美妻王氏，泰州人。

葉天位妻朱氏，泰州人。

戈貞吉妻鄒氏，泰州人。

繆源甫妻任氏，泰州人。
范子榮妻魯氏，泰州人。
吴秉鐸妻俞氏，泰州人。
王盛甫妻戚氏，泰州人。
蔣甸妻陸氏，泰州人。
文士科妻劉氏，泰州人。
徐尚秀妻韓氏，泰州人。
施宗周妻翟氏，泰州人。
施嘉祉妻徐氏，泰州人。
袁天樞妻孫氏，泰州人。
沈允宜妻李氏，泰州人。
孫可畏妻張氏，儀〔徵〕〔真〕人。夫亡，氏斷髮毁容飾，教三歲孤有成。
黄灝妻朱氏，儀〔徵〕〔真〕人。
劉世彰妻侯氏，儀〔徵〕〔真〕人。
冒夢相妻李氏，儀〔徵〕〔真〕人。
以上皆少年守節歷數十載。

徐州府

元

劉婦王氏，沛縣人。天（歷）〔曆〕年旌。

明

段二妻謝氏，徐州人。洪武年旌。

王五妻薛氏，徐州人。

李剛妻魏氏，徐州人。弘治中旌。

李華妻甄氏，徐州人。弘治年旌。

周杲妻權氏，徐州人。

梁信妻徐氏，徐州人。

王偉妻吴氏，徐州人。

王元妻高氏，徐州人。

尹湯聘妻畢氏，徐州人。

李伯妻白氏，沛縣人。

宣德中旌。

黄甲妻薛氏，豐縣人。甲從軍死，氏年十九而貧，或勸之改醮，即厲色拒之。公姑俱年高，氏紡績以供，朝夕不懈。

劉志明妻吴氏，豐縣人。氏十四歸劉，甫週懷孕，三月而夫没，遺子名臣，茹蔬育子，不二其操。

隆慶年旌。

生員李天瑞妻渠氏，豐縣人。萬（歷）〔曆〕年旌。

生員董珦妻王氏，豐縣人。年二十而夫亡，伶仃孤苦，紡績易粟以食，撫孤長成。

裴補衮妻常氏，豐縣人。

朱魁妻陳氏，碭山人。

以上俱守節被旌。

周仲仁妻許氏，睢寧人。

丁九妻李氏，宿遷人。

俱洪武年旌。

年旌。

李思義妻王氏，邳州人。夫亡，舅瘋癱不起，姑復病盲，家貧，氏以紡績奉舅姑，撫孤成立。永樂年旌。

岑衡妻沈氏，邳州人。成化年旌。

高暹妻樊氏，宿遷人。弘治中旌。

王輅妻張氏，邳州人。嘉靖中旌。

徐之龍妻某氏，宿遷人。夫亡，伯叔利其産，欲奪其志，氏悉以其家資與之，守節終身。

羅紹恭妻南氏，恭子金妻紀氏，俱宿遷人。

朱衮妻許氏，子媳王氏，俱宿遷人。

姚鎰妻郭氏，宿遷人。

王昉妻朱氏，宿遷人。

徐點妻吴氏，宿遷人。

許醇方妻王氏，宿遷人。

馬講妻陳氏，宿遷人。

羅逭妻徐氏，宿遷人。

司淳妻徐氏，宿遷人。

蘄古妻羅氏，宿遷人。

朱童妻潘氏，宿遷人。

高鵠妻陳氏，宿遷人。

高科妻潘氏，宿遷人。

姚池妻朱氏，宿遷人。

季驤妻蘇氏，宿遷人。

蔡紹科妻沈氏，宿遷人。

葉春暘妻程氏，宿遷人。

蔡名儒妻朱氏，宿遷人。

陸爾庥妻蔡氏，宿遷人。

高薦妻朱氏，宿遷人。

羅于閣妻劉氏，宿遷人。

蔡坦妻朱氏，宿遷人。

朱一忠妻劉氏，睢寧人。

以上俱少年守節歷數十載①。

① 《四庫》本「載」下尚有「終」字。

國朝

楊文柏繼妻張氏，徐州人。

喬尚義妻趙氏，徐州人。

生員吳廷焞妻張氏，徐州人。

鍾鈺妻黄氏，徐州人。

趙汝伯妻王氏，徐州人。

丁廷槐妻周氏，徐州人。夫亡，矢志奉姑，撫孤熾成立，爲河標中軍守備。

以上順治年旌表。

居佳熙妻陶氏，銅山人。

生員吳相妻楊氏，銅山人。

韓啓銓妻苗氏，銅山人。

汪釗妻曾氏，碭山人。

周大柱妻薛氏，邳州人。夫亡，孀姑老病，支離牀褥十有餘年，氏孝養不倦。遺孤幼稚，均教育有成。

夏來鳳妻戴氏，邳州人。來鳳以偵寇遇害，氏奉姑避亂而寇騎突至，姑涉水，賊發矢連射，氏以身蔽姑，臂中二矢。守節六十年。

陸奮鳴妻高氏，宿遷人。

生員李滋妻房氏，睢寧人。

(邱)〔丘〕園枚妻張氏，睢寧人。

以上康熙年旌表。

張鵬翥妻徐氏，徐州人。

胡文英妻熊氏，邳州人。

生員宋鎰妻潘氏，邳州人。事姑孝，撫子有成。

以上雍正二年旌表。

生員朱鵬翮妻張氏，蕭縣人。

生員白其音妻戴氏，邳州人。

雍正三年旌表。

生員耿佼妻蘇氏，徐州人。

劉廷璧妻周氏，徐州人。

雍正四年旌表。

曹文明妻李氏，徐州人。

牛國楚妻張氏，徐州人。
陳應彪妻靖氏，徐州人。
曹榛妻吴氏，徐州人。
朱某妻章氏，蕭縣人。
朱某妻梁氏，蕭縣人。
吴含芳妻韓氏，蕭縣人。
王名世妻張氏，蕭縣人。
蔡堯揆妻張氏，沛縣人。
華文祥繼妻王氏，邳州人。
華宫秀妻劉氏，邳州人。
生員杜廷裕妻吴氏，蕭縣人。
貢生張濂繼妻徐氏，蕭縣人。歸濂七載夫亡，教子有術。
貢生吴基豫妻任氏，蕭縣人。
孟綿孫妻王氏，沛縣人。夫亡，事孀姑克孝。
生員華宫美母王氏，邳州人。
職監蔡瑚妻程氏，宿遷人。

朱紱妻程氏，宿遷人。

以上雍正五年旌表。

生員杜廷玉妻吴氏，蕭縣人。雍正八年旌表。

朱灝妻李氏，蕭縣人。夫亡欲殉，屢救得免。未幾，夫弟又卒，舅姑膝下無人，氏竭力經營，以養以葬，皆無缺禮。

汪在佃妻張氏，碭山人。十七于歸，孀姑病劇，醫云難治，氏極力扶持，籲天求壽，姑竟愈，數年乃殁。夫臨卒，指孤兒目氏，氏許以守節。教孤督課勤勤，或繼以泣，子亦感奮。

庠生黄瑞璋妻汪氏，碭山人。璋生八月，父母俱亡，養於伯父，遂爲繼嗣。氏于歸，孝事伯舅姑，喪葬無缺禮。而璋本生父母無他子，璋殁，氏以長子天植承大宗，次子天錫嗣①本支，教之成名。

衡士基妻董氏，邳州人。夫病割股。夫亡，謹事舅姑，賢孝爲當事所重，載名《府志》。

衡士鑑妻曹氏，邳州人。夫故，舅衰，子病劇，家貧無措，氏鬻奩資以殮。姑繼殁，柩在堂，湖水泛溢，左右鄰悉乘桴而出，氏以身覆柩，漂至高岸，柩亦無恙。

馮祖眷妻丁氏，邳州人。

張龍澂妻展氏，邳州人。

① 「嗣」，《四庫》本作「承」。

生員李大坊繼妻高氏，邳州人。
監生(邱)〔丘〕園進妻湯氏，睢寧人。
以上雍正十一年旌表。
生員單果育妻王氏，妾薛氏，俱銅山人。
生員陳琮妻滕氏，銅山人。
監生李衡妻陳氏，銅山人。
韓永蔭妻陶氏，銅山人。
趙天爵妻周氏，銅山人。
吴應鰲妻王氏，蕭縣人。
許維安妻崔氏，邳州人。
卓弘建妻王氏，睢寧人。
(邱)〔丘〕園枚妻張氏，睢寧人。
王世臣妻夏氏，睢寧人。
以上雍正十二年旌表。
麗猶龍妻臧氏，妾郝氏，俱碭山人。值寇亂，遠涉覓夫骸。
婁士强繼妻林氏，鎮江人。士强，籍邳州。

王廷璋妻吴氏，碭山人。

葛天宜妻吴氏，宿遷人。

葛天振妻邵氏，宿遷人。

儒童謝超妻（邱）〔丘〕氏，睢寧人。

以上雍正十三年旌表。

生員李乘龍妻沙氏，徐州人。

萬天祺妻畢氏，徐州人。

袁國祥母孫氏，徐州人。

馮國祥妻姜氏，徐州人。

孟述堯妻武氏，徐州人。

李鶴年妻王氏，徐州人。

嚴登魁妻楊氏，徐州人。

汪江妻李氏，徐州人。

張占鰲妻周氏，徐州人。

申崇熙妻張氏，徐州人。

李養廉妻趙氏，徐州人。

周文魁妻劉氏，徐州人。
張大智妻李氏，徐州人。
吴儀妻郭氏，沛縣人。
張汝麟妻薛氏，徐州人。
蔣中藩妻戚氏，碭山人。
王祺妻張氏，沛縣人。
紀良彦妻于氏，子媳張氏，俱碭山人。
監生汪永祐妻李氏，碭山人。
王錫珪妻蔣氏，沛縣人。
李魁六妻孫氏，碭山人。
生員白振銓妻邢氏，碭山人。夫亡，晝夜紡績，苦節課子。
李某妻王氏。
郝某妻王氏。
生員陳琮妻曹氏，碭山人。
郝質瑜妻馮氏，沛縣人。
陸奮翮妻蘇氏，宿遷人。刲股療夫疾。夫殁，課子成立。

尚某妻吴氏。

蔡鼎鐫妻陸氏，宿遷人。鐫患瘋疾，氏代爲櫛沐。及歿，遺孤幼，家貧，日以女紅自給。門内三喪未舉，皆拮据營葬，勞瘁以致疾死。

王憲妻禚氏，邳州人。

李永貞妻宋氏，邳州人。

薛震林妻王氏，邳州人。

張啓聰妻宋氏，邳州人。

郭之瑾妻王氏，邳州人。

王履音妻宋氏，邳州人。

張金麟妻王氏，邳州人。

許維安妻崔氏，邳州人。

吴天爵妻李氏，邳州人。

吴堪禧妻熊氏，邳州人。

吴增禧妻司氏，邳州人。

盧德育妻陳氏，邳州人。

姚愷妻朱氏，邳州人。

王繪章妻周氏，邳州人。
戴濟源妻張氏，邳州人。
州同戴滋妻陳氏，邳州人。
劉公謙妻石氏，邳州人。
姚廷瑄妻劉氏，邳州人。
姚廷玿妻周氏，邳州人。
吴伯仁妻姚氏，邳州人。
陳憲玧妻曹氏，宿遷人。
蕭士英妻張氏，宿遷人。
葉逢舜妻高氏，宿遷人。
龔儒妻王氏，宿遷人。
朱鼎壽妻王氏，宿遷人。
龔世臣妻吴氏，宿遷人。
陸奮揚妻戴氏，宿遷人。
汪應東妻陸氏，宿遷人。
李敬妻高氏，宿遷人。

沈良屏妻張氏，宿遷人。
蘇民巖妻沈氏，宿遷人。
施慎妻司氏，宿遷人。
陸奮勇妻朱氏，宿遷人。
高應選妻錢氏，宿遷人。
蔡起渭妻張氏，宿遷人。
周承熙妻蔡氏，宿遷人。
施澤妻徐氏，宿遷人。
葉士偉妻吴氏，宿遷人。
葉蔚起妻梁氏，宿遷人。
周天禄妻李氏，宿遷人。
蔡可教妾朱氏，其媳毛氏，俱宿遷人。
陸奮翼妻于氏，側室梁氏，俱宿遷人。
劉毓瑞妻仝氏，睢寧人。
魏振吉妻劉氏，睢寧人。
傅貞默妻魏氏，睢寧人。

（邱）〔丘〕夢鰲妻王氏，睢寧人。

葛某妻胡氏，睢寧人。

王登瀛妻陳氏，睢寧人。

王世臣妻夏氏，睢寧人。

（邱）〔丘〕雲鼎妻劉氏，睢寧人。

以上皆少年守節歷數十載。

太倉州

元

夏永妻朱氏，崇明人。

朱慶母馮氏，崇明人。

蔡承祖母朱氏，崇明人。

顧達妻郁氏，崇明人。

明

周敬妻張氏，太倉人。

封廷範妻翟氏，嘉定人。

顧爾妻胡氏，太倉人。

茅瓊妻陸氏，嘉定人。

俱成化年旌。

郁蒙謙妻陸氏，太倉人。

楊鑑妻歸氏，嘉定人。

俱弘治中旌。

陳時康妻秦氏，嘉定人。

蔣松妻倪氏，嘉定人。

俱嘉靖中旌。

侯淵妻周氏，嘉定人。隆慶年旌。

殷冲妻(邱)〔丘〕氏，嘉定人。夫亡，剪髮誓志。值倭亂避入城，募勇敢士夜縋出，瘗其夫櫬而奉主入城。

封埰妻毛氏，嘉定人。
王楫妻趙氏，嘉定人。
馮郊妻湯氏，嘉定人。
陳九思妻吴氏，嘉定人。
徐端翼妻趙氏，嘉定人。
馮慶妻潘氏，嘉定人。
以上萬(歷)〔曆〕年旌。
劉大綱妻杜氏，太倉人。
沈燁①妻趙氏，嘉定人。
張定安妻王氏，嘉定人。
李名芳妻沈氏，嘉定人。
俱天啓中旌。
許士泉妻朱氏，太倉人。
顧紹方妻張氏，嘉定人。

① 「燁」，《四庫》本作「煜」，避康熙諱。

金聲亮妻張氏，太倉人。

周鼎鉉妻徐氏，嘉定人。

朱崇周妻王氏，太倉人。

周重仁繼妻王氏，其子士元婦陸氏，太倉人。

宣嘉和妻嚴氏，嘉定人。

周道直妻譚氏，嘉定人。

徐光彝妻陸氏，嘉定人。

施全孝妻倪氏，崇明人。

葛應鵬妻金氏，嘉定人。

施凌雲妻沈氏，崇明人。

陳一善妻錢氏，崇明人。

樊嘉言妻陳氏，崇明人。

崇〔正〕〔禎〕時旌。

金瓛妻方氏，字淑蓮，太倉人。年十八適瓛，未逾月瓛商於楚，病死。淑蓮因雙親侍奉乏人，忍死守節，至八十餘卒。

徐徽妻張氏，太倉人。徽死，畢力操作，撫子龍成立。朝夕哀哭，十年不怠，人稱節孝。

滑閔妻莊氏，太倉人。夫死居一室，雖兄弟迎之不赴，終身未嘗一出滑氏之門。

郟容妻唐秀金，太倉人。夫亡，謹事舅姑，撫育孤子鼎成進士。

陸友賢妻范氏，崇明人。從夫戍廣西，夫殁，携二孤間關數千里而還，終完其節。

封栗妻葛氏，其子承德妻李氏，俱嘉定人。

以上俱少年守節歷數十載①。

國朝

龔孟理妻呂氏，太倉人。

縣丞龔允權妻王氏，太倉人。

李泥水妻張氏，太倉人。

聞師尚妻陸氏，太倉人。

知縣施良猷妻劉氏，子文鄂妻趙氏，俱太倉人。

經歷蘇時化妻宗氏，嘉定人。

以上順治年旌表。

① 《四庫》本「載」下有「終」字。

金文燭妻吴氏，太倉人。夫亡，毁容翦髮，訓子金仙遊庠。

知縣曹訥繼妻王氏，太倉人。

盛芳妻錢氏，太倉人。

王公度妻顧氏，太倉人。

朱伯雅妻楊氏，嘉定人。

胡敬坪妻楊氏，嘉定人。

生員陸履泰妻金氏，嘉定人。遵夫事翁姑，撫孤守節。

王繼曾妻陸氏，嘉定人。

張敬懷妻沈氏，嘉定人。

葛子延妻黄氏，嘉定人。

丁尚符妻朱氏，嘉定人。

生員樊養昂妻吕氏，崇明人。

張呈璧繼妻陸氏，崇明人。

黄明倫妻沈氏，崇明人。

生員施世韶妻倪氏，崇明人。

郁騰蛟妻施氏，崇明人。

施行健妻龔氏，崇明人。
王宣哲妻盛氏，崇明人。
張曙妻周氏，崇明人。
倪之仁妻施氏，崇明人。
生員包敬妻周氏，崇明人。
倪之鳳妻施氏，崇明人。
沈家瑚妻黄氏，崇明人。
以上康熙年旌表。
生員張嗦妻毛氏，太倉人。
生員高育姿錢氏，太倉人。
徐炳妻王氏，太倉人。
黄荀表妻陸氏，太倉人。
張國禧妻章氏，太倉人。
生員楊佑妻顧氏，太倉人。
生員楊萬春妻陸氏，太倉人。
生員周旋元妻顧氏，太倉人。

沈瑞麟妻許氏，太倉人。
王應台妻陸氏，太倉人。
生員顧鼎新妻韓氏，太倉人。事翁姑，撫遺腹子守節。
以上雍正元年旌表。
生員毛天駿繼妻李氏，太倉人。
生員蕭兆錫妻郁氏，太倉人。
生員錢以淳妻曾氏，太倉人。年十七歲夫亡，守節終身。
監生許元吉妻錢氏，太倉人。
蕭蓋臣妻黄氏，太倉人。
董愼簡妻李氏，太倉人。
聞乾妻金氏，太倉人。
范徵猷妻施氏，崇明人。
張國秀妻宋氏，崇明人。
張輝吉妻瞿氏，嘉定人。
顧寧宇繼妻徐氏，嘉定人。
錢穀妻朱氏，嘉定人。

生員陳仁貽繼妻唐氏，嘉定人。
莊天階妻錢氏，嘉定人。
錢衍妻曹氏，嘉定人。
以上雍正二年旌表。
王自明妻陳氏，太倉人。
盛源妻錢氏，太倉人。
生員周世求妻陳氏，太倉人。
沈晟東繼妻李氏，太倉人。
沈尊孟妻楊氏，太倉人。
侯澄妻淩氏，太倉人。窮苦紡績，事姑撫子守節。
生員王時亮妻毛氏，太倉人。
生員陸祖參妻朱氏，太倉人。
吴俊妻華氏，太倉人。
金泰成妻黄氏，嘉定人。
沈士卓妻秦氏，崇明人。
以上雍正四年旌表。

顧穎明妻周氏，太倉人。

李天培妻程氏，太倉人。

狄斌傑妻桂氏，太倉人。

陸溥妻錢氏，太倉人。

生員王玉階妻薛氏，太倉人。

楊承先妻陳氏，太倉人。

陸珦妻吴氏，太倉人。

生員麗灝妻嚴氏，嘉定人。

王世傑妻田氏，崇明人。

生員李同德妻劉氏，崇明人。

以上雍正五年旌表。

廩生張御妻陸氏，太倉人。

童振宗妻周氏，太倉人。

王用賓妻倪氏，崇明人。

吴松妻李氏，寶山人。

鍾玉儒妻徐氏，寶山人。

金光國妻須氏，寶山人。
監生金鼎鎔妻曹氏，寶山人。
以上雍正六年旌表。
周書妻張氏，太倉人。
聞穀士妻吳氏，太倉人。
俱雍正七年旌表。
李奭望妻陳氏，太倉人。
張益融妻陸氏，太倉人。
馮時菖妻黄氏，太倉人。
程煐妻朱氏，太倉人。
生員顧燿才妻周氏，太倉人。
龔爾仁妻周氏，太倉人。
方子齡妻胡氏，鎮洋人。
陸世仕妻高氏，側室唐氏，俱鎮洋人。
楊王言妻施氏，崇明人。
以上雍正八年旌表。

生員錢緒宏妻胡氏，太倉人。
邢文傑妻顧氏，鎮洋人。
朱士麒妻顧氏，鎮洋人。
監生范鳳翔妻麗氏，寶山人。
　以上雍正九年旌表。
生員淩克悌妻吴氏，太倉人。
何永光妻奚氏，太倉人。
　俱雍正十年旌表。
生員黄廷簡妻顧氏，太倉人。
吕升楣妻歐氏，太倉人。
高遴妻趙氏，嘉定人。
閔天吉妻徐氏，嘉定人。姑病，刲股以進。既愈而天吉死，母以哭子疾復作，不能食，徐以乳飲姑。守節三十餘年。
朱球妻龔氏，嘉定人。
汪序妻唐氏，寶山人。
　以上雍正十一年旌表。

王之琳妻陳氏，妾杜氏，俱太倉人。
王楫義妻張氏，鎮洋人。
胡元翰繼妻陳氏，鎮洋人。
吕甫妻陶氏，嘉定人。
何瑞恒妻唐氏，嘉定人。
趙乂韓妻馬氏，寶山人。
沈耀宗妻施氏，寶山人。

以上雍正十二年旌表。

生員顧元錫妾費氏，太倉人。夫亡，絶粒救甦，守志終身。
郁焞妻朱氏，太倉人。孝事孀姑，措葬舅姑及夫三柩。
儒童周熼妻閔氏，太倉人。
倪德裕妻陳氏，崇明人。
生員張乾元妻嚴氏，嘉定人。毁容矢志，事舅姑，育孤甥。
戚泰陞妻杜氏，嘉定人。
張在梧妻李氏，嘉定人。
儒童顧舜在妻姚氏，福泉人。舜在，籍嘉定。

以上雍正十三年旌表。

王楝吉妻蔣氏，太倉人。撫嗣子，奉孀姑。姑歿，拮据營葬。

羅衮妻顧氏，太倉人。子生甫週，夫暴亡，氏鬻所居以葬祖姑、舅姑暨夫四棺。挈孤子依孀母同居，教子岵入泮。

儒童王素安妻周氏，太倉人。養姑撫子，子亡，又撫孤孫。

許謂妻金氏，嘉定人。二十八歲寡，撫一子，子夭，撫一孫成立。至七十二卒。

吕立員妻陶氏，嘉定人。

監生張弨妻孫氏，側室蔡氏，俱寶山人。

沈德培妻吴氏，寶山人。

陳敬山妻吴氏，寶山人。

生員顧杜高妻潘氏，寶山人。

以上皆少年守節歷數十載。

海　州

明

曹良佐妻姚氏，沭陽人。

宋國良妻王氏，海州人。

俱洪武中旌。

潘裕妻孫氏，海州人。夫亡，撫遺腹子守節。弘治中旌。

周養性妻張氏，沭陽人。

王梅妻吳氏，沭陽人。

俱嘉靖年旌。

王訓妻張氏，沭陽人。萬（歷）〔曆〕年旌。

毛士與妻張氏，沭陽人。

楊履泰妻趙氏，海州人。

吳選妻萬氏，子媳顔氏，俱沭陽人。

耿桂妻姜氏，沭陽人。

沈偉妻孫氏，沭陽人。

姜貞妻葛氏，沭陽人。

以上皆少年守節歷數十載①。

① 《四庫》本「載」下有「終」字。

國朝

許觀妻余氏，海州人。十六于歸，十九孀居，事舅姑克孝。

王肇慶妻張氏，贛榆人。十九夫亡，家貧，苦守終身。

生員閻餘篤妻劉氏，贛榆人。夫没，孝事孀姑，子甫一週，教養成立。苦節五十七載。

生員仲汝熹妻汪氏，贛榆人。事姑撫子，苦志守節。

以上雍正三年旌表。

王莓妻張氏，贛榆人。守遺孕以延王祀，守節終身。

雍正四年旌表。

生員張鑑妻王氏，贛榆人。孝養舅姑，訓子成人。

庶吉士董瑁繼妻趙氏，贛榆人。

監生龍德乾妻李氏，贛榆人。

李立岱妻趙氏，贛榆人。

董嶽立妻王氏，贛榆人。

孫昌憲妻董氏，贛榆人。

張銘妻馬氏，贛榆人。

監生吴之恒妻董氏，贛榆人。夫亡遺孕，矢志守節。

監生李蕡妻孫氏，贛榆人。

吴珙妻余氏，贛榆人。

以上雍正五年旌表。

生員閻幹侯妻李氏，贛榆人。雍正六年旌表。

王廷祥妻張氏，海州人。雍正八年旌表。

王國定妻胡氏，海州人。

生員倪緒曾妻仲氏，贛榆人。

以上雍正九年旌表。

宋國祥妻吴氏，海州人。氏生性慈祥，事夫數年，兩值荒歲，佐夫施粥，以濟鄉里。夫亡後，氏生毒於臂，經年不愈。子瑄刺血書表，於祀竈日焚之，持齋拜斗，以祈增壽，竟得以愈。雍正十一年旌表。

生員張宗翰妻郭氏，海州人。

王繼孔妻李氏，贛榆人。

孫五達妻宋氏，沭陽人。

以上雍正十三年旌表。

周燦妻蔣氏，贛榆人。

徐方鼎妻董氏，贛榆人。

姜璉妻楊氏，贛榆人。

蔣苞妻張氏，贛榆人。

車道坦妻顧氏，贛榆人。

仲楹妻王氏，贛榆人。

嚴樓妻徐氏，沭陽人，早寡守節。歲饑，捐粟濟貧餒。

章崇德妻孫氏，子士印妻胡氏，孫率性妻耿氏，沭陽人。

章兆妻李氏，子鳴泰妻馮氏，俱沭陽人。

生員駱①斌妻宋氏，沭陽人。

張孔睿母許氏，沭陽人。

楊履備妻王氏，沭陽人。

顏永泰妻連氏，沭陽人。

周廷獻妻鮑氏，沭陽人。

---

① 「駱」，《四庫》本作「陸」。

徐履吉妻葛氏，沭陽人。

馮明道妻姜氏，沭陽人。

舒閔妻侯氏，沭陽人。

孫擇善妻丁氏，沭陽人。

張國貞妻蔣氏，沭陽人。

以上皆少年守節歷數十載。

通州

元

潘樹妻張氏，海門人，事姑教子。事聞，旌其門曰「節孝」。

明

崔發妻徐氏，海門人。

姚原妻邵氏，海門人。

朱漢雲妻顧氏，如皋人。

張均妻丁氏，泰興人。

以上洪武年旌。

王行素妻許氏，通州人。

沈伯七妻陳氏，通州人。

邵七五妻鮑氏，通州人。

以上永樂年旌。

褚諒妻戴氏，通州人。

孫昕妻尹氏，通州人。

以上成化年旌。

石潤妻許氏，如皋人。天順年旌。

孫祚妻許氏，海門人。

殷洪妻陳氏，海門人。

以上正德年旌。

李文學妻許氏，海門人。嘉靖年旌。

張楷妾沈氏，海門人。夫亡，妻改適，沈獨撫幼子以節終。

陳清宇妻徐氏，通州人。清宇少孤，無兄弟。議婚後，清宇重染瘋疾，垂斃，請徐改適。氏知自縊，救免，不食五日。父母憐其志，厚奩而歸陳氏。事夫如賓，生一子。夫尋卒，守節六十四年。卒，年八十有五。

冒起宗妻馬氏，如皋人。年十七歸副使冒起宗，事舅姑盡孝。起宗歿，與妾劉氏撫幼子成立。

國　朝

王霽妻楊氏，通州人。早寡，守志撫孤。

順治年旌表。

康泰妻黄氏，通州人。事翁姑得歡心，教幼孤得成立。康熙年旌表。

監生石爲城妻劉氏，如皋人。

生員范亹妻徐氏，如皋人。夫死無子，竭力以事舅姑。

以上雍正元年旌表。

沈宗姬妻陳氏，如皋人。

生員繆雄妻錢氏，如皋人。

冒益謙妻佘氏，如皋人。

李嵩齡妻張氏，泰興人。

監生朱之瑜妻封氏，泰興人①。
張玉燦妻李氏，泰興人。
陳孚修妻萬氏，泰興人。
王玉樹妻陳氏，泰興人。
馬麟楨妻戴氏，泰興人。
馬汝楫妻王氏，泰興人。
朱逢年妻張氏，泰興人。

以上雍正二年旌表。

生員朱喬雲妻張氏，泰興人。
生員封珮韋妻朱氏，泰興人。
吉肇敏妻孫氏，泰興人。
王世伯妻孫氏，泰興人。
李世英妻封氏，泰興人。
李世昌妻闞氏，泰興人。

① 《四庫》本作「如皋人」。

以上雍正三年旌表。

生員陳瀚妻鄭氏，如臯人。

王觀訓妻仇氏，如臯人。

賈天錫妻許氏，如臯人。

張鳳枝妾周氏，泰興人。

以上雍正四年旌表。

曹坦妻陳氏，通州人。紡績以養舅姑，督孤有成。

生員周宗頤妻包氏，通州人。事舅姑，撫遺孤守節。

生員李歲大妻王氏，海門人。

以上雍正五年旌表。

丁家相妻陳氏，通州人。

孫國勳妻姚氏，通州人。

李炳妻瞿氏，海門人。撫孤守節，孫珩舉孝廉。

生員徐正誼妻周氏，如臯人。

以上雍正六年旌表。

陳繼俊妻姜氏，如臯人。雍正八年旌表。

生員秦有智妻湯氏，通州人。

馮騏妻崔氏，通州人。

韓永用妻李氏，通州人。

王純仁妻顧氏，通州人。

徐仁源妻劉氏，通州人。

保元傅妻陳氏，通州人。

生員孫銈妾陳氏，通州人。

孫翊妻馮氏，通州人。

吴穎士妻林氏，通州人。

以上雍正九年旌表。

生員王麟標妾周氏，通州人。年十四，主母久病，雖親子媳每不滿意，獨氏能承順之，使無恚怒。嫡二子、氏三子析産時，氏所生幼者未預，親族欲均剖補之，氏曰：「三孤尚幼，積年便足，不敢受也。」三子楷、模、桂皆遊庠。

儒童范式玉妻程氏，通州人。夫亡，屬氏以事親撫孤，氏泣諾之。罄奩資以備膏火，教子成立。

生員王維禧妻孫氏，通州人。夫亡，遺逋三百金，售産不足償，氏罄奩資使無負逋名。舅姑甘旨無缺。孤子二，嘗揮涙教之。

生員季炤妻（邱）〔丘〕氏，通州人。炤孝早卒，囑氏以父母高年，氏矢誓不忘，承順舅姑，使無以思子增憂。子名九，有從週歲，撫之成立焉。

儒童陳宜廣妻宋氏，通州人。夫没，氏事舅姑，多病，自飲食湯藥以至衣衾棺殮，無不盡力措置。數年後，復爲營葬。子則延師教之。

儒童顧振宗妻鄒氏，通州人，候選訓導鄒璠女。夫無兄弟，無子嗣，嘗病不自支，深以父老爲念。氏曰：「吾即翁子也。」乃爲翁置妾，竟於六十後舉二子，得延宗祀。

孫允貴妻黄氏，通州人。生富厚，不喜華飾。奉姑甘旨，外無嬴餘。夫亡，撫四子成立。年八十九，尚健飯。臨卒之日，諭誨皆治命。

生員夏鼎妻葛氏，如臯人。夫家貧，以館餬口，氏紡績佐之。夫係前姑所生，繼姑復生三子，皆貧不能養。夫亡後，氏迎繼姑養之，姑臨終謂氏曰：「汝孝格天，天必佑汝子。」後其子嵩生諸孫震，睢寧學諭；正位、光顯，俱登仕籍。

生員陳必安妻馮氏，通州人。

盛溶妻吴氏，通州人。

李立模妻江氏，通州人。

沈若星妻成氏，通州人。

保敦妻楊氏，通州人。

生員朱廷㴱妻項氏，如皋人。

以上雍正十一年旌表。

儒童顧臨秋妻吴氏，通州人。夫亡，絶粒救甦，勵節撫子。

雍正十三年旌表。

生員李昶妻顧氏，通州人。夫亡孤死，翁貧老，令改適，不可，拮据奉其舅。舅殁殯葬畢，歸侍父母以終。

王奇進妻徐氏，子京兆妻吴氏，俱通州人，姑媳並少寡勵節。徐氏性素嚴重，吴事之得其歡心。徐患疣潰，腥臭聞户外，吴爲含凉水吮之，不旬日愈。里人稱爲節孝。

周惟一妻錢氏，通州人。撫遺腹子成立，苦節三十四年。

劉琦妻王氏，通州人。年十九夫亡，上有孀姑，遺孤在繦褓，氏拮据奉姑三十載，課子有成。

李祖苞妻保氏，通州人。

錢玉瓚妻保氏，通州人。

孫月卿妻淩氏，通州人。

淩奭妻曹氏，通州人。

劉弘祚妻王氏，通州人。

生員王珂妻周氏，通州人。

生員馬餘履妻張氏，通州人。
馬餘謙妻王氏，通州人。
陳誦山妻顧氏，通州人。
丁奇遇妻劉氏，通州人。
曹三英妻劉氏，通州人。
宗弘祚妻黄氏，海門人。
吴世家妻劉氏，海門人。
顧彦芳妻王氏，海門人。
崔裕三妻張氏，海門人。
石伯儒妻許氏，海門人。
石季儒妻謝氏，海門人。
監生湯瑞妻劉氏，海門人。
生員李允臧妻王氏，海門人。
許之甲妻謝氏，如皋人。
叢中和妻沈氏，如皋人。
叢合浦妻石氏，如皋人。

陳秉修妻蔡氏，如皋人。

監生李尚絅妻趙氏，如皋人。

丁芳華妻崔氏，如皋人。

周連樹妻羅氏，如皋人。

以上皆少年守節歷數十載。

江南通志卷一百八十五

人物志

列女 完節四

安、徽、寧三府

安慶府

元

范遇時妻顧氏，懷寧人。少寡，苦節四十年。延祐間①旌。

①「間」，《四庫》本作「年」。

明

羅仲弘妻方氏，望江人。夫歿，方秉節不二。洪武年旌。

謝咸妻林氏，望江人。咸歿，矢志守節。洪武年旌。

錢時妻孫氏，桐城人。洪武中，時同部郎白李善長之冤，上怒，連坐賜死。孫年二十七，負時骨歸葬，養姑守節。年七十終。

方法妻鄭氏，桐城人。靖難師起，法被逮，至皖江遂自沉。氏年二十九，守節四十年。祀列女祠。

陶鏞妻鍾氏，桐城人。鏞被遣卒於外，子繼幼，鍾年二十五，乃負鏞骨四千里歸葬，守節至八十二終。繼又早亡，其妻方氏生子亮裁二歲，誓以死守。亮舉景泰癸酉鄉試，卒，其妻王氏、妾吴氏皆少寡無子，紡績自給終身。成化間，詔旌其三代，人稱曰「四節里」。

盛德妻倪氏，桐城人。少寡，父母令改適，倪以死拒。苦節歷四十年。嘉靖年旌。

王寬妻張氏，望江人。早寡，姑欲嫁之，張嚙指剪髮乃免。歷年八十七終。事聞旌表。

畢琛妻鍾氏，太湖人。

李益妻陳氏，宿松人。

俱正統年旌。

張旻妻李氏，宿松人。
姜標妻徐氏，宿松人。
俱弘治年旌。
尹衡妻葉氏，桐城人。嘉靖年旌。
王相妻蔣氏，望江人。年二十五而相逝，矢志貞堅，不事膏沐。
周心吾妻吴氏，桐城人。年二十三夫亡，矢志撫孤，事舅姑極盡孝，守節五十六年。
吴一介繼妻程氏，桐城人。夫亡，氏年二十七，撫前室子如己子。歷年九十二終。
葛晟妻金氏，潛山人，早寡守節。
朱得妻王氏，潛山人。早寡，矢志守貞。
諸生陳尚俊妻孫氏，潛山人，夫亡守節。
陳思器妻萬氏，潛山人，早寡守節。
以上俱受旌表。
蔡魁妻王氏，懷寧人。年十九，夫亡無子，剪髮矢志，紡績自給以終。
方吾妻吴氏，桐城人。年十八，夫亡，子甫三月，欲以身殉，姑乃諭之曰：「成一時烈易，撫三月孤難，婦爲其易，難者貽誰？」氏從之，苦節撫孤。萬(歷)〔曆〕間旌表。
金一榜妻陳氏，金一柱妻倪氏，潛山人。俱少寡，撫孤成立，人咸稱爲一門雙節。

孫詔先妻吉氏，太湖人。年十八，夫亡守志，壽九十一終。萬（歷）〔曆〕中旌。

呂鳴鳳妻顧氏，太湖人。少寡，有遺腹子，守志不奪。萬（歷）〔曆〕中旌。

太學生匡有光妻艾氏，太湖人。年十六夫亡，截髮毁容，乃撫遺腹子成立，至八十終。事聞旌表。

姚孫棨妻方氏，桐城人。年十六夫亡，自營蔭室，移夫柩而藏之，以俟同穴，至八十四終。

胡卓妻周氏，望江人。少寡無子，抱夫木主歸母家，坐卧一小室，數十年如一日。

以上萬（歷）〔曆〕中旌。

章蟠妻呂氏，太湖人。

吴逢愷妻李氏，太湖人。

范甲妻張氏，太湖人。

以上俱少寡勵節受旌。

盛可美妻尹氏，桐城人。少寡，守節四十年。天啓年旌。

章崇雅妻洪氏，懷寧人。夫亡守志，刲乳肉救姑，年九十而終。夫兄崇古亦早亡，姒朱氏並以節著。俱天啓年旌。

張蓁妻余氏，宿松人。

吴仕泮妻黄氏，宿松人。

唐良明妻李氏，宿松人。

以上俱守節旌表。

余象儀妻王氏，桐城人。

吴應燦妻王氏，桐城人。

胡仲禮妻張氏，桐城人。

龍夔妻汪氏，桐城人。

胡惟德妻黄氏，桐城人。

周聯妻陸氏，桐城人。

劉賓妻笪氏，桐城人。

李達德妻張氏，桐城人。

盛應舉妻王氏，桐城人。

以上俱少寡守節，並享大年。

李舟妻徐氏，桐城人。少寡，撫孤五十餘年。事聞旌表。

汪之東妻阮氏，懷寧人。

方福一妻王氏，懷寧人。

邵英妻左氏，懷寧人。

陳通妻汪氏，懷寧人。

陳信妻趙氏，懷寧人。

昝保兒妻杜氏，懷寧人。

嚴文昌妻張氏，懷寧人。

汪混泉妻丁氏，懷寧人。

俱守節旌。

楊大善妻劉氏，懷寧人。夫亡，生子方七日，子長復亡，苦節歷五十年。

楊之顯妻吴氏，懷寧人。刲股救姑。早孀，矢志守節，撫孤成立。事聞旌表。

胡效才繼妻周氏，桐城人。年十六歸胡，事姑孝，撫前妻之子不異己出。效才卒於京邸，周悲號輟飲食者五日，乃矢志苦節，教子皆成立。事聞旌表。

胡效政妻龍氏，桐城人。少寡守節，年逾九十。

徐桓妻章氏，桐城人。少寡，勵志撫孤成立，年逾九十終。

方柏繼妻余氏，桐城人。年十七歸柏，六月夫亡，撫前妻子不異己子，壽逾八十終。

彭法聖母汪氏，太湖人。年十九夫亡，撫孤有成，以守節旌。

嚴世遨妻劉氏，太湖人。年十八夫亡，撫遺腹子成立。時有茗山庵鐘三鑄不成，僧夢神告之曰：「須用節婦金環。」僧遂往募之。鐘成，環現於外，觀者驚異。

饒歲梧妻劉氏，懷寧人。少寡苦節，年八十四終。
程士朝妻聶氏，懷寧人。剪髪誓守，年七十餘終。
吴汝淳妻張氏，桐城人。少寡撫嗣子，守節四十年。
楊楫妻張氏，桐城人。
周櫝妻方氏，桐城人。
吴豫妻方氏，桐城人。
吴希朝妻伍氏，桐城人。
胡效賓妻陳氏，桐城人。
周則成妻劉氏，桐城人。
孫郎妻吴氏，桐城人。

以上俱少寡無子守節。

汪觀妻王氏，桐城人。觀得心疾，禮成之夕暴死，王遂誓不再適。父母兄嫂相繼逝，獨守五十載，績枲自給，人稱爲王節女。
劉鍾致妻胡氏，太湖人，少寡守節。被旌。
劉銀妻胡氏，望江人。年十七，于歸五月夫亡，苦節四十餘年。邑令嘗以狀聞兩臺，歲給粟帛。
庠生方九錫妻蔣氏，太湖人。

方一正妻仇氏，太湖人。

胡永恭妻何氏，宿松人。

何大升妻沈氏，宿松人。

章鏜妻范氏，望江人。

以上俱少寡，歷年六十餘終。

龍子宗妻胡氏，望江人。少寡守節，歷六十年終。

洪佛妻安氏，桐城人。夫亡，依兄嫂守節六十年。

盛汝恩妻何氏，桐城人。早寡，誓守撫孤，年八十七終。

吳應道妻方氏，桐城人。夫亡，苦節養姑，訓遺孤成進士。事聞被旌。

黄之宣妻包氏，桐城人。宣病篤，刲股救之。逾年宣死，包乃誓死以守。女適徐，亦早寡不再適。母女相依，稱爲雙節。

張士絅妻范氏，桐城人。姑病，刲股以進。早寡，撫孤守節歷三十年。

林念祖妻袁氏，桐城人。歸林裁七月，夫没於江，幼侄相依，歷年七十終。

方大美妾張氏，桐城人。夫没，張坐卧一小室，厲節六十年。

吳仲濂妻唐氏，吳仲沔妻葉氏，吳仲潾妻何氏，桐城人。濂、沔、潾俱早卒，唐守節四十餘年，娣葉氏守貞五十年。娣何氏適歲饑疫，忍死支憊，歷年八十四終。一門三節，鄉里重之。

贈禮部郎中張木側室周氏，桐城人。夫亡守志，撫嫡孤淳成立，中隆慶戊辰進士，官至陝西參政。

孟言善妻王氏，太湖人。少寡，撫孤有成。

彭字亨妻吕氏，太湖人。亨疾亟，割股入藥得痊。越四月而亨卒，斷髮長齋以終。

楊汝聰妻張氏，宿松人。

郭孔隆妻何氏，宿松人。

袁師古妻高氏，宿松人。

汪毓秀妻柴氏，宿松人。

楊士尊妻唐氏，宿松人。

洪仕妻王氏，宿松人。

俱無子守節。

龍子德妻童氏，望江人。

廪生毛棟妻蕭氏，望江人。

廪生李應釿妻程氏，望江人。

胡宗鼎妻史氏，望江人。

庠生王三命妻萬氏，望江人。

以上皆早寡無子，苦節終身。

龍駢妻吴氏，望江人。駢暴病，氏刲股作糜得痊。越三年，駢卒，織紝以養姑撫子，苦節以終。

生員章緋妻劉氏，望江人。夫亡，矢志撫孤。子又早卒，劉氏哀號不輟，葬子夫側，尋卒。

吴弘傑妻汪氏、弘初妻周氏，俱望江人。娣姒厲節，巡按御史兩褒之。

金學書妻焦氏，望江人。早寡，養姑鞠子，苦節三十餘年卒。子繼望，仕至九江知府。

國朝

附生余瓚妻黄氏，太湖人。少寡撫子，矢志苦節四十餘年。

太學生左之乾妻馬氏，桐城人。年十七，夫亡無子，苦節四十年。

馬人龍妾巢氏，太湖人。年二十四夫亡，撫子成名，守貞四十年。

以上順治年旌表。

諸生倪嘉善妻何氏，桐城人。

諸生江柱妻姚氏，桐城人。

戴期鵬妻孫氏，桐城人。

廩生馬方思妻姚氏，桐城人。

姚士塈妻方氏，桐城人。

吴日宥妻劉氏，桐城人。
中書吴用鈐妾沈氏，桐城人。
姚文奂妻江氏，桐城人。
吴兆武妻姚氏，桐城人。
吴憙妻張氏，桐城人。
姚孔鋐妻馬氏，桐城人。
太學生潘仁樹妻張氏，桐城人。
大司寇姚文然妾張氏，桐城人。
太學生徐弘典妻李氏，桐城人。
太學生鄧永祐妻笪氏，桐城人。
太學生胡志焜妻殷氏，桐城人。
諸生馬日思妻何氏，桐城人。
諸生姚孔欽妻吴氏，桐城人。
諸生王天球妻都氏，桐城人。
太學生潘金芝妻吴氏，桐城人。
贈文林郎方里妻潘氏，桐城人。

以上康熙年旌表。

曹亞六妻汪氏，懷寧人。

万筆妻徐氏，桐城人。

太學生江之永妻丁氏，桐城人。

王孔修妻左氏，桐城人。

光之佶妻蔣氏，桐城人。

贈宫保左光斗妾袁氏，桐城人。

姚孔釬妻江氏，桐城人。

姚孔鑰妻左氏，桐城人。

徐熙經妻楊氏，潛山人。

桂明旭妻程氏，潛山人。

生員周光昇妻何氏，潛山人。

生員蕭如瞻妻王氏，太湖人。

以上雍正二年旌表。

諸生朱芳鑣妻方氏，桐城人。

丁世增妻施氏，桐城人。

少詹事張廷瓚妾周氏，桐城人。
貢生張廷瑩妻姚氏，桐城人。
諸生王玉盤妻高氏，桐城人。
諸生張若崙妻夏氏，桐城人。
同知姚文燮妾歐氏，桐城人。
生員陳伊妻許氏，潛山人。
涂[1]年興妻葉氏，潛山人。
監生王旦相妻俞氏，潛山人。
儒士儲志瑞妻聶氏，潛山人。
生員黄德産妻唐氏，潛山人。
監生劉慶圜妻熊氏，潛山人。
以上雍正三年旌表。
劉宗英妻葉氏，懷寧人。
張維坤妻劉氏、媳柯氏，俱懷寧人。

[1] 「涂」，《四庫》本作「徐」。

聶時乘妻佘氏，懷寧人。

柯鐸妻饒氏，懷寧人。

監生胡文法妻沈氏，懷寧人。

張士絅妻范氏，桐城人。

方季雅妻周氏，桐城人。

儒士熊良佐妻郝氏，潛山人。

以上雍正四年旌表。

産時叙妻錢氏，懷寧人。

何景福妻張氏，懷寧人。

周維禮妻徐氏，望江人。

以上雍正五年旌表。

貢生張廷璪妻姚氏，桐城人。雍正六年旌表。

黄嗣灊妻周氏，懷寧人。

姚孔鍵妻吴氏，桐城人。

張克儼妻姚氏，桐城人。

以上雍正七年旌表。

監生任奕鍹妻汪氏，懷寧人。雍正八年旌表。
張超杲妻劉氏，懷寧人。
監生黄永繩妻産氏，懷寧人。
給諫劉餘謨妾李氏，懷寧人。
太學生潘仁標妻左氏，桐城人。
增生趙堅妻倪氏，桐城人。
徐家孟妻丁氏，潜山人。
庠生左國策妻戴氏，桐城人。
阮周臣妻金氏，桐城人。
徐千惺妻黄氏，潜山人。
袁謨妻甘氏，太湖人。
袁世道妻王氏，太湖人。
以上雍正九年旌表。
葉爲疆妻雍氏，懷寧人。
葉爲圻妻曹氏，懷寧人。
葉勝長妻童氏，懷寧人。

毛有璧妻周氏，懷寧人。

吴兆逑妻倪氏，桐城人。

王海添妻嚴氏，太湖人。

馬瑜妻章氏，太湖人。

庠生范孫繩繼妻劉氏，太湖人。

生員路致中妻沈氏，太湖人。

以上雍正十年旌表。

庠生程邦容妻劉氏，懷寧人。夫亡，撫孤守志。夜遭回禄，氏捧祖先神位出，復入抱夫神主，火熾封門，救者咸疑氏死。以墻傾從隙竇出，人皆以爲神默佑云。

陳徽鑑妻彭氏，桐城人。嘗割臂愈夫病。逾月，疾復作，夫歿，氏矢志不二。事翁姑色養，立夫兄次子源博爲嗣。

王晟妻左氏，桐城人。夫亡，撫孤守志，事孀姑得其歡心。

左文圖妻馬氏，桐城人。夫亡守志，奉養孀姑，鞠育子女，紡績以供膏火。

生員鄧芝妾吴氏，桐城人。年二十八，芝病歿，毁容以誓。嫡汪氏生子永祐，娶媳笪氏生孫，而永祐殀、汪歿，吴哀慟備至，與笪氏相依以守，視笪氏子臻瑞如己出。

生員陳冕妻孫氏，桐城人。嘗刲股救夫病。夫亡撫孤，葬翁姑與夫喪，族戚皆爲感泣。

吴治生妻馬氏，桐城人。夫殁，矢志立嗣延祀。氏所生女歸姚興瀚，亦早寡。

監生張廷璥妻葉氏，桐城人。夫以勤讀成疾，葉刲股和藥。疾終不起，忍死撫二孤邃、寓，事舅姑孝。次子寓亦早卒。

張寓妻方氏，桐城人。刲股救姑。夫亡，撫孤娶婦生孫而孤殁，氏撫孤孫成立。時蛟水勃發，左右宅第漂没殆盡，氏宅獨存，人咸異之。

大學士張英妾徐氏，桐城人。英早趨朝，必省視寒暄。事嫡夫人姚氏委婉承順，得其歡心。英邀予告歸里，卒於家，氏矢志守節，屏除綺紈。有弟居江寧，間歲一來視氏，相見必以安貧守分爲戒，並爲籌畫其衣食婚嫁之資。

貢生姚孔釧繼妻錢氏，桐城人。從夫客於楚，夫亡，扶櫬歸里，與夫之前妻合葬於龍眠山莊。立夫弟孔鉶子爲嗣，愛養如己出。

監生錢淇妻左氏，桐城人。夫疾篤，氏刲股以救。弗效，夫亡，撫孤守志。舅姑相繼殁，氏哀毁特甚，族戚憐而敬之。

李祚襄妻酆氏，桐城人。孝事舅姑。夫亡，撫孤侄一揆，以己侄女酆氏妻之。未幾，一揆又卒，遺孤一歲，氏撫愛之，待侄女如己女，人皆以爲難。

生員左文圃妻周氏，桐城人。夫以力學遘疾死，氏矢志不二，孝事舅姑。撫孤世珩弱冠食餼，有聲黌宫。

趙之謨妻汪氏，桐城人。嘗割股以療夫疾。夫亡，卜吉營葬，撫孤成立。孫、曾三代，玉樹森森，人謂氏苦節之報。

知縣姚文焱妾陸氏，桐城人。生二子俱殤。夫卒京邸，氏聞訃悲號，死而復生者再，嫡子婦咸憐敬之。

尚寶司丞姚孫棨妾陳氏，桐城人。孫棨卒，氏堅志守節，撫孤文熊康熙丁未進士。

張朝臣妻王氏，太湖人。夫亡，哀毁骨立，孝養翁姑，撫孤有成。

以上雍正十一年旌表。

生員張友敬妻方氏，桐城人。

監生崔清妻阮氏，桐城人。

生員汪郃妾傅氏，桐城人。

儒童方衍芾妻史氏，桐城人。

州同謝岣妻祁氏，桐城人。

詹洛妻方氏，懷寧人。夫死，子侄俱無，僅有一女，婿窮不能娶，縣令詹宜倫贈銀使婚。未幾載女又卒，獨處造竹器以度日，苦志終身。

以上雍正十二年旌表。

儒童姚士琰妻錢氏，桐城人。于歸三載，琰病篤，焚香籲天，願減己壽以益夫算。琰卒，投繯，屢以救免。

太學生何丹鳳妻左氏，桐城人。礪節撫孤，侍奉兩世孀姑以孝聞。

儒童姚孔鈴妻吳氏，桐城人。年十八歸孔鈴，鈴病瘵，氏侍湯藥晝夜不懈。八閱月而鈴卒，無子。

太學生王先掄妻左氏，桐城人。嚴於訓子，長如翼、次焮俱列黌序。

儒童金文煇妻方氏，桐城人。年十九而寡，節操凜然。姑殁，事繼姑克盡婦道。嘗斥簪珥卜吉壤葬文煇先世數棺，而復爲文煇即窀穸焉，人以爲知禮。

儒童葉金堂妻張氏，桐城人。年二十守節，孝養姑嫜。姑嫜嘗語人曰：「吾子雖早世，子婦孝，吾二人可無憾。」

儒童楊泰階妻吳氏，桐城人。泰殁，子甫晬，氏絶粒數日，誓以死殉。迫姑命撫遺孤，苦節四十餘年。

儒童李昌祚妻周氏，桐城人。

儒童方竪非妻吳氏，桐城人。

儒童陳軒鑑妻左氏，桐城人。

儒童方世咸妻胡氏，桐城人。

庠生操宗城妻丁氏，潛山人。

余熙臣妻汪氏，太湖人。

以上雍正十三年旌表。

孫臨妻方氏，桐城人。從夫之閩中，臨卒，氏流離嶺嶠，獨與老嫗相依。後古田令以禮送歸。方生妻錢氏，桐城人。早寡無子。適歲荒疫，闔家俱盡，還依母家二十年。母卒，勤織紉、畜甘毳供父，閭里以節婦、孝女並稱之。

徐乘六妻程氏，桐城人。早寡家貧，舅密與他姓議婚，紿言母召，舁之往。抵門，衆人相迎，程大驚，昏暈仆地。久之，披髮號哭若狂，詈曰：「若安能壞吾節，徒傷吾命！」不得已送歸。自是足不逾閾，績枲自給逾六十年。

楊汝明妻盛氏，桐城人。汝明純孝早逝，遺孤四人，盛乃艱苦教育，年逾八十卒。孫十人，早亡者四：裴武妻吳氏，雲際妻伍氏，敏如妻盛氏，興妻戴氏，並少寡守志，里人稱爲節孝楊家。

錢家瑋妻丁氏，桐城人。

朱之屏妻夏氏，桐城人。

潘大培妻夏氏，桐城人。

錢懋採妻紀氏，桐城人。

汪泓妻張氏，桐城人。

許應瑒妻劉氏，桐城人。

張忠焕妻吴氏，桐城人。
章元魁妻王氏，桐城人。
張公鑑妻何氏、媳陶氏，桐城人。
周華叔妻錢氏，桐城人。
張竑妻左氏，桐城人。
方錫書妻李氏，桐城人。
孫逢選妻章氏，桐城人。
鄧瞻岵妻姚氏，桐城人。
謝藻妻汪氏，桐城人。
周述偉妻謝氏，桐城人。
劉大猷妻方氏，桐城人。
周鼎祚妻江氏，桐城人。
葉閑聖妻吴氏，桐城人。
汪士弘妻王氏，桐城人。
周堯之妻吴氏，桐城人。
張希禹妻朱氏，桐城人。

謝嶼妻左氏，桐城人。
盛應貞妻周氏，懷寧人。
楊之顯妻吴氏，懷寧人。
方正旭妻詹氏，懷寧人。
楊應壯妻任氏，懷寧人。
楊垚妻雷氏，懷寧人。
陳應忠妻吴氏，懷寧人。
汪括妻吴氏，懷寧人。
葉嘉瑜妻佘氏，潛山人。
徐顯謨妻金氏，潛山人。矢志撫孤，教四子皆有成。
程輝乾妻丁氏，潛山人。
許學詩妻鄧氏，潛山人。
劉之夔妻汪氏，潛山人。
儲睿罕妻王氏，潛山人。
庠生孔毓達妻傅氏，潛山人。
鄭天善妻傅氏，潛山人。

葉士桐妻陳氏，潛山人。少寡。有許魁者，謀娶不遂，强掠之。氏乃毀容截髮，大呼頭搶地，鄰里救歸。訟於官，治魁罪，旌其門。

汪伯英妻周氏，潛山人。夫病篤，氏産方三日，即刲股救之。不愈，夫遂没，苦守足不出户。

諸生徐雍萃妻鄔氏，潛山人。夫亡，撫孤成立授室。孤亦早亡，又撫育孤孫。卒，年八十有四。

諸生林昌國妻王氏，潛山人。少寡撫孤，孤殤，立嗣承祧，苦節五十餘年。

黄化寧妻丁氏，潛山人。少寡子幼。翁患瘋痺，氏率諸子稾卧寢門外，翁有所需，即蹴其子起，歷數寒暑不倦。

生員葉代鼎妻熊氏，媳孔氏，潛山人。熊早寡，孝養翁姑，撫幼子永祺俾成立。永祺又早世，與媳孔氏相依，撫一齡孤孫。熊卒，孔乃殯葬如禮，茹荼訓子爲克紹其姑。

生員葛行素妻方氏，媳王氏，潛山人。年十八夫亡，撫遺孤成立，爲娶婦。孤又早世，與媳王氏共撫孤孫，一門雙節。

生員汪宗哲妻黄氏，潛山人。夫亡，遺孤又殤，氏自經、投水，皆遇救免，乃絶粒不食。姑老，泣勸，氏驚曰：「吾不終養，罪也！」因忍死以奉姑。一夕，夢其夫手持蓮花曰：「汝孝格天，天使汝子復生矣。」晨起，伯姒果舉一男，姑命爲氏嗣，名曰「夢蓮」。

桂應麟妻操氏，余稟中妻曹氏，俱潛山人，皆早寡守節，並年逾九十。

庠生范廷寵妻王氏，太湖人。

生員王壽昌妻洪氏，太湖人。

廩生章于璜妻劉氏，太湖人。

庠生李大集妻張氏，太湖人。

曹士京妻李氏，太湖人。

曹鼒妻趙氏，太湖人。

張甲妻程氏，太湖人。

聶溢妻余氏，太湖人。

徐會嘉妻李氏，太湖人。

余啓妻羅氏，太湖人。啓官副總兵，卒於官。有强弁謀娶之，氏遂落髮爲尼，越七千里扶櫬及幼子歸里。以節終。

儒士張天眷妻杜氏，太湖人。眷死於盜，氏年十八，撫數月孤。孤復殤，撫侄爲嗣。姑没，喪葬盡禮。

李英賢妻孫氏，太湖人。英賢早慧夭，氏年十七，以頭觸棺，誓不欲生。祖姑張諭之曰：「我孀居五十年，今老矣，汝死，將何依乎？」氏乃止。立族子爲嗣。祖姑年逾九十，氏與同寢處，人稱一門雙節云。

孟當妻張氏，宿松人。

劉之璁妻徐氏，宿松人。

劉應璋妻虞氏，宿松人。

何天錫妻張氏，宿松人。

張永昌妻葉氏，宿松人。

沈耀妻吴氏，宿松人。

楊柏妻沈氏，宿松人。

沈以雲妻楊氏，宿松人。

吴懋妻龍氏，望江人。

江萬象妻萬氏，望江人。

庠生舒璠妻余氏，望江人。于歸四載而璠没，無子，欲殉，念翁姑奉養乏人，立從侄爲子而撫育之。事雙親四十餘年。

庠生劉國憲妻查氏，望江人。

金世重妻程氏，望江人。

謝懋吉妻方氏，望江人。

徐綬妻章氏，望江人。

汪世渡妻周氏，望江人。

楊維翰妻徐氏，潛山人。

陳汝遜妻何氏，潛山人。

崔勝治妻吳氏，潛山人。

汪克祺妻吳氏，潛山人。

儒士汪世錫妻王氏，潛山人。

余大肇妻操氏，潛山人。

汪伯曲妻熊氏，潛山人。

余以恭妻胡氏，潛山人。

方延儒妻馬氏，潛山人。

諸生桂時權妻程氏，潛山人。

徐熙朗妻高氏，潛山人。

馬子任妻韓氏，潛山人。

王承蕃妻李氏，潛山人。

葛宗夏妻聶氏，潛山人。

盧全鏡妻劉氏，潛山人。

許學時妻鄧氏，潛山人。

監生王見章妻萬氏，潛山人。
庠生儲良玉妻蔣氏，潛山人。
儒士儲良岸妻劉氏，潛山人。
儒士葉嘉棟妻芮氏，潛山人。
貢生陳彝妻宣氏，潛山人。
徐枝起妻高氏，潛山人。
謝倫妻胡氏，潛山人。
盧繼紀妻許氏，潛山人。
儒士許崇悦妻史氏，潛山人。
江興校妻儲氏，潛山人。
金偉席妻張氏，潛山人。
庠生葉士科繼妻高氏，潛山人。
楊士元妻佘氏、媳劉氏，潛山人。
林國傑妻王氏，潛山人。
方延康妻紀氏，潛山人。
太學生葉代冕妻胡氏，潛山人。

王承珂妻儲氏，潛山人。

余一第妻林氏，潛山人。

盧繼漢妻潘氏，潛山人。

余承聖妻金氏，潛山人。

周積太妻聶氏，潛山人。

張家綬妻夏氏，潛山人。

徐家慶妻陳氏，潛山人。

涂富妻余氏，潛山人。

黃昌文妻汪氏，潛山人。

李嘉珩妻周氏，潛山人。

楊正妻汪氏，潛山人。

陳應祥妻花氏，潛山人。

以上皆少年守節歷數十載。

徽州府

元

程梧妻吴氏，歙人。少寡守節，年百有四歲。

汪琰妻潘氏，婺源人。與孫媳李氏、曾孫媳俞氏，三世守節。

明

江萊甫妻葉氏，歙人。守節，壽百歲。洪武年旌表。

汪洪妻何氏，歙人。早寡，叔謀奪其志，氏截一指以誓。事聞旌表。

江睦妻潘氏，歙縣人。

唐禄妻王氏，歙縣人。

吴顯盛妻程氏，歙縣人。

江樞妻汪氏，歙縣人。

余波妻汪氏，歙縣人。

潘圖南妻黄氏，歙縣人。

方良簡妻章氏，歙縣人。
江務本妻許氏，歙縣人。
許立德妻鮑氏，歙縣人。
王銘妻鮑氏，歙縣人。
吴歡妻方氏，歙縣人。
何士謚妻江氏，歙縣人。
謝榮遠妻汪氏，歙縣人。
汪貴賢妻閔氏，歙縣人。
金孟章妻趙氏，休寧人。
吴懷慎妻程氏，休寧人。
王真佑妻張氏，休寧人。
吴清妻朱氏，休寧人。
汪錡妻李氏，休寧人。
朱原卿妻李氏，休寧人。
黄仲僅妻吴氏，休寧人。
謝德琛妻金氏，休寧人。

程永德妻汪氏，休寧人。
吴煜妻汪氏，休寧人。
金雲瑄妻胡氏，休寧人。
程廷軒妻查氏，休寧人。
胡尚穆妻汪氏，休寧人。
夏茂蘭妻汪氏，休寧人。
鮑叔周妻俞氏，婺源人。
方剛寧妻鄭氏，婺源人。
洪榴妻余氏，婺源人。
韓應泰妻余氏，婺源人。
戴絳妻方氏，婺源人。
張仲良妻游氏，婺源人。
張起敬妻江氏，婺源人。
程永妻王氏，婺源人。
江祖裕妻齊氏，子宗隆妻甯氏，孫德玉妻錢氏，俱婺源人。
倪本誠妻胡氏，祁門人。

程克良妻陳氏，祁門人。

謝與爵妻胡氏，祁門人。

謝錫智妻章氏，祁門人。

謝與點妻汪氏，祁門人。子存仁僅二週，教訓成進士。

謝訓妻黄氏，祁門人。

仰玘妻程氏，祁門人。

謝畸妻李氏，祁門人。

汪希和妻余氏，祁門人。

許傑妻章氏，績溪人。

余珦妻汪氏，績溪人。

程應第妻胡氏，績溪人。

胡光汝妻鄭氏，績溪人。

章珙妻江氏，績溪人。

胡宗虞妻汪氏，績溪人。

章德俊妻胡氏，績溪人。

韓文炳妻汪氏，黟縣人。

汪瑀妻王氏，黟縣人。
舒容妻汪氏，黟縣人。
汪侃繼妻胡氏、妾劉氏，俱歙縣人。
汪總妻方氏，歙縣人。
鄭普照妻羅氏，歙縣人。
鄭策妻方氏，歙縣人。
許時雍妻余氏，歙縣人。
方富權妻程氏，歙縣人。
吴輝宗妻孫氏，歙縣人。
吴守華妻何氏，歙縣人。
黄思文妻潘氏，婺源人。
吴琴妻汪氏，婺源人。
張熺妻汪氏，祁門人。
汪文燦妻饒氏，祁門人。
程鑌妻汪氏，祁門人。
周顯志妻程氏，績溪人。

張廷芳妻胡氏，績溪人。
方日强妻胡氏，績溪人。
葛元齡妻許氏，績溪人。
胡若鵬妻章氏，績溪人。
舒拱禧妻項氏，黟縣人。
程萬方妻余氏，黟縣人。
余枝貴妻汪氏，黟縣人。
金汪鰲妻王氏，黟縣人。
汪校妻孫氏，黟縣人。
以上皆少年夫亡，完節終身，後先旌表。

國朝

洪應綏妻方氏，歙縣人。早寡，歸夫柩於千里外。遇亂兵，而撫孤子得存。
汪濟民妻潘氏，歙縣人。早寡守節，嘗封股療姑疾。
程可詔妻吴氏，歙縣人。
程宗孟妻吴氏，歙縣人。夫病，刲股以進。不效，絶粒誓死。族勸孤無依，乃晝夜紡績，撫二子成立。

吴一初妻方氏，歙縣人。一初歿於固安，孤子九歲，族人利其貲，假名托孤，欲劫孤以去者。氏匿孤他所，大呼與同命，乃免。後以孫苑貴贈淑人。

項德輔妻吴氏，歙縣人。夫客死，同室人利其貲，欲令改適，百端困擠之，氏不爲動。經寇亂，奪孤兒於盜手，以延其嗣。

金齊頌妻王氏，休寧人。少寡，撫三月孤，食貧勵節，奉事孀姑，色養無缺。

蕭邦永妻胡氏，歙縣人。

張法孔妻陳氏，歙縣人。

洪之楷妻徐氏，歙縣人。夫亡，撫孤守節。

姚燦妻程氏，歙縣人。

姚守邦妻汪氏，歙縣人。

何大國妻閔氏，歙縣人。

汪鳴玉妻陳氏，歙縣人。

吴一贊妻鄭氏，歙縣人。

徐習周妻鮑氏，歙縣人。

汪知元妻王氏，歙縣人。知元没，事舅姑能孝養，撫幼子克成立。

監生江九皋妻程氏，歙縣人。

黄從先妻鄭氏，歙縣人。夫故，矢志守節，事舅姑，訓子成立。

吴鐸教妻程氏，歙縣人。

許承奎妻謝氏，歙縣人。

汪廷柱妻張氏，歙縣人。

程休復妻吴氏，歙縣人。

羅蒼期妾汪氏，歙縣人。

汪家椿妻黄氏，歙縣人。

吴自誠妻胡氏，歙縣人。

洪起蛟妻楊氏，歙縣人。

江邦相妻鄭氏，歙縣人。

楊繼芬妻陳氏，休寧人。

生員江聖麟繼妻吴氏，休寧人。

廪生楊名正妻汪氏，休寧人。

生員戴玥妻汪氏，休寧人。

程光綸妻吕氏，休寧人。

孫允昆妻程氏，休寧人。嘗刲股療姑疾，人皆曰貞節孝婦。
舒之傑妻胡氏，黟縣人。
以上康熙年旌表。
曹士順妻汪氏，歙縣人。于歸日夫亡，守節終身。
江朝賢妻孫氏，歙縣人。
監生程應聘繼妻汪氏，歙縣人。
畢天鏞妻孫氏，歙縣人。
洪秉懿妻鄭氏，歙縣人。
汪大貞妻江氏，歙縣人。
徐廷錢妻黄氏，歙縣人。
朱象升妻汪氏，歙縣人。
閔允恭妻汪氏，歙縣人。
方祖觀妻洪氏，歙縣人。
羅定垣妻方氏，歙縣人。
吴啓曜妾方氏，歙縣人。
詹錫禄妻畢氏，歙縣人。

洪瑗妻程氏，歙縣人。

汪承元妻黄氏，歙縣人。

宋承益妻方氏，歙縣人。

汪世穆妻胡氏，歙縣人。

許邁妻程氏，歙縣人。

程有稔妻鄭氏，歙縣人。

汪應元妻程氏，歙縣人。

汪之鳳妻程氏，歙縣人。

汪元琳妻徐氏，歙縣人。

汪長潤妻吴氏，歙縣人。

徐廷鯉妻蔣氏，歙縣人。

楊維周妻方氏，歙縣人。

汪士泰繼妻徐氏，歙縣人。

吴秉位妻張氏，歙縣人。

孫錫裕妻汪氏，歙縣人。

許日化妻吴氏，歙縣人。

汪焕然妻黄氏，歙縣人。
張思琳妻曹氏，歙縣人。
許昌貞妻吴氏，歙縣人。
江嘉績妻楊氏，歙縣人。
汪瑞符繼妻程氏，歙縣人。
葉承福妻許氏，歙縣人。
程敏孝妻閔氏，歙縣人。
方士玉妻張氏，歙縣人。
巴鍾華妻何氏，歙縣人。
何良鳳妻汪氏，歙縣人。
金承詔妻夏氏，休寧人。
張榔繼妻洪氏，休寧人。
張光遷妻許氏，休寧人。
金秉亮妻汪氏，休寧人。
孫時省妻程氏，休寧人。
金士烈妻程氏，休寧人。

監生黄培佑妻邵氏，休寧人。
汪士泓妻朱氏，休寧人。
程鎧繼妻鄭氏，休寧人。
吴兆麟妻蘇氏，休寧人。
方志鍾妻吴氏，休寧人。
項繼被妻余氏，休寧人。
金元彦妻汪氏，休寧人。
金弘禮妻汪氏，休寧人。
汪載安妻吴氏，休寧人。
程之曜妾李氏，休寧人。
楊嗣贊妻金氏，休寧人。
生員姚書言妻吴氏，休寧人。
潘應炤妻孫氏，休寧人。
吕之俊妻汪氏，休寧人。
生員江夢熊妻戴氏，休寧人。
汪懋炳妻金氏，休寧人。

吴光曜妻劉氏，休寧人。
黄璋妻程氏，休寧人。
吴芝煌妻黄氏，休寧人。
生員江雲同繼妻戴氏，休寧人。
生員舒子瑶妻吴氏，績溪人。
以上雍正三年旌表。
胡正鼎妻方氏，歙縣人。
羅簡受妻程氏，歙縣人。
吴焕妻汪氏，歙縣人。
洪元棟妻程氏，歙縣人。
羅淳浩妻鄭氏，歙縣人。
許自祐妻何氏，歙縣人。
汪儒林妻胡氏，歙縣人。
汪沅妻江氏，歙縣人。
黄鑑妻朱氏，休寧人。
黄永超妻吴氏，休寧人。

楊輝祖妻吴氏，休寧人。
余朝瑞妻胡氏，休寧人。
戴應文妻陳氏，休寧人。
楊祚裕妻余氏，休寧人。
汪立仁妻陳氏，休寧人。
方翊煒妻胡氏，休寧人。
楊堅正繼妻金氏，休寧人。
楊嘉幹妻汪氏，休寧人。
金秉聰繼妻邵氏，休寧人。
邵邦達妻金氏，休寧人。
朱邦錦妻汪氏，休寧人。
朱岐彝妻余氏，休寧人。
余世德妻葉氏，黟縣人。
江元璞妻朱氏，黟縣人。
江鍔妻汪氏，黟縣人。
江文謙妻汪氏，黟縣人。

以上雍正四年旌表。

汪孚周妻程氏，歙縣人。

徐連蔭妻汪氏，歙縣人。

許是乾妻宋氏，歙縣人。

何士祺妻江氏，歙縣人。

監生王文烺繼妻胡氏，休寧人。

吴聯榮妻汪氏，休寧人。

張其仲妻汪氏，休寧人。

潘應彪妻朱氏，休寧人。

汪曦妻曹氏，婺源人。

胡再興妻葉氏，黟縣人。

舒德儒妻江氏，黟縣人。

舒尚賢妻程氏，黟縣人。

江廷琮妻汪氏，黟縣人。

舒啓震妻胡氏，黟縣人。

程德愈妻汪氏，黟縣人。

李尚仁妻胡氏，黟縣人。

舒邦寧妻江氏，黟縣人。

余起妻江氏，黟縣人。

江韜全妻汪氏，黟縣人。

孫有祺妻項氏，黟縣人。

汪世洙妻周氏，黟縣人。

以上雍正五年旌表。

羅長庚妻吳氏，歙縣人。夫亡自縊，救免。事姑孝，嘗割股療姑疾。

張護繼妻汪氏，歙縣人。

宋在福妻程氏，歙縣人。

程國枚妾吳氏，歙縣人。

江元烈妻洪氏，歙縣人。

汪德炎繼妻陳氏、妾王氏，歙縣人。

汪師周妻黃氏，歙縣人。

方元標妻江氏，歙縣人。

黃士儀妻蔡氏，休寧人。

邵文焕妾馬氏，休寧人。
戴明睿妻韓氏，休寧人。
黄兆京妻吴氏，休寧人。
生員戴偉妻程氏，休寧人。
孫裕燽妻程氏，休寧人。
程元章妻何氏，休寧人。
饒邦教妻吴氏，歙縣人。
以上雍正六年旌表。
張大彭妻江氏，歙縣人。
孫志銓妻戴氏，休寧人。
生員程溥妻孫氏，休寧人。
以上雍正七年旌表。
汪有琯妻朱氏，歙縣人。
曹廷琬妻王氏，歙縣人。
曹儁繼妻汪氏，歙縣人。
江文曜妻程氏，歙縣人。

徐振玉妻鄭氏，歙縣人。
汪光偉妻吴氏，休寧人。
汪逢鑣妻吴氏，休寧人。
汪正伊妻金氏，休寧人。
監生汪兆瑞妻李氏，休寧人。夫病篤，告父母必殉夫不獲，守志至今三十七年。
程宏珍妻吴氏，休寧人。
王朝琱妻俞氏，婺源人。
舒啓璽妻黄氏，黟縣人。
余好禮妻孫氏，黟縣人。
舒文球妻盧氏，黟縣人。
舒安卿妻朱氏，黟縣人。
舒福妻葉氏，黟縣人。
例監生汪煜妻胡氏，黟縣人。
貢生汪潤繼妻夏氏，黟縣人。
以上雍正八年旌表。
宋德昀妻吴氏，歙縣人。

俞之濱妻王氏，歙縣人。
宋德潤妻洪氏，歙縣人。
許自周妻吴氏，歙縣人。
吴自允繼妻程氏，歙縣人。
吴自充妻羅氏，歙縣人。
吴榮登妻汪氏，歙縣人。
姜大銓妻賀氏，歙縣人。
許雲齡妻黄氏，歙縣人。
朱美瑶繼妻程氏，歙縣人。
吴邦銓妻黄氏，歙縣人。
畢天錞妻巴氏，歙縣人。
葉良芳妻方氏，歙縣人。
徐可選妻江氏，歙縣人。
鄭學曾妻徐氏，歙縣人。
項三桂妻程氏，歙縣人。
監生江景堂妻梅氏，歙縣人。

武舉程祉繼妻粱氏，休寧人。
吴國盛妻佘氏，休寧人。
監生程祐妻吴氏，休寧人。
黄普妻程氏，休寧人。
汪立孝妻何氏，休寧人。
王文潤妻胡氏，黟縣人。
王元標妻汪氏，黟縣人。
舒士衡妻胡氏，黟縣人。
舒啓蒙妻朱氏，黟縣人。
韓一玢妻盧氏，黟縣人。
汪廷樞妻舒氏，黟縣人。
舒尚恕①妻汪氏，黟縣人。
以上雍正九年旌表。
吴浦妻項氏，歙縣人。

① 「恕」，《四庫》本作「怒」。

程詠愷妻佘氏，歙縣人。
吴愇妻黄氏，歙縣人。
許聯昊繼妻淩氏，歙縣人。
王國秀妻張氏，歙縣人。
畢澥妾池氏，歙縣人。
畢嘉猷繼妻程氏，歙縣人。
汪貽謀妻鮑氏，歙縣人。
汪允佐妻吴氏，歙縣人。
程天瑞妻姚氏，歙縣人。
金士元妻程氏，休寧人。
汪翺妾吴氏，休寧人。
楊正吉妻金氏，休寧人。
吴秉錡妻楊氏，休寧人。
程永賓妻江氏，休寧人。
黄德章妻程氏，休寧人。
胡士珙妻許氏，休寧人。

胡士墳妻朱氏，休寧人。

汪玉珂妻邵氏，休寧人。

汪守勤妻胡氏，績溪人。

以上雍正十年旌表。

王可振繼妻黃氏，歙縣人。夫亡守志，遺腹生子，乳哺成童而殀，立孫延祀。

方錫遐妻程氏，歙縣人。夫亡，撫二齡孤成立。舅姑歿，哀慟營葬三喪。

方深明妻仰氏，歙縣人。夫亡，矢志守節。遺腹生子，娶婦生孫三人，均皆成立。

廩生方處實妾汪氏，歙縣人。處實應試旌陽以暴疾死，氏聞訃欲殉，櫬歸時已絶粒三日，親族勉以撫孤，孤俾成立。

儒童章嘉慶妻汪氏，歙縣人。夫亡撫孤。孫、曾繁衍，皆以忠厚稱，人謂母氏之教也。

何可達妻詹氏，歙縣人。夫以貿易死於外，氏崎嶇扶柩歸里，撫子生孫。

潘守祐妻程氏，歙縣人。夫亡，撫孤世俊娶媳方氏。世俊又殀，方遺腹生子，姑媳並守。

吴廷遴妻孫氏，歙縣人。夫亡，撫孤世蔭、世澤。娣姒俱早逝，遺侄世芬三齡，世葵七齡，皆氏撫育成立。

方嘉馨妻吕氏，歙縣人。夫死孤殀，紡績度日，鄉里爲節母惜焉。

陳世鎮妾張氏，歙縣人。世鎮病亡，張與嫡孫氏相依撫孤。孫子兆能，康熙庚子武舉。張子兆熊，雍正癸卯武舉。

程有燦妻鮑氏，歙縣人。夫家貧甚，勤女紅以養翁姑。夫亡，撫孤孫曾名列宮墻。

何從信妻姚氏，歙縣人。夫亡無子，恒依母家，不事膏沐。族人憐之，立侄承祧。時洪水發，漂流姑柩，氏哀號復獲，遂得營葬。

吴榮伯妻戴氏，休寧人。夫亡乏嗣，勸姑爲翁置妾，逾年生子浩源，叔生二子，遂得立侄爲嗣。

劉之玩妻項氏，休寧人。夫亡，遺孤七歲，依母家以撫之。或勸改節，氏携孤赴夫墓，觸石血漬墓門以明志。

黄鍾義繼妻王氏，休寧人。年十六適黄，半載夫亡，無嗣，撫侄弘灝苦守成立。

儒童孫士湘妻汪氏，休寧人。夫以痘殀，氏絶粒五日，祖姑與舅姑勸以撫孤成立，有聲膠庠。

吴尚振妻程氏，休寧人。夫亡守志，事姑極孝。孤文斌、文瑞，令入國學肄業。

生員江朝翰妻俞氏，婺源人。夫亡，事祖姑與舅姑盡孝。遺孤三子相繼而殀，僅存半月孤孫，氏以守身者儀媳，以撫子者愛孫，苦節最著。

江元柏妻李氏，婺源人。夫亡，斷髮供夫靈以明志。立幼侄煩爲嗣，女紅度日。嗣殀，復撫遺孫成立。

儒童齊士美妻王氏，婺源人。夫亡，立嗣守志。孝事舅姑，常焚香籲天，願得翁姑長壽。翁年七十有三，姑年九十有三，人謂孝感。

張爲鎔妻李氏，祁門人。夫亡撫孤，每令誦課機杼之旁，教以忠孝之語。

張守爵妻黄氏，祁門人。夫亡，苦守撫孤。

江福來妻舒氏，黟縣人。年二十一，夫亡無子，立族侄以延夫祀。

汪觀侯妻程氏，黟縣人。夫亡，撫幼叔成立，俟其生子以爲夫後。

以上雍正十一年旌表。

何良璟妻胡氏，歙縣人。

殷明在妻吴氏，歙縣人。

吕萬春妻葉氏，歙縣人。

吴任庚妻劉氏，休寧人。

儒童戴復炬妻張氏，婺源人。

胡文郁妻余氏，績溪人。

儒童汪曾恂妻金氏，休寧人。

儒童金奇秀妻吴氏，休寧人。

以上雍正十二年旌表。

洪之龍妻項氏，歙縣人。家貧，種蔬織素，苦節終身。

吴壽名妻鄭氏，歙縣人。父患痿痺，氏晝夜守視，扶掖無間寒暑。歸吴三歲而寡，撫周晬之孤，衣食取給於十指。吳三世之喪在淺土，氏皆爲營葬。

許敏復妻葉氏，歙縣人。不諳書史，動中禮法，紡績一室，荼苦自甘。

葉廷灝妻羅氏，歙縣人。

徐世鉉妻施氏，歙縣人。

儒童方光立妻黄氏，歙縣人。

太學生曹國儁妾汪氏，歙縣人。

太學生項道煦妻李氏，歙縣人。

儒童吳家駒妻方氏，歙縣人。

儒童吳乾生妻羅氏，歙縣人。

儒童吳準妻張氏，歙縣人。

汪起鳳妻劉氏，休寧人。

儒童程星煒妻戴氏，休寧人。翁死於非命，氏痛夫以救父殞身，哀毀欲絕。既而，與孀姑煢煢相依，操如冰雪。

吳師淮妻程氏，休寧人，教遺腹子成立。

儒童程麟璋妻查氏，休寧人。毀容截髮，矢志靡他。三世五棺，竭力營葬。

楊經正妻汪氏，休寧人。

楊祖年妻金氏，休寧人。

監生許之昊妻汪氏，黟縣人。

舒國熙繼妻汪氏，黟縣人。

程芳梅妻章氏，績溪人。

以上雍正十三年旌表。

俞一德妻汪氏，績溪人。許字一德，聞其有病，父母將易盟，汪以死自誓，終歸一德。期年夫亡，守節至九十餘歲終。

程與鈿妻鮑氏，名清姑，歙縣人。夫病割股，籲天求代。既歿，甘貧撫孤。

江歡妻汪氏，歡子起妻朱氏，起子柏妻朱氏，休寧人，三世守節。

程錫璉妻方氏，歙縣人。

洪藎卿妻吴氏，歙縣人。

鄭啓鐸妻汪氏，歙縣人。

方泰臻妻吴氏，歙縣人。

許敏復妻葉氏，歙縣人。

吴念祖妻黄氏，歙縣人。

潘世俊妻方氏，歙縣人。

江淇妻吴氏，歙縣人。
黄坦妻汪氏，歙縣人。
黄光洪妻程氏，歙縣人。
胡國辰妻吴氏，歙縣人。
黄大道妻吴氏，歙縣人。
汪謙吉妻吴氏，歙縣人。
王正宸妻程氏，歙縣人。
吴瑞然繼妻黄氏，休寧人。
黄道明妻謝氏，休寧人。
江麟妻李氏，休寧人。
沈起育妻金氏，休寧人。
潘正錞妻徐氏，休寧人。
吴汝祥妻趙氏，休寧人。
朱可逢妻劉氏，休寧人。
朱觀德妻汪氏，休寧人。
劉逢年妻汪氏，休寧人。

汪儒謨妻吴氏，休寧人。
方高妻葛氏，績溪人。
胡君豸妻洪氏，績溪人。
葛道造妻胡氏，績溪人。
周應彬妻胡氏，績溪人。
以上皆青年守節，歷數十載。

寧國府

宋

吴寶信妻饒氏，宣城人。嫁七日，寶信從二王浮海死，饒乃撫侄爲嗣，矢志終身。

元

汪宗臣妻戴容玉，旌德人，至元中旌表。
趙十一妻袁氏，宣城人，以節被旌。
李義實妻趙氏，南陵人，守節旌表。

明

俞彦遠妻陳氏，寧國人。年二十夫亡，歲歉，食草根以活。

楊仲庸妻胡妙觀，寧國人。

葛之孚妻胡氏、媳施氏，寧國人。

胡選孫妻金氏，寧國人。

以上洪武年旌表。

宋景銘妻胡氏，宣城人。

孫伯善妻袁氏，宣城人。

吴賢生妻張氏，宣城人。

曾金寶妻李氏，宣城人。

何彭童妻張氏，南陵人。

以上宣德間旌表。

趙敬忠妻蕭氏，涇縣人，天順間旌表。

吴紹芳妻左氏，涇縣人。

胡宗仁妻鮑氏，涇縣人。

以上成化年旌表。

王逵妻施氏，涇縣人，弘治間旌表。

郭祥妻陳氏，宣城人，正德間旌表。

胡仲和妻鮑氏，旌德人。

劉旭妻張氏，旌德人。

張友深妻陸氏，旌德人。

郭謍妻李氏，旌德人。

劉錠妻張氏，南陵人。

金璐妻王氏，宣城人。早寡，撫遺腹子，父母欲奪其志，遂終身不歸。

以上嘉靖間旌表。

施沛如妻鍾氏，宣城人。

殷雲卿妻吴氏，宣城人。

梅元祚妻劉氏，宣城人。

何沚妻陳氏，南陵人。

葛廷輝妻汪氏，寧國人。

許成台妻屠氏，寧國人。

以上萬(歷)〔曆〕間旌表。

胡天振妻門氏，涇縣人。萬(歷)〔曆〕間節婦，於國朝雍正三年旌表。

萬璉妻周氏、媳周氏，涇縣人。

趙圖妻鄭氏，涇縣人。

萬儲妻黄氏，涇縣人。

翟偶妻萬氏，涇縣人。

徐詔妻張氏，涇縣人。

翟烈俊妻徐氏，涇縣人。

朱璧枝，旌德人。字任氏子，任未娶而納妾，父怒將渝盟，女遂剪髮自誓。歸任三日，妾舉子，愛如己出。居二載夫亡，撫遺孤。事聞旌表。

崔廷皋妻焦氏，太平人。歸崔期月，夫死，撫遺腹子成立。

仙廷誥妻楊氏，寧國人。

以上皆守節被旌。

王柏妻孫氏，太平人。夫没，翁欲嫁之，剪髮自誓。夫妹名小奴，亦早寡，並旌。

吴廷科妻董氏、子媳詹氏，宣城人。

王仲文妻吴氏，宣城人。

詹應樞妻馬氏，宣城人。

舉人趙伸妻朱氏，涇縣人。封股救夫，夫没堅守。

以上天啓年旌表。

楊義紀妻朱氏，宣城人。

孫之麟妻曾氏、妾項氏，宣城人。

吴日新妻唐氏，宣城人。

鍾一道妻鄭氏，宣城人。

湯任尹妻施氏，宣城人。

詹應鸞妻梅氏，宣城人。

以上崇（正）〔禎〕年旌表。

李仙妻王氏、側室張氏，太平人。仙卒無子，散産以賙族之貧乏者，與妾張氏紡織守志。事聞，表其墓曰「節義」。

庠生汪宸祚妻江氏，二妾劉氏、陶氏，俱南陵人。夫亡，江率二妾並守志，撫劉遺腹子象琚入泮。於國朝雍正五年旌表。

楊彦亨妻丁氏，宣城人。彦亨客死，丁矢節。

劉孝三妻楊氏，宣城人。年十九夫亡，家貧無子。劉本戍籍，歲嘗有清勾之擾，楊盡力營辦，益堅初志。壽八十餘。

後鵬妻陶氏，宣城人，無子守節。

唐宇妾茹氏，子繼舜妻張氏，宣城人，姑媳相依守節。

王秉忠妻丁氏，子巖妻阮氏，宣城人，姑媳同守志。

姚汝弼三女，宣城人。長巽英，適仲克讓。次離英，適徐世哲。又次兑英，適郭守恒。皆少寡無子守節。

楊德嘉妻沈氏，宣城人。嘉病瘵，請絶婚，女泣誓。過楊未幾而楊死，沈守節，壽八十終。

吴堯五妻陳氏，宣城人。年十九夫亡，斷指自誓。

陳士修妾翟氏，宣城人。修多嬖寵，妻麻氏禮衰，諸妾皆侮麻，翟事之獨謹。修卒，妾皆去，翟年少無子，獨留與嫡居。後麻亡，棲家廟廡下，并日而炊，至死無二。

楊逢之妻吴氏，宣城人。逢出嗣王氏，早亡，吴奉王氏姑，復迎夫母梅氏養之，皆得其歡。以節終。

錢松妻姚氏，宣城人。松亡，舅病瘵，姚爲人傭紉，得米贍舅，嘗自飯糠秕。舅亡，撫孤以節終。

湯鯤妻翟氏，宣城人。鯤卒無子，翟誓守志，哭夫喪明。

趙一鐘妻郭氏，宣城人。

王榮妻萬氏，宣城人。

楊汝昌妻陶氏，宣城人。

施憲妻周氏、妾汪氏，宣城人。

施之鯤妻汪氏，宣城人。

劉繼祖妻史氏，宣城人。

汪正義妻蘇氏，宣城人。

孫絢妻劉氏，宣城人。

吴自振妻敖氏，宣城人。

汪銘忠妻陸氏，宣城人。

梅守國妻高氏，宣城人。

阮尚賓妻王氏，宣城人。

葉嗣英妻朱氏，宣城人。

梅先開妻麻氏，宣城人。

濮鑑妻趙氏，宣城人。

淩槐妾朱氏，宣城人。

查福妻馬氏，宣城人。

吴大木妻章氏，宣城人。

唐極妻霍氏，宣城人。

梅敦祚妻郭氏，宣城人。

施嘉範妻焦氏，宣城人。

湯必迪妻陳氏，宣城人。

施永清妻吴氏，宣城人。

徐汝鵬妻邵氏，宣城人。

梅繼先妻劉氏，宣城人。

程應鳳妻周氏，宣城人。

王榜妻余氏，南陵人。夫亡無子，有謀娶者，斷指剪髮自誓。

張維坦妻秦氏，子茂蘭妻徐氏，南陵人。

曹楷妻王氏，南陵人。

許承舉妻潘氏、妾周氏，南陵人。

孫瑞妻曹氏，南陵人。

劉邦炳妻王氏，南陵人。

孫景週妻葉氏，南陵人。

庠生張肇卿妻周氏，南陵人。

張儆妻何氏，南陵人。

葉斌妻汪氏，南陵人。

劉邦周妻余氏，南陵人。

曹伯和妻汪氏，南陵人。

曹按妻陳氏，南陵人。

程福生妻胡氏，寧國人。

方奇妻王氏，涇縣人。奇亡，弟利其貲欲遣之，王以首抵柱，弟竟莫敢犯。以節終。

左鎰妻唐氏，涇縣人。鎰亡無嗣，姑嬰癱疾，唐奉姑撫幼叔成立。年九十八卒。

沈九成妻王氏，涇縣人。誓死撫二月孤，所居被災，官給粟以養。

湯某妻程氏，涇縣人。

查曉妻徐氏，涇縣人。

唐初和妻鄭氏，涇縣人。

胡魁妻王氏，涇縣人。

沈一統妻左氏，涇縣人。

汪夢龍妻丁氏，旌德人。夫亡守節。鄰火將及夫柩，丁抱棺而籲天，火尋滅。礦賊過，相戒勿犯。

饒典邦妻周氏，旌德人。

吕初德妻俞氏，旌德人。

曹采妻王氏、媳王氏，太平人。

崔松妻孫氏、媳程氏，太平人。

胡仁安妻方氏，太平人。

程桂妻胡氏，太平人。

胡涇妻焦氏，太平人。

李瓊妻胡氏，太平人。

胡李妻孫氏，太平人。

王綬妻查氏，太平人。

崔尚志妻胡氏，太平人。

王經妻譚氏，太平人。

林大郎妻方氏，太平人。

邵傳妻黎氏，太平人。

王省妻孫氏，太平人。

李元論妻方氏，太平人。

周尚吉妻孫氏，太平人。

項思惠妻周氏，太平人。

黄子濟妻翟氏，太平人。

汪廷貴妻胡氏，太平人。

以上皆少年守節歷數十載。

國朝

秦邦欽妻宦氏，南陵人。順治年旌表。

劉台瑞妻趙氏，南陵人。夫亡苦節，訓子楷成名。

湯望之妻曹氏，宣城人。

陳廷槐妻芮氏，宣城人。

唐應由妻徐氏，宣城人。

湯賓臣妻李氏，太平人。

周書妻翟氏，子天錫妻崔氏，俱太平人，姑媳同節。

生員劉鞏妻許氏，南陵人，夫亡守節。與孀姑趙氏先後旌表。

庠生趙度妻董氏，涇縣人。

趙崇堯妻王氏，涇縣人。

以上康熙年旌表。

强禹朔妻奚氏，南陵人。

吴國宣妻徐氏，寧國人。

翟貞妻程氏，涇縣人。

葉涵若妻張氏，涇縣人。

江有祜①妻譚氏，旌德人。

以上雍正二年旌表。

劉維二妻丁氏，宣城人。夫亡家貧，爲人浣衣，得直養姑。撫遺腹子稍長，賃舂於外。未幾又没，借鄰家貯灰屋以居，人咸稱灰屋節婦。

丁益潮妻陳氏，宣城人。

蔣震寅妻黄氏，宣城人。

宗元善妻王氏，宣城人。

劉弘道妻唐氏，宣城人。

---

①「祜」，《四庫》本作「祐」。

舉人張友繼妻高氏，宣城人。
監生詹仲輅妻傅氏，宣城人。
劉運洽妻孫氏，南陵人。
庠生秦履端妻張氏，南陵人。
章其讜妻葛氏，寧國人。
徐岱年妻吴氏，寧國人。
胡一薰妻朱氏，涇縣人。
胡昺妻周氏，涇縣人。
葉繼廣妻胡氏，涇縣人。
江起書妻吕氏，旌德人。
江有詔妻譚氏，旌德人。
以上雍正三年旌表。
陶彝則妻唐氏，宣城人。
陶開啓妻于氏，宣城人。
陶乘時妻丁氏，宣城人。
周訪妻王氏，太平人。

程鴻浩妻汪氏，寧國人。
潘兆麟妻趙氏，涇縣人。
饒一梧妻朱氏，旌德人。
以上雍正四年旌表。
韓文明妻王氏，宣城人。
監生施衡臣妻馮氏，宣城人。
謝邦宿妻陳氏，南陵人。
秦乾生妻王氏，南陵人。
翟時英妻章氏，涇縣人。
翟尚錦妻潘氏，涇縣人。
翟時寬妻查氏，涇縣人。
以上雍正五年旌表。
周光睿妻崔氏，太平人。
項鈞妻方氏，太平人。
胡其璀妻朱氏，涇縣人。
章雙祥妻翟氏，涇縣人。

貢生吴有愷妻趙氏，涇縣人。夫故，氏欲殉死，念姑老、子弱，遂堅心守志。敬奉甘旨弗怠，撫子永泰成歲貢。
監生章兆鵬妻王氏，涇縣人。
以上雍正六年旌表。
庠生方弘基妻張氏，宣城人。
朱國用妻張氏，宣城人。
庠生張翔妻方氏，南陵人。
貢生葉鳳咏妻沈氏，南陵人。
生員崔毓秀妻汪氏，太平人。少寡守志，誠敬事舅姑，撫孤雲龍入泮。
以上雍正七年旌表。
生員張有仁妻王氏，南陵人。
生員夏冲妻管氏，南陵人。
管遴妻秦氏，南陵人。
以上雍正八年旌表。
萬起龍妻阮氏，南陵人。
張甦妻何氏，南陵人。

監生王守禮妻徐氏，南陵人。
監生何懋昭妻劉氏，南陵人。
廩生仙祖德妻黄氏，寧國人。
胡日昇妻朱氏，涇縣人。
翟尚鈺妻陶氏，涇縣人。
李時安妻方氏，太平人。
項惟桃妻崔氏，太平人。
譚世組李氏，太平人。
胡文蔚妻劉氏，太平人。
方學岱妻崔氏，太平人。
汪恂妻項氏，太平人。
孫飈舉妻陳氏，太平人。
張光易妻崔氏，太平人。
崔建中妻焦氏，太平人。
以上雍正九年旌表。
戚奇生妻陳氏，宣城人。

鄭士琳妻陳氏，宣城人。

汪上璉妻馮氏，宣城人。

陶仲贊妻王氏，宣城人。

程大庶妾汪氏，宣城人。

陶仲謙妻周氏，宣城人。

胡晋復妻洪氏，涇縣人。

周元鴻妻劉氏，太平人。

李天培妻鄭氏，太平人。

江之誼妻吕氏，旌德人。

譚志賢妻汪氏，旌德人。

徐永祜妻董氏，南陵人。

王明相妻劉氏，南陵人。年十七歸王，勤織紝以資夫讀。夫善屬文，不售蚤死，劉年二十五，子璠、璵甫離襁褓，忍死撫育，終身不肉食，其堅苦類如此。

葉正蓁妻王氏，南陵人。年十七歸葉，六年夫亡守志。家嘗被盜，氏升屋以避，聞姑被執，自峻檐躍下，負傷衛姑，盜義而釋之。孀居五十四年。

以上雍正十年旌表。

儒童劉元皋妻胡氏，宣城人。夫亡，撫二孤方藹舉丁未進士，方華亦成立。姑嘗患乳流濃，氏旦夕撫摩，絶不覺其腥穢。伯姒茆氏亦撫孤守志，茆卒，遺孤方菁，皆胡撫育之。

儒童戚尚通妻章氏，宣城人。夫亡，撫孤成立生孫，孫在勳已列郡庠。

儒童孫治遠妻劉氏，宣城人。夫亡孤殀，夫兄弟三人，子俱殀，氏割産令叔置妾，妾不能妊，遂立從侄以延夫祀。

儒童韓禹及妻徐氏，宣城人。年二十四夫亡，與孀姑寡母相依撫孤，守節四十二年。

儒童韓禹疇妻唐氏，宣城人。夫亡撫孤。時遇饑饉，嘗括榆皮度日。後以晝夜紡績積貲，娶媳生孫延祀。

儒童陳邦和妻吴氏，南陵人。夫亡，剪髮明志，立侄國棟，愛如已出。陳柩權厝，有鄰墓祭掃者失火延燒，氏奔赴呼天號泣，火爲之息。鄰墓毁者數棺，夫柩無恙，鄉里驚異之。

陳邦奇妻王氏，南陵人。夫亡家貧，紡績供舅姑甘旨，嘗採菱芡、桑椹與孤共食。

生員譚首選妻汪氏，太平人。夫亡，孝事舅姑，娣姒有缺乏者，常令孤子賫所需給之。子吉娶焦氏，年十六歸吉，五載而寡，姑媳並字孤孫，竟得成立。

儒士張兆廣妻崔氏，太平人。夫亡，遺孤膺標，撫育恩勤，舅姑、妯娌俱得歡心。

監生張膺標妻程氏，太平人。夫亡，撫孤能文，葬孀姑與夫喪。

虞世瑞妻楊氏，寧國人。夫亡家貧，氏織紝以供舅姑。撫孤生孫，得遊黌宫。

呂仲爜妻芮氏，旌德人。夫貿易死廣西，氏罄所積，加以稱貸，託所親往迎夫柩歸。舅姑没，凡附身附棺者皆盡心經營之。撫二子至於成立。

宗元詣妻倪氏，旌德人。夫亡，遺孤驄僅三齡，遺腹雙生騰、驍，氏皆教之成立。

以上雍正十一年旌表。

生員吴瑞妻虞氏，寧國人，雍正十二年旌表。

王伯義妻張氏，宣城人。性勤儉，甘淡泊。夫亡，孝養孀姑，撫幼子尚賓、尚德皆成立。

庠生馬德良妻許氏，宣城人。

職監周鳴喈妻汪氏，宣城人。

儒童馮集笏妻秦氏，南陵人。年二十而寡，生子甫三月，家貧歲歉，翁姑欲奪其志，氏抱子日夕哀鳴，扃户求死，翁姑憐而釋之。雪潔冰堅，終始一節。

許鼎玉妻余氏，寧國人。遺腹子殤，即自斷其髮，示不失節，撫立再從侄孫爲嗣。

舒鴻俊妻吴氏，寧國人。與寡媳同矢冰操，撫二孫皆成立。

方鳳儀妻劉氏，寧國人。

廩生劉傑妻方氏，旌德人。少寡撫孤，教育備至。舅没，敬事繼姑。賊入室，以刃劫姑，氏挺身奔救，被十數創，姑賴以免。嘗值蛟水暴發，氏扃户不出，獨免漂没。又火延燒及屋梁而熄，人咸異之。

汪國釗妻呂氏，旌德人。康熙中，村有水災，衆奔竄，欲與氏偕，辭曰：「未亡人足不逾閾，此即吾死所，何避焉？」時室廬漂没者十六七，氏居當水衝，獨無恙。

儒童汪文娣妻喻氏，旌德人。夫亡欲殉，舅姑不許。嘗語娣姒輩曰：「節守在心，非他人所能知，亦不必令人知也。」子南珍入泮。

儒童方大喬妻郭氏，旌德人。苦志霜幃，言笑不苟。族屬子姓憚其方嚴，朔望起居外，不敢輕覿。

以上雍正十二年旌表。

庠生馬夢伋妻沈氏，宣城人。

梅士學妾王氏，宣城人。

梅朗中妻劉氏，宣城人。

羅天章妻俞氏，宣城人。

徐幹臣妻李氏，宣城人。

徐一清妻孫氏，宣城人。

萬國寶妻張氏，宣城人。

萬士敏妻侯氏，宣城人。

傅光箕妻吴氏，宣城人。

彭憲臣妻楊氏，宣城人。

胡嘉衍妻潘氏，宣城人。

吴士康妻張氏，宣城人。

劉光焕妻許氏，宣城人。

梅枝喬妻郭氏，宣城人。

孫應梵妻胡氏，宣城人。

沈壽嵩妻張氏，宣城人。

沈蘭生妻張氏，宣城人。

丁鶴齡妻倪氏，宣城人。

徐啓膚妻金氏，宣城人。

江瑞麟妻陳氏，太平人。嫁三月而寡，自縊、自刎皆救免。從翁姑命撫嗣子，勤紉組，至老十指俱屈不能伸。

杜宗歷妻曹氏，太平人。

崔金妻周氏，太平人。

焦其藩妻林氏，太平人。

方正範妻李氏，南陵人。苦節四十餘年，教子伸成進士官翰林。

秦鍾岱妻劉氏，南陵人。夫病，割臂暈絶久之。夫亡，子方在襁褓，夫叔欲奪其志，劉憤欲自裁。已而曰：「我死，孤必無生理。」乃哀控族衆護持之，苦節終身。

張氏荷姑，寧國人。夫楊某落魄，欲奪以非義，不可。大怒，潛去牀前樓板，紿之墮地，折一足。匍匐歸母家，縫紉以食，不累兄弟。夫鬻其子，張刻苦積金贖之。臨没，乃命其子扶櫬歸楊氏。

程應孫妻胡氏，名掌姑，寧國人。許字後，聞應孫不慧，父欲改盟，氏不從，父怒而歸之。年二十五，夫亡，撫遺腹子，紡績自給。卒，年八十一。

孫媳吕氏，年十九夫疫死，不食三日，一慟而絶。

程廷禄妻胡氏，寧國人。

朱學古妻洪氏，寧國人。

汪會宗妻王氏，南陵人。事舅姑以孝聞。年十八夫病，割臂救之。不起，絶粒數日，以藐孤故强啜糜粥。家貧，紡織教子成立。

以上皆少年守節歷數十載。

江南通志卷一百八十六

人物志

列女　完節五

池、太、廬三府

池州府

元

甯天驥妻胡氏，青陽人，以守節旌。

俞子全妻鍾氏，全子允妻章氏，俱銅陵人，年皆二十守節終身。

明

張鑑妻孫氏，貴池人。

姜振妻趙氏，貴池人。

行人陳袓妻何氏，青陽人。

蘇珦妻曹氏，石埭人。

陳恂妻王氏，石埭人。

以上成化年旌。

柯延𦪙妻黄氏，建德人，弘治年旌。

陳逕妻吴氏，青陽人。

李賦妻陳氏，青陽人。自刺一目，誓守以終。

徐文輔妻李氏，銅陵人。

以上正德年旌。

桂智妻李氏，石埭人。

金濟妻陳氏，建德人。

童傳妻陳氏，建德人。

江勝昌妻趙氏，建德人。俱以守節旌。

曹尚仁妻馮氏，劉玘妻井氏，俱建德人。夫病刲股，以守節旌。

葉恒泰妻孫氏，貴池人，嘉靖年旌。

章嵩妻劉氏，東流人。

施皖妻陳氏，青陽人。

李東明妻檀氏，貴池人。

李萃春妻曹氏，貴池人。

韓俊妻柯氏，貴池人。

朱紘妻李氏，貴池人。

李希説妻舒氏，貴池人。

吳懷松妻劉氏，貴池人。

胡允修妻柯氏，貴池人。

施應臣妻王氏，青陽人。

劉紈妻汪氏，青陽人。以上俱以守節旌。

袁江鉞妻徐氏，青陽人。

沈應拭妻李氏，石埭人。

湯三聘妻蘇氏，石埭人。

桂士翼妻吳氏，石埭人。

庠生金文學妻柯氏，建德人。

謝某妻桂氏，名慈香，青陽人。夫亡，有富家賂其父兄謀娶氏爲子婦，氏憤自縊，家人救之。守節，八十歲而卒。

柯鳴國妻吳氏，青陽人。刲股療姑，績紡課子。壽至百歲，其子孫侍階下者六世，鄉里榮之。

陳天意妻曹氏，青陽人。夫病刲股。及居喪，毁容斷髪，刻木主以奉。

胡其倌妻江氏，建德人。

徐文中妻阮氏，建德人。

俱以節孝旌。

鄭如奎妻黄氏，建德人。孫三謨疏其節於朝，詔旌。

童文亨妻李氏，建德人。姑病，嘗刲股以療。夫亡守節。

吳宗軻妻徐氏，東流人。

陳大奇妻馮氏，東流人。夫亡，坐卧一小樓，至老不下。其媵婢亦相依終身不嫁。

施立志妻黄氏，貴池人。

王承典妻柯氏，貴池人。

曹桂妻杜氏，貴池人。遺腹生女。杜勸姑爲翁納妾生子，其産後妾死，即以己女托族母，而自乳其叔。

（載）〔戴〕①孟仁妻江氏，貴池人，以守節旌。

董槔妻汪氏，貴池人。年二十四守志，撫三子。後有二孫，而三子相繼殁，氏又撫二孫。至八十終。

許維坤妻董氏，貴池人。年二十餘守節，至八十餘而終。巡按旌之。

武校施大義妻檀氏，貴池人。夫以從軍死軍中，氏百計求其夫尸歸，苦節以終。

孫時揚妻紀氏，貴池人。夫病刲股，弗效，守節。詔旌。

吴應斗妻洪氏，貴池人。

史議妻房氏，貴池人，崇（正）〔禎〕年旌。

甯以贊妻施氏，青陽人。

劉士林妻董氏，青陽人。

①　據《四庫》本改。

劉紹卿妻羅氏，青陽人。

庠生王維緒妻施氏，青陽人。

徐希彦妻畢氏，青陽人。

陳紹芳妻李氏，石埭人。

徐正禄妻章氏，銅陵人。

佘寅妻陳氏，銅陵人。

吴文和妻江氏，青陽人。和有痼疾，及卒，氏猶處子。

崔德美妻蕭氏，銅陵人。

蘇有慶妻陳氏，石埭人。

沈大展妻章氏，石埭人。夫病，刲股者二。及卒，扃户不出終其身。

孫良知妻沈氏，石埭人。

國　朝

王之冕妻孔氏，建德人。夫早喪，慟哭致盲一目。事姑孝。順治年旌表。

吴大賓妻程氏，貴池人。

李光涵妻楊氏，貴池人。

劉士範妻章氏，貴池人。
庠生章一韶妻徐氏，青陽人。
孫恂祚妻何氏，青陽人。
王尚祚妻江氏，青陽人。
甯貞啓妻陳氏，青陽人。
汪源洪妻黄氏，建德人。
胡大賁妻舒氏，賁子文儼妻孫氏，俱石埭人。
庠生胡大同妻吴氏，石埭人。
以上康熙年旌表。
谷珍妻王氏，石埭人，年至一百五歲。雍正二年，賜額「貞壽之門」。
蘇祫妻江氏，石埭人。夫病刲股，守節以終。
陳鋐妻甯氏，石埭人。
俱雍正三年旌表。
袁國學妻胡氏，子見龍妻陳氏，俱青陽人。見龍客死粤東，陳以勤苦積貲往負遺骸歸葬。事孀姑盡孝。雍正四年，同奉旌表。
監生柯正用妻俞氏，貴池人。

陸朝鏞妻蕭氏，貴池人。

沈壽先妻施氏，青陽人。

以上雍正五年旌表。

陳光辛妻楊氏，石埭人。雍正八年旌表。

程其鐸妻紀氏，貴池人。

彭廷選妻汪氏，貴池人。

程克鰲妻紀氏，貴池人。

柯日亮妻吴氏，青陽人。

佘嘉旭妻龔氏，銅陵人。

吴首芬妻沈氏，石埭人。

以上雍正九年旌表。

曹應亨妻陳氏，貴池人。

江自臺妻何氏，青陽人。

馬象辰妻石氏，銅陵人。

朱良臣妻鍾氏，銅陵人。

汪本望妻曹氏，銅陵人。

王應奎妻黄氏，銅陵人。

庠生胡之駿妻章氏，銅陵人。

章煊妻俞氏，銅陵人。

張國安妻黎氏，石埭人。

陳君佐妻章氏，石埭人。嘗封股療姑病，夫亡守節。

以上雍正十年旌表。

方逢郁妻徐氏，青陽人。夫亡，夫兄鄉逼令他適，氏自縊，以救免。族人鳴於官，鄉乃已。撫育二子成立，孫三鵬遊泮。

儒童桂志祐妻汪氏，石埭人。夫亡，撫孤生孫，孝事太姑。舅姑養、葬盡禮。

胡正權妻吴氏，銅陵人。夫亡，勤女紅以奉姑膳，嘗割股以療姑病。撫孤有成。

以上雍正十一年旌表。

王時行妻紀氏，貴池人。雍正十二年旌表。

章應禮妻何氏，貴池人。夫亡，有一子，督課嚴切，鄰媪勸以從寬，氏曰：「正惟一子，不敢縱耳。」子克成立。

儒童曹延繼妻方氏，貴池人。矢志守節，孝於姑，撫前妻子與己子無異。

柯繼審妻姚氏，貴池人。夫歿，二子痘殤，立嗣守節。

李啓應妻王氏，貴池人。夫疾篤，氏驚惶失措，泣禱祖祠，昏暈仆地。及其没也，屢欲畢命於刀繯，幸以救免。

太學生汪鳳齡妻儲氏，貴池人。于歸時，姑老矣，鳳齡貧而久病。數年間，母子相繼殁，氏供甘膬，營喪葬，竭情盡慎，人以爲難。

程笤之妻甯氏，青陽人。夫殁苦貧，冬無完衣，弟瑶冒雪過門，憐其飢寒，諷以改適，氏痛哭誓死，瑶慚而去。孤拾金於途，氏訪知爲族人所遺也，命亟還之。

庠生阮定邦妻汪氏，青陽人。夫死，藏佩刀欲刎。姑察其意，晝夜守護，氏哀鳴無語。既責以大義，泣諭之曰：「汝死則烈矣，如藐孤何？」氏痛哭良久，始出佩刀擲之。

候選經歷陳啓震妻舒氏，青陽人，守節三十四年。

盛士衡妻徐氏，銅陵人。年十九夫卒，守志紡績以奉姑。

胡承進妻徐氏，銅陵人。言笑不苟，足不逾户，白首完操。

儒童沈成龍妻柯氏，石埭人。夫殁，翁姑老病，氏曲盡孝道。子振聲爲諸生。

以上雍正十三年旌表。

官生孔尚蒙妻胥氏，建德人。

鄭如霍妻汪氏，建德人。

徐松弟妻鄭氏，建德人。

吴宗軻妻徐氏，建德人。

徐愈振妻馮氏，建德人。

吴在兹妾唐氏，青陽人。嫡袁氏殁，遺子三齡，在兹病卒，氏年甫十八，食貧守志，撫孤成立。

沈贊大妻陳氏，與孫德考妻陳氏，德考女適蘇氏者，俱石埭人，守節終身。

沈四德妻朱氏，石埭人。

陳閏生妻章氏，石埭人。

胡之權妻吴氏，子媳徐氏，俱銅陵人。

錢鏻妻丁氏，銅陵人。

錢拱麟妻周氏，銅陵人。

姜士雅妻張氏，銅陵人。

沈生壽妻李氏，石埭人。

沈德誥妻張氏，子媳鄭氏，俱石埭人。

畢士裔妻桂氏，子媳蘇氏，俱石埭人。

庠生蘇琰妻孫氏，石埭人。

章世御妻楊氏，石埭人。

沈貞祚妻章氏，石埭人。

陳自怡妻蘇氏，石埭人。
章臘妻程氏，石埭人。
蘇僎妻方氏，石埭人。
蘇仁翘妻陳氏，石埭人。
蘇邦柏妻沈氏，石埭人。
胡宗福妻陳氏，石埭人。
沈大江妻張氏，石埭人。
蘇經妻杜氏，石埭人。
李達春妻陳氏，石埭人。
沈睿妻李氏，石埭人。
陳于溶妻李氏，石埭人。
蘇禩妻桂氏，石埭人。
桂七十妻蘇氏，石埭人。
桂應元妻李氏，石埭人。
胡來略妻許氏，石埭人。
桂允福妻杜氏，石埭人。

章國康妻陳氏，石埭人。
蘇遴之妻楊氏，石埭人。
方世泰妻曹氏，石埭人。
儒士桂光啓妻陳氏，石埭人。
張大仰妻黎氏，石埭人。
陳滸妻蘇氏，石埭人。
庠生桂文吉妻章氏，石埭人。
儲國新妻潘氏，子媳李氏，俱貴池人。
單縣尉戴美妻郭氏，子媳趙氏，俱貴池人。
鞏思贊妻章氏，貴池人。
柯據妻章氏，貴池人。
李日叢妻郭氏，貴池人。
柯正先妻陳氏，貴池人。
何永錫妻紀氏，貴池人。
章應鳳妻鞏氏，貴池人。姑歿，氏雨夜紡績户外，隱隱若姑唤，婦急趨出視，墻傾，箱筐盡碎，氏得無恙。人以爲節孝所感。

吴之永妻桂氏，貴池人。姑殁未葬，忽蛟發水漲，閤村屋宇皆敗，氏乃抱姑柩號哭，獨免於厄。

王燦妻陳氏，石埭人。

陳于洪妻沈氏，石埭人。

孫首琦妻蘇氏，石埭人。

以上皆少年守節歷數十載。

太平府

宋

李繼妻章氏，繁昌人。繼宰莆田，卒於官，氏扶櫬歸葬，撫孤守節。紹定間，特賜坊表。後持齋坐化，諭葬，封安人。咸褒異之。

明

洪貞妻楊氏，當塗人。

錢君甫妻王氏，當塗人。

祖鼎妻高氏，當塗人。

孫文妻趙氏，當塗人。
王得富妻沈氏，當塗人。
朱華一妻關氏，當塗人。
劉恒妻王氏，當塗人。
趙福妻魯氏，當塗人。
以上洪武年旌。
陶春三妻孔氏，當塗人。
巫道保妻邢氏，當塗人。
俱永樂年旌。
沈貞妻劉氏，當塗人。
孫華妻紀氏，當塗人。
謝壽妻涂氏，當塗人。
顧直妻宋氏，當塗人。
孫裕妻鄭氏，當塗人。
王禮二妻魯氏，當塗人。
何富三妻尚氏，當塗人。

戴禮妻張氏，當塗人。

以上宣德年旌。

陳思時妻濮氏，當塗人。

陳景妻韋氏，當塗人。

俱景泰年旌。

黄瓚妻奚氏，蕪湖人。

朱恒妻於氏，當塗人。

胡順三妻周氏，當塗人。

秦瑲妻史氏，當塗人。

甯讓妻陳氏，蕪湖人。

徐俊妻周氏，繁昌人。

以上成化年旌。

庠生汪介妻胡氏，繁昌人。

徐潮妻王氏，當塗人。

汪友壽妻宋氏，當塗人。

喻瓊妻謝氏，當塗人。

邢珇妻楊氏，當塗人。
劉旺妻夏氏，當塗人。
邢思四妻陶氏，當塗人。
孫璉妻鮑氏，當塗人。
端宇妻朱氏，當塗人。
張昇妻孫氏，當塗人。
唐佑妻葛氏，當塗人。
谷宗妻張氏，當塗人。
庠生陶階妻胡氏，蕪湖人。
戴有智妻蔡氏，蕪湖人。
甘淪妻蕭氏，蕪湖人。
御史端文用妻唐氏，當塗人。夫病篤，氏割股者三。夫亡守節，撫子①廷赦貴，累封太恭人，賜祭二壇。
王岐山妻端氏，當塗人，名慕貞。夫病，刲股以療。夫歿，苦節終身。

① 「子」，《四庫》本作「孤」。

閔世忠妻胡氏，繁昌人。

倶嘉靖年旌。

潘銉妻朱氏，蕪湖人。

夏邦科妻孫氏，當塗人。夫死家貧，女紅自給。中歲目瞽，祝於天曰：「吾以鍼絍爲命，明其可奪耶？」忽雙燈自梁上下，目遂復明。

王徵妻陳氏，蕪湖人。

王大漢妻徐氏，繁昌人。

歲貢生王紀繼妻陶氏，蕪湖人。

李莊妻魯氏，繁昌人。

詹得高妻張氏，繁昌人。

謝祐妻蘇氏，當塗人。夫亡撫孤。有鄰人入室爲盜，家僮執之，氏聞之曰：「良家子，何乃至是？」給銀米釋之。

夏敬承妻王氏，蕪湖人。夫亡撫孤，口授章句，弱冠時即以懿行博學著。

從瀚妻李氏，繁昌人。夫病，嘗封股二次。夫歿，誓守不二。

庠生俞應孝妻趙氏，蕪湖人。夫死家貧，與貞姑賓姐苦志相守，採蔬績麻以自給。

于鈐妻周氏，繁昌人。

祝可大妻陳氏，當塗人。

卞同春妻侯氏，當塗人。

楊時相妻唐氏，當塗人。

俱萬（歷）〔曆〕年旌。

張齊妻朱氏，當塗人。嘗刲股療夫疾。齊子一鳴妻朱氏，俱夫亡守節。萬（歷）〔曆〕間旌。

謝雲門妻陳氏，當塗人。

周應鎰妻陳氏，蕪湖人。夫殁家貧，嘗凍餒，苦節以守。

甘守文妻朱氏，蕪湖人。

韋學伋①妻李氏，蕪湖人。

方琨妻汪氏，繁昌人。

徐宗臣妻仇氏，繁昌人。

徐貞元妻汪氏，繁昌人。

李一獻繼妻朱氏，繁昌人。

① 「伋」，《四庫》本作「仍」。

汪①應理妻呂氏，繁昌人，名潤姐。夫叔某逼氏改嫁，兩投繯拒之。

舉人張可選妻楊氏，當塗人。

霍九衢妻陶氏，當塗人。

蔣懷珍妻王氏，當塗人。

錢民望妻孫氏，當塗人。膐耳斷髮，誓死苦節。

孫黄妻汪氏，當塗人。

張晋卿妻鄒氏，當塗人。

胡畐妻韓氏，子媳崔氏，俱繁昌人。夫兄逼韓改嫁，氏斷髮誓死以拒之。

以上天啓年旌。

劉儒妻陶氏，繁昌人。

邢有成妻張氏，繁昌人。

汪元機妻魏氏，繁昌人。

周昱妻高氏，繁昌人。

李熠妻胡氏，繁昌人。

① 「汪」，《四庫》本作「王」。

李淵妻魯氏，繁昌人。

謝逢昌妻閔氏，繁昌人。

湯之裔妻李氏，繁昌人。

汪元松妻張氏，繁昌人。

陳復徵妻徐氏，繁昌人。

趙應龍妻楊氏，當塗人。

戎志道妻李氏，當塗人。

劉應梅妻張氏，蕪湖人。

以上崇（正）〔禎〕時旌。

張一貫妻黃氏，蕪湖人。夫死，有悍嬸逼其改適，氏持利刃，誓死斷其髮以拒。

王學來妻施氏，蕪湖人。夫死，奉孀姑梅氏盡孝。郡邑表其閭曰「一門雙節」。

唐詔妻金氏，當塗人。

丁本堅妻李氏，當塗人。

鮑良照妻汪氏，繁昌人。

庠生閔貞卿妻仇氏，繁昌人。

庠生孫承寵妻楊氏，當塗人。

庠生汪文海妻蕭氏，蕪湖人。姑以氏貧而少寡，欲令其他適，氏吞金自誓，醫救得無恙，遂終其志。

郝一貞繼妻程氏，繁昌人。

李景中妻徐氏，繁昌人。

晋希鉉妻楊氏，當塗人。

谷凌斗妻張氏，當塗人。

晋希銑妻許氏，當塗人。

闞運繼妻韓氏，當塗人。

以上俱夫亡守節。

國朝

朱還淳妻謝氏，當塗人。

吴學道妻嵇氏，當塗人。

唐秉極妻曹氏，當塗人。

杜連妻丁氏，蕪湖人。

李愆妻陳氏，蕪湖人。性貞静，通文翰。携二子世雄、世鴻廬墓十餘年，作七言絶句數章，備極愴惻。晨炊不繼，二子拾菜蕨以佐之。口授章句，督課成立。

以上順治間旌表。

庠生端葵妻唐氏，蕪湖人。

太學生楊惟樓妾焦氏，當塗人。夫病，嘗刲股以療。夫亡，撫孤守節。

庠生郭際雲妻孔氏，當塗人。

淩有亮妻張氏，當塗人。

庠生許起豸妻楊氏，子媳謝氏，俱當塗人。

孫繼祖妻江氏，當塗人。

林春選妻高氏，當塗人。

諸生彭應帶妻陳氏，當塗人。

以上俱夫死守節。

畢祈妻葉氏，蕪湖人。

查時懋妻葉氏，蕪湖人。

生員劉復泓妻唐氏，蕪湖人。

俞一中妻韋氏，蕪湖人。

夏以禮妻吴氏，當塗人。

以上康熙年旌表。

生員晉執珪妻朱氏，當塗人。

盛于唐妻王氏，當塗人。

信可陞妻胡氏，當塗人。

歲貢金其式妾張氏，當塗人。

朱瑋妻侯氏，當塗人。夫死無嗣，與貞姑李氏苦節終身。

監生李弘基妻張氏，當塗人。

陶國良妻楊氏，當塗人。

周文璠妻蔣氏，當塗人。夫病，刲股以療，夫歿守節。

周之國妻吴氏，當塗人。夫病，刲股以進。夫死，守節以終。

殷尚球妻崔氏，當塗人。

李雲莖妻彭氏，當塗人。

陶正標妻梁氏，當塗人。夫患羸疾，嘗刲股以療之。夫死，奉養翁姑。適夫墓被水衝决，氏冒水營築，水漸退。

生員晉珩妻張氏，當塗人。

李潤翰妻黄氏，當塗人。

生員蔣六御妻胡氏，當塗人。

監生湯允祖妻劉氏，當塗人。

祝昭妻濮氏，當塗人。夫歿，廬墓三年。

沈向善妻謝氏，當塗人。

傅世錫妻許氏，當塗人。

生員張正大妾楊氏，當塗人。

劉遇武妻許氏，當塗人。

王朝鼎妻葛氏，當塗人。

增生趙宣繼妻吴氏，當塗人。夫病，刲股救之，夫歿守節。

邑庠生計紹麒妻李氏，蕪湖人。夫病，刲股以救，夫亡守節。

以上雍正二年旌表。

監生王應掄妻吴氏，當塗人。

鄉飲耆賓鮑一鳴妾庾氏，當塗人。

陶潤國妻沈氏，當塗人。

范九皋妻施氏，蕪湖人。

王元銓妻俞氏，蕪湖人。

後枝蓁妻李氏，蕪湖人。
朱有輅妻後氏，蕪湖人。夫歿，伯氏逼令改適，氏斷指以拒，奉姑撫幼孤。後伯死，氏仍爲之棺殮。
姚佳(歷)〔曆〕妻王氏，蕪湖人。
楊將妻胡氏，繁昌人。
蔣應奎妻徐氏，繁昌人。
以上雍正三年旌表。
楊世基妻魯氏，當塗人。
王樞妻朱氏，當塗人。
王慧先妻魯氏，當塗人。
生員高攀龍妻陶氏，蕪湖人。
湯聖翼妻佘氏，蕪湖人。夫歿，投繯絶食，願以身殉，姑勸之乃止。苦節終身。
耿時行妻袁氏，蕪湖人。夫死，有勸令改適者，氏咬指流血以拒之。遂守節以老。
王尚靚妻羅氏，蕪湖人。
吕琨妻朱氏，繁昌人。
以上雍正四年旌表。

朱正明妾廉氏，當塗人。夫死，與嫡葉氏共帷守節。葉歿，竭力以營葬事，積勞成疾。

鍾煜妻吴氏，當塗人。

黄惟功妻盛氏，蕪湖人。

生員張顧問妻范氏，蕪湖人。

生員戴必鵠妻范氏，蕪湖人。夫亡，絶食幾斃。有諭以他適者，氏遂剪髪斷指，誓以死守。

黄佳色妻湯氏，蕪湖人。

黄目律妻戚氏，蕪湖人。

尚萬祖妻張氏，蕪湖人。

甘時澤妻王氏，蕪湖人。

監生吕九儀妻駱氏，繁昌人。夫遭仇人擠死於水，氏號泣訴寃，仇乃得雪。守節以終。

庠生吴光祺妻駱氏，繁昌人。

佘開彪妻强氏，繁昌人。

韋大級妻葛氏，蕪湖人。

以上雍正五年旌表。

朱大經妻成氏，當塗人。

朱大綸妻徐氏，當塗人。

魏光琰妻王氏，當塗人。

胡世恒妻沈氏，當塗人。

吴有坤妻張氏，當塗人。

邢廣任妻高氏，當塗人。

傅之桓①妻劉氏，當塗人。

邢純一妻祖氏，當塗人。夫殁，翁瞽姑病，氏事之朝夕不懈。撫遺腹子成立。

陶崇惠妻徐氏，當塗人。

汪士惟妻陳氏，蕪湖人。

高映妻倪氏，蕪湖人。

陶快士妻張氏，蕪湖人。夫亡，父母憐之，欲令改適，氏斷髮誓死，以苦節終身。

馬正國妻濮氏，蕪湖人。

（邱）〔丘〕夢鸞妻晋氏，蕪湖人。

（邱）〔丘〕有家妻後氏，蕪湖人。

朱萬成妻李氏，蕪湖人。

① 「桓」，《四庫》本作「恒」。

奚祖添妻張氏，蕪湖人。

楊忠徵妻王氏，蕪湖人。

以上雍正七年旌表。

程象梓妻陳氏，當塗人。

紀大普妻趙氏，當塗人。

王朝紳妻倪氏，當塗人。

尚大寅妻陳氏，當塗人。

生員楊維綬妻鍾氏，當塗人。

王禹年妻蔡氏，當塗人。

張成憲繼妻楊氏，當塗人。

魯德升妻唐氏，當塗人。夫歿，剪髮入棺，誓死守節。歲歉，勤紡績以奉舅姑，氏與子擷菜飲水，或終日不得食。

胡之御妻王氏，當塗人。

庠生陶詡妻茅氏，蕪湖人。

汪士升妻洪氏，蕪湖人。

高禮妻畢氏，蕪湖人。

葉燦霖妻汪氏，蕪湖人。
方文球妻王氏，蕪湖人。
黃景武妻王氏，蕪湖人。
葉德沛妻趙氏，蕪湖人。
鄒有壽妻陶氏，蕪湖人。
甘睿妻汪氏，蕪湖人。
監生晋天凱妻趙氏，蕪湖人。
生員桂燦妻俞氏，繁昌人。
毛大妻張氏，繁昌人。
鮑君榜妻張氏，繁昌人。夫亡家貧，惟漗針紉度日，苦節五十年。

以上雍正八年旌表。

涂坤古妻熊氏，蕪湖人。
宋國鳴妻杜氏，蕪湖人。
馬繼瑄妻趙氏，蕪湖人。
劉國裕妻程氏，蕪湖人。
張令宗妾武氏，蕪湖人。

許大藴妻胡氏，蕪湖人。

朱萬旻妻晋氏，蕪湖人。

陶世泰妻高氏，蕪湖人。

趙必孝妻朱氏，蕪湖人。

朱懋堂妻鄭氏，繁昌人。

李承恩妻楊氏，繁昌人。

古風上妻楊氏，繁昌人。

以上雍正九年旌表。

蔣學厚妻王氏，蕪湖人。

湯時俊妻張氏，蕪湖人。

汪國浩妻臧氏，蕪湖人。

以上雍正十年旌表。

楊成郊妻徐氏，當塗人。夫亡，紡績養孀姑，撫孤成立。

張世昌妻何氏，王承白妻陳氏，俱當塗人，夫亡撫孤，竭力以奉。翁姑殁爲營葬，並稱賢孝。

儒童晋德超妻彭氏，當塗人。

薛元璋妻畢氏，蕪湖人。夫殀，孝翁姑，睦妯娌。有勸其改嫁者，氏毁容以明志。

戴遐齡妻蔡氏，蕪湖人。夫早歿，氏孝翁姑，撫孤成立。

劉逢晨妻黃氏，繁昌人。十齡喪父，孝事孀母，友愛幼弟。十九歸劉，敬奉翁姑，順承夫、子。夫亡，撫孤生孫。

從堯階妻梁氏，繁昌人。敬事翁姑，撫孤遊庠入成均。

廩生鮑之濤妻朱氏，繁昌人。夫亡，事孀姑曲盡孝養，立侄教訓成立。

以上雍正十一年旌表。

傅世源妻張氏，當塗人。

周洪灝妻顧氏，當塗人。

候補守備薛國治妻周氏，蕪湖人。

胡聖恩妻汪氏，蕪湖人。

陳于聖妻方氏，蕪湖人。

方應富妻李氏，蕪湖人。

以上雍正十二年旌表。

監生何萬銘妻張氏，當塗人。孝事翁姑，撫孤成立。

楊柏妻郭氏，當塗人。事姑孝，撫侄延支，矢節以老。

生員薛元宰妻黃氏，蕪湖人。事孀姑，課弱侄，教養無媿。

魯肇顔妻李氏，繁昌人。夫亡苦節。子殁，撫孫以成。

生員桂秋英妻佘氏，繁昌人。茹荼課子，苦節三十年。

以上雍正十三年旌表。

沈廷對妻徐氏，當塗人。

梅世熙妻林氏，當塗人。

程思烈妻胡氏，當塗人。

孫述之妻王氏，當塗人。

周大章妻楊氏，當塗人。

關引之妻朱氏，當塗人。

夏道韞妻史氏，當塗人。

徐世德妻楊氏，當塗人。

楊菜妻蘇氏，當塗人。

丁士達妻徐氏，當塗人。

李之蘅妻林氏，當塗人。

夏宏仲妻陶氏，當塗人。

鈕雲川妻丁氏，當塗人。

芮養度妻邢氏，當塗人。

張大學妻朱氏，當塗人。

張國泰妻史氏，當塗人。

孫捷妻梅氏，當塗人。

張大履妻薛氏，當塗人。

章成錦妻徐氏，當塗人。

王仕佐妻周氏，當塗人。

庠生唐運景妻李氏，當塗人。

庠生陳國琛妻李氏，當塗人。

廩生王庸妻張氏，當塗人。

梅翰紀妻王氏，當塗人。

張名登妾王氏，當塗人。

李序妻胡氏，當塗人。

張元臣妻吕氏，當塗人。

徐起榮妻張氏，當塗人。

殷仲禮妻李氏，當塗人。

籍先登妻戴氏，當塗人。
汪道源妻樊氏，當塗人。
徐璁妻孫氏，當塗人。
楊麟瑞妾辛氏，當塗人。
汪行龍妻潘氏，當塗人。
金廷俊妻晋氏，當塗人。
徐機妻籍氏，當塗人。
倪藎臣妻葛氏，當塗人。
郭天禧妻魯氏，當塗人。
庠生羅士琬妻陳氏，當塗人。
籍上林妻唐氏，當塗人。
彭雲驥妻楊氏，當塗人。
庠生孫知本妻鮑氏，當塗人。
徐贊臣妻李氏，當塗人。
楊成象妻孫氏，當塗人。
邢茂節妻吴氏，當塗人。

潘文蔚妻于氏，當塗人。

趙日章妻邵氏，當塗人。夫病，嘗刲股以療，夫亡守節。

王尚懋妻郝氏，當塗人。

汪蕃春妻仇氏，當塗人。

汪芷春妻周氏，當塗人。

庠生王之瑗妻楊氏，當塗人。

孫起中妻陳氏，當塗人。

郜①琚妻蔡氏，當塗人。

程鵬翰妻夏氏，當塗人。

鈕冲斗妻沈氏，當塗人。

殷起松妻李氏，當塗人。夫亡，或勸改適，氏悲憤引刀自刭，母急救免，得不死。

朱得修妻李氏，當塗人。

唐運煒妻倪氏，當塗人。

韋明臣妻柯氏，當塗人。

① 「郜」，《四庫》本作「邵」。

謝廷策妾劉氏，當塗人。

吴翼中妻張氏，當塗人。

諸生孔登仕妻孫氏，當塗人。夫病，嘗刲股以療，夫亡守節。

庠生陶愫妻趙氏，當塗人。

庠生朱德懋妻李氏，子媳李氏，俱當塗人。

庠生朱還雅妾李氏，當塗人。不容於嫡，依族叔另居，生三子。夫卒，其嫡百端刲抑，析産甚微，氏忍之。嫡病痢，扶掖如奉姑禮，嫡始悔謝。

高大言妾林氏，當塗人。

陸田龍妻程氏，當塗人。

王灝如妻戴氏，當塗人。

梁可逵妻濮氏，當塗人。

宋爨妻端氏，當塗人。

生員劉前溥妻曹氏，當塗人。幼工詩文，嫻禮範。夫死，苦節終身。

庠生張侃妻朱氏，當塗人。

耿揚名妻倪氏，當塗人。

庠生耿增明妻郭氏，當塗人。

王嘉球妻趙氏，當塗人。

于承鼎妻鄧氏，當塗人。

張可頌妻甯氏，當塗人。

葉萬春妻楊氏，當塗人。

朱文璿妻倪氏，當塗人。

潘仲貞妻吳氏，當塗人。

盛恪妻周氏，當塗人。

戴守謙妻趙氏，當塗人。

籍上裘妻汪氏，當塗人，與孀姑邢氏共帷守志。郡守以節孝旌之。

庠生孫承運妻顧氏，當塗人。

丁大聘妻鈕氏，當塗人。夫病，氏嘗刲股以療。夫死，矢志守節。

丁宗孔妻賈氏，當塗人。

徐成賢妻李氏，當塗人。

夏子法妻石氏，當塗人。夫遭兵死，氏斷髮破面以誓，守節終身。

丁尚遊妻郭氏，當塗人。

倪日遇妻楊氏，當塗人。

孫一冕妻宋氏，當塗人。夫死，父母勸改適，氏誓以死守，絶志歸寧。

陳景星妻姚氏，當塗人。

張岳望妻陶氏，當塗人。

張昌翼妻李氏，當塗人。

張大蛟妻于氏，當塗人。

汪雲虬妻張氏，當塗人。

吴中瓚妻錢氏，當塗人。

指揮蘇熼妻劉氏，當塗人。夫死於兵，不知尸所，茹荼撫孤。後子復夭，朝夕號哭而死。

楊霆妻徐氏，當塗人。

汪三桂妻邢氏，當塗人。

庠生朱紱妻張氏，當塗人。

汪一源妻陳氏，當塗人。

邵璉妻謝氏，當塗人。

周德先妻王氏，當塗人。

陶某妻杭氏，當塗人。

林起鵠妻吴氏，當塗人。

謝環妻朱氏，當塗人。

楊梅端妻程氏，當塗人。

沈季恒妻謝氏，當塗人。

陶國良妻楊氏，當塗人。

唐子瞻妻李氏，當塗人。

陳斌妻夏氏，當塗人，奉姑守節。夜有群盜入室，執氏姑欲殺之，氏乃忿不顧身，奪利器格傷一賊，群盜解散。

周凝福妻李氏，當塗人。

唐之璜妻陶氏，當塗人。

鍾士謙妻唐氏，當塗人。

谷鳴鶴妻湯氏，當塗人。

張應運妻郘①氏，當塗人。

黄某妻馮氏，當塗人。

徐廷玉妻曹氏，當塗人。夫歿，叔逼氏改適，誓死不從，守節以老。

---

① 「郘」，《四庫》本作「邵」。

王之璡妻邢氏，當塗人。
楊璡瑞妻陶氏，當塗人。
楊世基妻魯氏，當塗人。
楊珪瑞妻戴氏，當塗人。
唐萬鐸妻楊氏，當塗人。
庠生曹臺岳妾王氏，當塗人。
文可憲妻夏氏，當塗人。夫歿，父欲令改適，氏投於水，以救得免。
葛振先妻趙氏，當塗人。
周天球妻楊氏，當塗人。
曹維楠妻周氏，當塗人。
楊起暹妻趙氏，當塗人。
孫正心妻吴氏，當塗人，夫歿守節。嘗附舟禱於九華，同舟適有不孝婦，被迅雷擊斃。神以氏移至他舟，得無恙，人以爲節孝所感云。
吴益生妻尹氏，當塗人。
楊建春妻袁氏，當塗人。
楊秀春妻王氏，當塗人。夫歿於燕，覓夫骸歸葬。晨炊不給，荼苦終身。

籍三道妻周氏，當塗人。夫歿，有欲奪其志者，氏毁容拒之。

徐達之妻曹氏，當塗人。夫亡，有富室欲謀娶之，氏誓死堅拒。

孫學傑妻芮氏，當塗人。

熊守業妻陳氏，當塗人。

張崇慈妾楊氏，當塗人。

庠生宋璉妻于氏，當塗人。

許尊五妻衛氏，當塗人。

李玥妻夏氏，當塗人。

陳其道妻楊氏，當塗人。

金永斗妻李氏，當塗人。

朱文輝妻闞氏，當塗人。

傅光基妻吴氏，當塗人。

于昌恒妻楊氏、側室夏氏，俱當塗人。

庠生陸應文妻沈氏，當塗人。

倪必通妻王氏，當塗人。

岳公應妻濮陽氏，當塗人。

范藩時妻金氏，當塗人。

印世恩妻夏氏，當塗人。

印某妻陶氏，當塗人。

谷九鳳妻沈氏，當塗人。

生員朱鑾妻祝氏，當塗人。

茅廷教妻畢氏，蕪湖人。

張國風妻曹氏，蕪湖人。

王鳴鵬妻吴氏，蕪湖人。

丁氏，佚失名。

朱有貞妻濮氏，蕪湖人。

胡茂譽妻宋氏，蕪湖人。

張國紳妻鍾氏，蕪湖人。

唐士兆妻何氏，蕪湖人。夫殁，哀毁病篤，子永貞割股救母得痊。

朱長文①妻張氏，蕪湖人。

① 「長文」，《四庫》本作「文長」。

魏先逵妻李氏，蕪湖人。

楊鐙妻魯氏，蕪湖人。

張孟萱妻吴氏，蕪湖人。

吴炫妻陳氏，蕪湖人。苦節目瞽，子婦汪氏刲股以進，目復明。

霍九成妻杜氏，蕪湖人。

王用中妻戴氏，蕪湖人。

陳國祥妻萬氏，蕪湖人。

李守業妻陶氏，蕪湖人。

霍時順妻俞氏，蕪湖人。

張玠妻萬氏，蕪湖人。

王世隆妻方氏，蕪湖人。

徐希學妻沈氏，蕪湖人。

鄭世寵妻羅氏，蕪湖人。

袁繼顯妻王氏，蕪湖人。

馬文愍妻徐氏，蕪湖人。

張藩辰妻芮氏，蕪湖人。

黄道日妻張氏，蕪湖人。

潘日升妻奚氏，蕪湖人。

劉承忠妻顧氏，蕪湖人。夫亡，誓死守節。病篤，子世晏刲股救之。

汪可衡妻張氏，蕪湖人。夫病，刲股以療，夫亡守節。

徐世蕃妻劉氏，蕪湖人。

夏僉禹妻王氏，蕪湖人。

王明傑妻徐氏，蕪湖人。

施天彭妻夏氏，蕪湖人。

李應坤妻張氏，蕪湖人。

陶匡時妻楊氏，蕪湖人。

丁文明妻葛氏，蕪湖人。

劉佐妻陳氏，蕪湖人。

張宿鍾妻周氏，蕪湖人。

陶堯官妻陳氏，蕪湖人。

韋一恒妻張氏，蕪湖人。

朱長履妻沈氏，蕪湖人。

王時採妻湯氏，蕪湖人。夫亡撫孤，家貧，朝夕不繼，冬日紡績，十指皆破裂，流血沾衣。事姑盡孝，苦節三十餘年。

陳王庭妻王氏，蕪湖人。

施有成妻許氏，蕪湖人。

庠生李其英妻吴氏，繁昌人。

孝廉魏之屏妻汪氏，繁昌人。夫病，嘗刲股以療，夫亡守節。

劉仲文妻何氏，繁昌人。

汪東曦妻吴氏，繁昌人。

庠生李其佺妻魏氏，繁昌人。

汪東會妻郝氏，繁昌人。夫歿，截耳誓守，苦節四十餘年。

魏禧妻古氏，繁昌人。夫病割股，夫死守節。

徐應庚妻汪氏，繁昌人。夫病，殲指入藥。夫卒，年二十七，舅姑相繼病，嘗藥視膳，夙夜無間。苦節三十餘年。

汪一琦繼妻姚氏，繁昌人。

吴翩妻殷氏，繁昌人。

江起鯉妻吴氏，繁昌人。

生員闞駒妻方氏，繁昌人。

謝嘉芝妻仇氏，繁昌人。夫病，刲股以救。夫亡，守節終身。

鮑君寵妻郝氏，子媳謝氏，俱繁昌人。

鮑一素妻閔氏，繁昌人。

鮑君須妻方氏，繁昌人。

姚一鰲妻畢氏，繁昌人。

以上皆少寡苦節歷數十載。

廬州府

宋

包繶妻崔氏，合肥人。繶，樞密副使拯子，早亡。拯夫婦意崔氏不能守，使左右察其心，崔誓無他志。母呂欲嫁之，志終不能奪。熙寧間封永嘉郡君。學士蘇軾撰敕有云：「誓死不嫁，撫養孤弱。使我嘉祐名臣之後，有立於世，惟爾之功。」

明

京兆伯宋國興妻曹氏，合肥人。國興戰殁，曹守節，封貞烈夫人。

龔銓妻王氏，子媳陸氏，俱合肥人。

陳順妻方氏，合肥人。

袁昱妻萬氏，合肥人。

王治妻羅氏，合肥人。

王浣妻徐氏，合肥人。

王一龍妻李氏，合肥人。

龔濂妻陸氏，合肥人。

監生盧炬妻劉氏，廬江人。

陳元道妻周氏，廬江人。

生員李大儒妻朱氏，舒城人。

生員王泮母葉氏，舒城人。

趙完璧母何氏，舒城人。

倪景四妻周氏，無爲人。

王用廣妻嚴氏，無爲人。

湯智妻曾氏，無爲人。

監生謝恩妻林氏，無爲人。

朱謙妻劉氏，無爲人。

劉龍光妻曹氏，無爲人。

朱日勝妻倪氏，無爲人。

葉榮妻趙氏，巢縣人。

張禮妻王氏，巢縣人。

陳密母楊氏，巢縣人。

李方膺妻陳氏，合肥人。

以上皆旌表。

胡福妻史氏，舒城人。福死，遺腹子未産，有欲奪氏志者，勢不可回。至夕，氏服男子服走歸母家，强暴者不得逞。卒依外家産遺孤，孤年十六始歸本宗。氏年至九十。

監生孔恂妻何氏，舒城人。

潘某妻宋氏，舒城人。

胡景裕妻解氏，舒城人。

方昆之妻吴氏，舒城人。
黄道遠妻胡氏，舒城人。
劉鼎實妻張氏，舒城人。
郭時妻傅氏、側室徐氏，俱舒城人。
陳宗舜妻胡氏，舒城人。
王三省妻曾氏，舒城人。
郭正乾妻黄氏，舒城人。
李憲妻周氏，舒城人。
祝宇晋妻王氏，舒城人。
宋熛妻許氏，舒城人。
生員任天性妻鄒氏，舒城人。
潘晋吾妻宋氏，舒城人。
許如蘭妻劉氏，合肥人。
朱弘正妻芮氏，廬江人。
王誠西母楊氏，廬江人。
孫鸞妻徐氏，廬江人。

施清母，佚其姓，廬江人。

周儒妻鄒氏，廬江人。

張文光妻王氏，無爲人。嘗刲股救姑，夫亡守志。

朱勝魁妻張氏，無爲人。嘗刲股救夫，夫亡守節。

汪某妻俞氏，無爲人。

生員郭杰妻沈氏，無爲人。

高應嶽妻楊氏，無爲人。

李于業妻黄氏，無爲人。

倪國禄妻吴氏，無爲人。

楊安妻林氏，無爲人。

陳華妻楊氏，無爲人。

葉永秀妻許氏，巢縣人。

吕文拜妻王氏，巢縣人。

陳燦妻王氏，巢縣人。

國朝

監生蕭弘鄰妻李氏，合肥人。

李之紀妻夏氏，廬江人。

俱康熙年旌表。

金式呂妻賈氏，舒城人。

閻宏皓妻蕭氏，巢縣人。

以上雍正五年旌表。

孝廉程日曙妻王氏，合肥人。

鄒嶽妻羅氏，合肥人。

丁方磯妻王氏，合肥人。

廪生高景文妻張氏，無爲人。

袁貽穀妻高氏，無爲人。

謝之秉妻巴氏，無爲人。

仰前章妻祝氏，無爲人。

以上雍正六年旌表。

周五有妻周氏，舒城人。

生員張拱妻徐氏，舒城人。

生員季子昂妻許氏，無爲人。

梅能宗妻徐氏，無爲人。

以上雍正七年旌表。

監生蕭通衍妻范氏，無爲人。

生員季運燦妻張氏，無爲人。

方祚成妻俞氏，無爲人。

以上雍正八年旌表。

陳國標妻李氏，合肥人。

應士彦妻瞿氏，合肥人。

張文藻妻黄氏，舒城人。

徐翼麟妻李氏，舒城人。

生員張俁妻周氏，舒城人。

楊翼公妻樊氏，舒城人。

生員徐紱麟妻王氏，舒城人。

王賜爵妻鄧氏，無爲人。

劉遇聖妻夏氏，無爲人。

監生夏續祖妻周氏，無爲人。

丁良嵩妻汪氏，無爲人。

朱前詵妻汪氏，無爲人。

文學劉士瑶妻潘氏，無爲人。十七于歸，二十夫故，事孀姑盡孝，撫稚子義方，守志四十六年。

以上雍正九年旌表。

慈懋妻孫氏，合肥人。

何寅先妻張氏，廬江人。

徐愈宏妻夏氏，廬江人。

陳岳秀妻蔡氏，廬江人。

盛世禮妻姜氏，舒城人。

謝朝鳴妻汪氏，舒城人。

李士鏞妻盧氏，舒城人。

黄文長妻程氏，無爲人。

閻應科妻吴氏，無爲人。

吴允愉妻黄氏，無爲人。

張鉞妻何氏，無爲人。

邢國藩妻董氏，無爲人。

葛锽裔妻唐氏，巢縣人。

以上雍正十年旌表。

浙江提督學政程汝璞妾沈氏，合肥人。汝璞病歿，氏矢志不二。事吴太恭人與嫡徐恭人咸得歡心，撫子成立。

儒童徐偉士妻程氏，舒城人。夫亡，事翁姑竭盡孝養。翁姑歿，氏喪葬盡禮。撫孤生孫蕃衍，人共羡之。

周易妻史氏，舒城人。孝翁姑，撫孤世統有聲庠序。

儒童靳三友妻毛氏，舒城人。夫亡，舅繼歿，氏奉孀姑盡禮，撫二子弘任、弘基俱遊膠庠。

程天修妻朱氏，無爲人。夫亡，氏於舅姑生養死葬，皆竭力經營，無少失禮。撫孤學孔弱年成立。

以上雍正十一年旌表。

生員洪元標妻盛氏，舒城人。

蔡永祚妻黄氏，舒城人。

許俶妻韋氏，舒城人。

以上雍正十二年旌表。

縣丞完振韜妻郭氏，合肥人。

張良略妻葉氏，無爲人。

張萬春妻水氏，無爲人。

張承詔妻馬氏，無爲人。

徐大定妻章氏，無爲人。

以上雍正十三年旌表。

周朝卿妻杜氏，巢縣人。夫亡，有富民欲娶之，母弟微通其意，氏不從。饑饉凍餒，不改其操。

李應孝妻吴氏，巢縣人。年十九夫亡，赤貧守節，撫遺腹孤成立。

王環妻張氏，巢縣人。

王道純母黄氏，巢縣人。

陸調宇妻薛氏，巢縣人。

鮑宗稷妻汪氏，巢縣人。

黄應甲母楊氏，巢縣人。

李嗣昌母陳氏，巢縣人。

生員周昌緒母李氏，巢縣人。
生員莢知閏母侯氏，巢縣人。
生員吴士偉母陳氏，巢縣人。
莢知辰母孟氏，巢縣人。
彭蠡妻尹氏，巢縣人。
王善慶妻沈氏，巢縣人。
王紹綱妻嚴氏，巢縣人。
趙恒壽母方氏，巢縣人。
管華妻王氏，巢縣人。
崔傳美妻許氏，巢縣人。
程正國妻王氏，巢縣人。
曹廷對妻沈氏，巢縣人。
曹彭年母楊氏，巢縣人。
蔡杭妻楊氏，巢縣人。
潘爾康妻王氏，巢縣人。
吴毅母馮氏，巢縣人。

李允衡妻曹氏，巢縣人。
生員黄文藴妻陳氏，巢縣人。
曹肇鎬妻陳氏，巢縣人。
趙咸亨妻王氏，巢縣人。
莘吉朗妻錢氏，巢縣人。
張國倫妻方氏，巢縣人。
張問明妻阮氏，巢縣人。
湯澤普妻王氏，巢縣人。
閻熙妻張氏，巢縣人。
張爾久妻胡氏，巢縣人。
李福汝妻朱氏，巢縣人。
汪君聘妻王氏，子媳黄氏，俱巢縣人。
楊荃妻湯氏，巢縣人。
黄文蔚妻曾氏，巢縣人。
萬瑋妻吴氏，子媳尹氏，俱巢縣人。
尹吉士妻郭氏，子媳倪氏，俱巢縣人。

孫毓敏妻王氏，巢縣人。

潘爾昆妻曹氏，巢縣人。

沈際亨妻湯氏，子媳單氏，俱巢縣人。

萬鍾妻周氏，巢縣人，嘗刲股療姑疾。

周鎮妻葉氏，巢縣人。

閻燕吉妻李氏，巢縣人。

趙嗣盛妻張氏，巢縣人。

楊緒若妻曹氏，巢縣人。

褚英妻吴氏，巢縣人。

竇輔之妻吕氏，巢縣人。

薛景奎繼妻詹氏，巢縣人。

湯澤長母凌氏，巢縣人。

黄秀聲妻楊氏，巢縣人。

趙秀林妻張氏，巢縣人。

張鳴陽妻奚氏，巢縣人。

司有聖妻周氏，巢縣人。

丁儒尚妻王氏，巢縣人。
俞福先妻孫氏，巢縣人。
黄鶴妻張氏，巢縣人。
靳得雲母朱氏，巢縣人。
徐成章妻曹氏，巢縣人。
程爾遐妻謝氏，巢縣人。
張伯玉妻葉氏，巢縣人。
吴履祐妻沈氏，巢縣人。
顔天祐妻高氏，子媳曹氏，俱巢縣人。
莢開祚妻曹氏，巢縣人。
黄培初妻孫氏，巢縣人。
方以靖妻洪氏，巢縣人。
陶念修妻潘氏，巢縣人。
黄子升妻柳氏，巢縣人。
李定九妻萬氏，巢縣人。
黄培元妻程氏，巢縣人。

張鎬妻朱氏，無爲人。

陳世琮妻徐氏，廬江人。

葉雄母芮氏，廬江人。

宋嗣炎妻方氏，廬江人。

夏儼妻周氏，廬江人。

卞四靈妻沈氏，合肥人。

劉三錫妻孫氏，合肥人。事孀姑盡孝。姑病，嘗刲股以救之。夫没，矢志守節。

李初長妻王氏，巢縣人。夫死家貧，矢志守節。

生員張桂芳母汪氏，舒城人，少寡守節。年七十病危，不肯延醫診視而歿。

監生徐文麟妻謝氏，舒城人，早寡守節。嘗刲股愈姑病。

胡震遠妻汪氏，舒城人。少寡，有富室聞其賢，與氏父母議婚，氏遂以刀截髮，泣與母訣。歷十餘年，以哀毁致疾卒。

武舉黄輝妻陳氏，舒城人。年二十八夫亡，歸依母家。破屋數椽，且常日一食粥，撫兩孤成立。卒，年七十。

增生方穀妻金氏，舒城人。年二十二夫亡，無子，止一女，立從子承嗣。又夭，歸依節母孔氏苦守。女適賈邦册，亦少寡，氏復又依女，撫兩彌甥。

監生徐元英妻程氏，舒城人。年二十四夫亡，事孀姑盡孝。姑病，湯藥必親嘗，衣不解帶者數月。撫三歲孤成立。

監生石智宏妻祝氏，子媳張氏，俱舒城人。祝年二十三夫亡，忍死奉姑，撫其遺孤石麟成立授室。麟又夭，婦張氏年十八，誓死不二。奉事孀姑，先意承志，一門雙節。

謝志標妻劉氏，舒城人。少寡，家酷貧，績枲以養舅姑，撫遺孤授室。孤又歿，又撫孤孫。苦節歷四十餘年。

朱叔友妻王氏，舒城人。夫亡三日，生遺腹子在田，氏年二十一，忍死撫孤成立，授室生孫。在田又歿，氏又撫孤孫。苦節五十餘年。

沈鰲妻袁氏，舒城人。年二十一夫亡，生子裁七日，氏孝事孀姑，撫遺孤成立。

廩生郭萬春繼妻樊氏，舒城人。

文學吴懋學妻祝氏，舒城人。

陶斯怡妻趙氏，舒城人。

黄承緒妻徐氏，舒城人。

庠生朱藝妻汪氏，舒城人。

胡一元妻郭氏，舒城人。

胡珍妻朱氏，舒城人。

張維倫妻胡氏，舒城人。

國學生吴元憲妻張氏，舒城人。

庠生夏尚忠母蔣氏，舒城人。

金世章妻林氏，舒城人。

關期昌妻楊氏，舒城人。

郭維鼎妻宋氏，舒城人。

朱元義妻徐氏，舒城人。

楊枝美妻陸氏，媳高氏，俱舒城人。

王有宣妻張氏，舒城人。

王尚智妻胡氏，舒城人。

王國昌妻李氏，舒城人。

石鎮泰妻彭氏，舒城人。

生員宋集妻吴氏，舒城人，嘗刲股療姑病。

賈世燦妻孫氏，舒城人。

鄭永正妻張氏，舒城人。

吉善長妻趙氏，舒城人。

朱子鴻妻潘氏，舒城人。
祝綏以妻張氏，舒城人。
郭維賓妻黄氏，舒城人。
侯世正妻樊氏，舒城人。
胡大枝妻黄氏，舒城人。
范必瀛妻韋氏，舒城人。
孔衍統妻楊氏，舒城人。
方某妻程氏，子承乾妻潘氏，俱舒城人。
祝應麒妻吴氏，舒城人。
生員張翼妻章氏，舒城人。
汪溥妻祝氏，舒城人。
黄元亨妻胡氏，舒城人。
汪麒妻劉氏，舒城人。
李冲元妻汪氏，舒城人。
文學張煜妻李氏，舒城人。
張應安妻汪氏，舒城人。

胡草臣妻姚氏，舒城人。
金南三妻孔氏，舒城人。
薛鳴鳳妻洪氏，舒城人。
胡景裕妻解氏，舒城人。
謝鳴皋妻黄氏，舒城人。
賈适妻王氏，舒城人。
郡庠生陳其經妻曾氏，舒城人。
邑庠生侯世珍妻樊氏，舒城人。
監生張大美妻任氏，舒城人。
賈岬妻程氏，舒城人。
周夢蘭妻徐氏，舒城人。
庠生徐元衡妻王氏，舒城人。
太學生(束)〔東〕凱妾陳氏，舒城人。
潘天植妻任氏，舒城人。
金子常妻錢氏，舒城人。
例監生朱旂妻李氏，舒城人。

朱英妻周氏，舒城人。
許俶妻韋氏，舒城人。
湯凝祥妻任氏，舒城人。
方肇吉妻陳氏，舒城人。
生員許承溥妻葉氏，舒城人。
周晏安妻潘氏，舒城人。
朱函菜妻周氏，舒城人。
韋象德妻張氏，舒城人。
班起聖妻汪氏，舒城人。
沙犀青妻周氏，舒城人。
楚修來妻張氏，舒城人。
張雲騰妻廖氏，舒城人。
戴伯遐妻黄氏，舒城人。
謝希孔妻周氏，舒城人。
靳起鳳妻王氏，舒城人。
沈弘策妻王氏，舒城人。

李樹聲妻朱氏，舒城人。

庠生任世榮妻龍氏，舒城人。

毛義友妻奚氏，舒城人。

胡國銓妻朱氏，舒城人。

庠生方誌妻陳氏、側室黄氏，俱舒城人。

潘志凰妻倪氏，舒城人。

潘繼六妻朱氏，舒城人。

姚守誠妻任氏，舒城人。

孔目李菁妻趙氏，舒城人。

監生衛名世妻姜氏，舒城人。

李炳文妻祝氏，舒城人。

韓雲之妻張氏，舒城人。

趙鰲妻任氏，舒城人。

胡對揚妻李氏，舒城人。

生員姚克讓妻湯氏，舒城人。

查某妻任氏，舒城人。

馮盛世妻郭氏，舒城人。
翟應禹妻佘氏，舒城人。
汪克叔妻曹氏，舒城人。
邑廪生徐權妻黄氏，舒城人。
郭宗一妻徐氏，舒城人。
盛子臣妻程氏，舒城人。
武舉朱維翰妻闕氏，舒城人。
陳昆瞻妻（朿）〔束〕氏，舒城人。
徐應國妻金氏，舒城人。
邑庠生王翼裘妻謝氏，舒城人。
邑庠生黄文俊妻刁氏，舒城人。
許儁妻夏氏，舒城人。
許右文妻朱氏，舒城人。
郭常策妻陳氏，舒城人。
王澤霑妻朱氏，舒城人。
邑庠生洪元標妻盛氏，舒城人。

王成彪妻黄氏，舒城人。
徐汝璧妻鮑氏，舒城人。
朱韜士妻韋氏，舒城人。
生員朱程妻黄氏，舒城人。
太學生賈逢妻高氏，舒城人。
監生張天牖妻韋氏，舒城人。
張衡妻章氏，舒城人。
任倬妻王氏，舒城人。
太學生鍾周妻朱氏，舒城人。
賈又鑰妻程氏，舒城人。
盛煒妻吕氏，舒城人。
柏漢三妻史氏，舒城人。
徐士勳妻王氏，舒城人。
胡天縱妻張氏，舒城人。
謝佶妻李氏，舒城人。
生員沈璿妻王氏，舒城人。

李承旭妻胡氏，舒城人。

王焕妻張氏，舒城人。

黄榜妻王氏，舒城人。

生員高上進妻陳氏，舒城人。

陳士聰妻趙氏，舒城人。

汪志伋妻王氏，舒城人。

孫旭妻彭氏，舒城人。

郭紀試妻孔氏，舒城人。

崔珣妻黄氏，舒城人。

劉思誠妻陸氏，舒城人。

鮑淵妻鄢氏，舒城人。

王元霖妻陶氏，合肥人。年十九夫亡，遺孤僅三月，氏織紝以奉翁姑，教子成立。卒，年八十有四。

王明寰妻胡氏，暨弟充之妻趙氏，合肥人。明寰兄弟俱早世，胡年二十有三，遺孤方三歲。趙年十八，無嗣。共撫孤兒，俱皓首相依，一門雙節。

劉源妻殷氏，合肥人。年二十夫亡，無子。源弟甫生子而死，其妻遂改適，氏撫其子如己出，教之成立。苦節四十餘年。

沈勷明妻蘇氏，合肥人。年二十二夫亡，無子，荼苦萬端，其冰操凜然。卒，年八十有八。

陳淵若妻李氏，合肥人。年十八夫亡，生子甫月餘，誓死撫孤。（氏）①卒，年七十有七。

生員許孫路妻高氏，合肥人。

陳在田妻王氏，合肥人，割股救姑。

王尚志妻胡氏，合肥人。

衛琦妻黄氏，合肥人。

吴以仁妻劉氏，合肥人。

胡偉節妻張氏，合肥人。

蔡世隆妻吴氏，合肥人。

蔚九如妻嚴氏，合肥人。

生員胡舜華妻李氏，合肥人。

程以德妻陳氏，子媳龔氏，俱合肥人。

魯沂源妻王氏，合肥人。

① 據《四庫》本删。

温某妻閻氏，合肥人。
李成妻王氏，合肥人。
沈孝來妻張氏，合肥人。
杜彦卿妻任氏，合肥人。
李崇鼎妻陳氏，合肥人。
竇雲驤妻殷氏，合肥人。
胡進妻陳氏，合肥人。
馬國榮妻王氏，合肥人。
趙汝抑妻陸氏，合肥人。
生員王允龠妻朱氏，合肥人。
楊之秀妻陶氏，合肥人。
王隆道妻吴氏、側室孫氏，暨媳羅氏，俱合肥人。
謝鶴昂妻方氏，合肥人。
吴世恒妻程氏，合肥人。
趙元至妻陸氏，合肥人。
趙子威妻李氏，合肥人。

孫明寰妻胡氏，合肥人。

宋林若妻沈氏，合肥人。

王越勝妻王氏，合肥人，割股救夫。

李成遠妻王氏，合肥人，割股救夫。

張士聰妻方氏，合肥人。

羅文炳妻楊氏，合肥人。

李從蕙妻王氏，合肥人。

葉秀伯妻毛氏，合肥人。

楊岫雲妻沈氏，合肥人。

蘇鑑妻李氏，合肥人。

張錫桓①妻陳氏，合肥人。

唐希白妻沈氏，合肥人。

黄爾兼繼妻陶氏，合肥人。

于玉琮妻湯氏，合肥人。

---

① 「桓」，《四庫》本作「恒」。

張秉忠妻徐氏，合肥人。

楊篤蒼妻蘇氏，合肥人。

吴暉吉妻姚氏，合肥人。

潘漣妻吴氏，合肥人。

許夢熊妻吴氏，合肥人。

吴竹友妻閻氏，合肥人。

沈邦光妻李氏，合肥人。

許秦卓妻龔氏，合肥人。

田綺山妻鄭氏，合肥人。

陳勳禄妻牛氏，合肥人。

徐廷佐妻樊氏，合肥人。

謝元爚妻鮑氏，合肥人。

李巖妻胡氏，合肥人。

何永鳌妻李氏，合肥人。

徐珊妻滕氏，合肥人。

冀惠妻周氏，合肥人。

吴正妻高氏，合肥人。

王裛妻吴氏，合肥人。

周琨妻張氏，合肥人。

程樹德妻黄氏，合肥人。

程協如妻黄氏，合肥人。

楊思可妻蘇氏，合肥人。

席前傑妻盛氏，暨媳李氏，俱合肥人。

丁守庸妻楊氏，合肥人。

何無奇妻馬氏，合肥人。

以上俱少寡守節歷數十載。

江南通志卷一百八十七

人物志

列女　完節六

鳳、潁二府　滁、和、廣、六、泗五州

鳳陽府

元

倪文昌妻聶氏，臨淮人。

程寬妻孫氏，臨淮人。

范道和妻丁氏，臨淮人。

明

繆堂卿妻杜氏，鳳陽人。

倪文妻聶氏，鳳陽人。

龍瑾妻吴氏，鳳陽人。

范通妻丁氏，鳳陽人。

陳萬言妻錢氏，鳳陽人。

吴淳妻盛氏，鳳陽人。

以上洪武年旌。

李景釗妻王氏，臨淮人，夫亡撫孤。避兵淮安，備歷艱辛，苦節三十八載。事聞旌表。

詹奎妻周氏，臨淮人。永樂間旌。

章曄妻王氏，媳俞氏，臨淮人。共帷苦節，奏聞旌表。

劉錫妻張氏，靈璧人。正統年旌。

庠生周鑑妻張氏，虹縣人。

舉人顧升妻吕氏，夫卒無嗣，守節終身。臨淮人。

楊懷妻閻氏，臨淮人。

金鉞妻錢氏，臨淮人。

秦七妻王氏，定遠人。

陳貴妻馬氏，定遠人。

孫成妻楊氏，本錢塘人，流寓定遠。成卒，遺孤凱甫兩月，氏奉孀姑撫孤，備嘗艱苦。

方亮妻陳氏，宿州人。年十八，亮卒，紡績自給。撫遺孤既娶而又夭，氏守益堅。事聞，詔旌其門。

張漢賓妻趙氏，靈璧人。

以上弘治年旌。

常壽妻趙氏，壽州人。

史瓚妻劉氏，宿州人。

庠生包信妻王氏，定遠人。

生員田華妻黄氏，鳳陽人。

生員李冠妻朱氏，鳳陽人。

以上正德年旌。

薛英妻段氏，鳳陽人。

褚文蔚妻岳氏，鳳陽人。

黄枱繼妻宋氏，鳳陽人。

趙泰妻鄭氏，壽州人。

衛指揮吕夾鐘繼妻李氏，宿州人。

生員張玿妻左氏，宿州人。夫亡，氏自縊救蘇。撫嗣子成立，苦節歷五十餘年。

蔣宗妻陳氏，宿州人。

生員司文昌妻蔡氏，宿州人。

生員彭雲程妻吕氏，宿州人。

王繼盛妻楊氏，宿州人。

王宗顯妻莫氏，臨淮人。年二十五，宗顯卒，子鈺甫二歲，氏撫鈺成立。娶陸氏，生誥三歲，鈺又卒，氏偕媳苦節育孫成立。

沈謙妻周氏，臨淮人。夫死無嗣，氏苦志奉姑，姑病癱，氏寢食俱廢，歷七年如一日。

衛千户陸卿妻楊氏，臨淮人。

黄永泰妻潘氏，臨淮人。

俱嘉靖年旌。

潘麟妻楊氏，臨淮人。

鎮撫趙昇妻謝氏，臨淮人。
趙憲妻吴氏，臨淮人。
廪生吴璋妻周氏，臨淮人。
庠生張永爵妻王氏，定遠人。
蔡𦺇妻湯氏，定遠人。
俱嘉靖年旌。
庠生陸璋妻鄒氏，定遠人。適璋未期，璋病篤，氏年十六，齧指與夫訣，誓不再適。璋卒，兄憐少寡無嗣，欲奪其志，氏即號泣拒之。苦節以終。
袁珵妻賈氏，定遠人。
宋經妻施氏，定遠人。
馮時泰妻劉氏，靈璧人。
李邦文妻王氏，靈璧人。
解麟妻賽氏，靈璧人。
解語妻張氏，靈璧人。語亡，氏經以殉，亟救得免。苦節七十年。
戴貢妻汪氏，靈璧人。
王鳴鳳妻俞氏，靈璧人。

朱應高妻王氏，弟應尚妻吕氏，俱靈璧人，共帷守節。

蔣勁妻田氏，靈璧人。

王義妻陰氏，靈璧人。

許昂妻顧氏，懷遠人。

薛環妻徐氏，懷遠人。

閔相妻高氏，懷遠人。

薛桐妻吴氏，懷遠人。

學訓富珍繼妻楊氏，懷遠人。

曹鳳妻陳氏，懷遠人。

吴瑶妻何氏，懷遠人。瑶死，氏年二十五，家貧，女紅度日撫孤。孤殤，復撫孫成立。年八十餘卒。

庠生許泮妻某氏，懷遠人。

劉相妻許氏，懷遠人。

周棟妻黄氏，懷遠人。

何志妻華氏，懷遠人。夫死，舅姑憐其少，欲嫁之，斷髮求死乃止。知縣申聞，賜扁旌之。

薛侃妻朱氏，懷遠人。

袁鑰妻楊氏，懷遠人。年二十適鑰，生子和方一歲而鑰卒，氏乃毁容苦守。和方又早卒，撫孤孫成立。孀居四十餘載。

李璋妻張氏，懷遠人。

周黨妻陳氏，懷遠人。

劉喬妻許氏，懷遠人。

何橋妻許氏，懷遠人。

高鳴鳳妻王氏，壽州人。夫亡，撫稚子攀蟾。亦早卒，與其媳顧氏共守苦節。

庠生萬邦傑妻孫氏，虹縣人。

隆慶年旌。

趙寵妻徐氏，懷遠人。

丁思皋妻任氏，宿州人。

百户戴彬妻李氏，鳳陽人。彬亡，遺腹生紹印，氏苦志撫育成立。後紹印征倭，死於王事。萬(歷)〔曆〕年詔旌其門。

州守禦沈光先妻梅氏，宿州人。

諸生李呈秀妻丁氏，宿州人。夫亡撫孤，孤又早亡，撫稚孫成立。年登八十卒。

衛指揮吕兆渭妻張氏，宿州人。

監生李玠妻張氏，宿州人。

例監申順妻秦氏，宿州人。

楊淳妻郭氏，宿州人。

指揮同知吕應鐘妻淩氏，宿州人。

陳子昂妻楊氏，子瑞妻陳氏，宿州人。楊年二十六，夫死，撫子瑞長娶媳陳氏。陳年二十四，瑞又亡，姑媳相依，一門雙節。

程百母孫氏，宿州人。夫殁，遺腹生百，食貧茹苦，撫百成立。百孝事孀母，母年九十卒，百竭力營葬，廬墓三年，感巨蛇潛來，蜿蜒相依，人咸異之。

布政司經歷李百裕妻武氏，宿州人。

徐梁妻楊氏，宿州人。梁殁，楊苦志撫孤。先是，梁弟芳及婦相繼而卒，遺子應時，楊爲撫育婚娶，析産如己子。應時又卒，遺孤甫匝月，楊仍收同舍育之。

司城趙登雲妻張氏，宿州人。

崔信妻鄭氏，壽州人。

王思德妻郝氏，壽州人。

劉瓚妻郭氏，壽州人。

黄毅妻雷氏，壽州人。

中書李高妻鄭氏，壽州人。

百户張瀚妻戈氏，壽州人。

庠生黄元吉妻宋氏，壽州人。于歸一載，元吉死，氏未有出，號泣入井，得家人救免。越數年，貧不能自存，携木主歸母家，苦節以終。

楊自巖妻王氏，壽州人。

湯克勤妻朱氏，壽州人。

貢生貝爲琦母劉氏，壽州人。

謝翀妻潘氏，與媳王氏俱壽州人，撫孤孫成名。

毛鏜妻柳氏，壽州人。

李珍妻張氏，壽州人。

張錦妻謝氏，壽州人。

吴琇妻周氏，壽州人。

御史吴介妻鄭氏、妾趙氏，俱壽州人。介亡，鄭年二十五，趙更少，同矢志撫孤，白首相依，苦志終身。

王鋐妻宋氏，壽州人。

胡鍾妻江氏，壽州人。

吴僑妻錢氏，壽州人。

吴寅妻周氏，壽州人。

周輔妻許氏，壽州人。

百户槐蔭妻張氏，壽州人。

庠生謝先祐妻林氏，壽州人。

劉臨生妻方氏，壽州人。

陸自成妻高氏，壽州人。

柳子振妻趙氏，壽州人。

朱永泰妻柏氏，壽州人。

張振翼母吴氏，壽州人。

何光宙妻袁氏，懷遠人。

梅合妻房氏，懷遠人。

生員許武妻金氏，懷遠人。

何冠妻袁氏，懷遠人。

潘渭妻黄氏，懷遠人。

王聘高妻范氏，懷遠人。年二十夫歿，遺孤甫週歲，氏守節撫育，艱苦萬狀。子又夭，復撫孤孫成立。

許髦期妻蔣氏，懷遠人。生子襄明甫四月夫歿，氏年十九，苦節撫幼孤成立。子死，同媳何氏撫孫娶石氏，孫又卒，三世苦節，得邑令申請旌之。

省祭官劉嵩妻梅氏，懷遠人。年二十寡，撫孤成立。

王鈿妻楊氏，懷遠人。年二十四，夫死家貧，或勸他適，氏自嚼磁盞碎，口血淋漓，昏暈仆地。後撫孤成立，卒年七十三。

陸朴妻宮氏，懷遠人。

王成妻蔡氏，懷遠人。

劉孜妻江氏，懷遠人。

高昇妻岳氏，懷遠人。

劉梓妻盧氏，懷遠人。

孫惟接妻年氏，懷遠人。

李文恩妻陳氏，懷遠人。

孫統妻朱氏，懷遠人。

陳一鳳妻仇氏，虹縣人。

孟光夏妻梁氏，虹縣人。

姚伯群妻譚氏，虹縣人。

以上萬（歷）〔曆〕年旌。

朱珍妻淩氏，臨淮人。

王深妻林氏，臨淮人。

魏烈妻劉氏，臨淮人。

李執中妻王氏，臨淮人。

庠生丁鳳翔妻金氏，臨淮人。

蔣綱妻袁氏，臨淮人。

朱永祚妻任氏，臨淮人。年二十六夫亡，堅志自守。族人有稱美其髮者，氏怒剪其髮。晝夜哭泣，至瞽一目，事姑撫孤，苦節以終。

蕭佐妻韓氏，臨淮人。

陳法妻李氏，臨淮人。

庠生金焕妻劉氏，臨淮人。

俞化龍妻李氏，臨淮人。

楊正和祖母陳氏，臨淮人。

黄行素妻李氏，臨淮人。

庠生吴謚妻錢氏，定遠人。萬(歷)〔曆〕年旌。

唐堯珍妻盛氏，鳳陽縣人。

唐堯日妻顧氏，鳳陽縣人。

蔣道華母王氏，鳳陽縣人。

天啓年旌。

趙吉妻畢氏，鳳陽縣人。剪髮誓守，訓孤有方，年至耄耋。

庠生田家聲妻唐氏，鳳陽縣人。

生員丁日新妻盧氏，宿州人。

陸仲妻劉氏，懷遠人。劉年十九，撫三月遺孤慶綿守節。

廩生周士貴妻高氏，周振夫妻高氏，虹縣人，夫死相依苦節。崇(正)〔禎〕時旌。

鄧紹烟妻劉氏，子文璧妻孫氏，虹縣人，姑媳同節。

韋國模妻董氏，定遠人。懷宗時，流寇入室，國模先死。寇以刀斫董氏，董佯死，復截其三指，火炭烙其背，終不動。寇去，得不死，遂苦節以老。

韋自英妻竺氏，定遠人。

韋鵬雲妻胡氏，定遠人。

任民望妻邢氏，宿州人。撫二孤守節，後思禮爲長山尉。

黄氏，宿州人，失夫姓。少寡，苦志撫孤，兼育孤侄。子侄俱病疫，氏禱於神前曰：「倘不諱，寧死己出，願留孤侄。」屢遭家難，黄曲爲之保護。

張仲全妻卞氏，宿州人。

大名府同知沈顯曾繼妻張氏，宿州人。

武試妻張氏，宿州人。少寡苦節。逮就木，郡人將鳴其節，氏曰：「守節乃婦人常事，豈藉以爲名哉？」堅謝絶之。

諸生王之尹妻趙氏，宿州人。

吕處士妻梅氏，宿州人。

張坤妻鄧氏，宿州人。

新昌知縣李名世妻曾氏，宿州人。

衛指揮張成仁妻黄氏，宿州人。

張思孔妻劉氏，宿州人。

高文義妻徐氏，宿州人。

朱某妻張氏，宿州人。

孫某妻孔氏，宿州人。

丁啓泰妻王氏，宿州人。

張所居媳閻氏，宿州人。

國朝

邵經妻黃氏，鳳陽縣人。年二十而寡，撫孤守節。順治年旌表。

張光運妻蔣氏、妾吴氏，宿州人。夫殁，同志苦節，撫遺腹子成立。

生員吕國棉妻張氏，虹縣人。

鄧紹綎妻吴氏，虹縣人。夫死於寇，事姑撫遺腹子守節。

盛履台妻苗氏，定遠人。夫殁，自縊，解救得不死。毁容截髮，守節歷三十餘年。

王潢妻趙氏，宿州人。

武澤世妻張氏，宿州人。

邵璞妻尚氏，懷遠人。年十九夫亡，奉姑育子，助穀救飢，節義兼盡。

生員張拱元妻蔡氏，鳳陽人。

候補吏目蔡璪妻張氏，鳳陽人。

以上康熙年旌表。

賈振琦妻李氏，鳳陽人。夫殁撫孤，孤又殁，偕媳撫孫成立。

生員沈衛邦妻潘氏，宿州人。

生員武廷臣妻吴氏，宿州人。

郜兆恒妻蘇氏，宿州人。

張元善妻屈氏，宿州人。

劉成之妻史氏，定遠人。事七旬之翁，撫三月之孤守節。

以上雍正七年旌表。

蘇以年妻邵氏，定遠人。

徐登齡妻章氏，定遠人。

生員方登泰妻吕氏，壽州人。

張志輝妻杜氏，宿州人。夫死，遺子麟趾，撫育成立。

生員趙邦璘妻王氏，宿州人。

以上雍正九年旌表。

宋獻正妻杭氏，定遠人。

吴紹緒妻周氏，定遠人。

以上雍正十年旌表。

生員許弘璽妻劉氏，定遠人。夫亡，劉念許單傳四代，夫又僅生一子彭年，劉乃忍死撫孤，娶媳江氏生孫。彭年復殀，劉與江氏相依共守，時人賢之。雍正十一年旌表。

儒童趙紹盛妻尹氏，宿州人。雍正十二年旌表。
陸有恒妻蔡氏，鳳陽人。
儒童王珮妻黄氏，壽州人。
雍正十三年旌表。
趙宗成妻李氏，宿州人。趙遭流寇難，拒敵不克死。李欲殉不遂，苦節撫孤，歷五十四年卒。
生員李冠妻朱氏，鳳陽人。
趙吉妻畢氏，鳳陽縣人。
馬立伯妻王氏，鳳陽縣人。夫被寇傷，事姑訓子守節。
李宗孟妻金氏，鳳陽縣人。孟早亡，撫子國華爲諸生。
馬仇妻解氏，靈璧人。流寇至，夫以救父死，氏守節終身。
蔣勁妻田氏，靈璧人。夫亡，自經救甦，苦志撫孤成立。
陳九經妻李氏，靈璧人。
陳作麟妻王氏，靈璧人。
庠生馬晋亨妻王氏，靈璧人。夫歿無子，自縊，家人救甦。與妾譚氏同心苦節，凡一飲食必偕妾泣薦木主前。
魯鼎祚妻馮氏，臨淮人。

陸同春妻龔氏，臨淮人。夫歿，與妾陳氏同心守節。

張聯璧妻梅氏，臨淮人。年十九夫亡，孤亦殤，荼苦終身。

王家元妻戈氏，臨淮人。夫故，事孀姑，撫幼子。

鄒仁宇妻王氏，臨淮人。

陳之問祖母舒氏，臨淮人。夫歿，苦節躬耕。子早世，復撫孤孫婚娶。年一百四歲。

曹子雲妻李氏，臨淮人。

馬弘祖妻董氏，臨淮人。

姜文明妻徐氏，臨淮人。

吴應翼妻陳氏，臨淮人。

馬加禄妻葉氏，臨淮人。

任文蔚妻陳氏，臨淮人。

黄廷奇妻李氏，臨淮人。

楊萬里妻張氏，臨淮人。

梅太素妻高氏，臨淮人。

韓日旭妻張氏，臨淮人。

黄序妻王氏，臨淮人。

吴之望妻杜氏，臨淮人。
褚有功妻張氏，臨淮人。
黄弘德妻金氏，臨淮人。
王新祚妻孫氏，臨淮人。
賈偉士妻劉氏，臨淮人。
高遇妻陳氏，臨淮人。
褚濂妻陳氏，臨淮人。
郁可求妻許氏，臨淮人。
史竆妻李氏，臨淮人。
鄭仲試妻貝氏，臨淮人。
許汝元妻吴氏，臨淮人。
任文選妻蔣氏，臨淮人。
生員方正妻杜氏，懷遠人。
吴健妻徐氏，懷遠人。年十九夫殁，氏哀慟自經，母覺解救。撫遺腹子成立，歷五十餘年卒。
生員劉士母李氏，懷遠人。少年孀守，年登百歲。
宋永起妻周氏，懷遠人。夫殁無子，氏投繯四次，俱救免。姑爲之立嗣，苦節三十餘年。

李均妻魏氏，懷遠人。撫嗣子鋐，苦節三十餘年。

常有魁妻蒲氏，懷遠人。年二十九，夫死無子。夫弟有福亦亡，妻遂再醮，遺侄甫四齡。或勸改適，氏泣曰：「夫兄弟俱亡，惟此一脉耳，倘不克存，宗祀絶矣。」苦志守節，撫侄成立。

王景開妻宫氏，懷遠人。年二十二夫殁，子繼夭，氏哀毁嘔血而亡。

江文琦妻陸氏，懷遠人。

何涵海妻孫氏，懷遠人。

賈其昌妻顧氏，懷遠人。年二十二夫亡，撫幼子成立。子又亡，偕媳楊氏共帷守節。

王廷簡妻蔡氏，懷遠人。事翁姑得歡心，撫子女克成立。

何杜妻金氏，懷遠人。年二十一，夫殁無子，投繯數次救免。苦節以終。

胡長茂妻程氏，懷遠人。紡績養翁姑，撫孤侄遺子成立。

沈一標妻賈氏，懷遠人。年二十二夫亡，家貧茹苦，孝事孀姑。閲二年，孀姑殁，子亦殁，族人欲奪其志，氏日夜懷利刃，誓死乃止。

韋廷揚妻韓氏，懷遠人。撫子臨入泮，苦節四十餘年。

賈善統妻楊氏，懷遠人。

周冠妻江氏，懷遠人。

庠生許篮妻張氏，懷遠人。撫遺孤恒，苦志守節。

生員金國寶妻余氏，懷遠人。

劉振宗妻謝氏，懷遠人。夫死，養姑育子，以孝以慈。

生員柴永濟妻何氏，懷遠人。

楊體元妻史氏，懷遠人。養姑撫孤，訓子泌入泮。

許誠妻顧氏，懷遠人，撫五月孤庚生入泮。

崔鳳妻李氏，懷遠人。撫襁褓子錦，艱苦守志。

生員宋世英妻袁氏，懷遠人。

李埴妻石氏，懷遠人。

陳瀛選妻姜氏，懷遠人。

姚寧遠妻蘇氏，懷遠人。

王璧妻姚氏，懷遠人。

江爾杭妻賈氏，懷遠人。

崔尚聖妻王氏，懷遠人。

李茂妻王氏，懷遠人。

崔祥之妻管氏，懷遠人。

庠生周篆妻李氏，懷遠人。

陸弘道妻宮氏，懷遠人。

王藩妻陳氏，懷遠人。

韓國士妻陳氏，懷遠人。

楊知聖妻余氏，懷遠人。

生員張濬妻楊氏，懷遠人。

吴與儉妻孫氏，虹縣人。夫死無子，勤紡績以養翁姑。

庠生岳一琇妻韓氏，虹縣人。

惠澤潤妻孫氏，虹縣人。夫早亡，遺腹生子，撫育婚娶。子復夭，偕媳撫孤孫，四壁蕭然，一燈共守。

張繼能妻陳氏，虹縣人。

尤士龍妻趙氏，虹縣人。

王義妻陰氏，靈璧人。

陳三錫妻沈氏，定遠人。

胡鑴妻方氏，定遠人。

章朝楨妻李氏，定遠人。

盛於斯妻方氏，定遠人。夫病篤，氏刲股以進。夫歿，求死再四，翁姑力勸防之。立侄爲嗣，氏苦志撫侄成立，娶楊氏。方病，楊氏亦刲股以療姑。

生員蔡天毓妻陳氏，定遠人。

陳國俊妻葉氏，定遠人。

庠生蕭圩妻李氏，定遠人。

庠生盛履嘉妻韋氏，定遠人。

庠生馬世鎮妻馮氏，定遠人。

陳棟妻徐氏，定遠人。

庠生朱點妻吳氏，定遠人。

吳標妻呂氏，壽州人。

楊中和妻鮑氏，壽州人。

滄州判官胡金妻某氏，壽州人。

庠生陳純一妻時氏，壽州人。

方承乾妻范氏，壽州人。夫歿，與妾王氏苦節以終。

生員黄經邦妻朱氏，壽州人。夫亡，苦志育子。子亦早亡，復撫孤孫以老。

監生梁希畢妻吳氏，壽州人。

增生湯鉽妻杜氏，壽州人。

蔡長春妻胡氏，壽州人。

王吉士嫡母唐氏，生母劉氏，壽州人。夫早卒，二氏共帷苦節。

陳典妻程氏，壽州人。

張明著妻湯氏，壽州人。

劉繼周妻王氏，壽州人。

鄒國賢妻胡氏，壽州人。

邊沔妻楊氏，壽州人。

王相妻魯氏，壽州人。

徐先登妻管氏，壽州人。

生員張奏妻朱氏，壽州人。

朱國寶妻邊氏，壽州人。

穆揚宇妻姜氏，壽州人。

李應棟妻宋氏，媳許氏、陳氏、李氏，俱壽州人，姑媳共帷守節。

丁擇善妻劉氏，宿州人。年二十二，夫歿，遺腹生子，撫育成立。後觀察嶺南，封淑人。一日劉病，值凶歲，謂子曰：「汝療民之飢，勝療我病也。」出俸錢以賑，全活甚衆。

生員丁應甲妻徐氏，宿州人。夫歿，子亦早亡，撫幼孫以終。

生員王宗超妻尹氏，宿州人。

黄琦妻孫氏，宿州人。

王扶妻張氏，宿州人。

生員沈虞臣妻宋氏，宿州人。

徐廷纁妻丁氏，宿州人。翁姑先歿，夫亡無子女，屢欲自殉，祖母苦勸曰：「予年八旬，無子媳。汝死，吾能獨生乎？」氏遂剪髮置夫柩中，相依守節。

生員劉爾恒繼妻梅氏，宿州人。

張繼元妻劉氏，宿州人。夫歿守節，撫子洪周成立。娶媳趙氏，方生一子，洪周又卒，姑媳相依，共帷苦節。

葵天福妻任氏，宿州人。

程良琰妻吴氏，宿州人。

陳恒信妻楊氏，宿州人。

張起鳳妻馬氏，宿州人。

殷輅妻黄氏，宿州人。

蕭名勳妻王氏，宿州人。

武汝玉妻郭氏，宿州人。

趙紹盛妻尹氏，宿州人。
生員丁毓楠妻李氏，宿州人。
汪子福妻江氏，宿州人。
趙廷符妻李氏，宿州人。
張接武女，宿州人。
張淑柱妻程氏，宿州人。
孫世美妻張氏，宿州人。
梁致中妻任氏，宿州人。
任孚咸妻梁氏，宿州人。
趙鉅妻丁氏，宿州人。
陳廷宣妻戚氏，宿州人。
王美度妻陳氏，宿州人。
陳璿妻王氏，宿州人。
生員劉斌妻吳氏，宿州人。
孫洪業妻陸氏，宿州人。夫溺死，孝事翁姑，撫孤守志。
生員周嗣先妻郜氏，宿州人。

梅中柱妻張氏，宿州人。家貧，事姑克孝養，撫子得十孫。

生員梁中立妻鄭氏，宿州人。

盛長庚妻張氏，宿州人。

丁瓚妻孫氏，宿州人。

監生袁芝錦繼妻楊氏，宿州人。

陳國相妻趙氏，宿州人。

范世功妻趙氏，宿州人。

戴元白妻王氏，宿州人。

朱鐸妻李氏，宿州人。

韓遵愈妻李氏，宿州人。

生員王鉽妻沈氏，宿州人。

陶廷相妻熊氏，宿州人。

任學重妻劉氏，宿州人。

生員吳德偉妻呂氏，宿州人。

監生馬麟妻孫氏，宿州人。

生員朱淳妻丁氏，宿州人。

馬文輝妻張氏，宿州人。

汪永年妻吴氏，宿州人。

張瑢妻范氏，宿州人。夫亡，仰事俯育，辛勤守節。

生員秦一麟妻段氏，宿州人。

張名都妻夏氏，宿州人。

孫玉藻妻趙氏，宿州人。

武名世妻路氏，宿州人。

王世俊妻葛氏，宿州人。

徐秀妻任氏，宿州人，撫襁褓子凝粹名列膠庠。

生員徐堳妻李氏，宿州人。

余璸妻陳氏，宿州人。

張勖妻李氏，宿州人。

羅笏妻常氏，宿州人。

謝文煌妻滎氏，宿州人。

蔣如詡妻張氏，宿州人。

生員李銓母張氏，宿州人。

蔣如璜妻馬氏，宿州人。
丁五恭妻邵氏，宿州人。
王士豹妻李氏，宿州人。
生員部洛繼妻魏氏，宿州人。
戴子璧妻張氏，宿州人。少寡，事舅姑孝，訓子琪有成。
武舉沈純臣妻張氏，宿州人。夫歿，與妾陶氏年俱二十，共帷苦節。
候選經歷梁謨遠妻沈氏，宿州人。
候選經歷沈鉞妻劉氏，宿州人。
楊繼先妻程氏，宿州人。
曹來朝妻任氏，宿州人。
候選州同丁啓宗妻梁氏，宿州人。
增生李蘅繼妻左氏，宿州人，撫嫡孤皋以守節。
李獻素妻周氏，宿州人。素故，子方二週，教育成立。
生員趙紹熙妻任氏，宿州人。
生員王楨妻丁氏，宿州人。
武再興妻吴氏，宿州人。

生員王丑裔妻閻氏，宿州人。
生員戴毓桂妻賴氏，宿州人。
生員鄒廷蕙妻丁氏，宿州人。
滿大經妻徐氏，宿州人。
吴瑋妻劉氏，宿州人。
生員周愫母王氏，宿州人。
生員蔡琳妻楊氏，宿州人。
韓繩愈妻單氏，宿州人。
丁璠妻趙氏，宿州人。
邵九銓妻劉氏，宿州人。
邢運泰繼妻封氏，宿州人。
生員秦之偉妻張氏，宿州人。
段錦魁妻盧氏，宿州人。
雷鵬舉妻婁氏，宿州人。
生員胡芳虞妻陳氏，宿州人。
生員魏玉元妻武氏，宿州人。

王朝選妻盧氏，宿州人。

任柔惠妻許氏，宿州人。

丁聯新母于氏，宿州人。

生員蔡瑄妻趙氏，宿州人。

生員王臣妻武氏，宿州人。

周開基妻王氏，宿州人。

王思堯妻周氏，宿州人。十七而寡，撫嗣子應箕守節。

生員梁在中妻蔣氏，宿州人。

吕隆基妻高氏，宿州人。

朱啓明妻張氏，宿州人。

張符麟妻徐氏，宿州人。

徐又穉妻王氏，宿州人。

孫寶樹妻王氏，宿州人。

高養節妻廖氏，宿州人。

王印宗妻彭氏，宿州人。

宋以敬妻趙氏，宿州人。

邵叢妻黄氏，宿州人。

秦永寧妻周氏，宿州人。

沈悌妻胡氏，與沈愷妻陸氏，宿州人，悌與愷兄弟。悌殁，胡年二十四。愷殁，陸年二十五。兩婦並爨而居，眠食與偕，咸撫孤成立。

楊福祉妻程氏，宿州人。

生員孫荃妻姚氏，宿州人。夫殁，矢志苦節。子殤，嗣侄亦夭，與姑同卧起，歷三十九載卒。

丁好善妻吴氏，宿州人。夫死，子詩尚未及週，教之遊庠。

(邱)〔丘〕應元妻謝氏，與子文泰妻陳氏，宿州人。應元殁，謝苦節撫文泰以婚娶。文泰又早卒，姑媳相依，復撫孤孫成立。

胡士第妻吴氏，宿州人。年十八而寡，撫孤弱冠又夭，氏煢煢一身，以苦節終老。

趙紹夙妻張氏，宿州人。年二十一而寡。衣必親織，味必親調，奉孀姑同卧起，苦志終身。

李廷相妻杜氏，宿州人。夫殁，遺子幼復殤，依兄芬居，以終其志。

楊維乾妻王氏，鳳陽人。

孟修妻李氏，鳳陽人。

監生常庚亮妻趙氏，鳳陽人。

孟位妻曹氏，鳳陽人。

生員齊賢妻徐氏，鳳陽人。夫歿，投繯救甦，以苦節終。

梅秀妻孫氏，鳳陽人。

陳文志妻楊氏，媳卞氏，俱虹縣人。文志歿，楊撫子娶媳。婚未久，子又早卒，姑媳相依，共帷苦節。

生員高應昌妻聶氏，虹縣人。

韓仲昭妻高氏，韓永延妻韓氏，韓世馥妻高氏，虹縣人。仲昭歿，高乃撫女招婿永延，生世馥。永延又亡，高母女相依，撫世馥俾婚娶。世馥亦早歿，其妻高氏慟夫哀毀而卒。一門三世貞節。

王維妻韓氏，虹縣人。

庠生韓朝璉妻郭氏，虹縣人。

鄧文章妻陳氏，虹縣人。

葉良弼妻韓氏，虹縣人。

吴起蛟妻劉氏，虹縣人。

鄧紹美妻尤氏，虹縣人。

生員朱世帶妻韋氏，虹縣人。

王隆運妻孫氏，壽州人。

王繼魁妻崔氏，壽州人。

孫蘭妻劉氏，壽州人。
姚輝妻許氏，壽州人。
劉澤遠妻徐氏，壽州人。
姚懌妻蘇氏，壽州人。
夏人逵妻梁氏，壽州人。
吴遂妻陳氏，壽州人。
陳汝楫妻倪氏，壽州人。
紀崇義妻雍氏，壽州人。
增生宋和玉母楊氏，壽州人。
李德茂妻王氏，壽州人。
李瑞亭妻吴氏，壽州人。
劉烜妻張氏，壽州人。
高文魁妻張氏，壽州人。
魏恒妻樊氏，壽州人。
陳尚德妻陳氏，壽州人。
貢監方遜妻周氏，壽州人。

何洪暹妻馮氏，壽州人。

高适妻侯氏，壽州人。

張建旗妻蕭氏，壽州人。

游藝妻王氏，壽州人。

生員王賓妻熊氏，壽州人。

葉逢春妻萬氏，壽州人。

劉楷妻夏氏，壽州人。

佘瑱妻陳氏，壽州人。

羅士俊母王氏，壽州人。

李上苑妻陶氏，壽州人。

蔡成林妻江氏，壽州人。

史弘烈妻陳氏，壽州人。

戚援玉妻趙氏，壽州人。

張明極妻晏氏，壽州人。

袁九如妻周氏，壽州人。歸袁半月而寡，依孀姑吴氏苦節以終。

吴磯妻姚氏，媳胡氏，壽州人。磯亡，氏撫五子成立。季子元琇娶胡氏，琇殁，胡依姑苦節。姚病篤，胡爲姑嘗藥嘗糞。

季欲驕妻吴氏，媳(邱)〔丘〕氏、王氏。壽州人。夫亡，苦志撫子。兩子相繼早卒，兩媳與姑共帷苦節。

陳睿妻何氏，壽州人。

楊洛珍妻趙氏，壽州人。早寡無子，嗣侄履坤。坤又早殁，與媳徐氏同節以終。

廩生陳世豐妻仲氏，壽州人。

貢監顧國班妻黄氏，壽州人。夫殁，撫子娶媳。子又夭，與媳吴氏共帷守節，歷五十餘載。

余有義妻孫氏，壽州人。

王昱妻汪氏，壽州人。夫病，刲股以進。夫殁，引刀自刎，姑勸止，相依苦節以終。

王元玉妻魏氏，壽州人。

庠生魏國忠妻高氏，壽州人，子晋階妻謝氏。父子俱爲熊某謀殺之，二氏剪髪毁形，泣血控官，冤得雪。謝遺腹生子，相依撫孤，以守節終。

生員謝繼石妻姚氏，壽州人。

高可訓妻鄭氏，壽州人，子鴻妻胡氏，姑媳同節。

金啓明妻陳氏。金本休寧人，寓于壽州。啓病殁，氏投繯救免，遂苦志守節，撫孤成立。

竇雲華妻甘氏，壽州人。

許丹臣繼妻盧氏，壽州人。夫歿，撫夫前妻子成立婚娶。子、媳相繼早世，復撫孤孫，茹荼苦志。

馬盛吾妻杜氏，弟騰吾妻金氏、妾徐氏，壽州人，一門三寡同守。

汪匯妻高氏，弟鶴妻朱氏，侄本遠妻王氏，壽州人。匯歿，高年二十。鶴歿，朱年二十八。本遠歿，王年二十二。共凜冰操，一門三節。

王維屏妻李氏，弟維藩妻張氏，壽州人。兄弟相繼死，二氏俱少，同矢志撫孤。磨麪餬口，常終夜操作，相依苦節四十餘載。

生員汪本蓬妻高氏，媳余氏，壽州人。年二十四而寡，撫六月孤俾成立婚娶。子又亡，與媳余氏相依撫孤，艱辛備嘗。

劉信公妻唐氏，媳倪氏，壽州人。信公歿，唐撫孤婚娶。子又歿，與媳相依守節。

謝二汗妻蘇氏，壽州人。夫覓石楚地死，氏聞信哀號，績紡積錢二千貫，偕夫弟徒步至朱仙鎮，得負骸骨歸。苦節以歿。

金屏妻夏氏，壽州人。年二十四夫歿，子又夭，投繯未遂，絶粒三日死，尋復甦。翁姑立侄爲嗣。盧氏，壽州人，廖氏僕婦也。夫亡，誓不改適。嘗檢遺盆得金珠，知馬氏物，悉還之。酬以錢帛，不受。年七十七卒。

高翔母徐氏，妻汪氏，壽州人。徐年二十六夫歿，撫翔婚娶。翔又早歿，汪年二十八，姑媳同志守節。

陶冲漢妾趙氏，子愷妻王氏，壽州人，姑媳同節。

孔熾妻謝氏，子奏妻李氏，壽州人，姑媳同節。

廩生田潞妻方氏，子嘉粒妻解氏，壽州人。潞歿，方撫孤娶媳。甫一載，子復夭，媳年十九，相依苦節四十餘載。

周廷瑄妻方氏，壽州人。

徐超繼妻顧氏，壽州人。

劉蕃妻祁氏，壽州人。

張欽妻方氏，壽州人。

沈玠妻邢氏，壽州人。

羅笏妻常氏，壽州人。

張炳妻沈氏，壽州人。

馬瑩妻胡氏，壽州人。

庠生方括妻尚氏，壽州人。

陳舜教妻沈氏，壽州人。

劉棐妻某氏，壽州人。

桑思齡妻姚氏，壽州人。

高其鑑妻宋氏，壽州人。
方永錫妻夏氏，壽州人。
監生吴懿生妻鄒氏，壽州人。
何圖妻毛氏，壽州人。
周丑妻方氏，壽州人。
孔毓蕃妻盛氏，壽州人。
張嚴妻章氏，壽州人。
貢生吕夢鰲妻張氏，壽州人。
李華陽妻程氏，壽州人。
李正宣①妻徐氏，壽州人。
謝琪樹妻楊氏，壽州人。
周雲妻梁氏，壽州人。
王歷母謝氏，壽州人。
張述一妻李氏，壽州人。

① 「宣」，《四庫》本作「倫」。

監生吴克生妻張氏，壽州人。

生員王式玉妻劉氏，壽州人。

杜充善妻吴氏，壽州人。

孫爵妻李氏，壽州人。

徐珮妻楊氏，壽州人。

王居肇妻楊氏，壽州人。

朱承誥妻孔氏，壽州人。

馮永寧妻龍氏，壽州人。

陳九式妻王氏，壽州人。

宗統三妻張氏，壽州人。

王國柱妻鄧氏，壽州人。

劉聖經妻周氏，壽州人。

陶抒妻郝氏，媳張氏，壽州人。抒死，郝撫遺腹子於義婚娶。義又早殁，張氏投繯以殉，郝救免，共帷苦節。

金銓妻趙氏，壽州人。年十九，夫殁無子，撫嗣侄光燦婚娶。甫生孫，光燦又亡，趙與媳劉氏共帷守節。

國學謝寶樹妻劉氏，壽州人。

陳華妻楊氏，壽州人，夫亡守節。

王恂祖妻劉氏，述祖妻劉氏，壽州人。兄弟相繼歿，二氏係姊妹，同志堅節，共帷三十餘年。

生員方育英妻汪氏，壽州人。

陳純瑕妻金氏，媳黄氏，壽州人，姑媳同節。

夏宏仁妻陳氏，壽州人。年二十一，夫病歿，哀慟自縊，姑救之。遺腹得生子，苦志撫育，歷三十餘年。

生員趙豹變妻薛氏，壽州人。年十九夫歿，家酷貧，事孀姑程氏極盡孝道。苦節撫孤三十餘載。

高弘業妻羅氏，壽州人。

張尊美妻羅氏，鳳陽縣人。夫被賊殺，氏亦遭刃，幸不死。結草蓬殯夫，伴柩以節終。

以上皆少寡苦節歷數十載。

潁州府

明

李深妻劉氏，年十九而寡，守志以終。

周雨妻韓氏，潁州人。年十九守志，父母欲嫁之，韓剪髮自誓曰：「一身而二主，言之醜也！」時銓妻李氏，潁州人。年二十四，撫遺腹子時用，長娶媳李氏，生孫名鯨。子、媳相繼殁，李復撫孤孫。家貧乏，處之恬如。

齊鳳妻張氏，潁州人。年二十一，無子守志。值歲荒，有勸之嫁者，張遂引刀刺頸以誓曰：「寧爲齊氏餓鬼，豈偷生爲他人婦耶！」

張重妻張氏，潁州人。重死，遺兩孤，一氏出、一妾高氏出，俱閲兩月。孫氏毁形除鉛華，孝姑撫兒。每籲天祈兩兒免生痘疹，夢神人曰：「上帝憐爾苦節，如所祈。」後兩孤果不痘疹。

鞏國苞母劉氏，潁州人。

賀佳兆嬸母樊氏，潁州人。

梅春妻劉氏，潁州人。

顧信妻朱氏，潁州人。

卜氏，卜鏞女，潁州人。年十六適召馴，夫死，毁容守節。

曾光妻王氏，潁州人。

萬尊訓妻李氏，潁州人。

生員張壽妻淩氏，潁州人。

王淮妻柏氏，潁州人。

林埜妻顧氏，潁州人。

卜梧妻汪氏，潁州人。

生員馬伯取妻郭氏，潁州人。

卜鯤程妻朱氏，潁州人。夫亡，子甫三月，苦守成立。

生員楊壽昌妻伍氏，潁州人。遇賊不辱。夫死，募棺葬夫。妾生一子，氏嘗負薪乞食，撫之成立。

生員錢之驊妻程氏，潁州人，苦志守節。

典史萬尊道妻劉氏，潁州人，撫子邦寧、邦楨同案遊庠。

高冀熼妻王氏，潁州人。年十九，夫亡無子，勵志苦守。時聞兵譟甚，氏已投繯，婢女解釋。後歷三十餘年。

生員卜奎妻張氏，子云程妻康氏，潁州人。張年二十而寡，撫一子云程成立，娶婦康氏生孫。程早亡，康苦節撫孤，一切以姑爲法。嘗自食糟糠，奉姑甘旨。有司以雙節表之。

生員鹿鳴珂妻淩氏，潁州人。夫爲寇所傷，氏收葬止①。妾生一子，淩偕妾撫孤守節終身。

王道純妻李氏，潁州人。

---

① 「止」，疑爲「之」字之誤。

王恩隆妻劉氏，潁州人。
高如斗妻林氏，潁州人。家貧苦守，教子入泮。
生員陳其志妻金氏，潁州人。
黄必進妻温氏，潁州人。
沈清妻王氏，霍(邱)〔丘〕人。
陳謨妻李氏，霍(邱)〔丘〕人。
傅虼妻趙氏，霍(邱)〔丘〕人。夫殁，氏年二十二，矢志守節。歲儉，嘗挑野蔬度日。哀慟自縊者數四，被救得不死，年六十卒。院司郡守僉旌之。
趙璽妻屠氏，霍(邱)〔丘〕人。
鄒相妻黄氏，霍(邱)〔丘〕人。守節五十七年。
隆慶間旌。
傅鳳妻閔氏，霍(邱)〔丘〕人。
閔鳳儀妻某氏，霍(邱)〔丘〕人。
趙時妻韓氏，霍(邱)〔丘〕人。夫殁，守節事舅姑，撫遺孤艱辛備歷，年八十而卒。子宸妻徐氏，孫夢麟妻張氏，俱青年守志。有司以一門三節表之。
陳策妻趙氏，霍(邱)〔丘〕人。

董彦升妻徐氏，霍(邱)〔丘〕人。夫殁無子，與妾陳氏共帷守節，屢遭荒歲，均甘凍餓。有勢官欲奪其志，氏與陳相持大慟，斷髮以拒之。院司旌之曰「雙節」。

李時芳妻某氏，霍(邱)〔丘〕人。

甄伋妻李氏，霍(邱)〔丘〕人。

時當可妻郭氏，霍(邱)〔丘〕人。

汪一誠妻王氏，霍(邱)〔丘〕人。

王極中妻戴氏，霍(邱)〔丘〕人。

金源妻盧氏，亳州人。景泰間旌。

程義妻何氏，亳州人。義陣亡，氏年十八，守節撫孤。景泰間旌。

指揮僉事石彬妻華氏，亳州人。年二十六守節，子璽襲廕，誥封太恭人。弘治間旌。

李鼎妻封氏，亳州人。年二十一，撫遺腹子，守節以終。弘治間旌。

范山妻劉氏，太和人，正德間旌。

廩生毛繼妻宋氏，亳州人。夫死，氏年十八，坐卧木主前，夜以繼衣覆體，哀毁喪明。卒，年八十四。嘉靖間旌，附祀於夏侯令女祠。

明洞妻芮氏，亳州人。夫死，氏娠方兩月，與夫訣生男則撫，女則從死。及彌月生男朝望，後爲名諸生。氏守節四十餘年。被旌。

高履中妻楊氏，亳州人。翁高仰之，知山西壽陽縣，履中從父任，死縣署，氏年十八。既而，翁姑雙亡於署，氏扶櫬歸。苦節歷五十餘年。

生員蔣賢妻周氏，亳州人。年二十四夫死，遺子堯年僅三歲，撫之長，授武平衛百户，娶劉氏。二十六歲，堯年又死，姑媳共帷，守節終身。

儒士高尚德妻李氏，亳州人。

百户馬化龍妻周氏，媳薛氏，亳州人。周年二十三，夫亡，撫孤子驃。及長娶薛氏，驃又早亡，薛年二十四，同姑守節。

賈德懋母陳氏，亳州人。

薛炳妻楊氏，亳州人。

中書舍人李文明妾夏氏，亳州人。文明病卒，氏年十七，幽居一室，守節歷五十年。

李思孔妻周氏，亳州人。

孟登霄妻任氏，亳州人。

武舉穆雍詩妻明氏，亳州人。

李永蕃妻賈氏，亳州人。

生員郭第妻李氏，亳州人。

生員高應良妻李氏，亳州人。年二十，撫孤守節。後母子避難，遂卒於濠上，其猶子扶柩歸葬。

楊起鳳妻孟氏，亳州人。

周之魁妻(邱)〔丘〕氏，亳州人。

生員顏如愚妻支氏，亳州人。

鄭棟妻田氏，妾李氏、王氏，亳州人。夫歿，三氏同心守節。

汪淵妻李氏，亳州人。

監生楊官妻黄氏，亳州人，苦節被旌。

雅義妻董氏，媳王氏，俱亳州人，姑媳同節。

李天秩母史氏，亳州人。年少守節，秩在襁褓，播遷辛勤，苦志以老。

周禹妻徐氏，亳州人。夫死苦志，奉事翁姑歷三十年。翁姑亡，氏乃廬墓三年。

生員趙明殿妻高氏，亳州人。明殿被賊殺，氏年十九，撫嗣子以節終。

李錫妻韓氏，蒙城人。年二十五夫亡，子遇春甫三月，撫之成立，娶馬氏。生孫永安三歲，遇春又亡，姑媳共帷苦節撫孤。孫既長，娶姜氏，生曾孫四歲，永安又亡。時韓年七十，馬年五十，姜年二十餘，伶仃苦志。邑令扁其閭曰「三世苦節」。

韓金妻劉氏，蒙城人。

牛瑞妻蔡氏，蒙城人。

馬宣妻許氏，蒙城人。

武貞妻魏氏，蒙城人。

鄒魯妻李氏，蒙城人。

李葉妻侯氏，蒙城人。

李顯芳妻劉氏，蒙城人。夫死，子瑞甫生四月，或謂其年少難守，氏聞之，遂剔左目自誓。撫瑞成立，娶任氏。生孫守三月，瑞又早亡，與媳撫孤孫以終。

曹淳妻任氏，蒙城人。幼讀書，長於詩，曾獻詩當事，脱夫於難。夫死，氏苦志，孝事孀姑。

葛應期妻劉氏，蒙城人。

陸天瑞妻萬氏，蒙城人。

王應極妻趙氏，蒙城人。家貧，紡績撫孤事親，苦守終身。

李文永妻何氏，蒙城人。夫亡，闔户自縊，家人急救得甦。截髮刺面，卒苦節以終。

陳思忠妻高氏，蒙城人。

丁應檀妻許氏，蒙城人。

丁應權妻鄧氏，蒙城人。

甘霖雨妻管氏，蒙城人。

李諭妻葛氏，蒙城人。

楊顯奇母王氏，蒙城人。

高仲義妻張氏，媳閻氏，蒙城人。

丁容妻李氏，蒙城人。夫病，割股以救。及殁，苦節奉姑。年七十八卒。

劉江妻張氏，太和人。

張元薦妻章氏，太和人。

王道妻徐氏，太和人。

張鎮繼妻陳氏，太和人。鎮亡，前妻子女俱在襁褓，陳撫之不異己出，教育成立。

陶貞妻吴氏，太和人。

吴芳妻郭氏，太和人。

闞守勤妻徐氏，太和人。

范錡妻于氏，太和人。

廖凌妻翟氏，太和人。

桑正妻陳氏，太和人。

胡現妻張氏，太和人。

范銑妻王氏，太和人。

傅第妻范氏，太和人。

張文義妻吴氏，太和人。年二十七夫死，遺三子勝、洪、清俱幼，撫養皆成立。三子連喪，子婦劉氏、王氏、高氏依姑守節。吴年至八十餘卒，三子婦亦享大年。

韓璣妻李氏，太和人。

沈葵妻薛氏，太和人。

欒鎮妻任氏，太和人。

（邱）〔丘〕仁夫妻王氏，太和人。

范津妻劉氏，太和人。年二十適津，生子楠三月，津死。津弟潮夫婦亦相繼死，遺孤貞，氏並撫之。

孀姑郭、伯姑于，皆孝養之。邑令表其門。

李春妻張氏，太和人。

段可久妻皮氏，太和人。夫死，守節六十六年，題請建坊。

高九山繼妻朱氏，太和人。年十五適九山，越六月夫死。孝奉舅姑，守節歷七十餘載。

萬（歷）〔曆〕間旌。

陳良璵妻朱氏，太和人。年十七撫子萬里成立，娶李氏。子又死，弱孫猶在抱，與媳同節以終。

胡文焕妻貊氏，太和人。

王雲鵾妻李氏，太和人。

朱服妻王氏，太和人。

孫天應妻胡氏，太和人。

陳萬方妻范氏，太和人。

陳應申妻朱氏，太和人。

朱繩武妻桑氏，太和人。

朱一中妻李氏，子景隆妻陳氏，太和人。

陳加憲妻張氏，太和人。

國朝

玕中雅妻龔氏，潁州人。

陳蘭舟妻高氏，蒙城人。

鄒延慶妻范氏，蒙城人。

以上順治年旌表。

申應華妻劉氏，潁州人。

李世球妻裴氏，潁州人。

尹恒妻陶氏，潁州人。夫死，氏年二十七，投繯欲殉，解救得不死。撫幼孤成立，備歷艱辛。

生員林起趾妻趙氏，潁州人。年二十夫死，三日不食，姻戚以親老與子幼勸令養育，守節終身。

生員劉士昌妻徐氏，潁上人，撫襁褓子樞成立入泮。

楊莢生妻丁氏，蒙城人。適莢半載，遺孕三月守節。

張斐然妻王氏，蒙城人。夫死投繯，姑救得免，守節終身。

孫希孟妻袁氏，亳州人。年十九，奉孀姑，撫孤成立。

以上康熙年旌表。

李繼泉妻孫氏，亳州人。雍正三年旌表。

張應麟妻章氏，亳州人。少寡家貧，勤鍼黹以養衰翁。遭流寇，携三歲孤流離道路間。及子婦殁後，撫孫成立。雍正四年旌表。

生員黄嘉秀妻支氏，亳州人。

孫培五妻孟氏，亳州人。

黄位中妻賈氏，亳州人。

貢生李廷學妾陳氏，亳州人。

支璞妻李氏，亳州人。

鄧守禮繼妻胡氏，亳州人。

以上雍正六年旌表。

增生劉整旅妻洪氏，潁州人。夫殁，投繯欲殉者六次，俱解救得以不死。撫孤守節。

生員李遵白妻劉氏，潁州人。
監生李天白妻劉氏，潁州人。
監生劉天植妻喬氏，潁州人。
生員劉振先妻王氏，亳州人。
監生張綏妻姚氏，亳州人。十指度生，撫嗣以承宗祀。
生員劉安邦妻楊氏，亳州人。
李月恒妻孫氏，亳州人。事翁姑，撫遺子，守節終身。
吏員楊甲第妻吳氏，亳州人。
田永鎮妻黄氏，亳州人。日夜勤作以度日，撫嗣守節。
吏員楊震妻孫氏，亳州人。竭力以事翁姑，貞孝兩全。

以上雍正八年旌表。

劉應枚妻郎氏，潁州人。
廪生孫士傑妻王氏，亳州人。

以上雍正九年旌表。

甯世恒妻鄭氏，潁州人。
王元錫妻支氏，亳州人。

以上雍正十年旌表。

舉人劉肇沛妾鍾氏，潁州人。肇沛病亡，氏撫嫡子成立，官淮安訓導。不幸嫡子歿，孫又亡，孫媳遺腹生曾孫，以續劉祀。

儒童盧廓妻李氏，潁州人。年二十夫亡，事舅姑盡孝，撫遺腹孤庭柳入泮，以優行稱。

儒童支玿妻李氏，亳州人。事嫡、庶孀姑皆極孝順。夫亡欲身殉，賴庶姑周氏隄防，嫡姑孫氏泣勸，乃忍死。俟夫幼弟完娶，生子爲嗣。

生員王士炳繼妻李氏，亳州人。夫亡，立嫡侄以爲嗣。喪葬舅姑，克盡其禮。

儒童高嵋妻李氏，亳州人。夫亡，俟幼叔生子，立爲夫嗣。祖姑、孀姑歿，後兩叔及子侄俱亡，一門七寡，皆氏支持。遺孤孫一人，撫之成立。

儒童陳諫茂妻楊氏，亳州人。夫亡，孤壯而殀，同媳撫孫，相依共守。

生員孫士傑妻王氏，亳州人。夫亡，忍死以事翁姑，撫孤成立。

儒童李永壽妻郭氏，亳州人。夫亡，俟幼叔長，氏爲婚娶，生子立嗣。

儒童馬龍圖妻周氏，亳州人。夫亡家貧，紡績撫孤成立，營葬姑喪。

儒童宋鏡妻楊氏，亳州人，撫遺腹孤成立。

以上雍正十一年旌表。

生員崔遷妻譚氏，亳州人。

儒童梅友檜妻宋氏，亳州人。

儒童支長嗣妻馬氏，亳州人。

李建業妻吴氏，亳州人。

以上雍正十二年旌表。

孫氏，武進士韓佐繼妻，亳州人。

監生韓仰愈妻崔氏，亳州人。

張奇生妻夏氏，潁上人。

湯瑋妻卜氏，潁上人。

以上雍正十三年旌表。

畢啓周妻繆氏，潁州人。夫歿，家貧不能給朝夕，氏辛勤織紝，甘凍餓以勵冰操。

顧鼎妻高氏，潁上人。事孀姑，撫幼孤，矢志終身。

生員馮祚商妻李氏，潁上人。

陳應宣繼妻戴氏，潁上人，撫前妻二子如己生。

鍾名遠妻韓氏，潁上人。

王信中妻沈氏，潁上人。

高翼雲妻張氏，潁上人。家貧，撫幼孤守節。

沈桐妻程氏，潁上人。夫亡，氏年少家貧，父母欲奪其志，截髮毀容，撫孤成立。有司旌之。

生員林冲鳳妻佘氏，潁上人。

千户李良弼妻蘇氏，潁上人。

王之鼎妻黄氏，霍(邱)〔丘〕人。夫殁慟絶，救之得甦。守志孝姑，撫子女三人，苦節以終。院司表其門。

汪長泓妻王氏，霍(邱)〔丘〕人。

劉廼容妻卞氏，潁州人。

汪霖妻程氏，霍(邱)〔丘〕人。甫嫁未彌月而夫卒，氏洗裝投珥，苦節三十餘年。

李世燦妻裴氏，霍(邱)〔丘〕人。

阮琫妻徐氏，亳州人。

生員馬懋一妻陳氏，亳州人。

通判王象新妾王氏，亳州人。

郭明彩祖母李氏，亳州人。

張亭春妻王氏，亳州人。

馬之驥妻耿氏，亳州人。

左光先妻楊氏，亳州人。

張明德妻蔡氏，亳州人。
薛邦傑妻任氏，亳州人。
趙以和妻金氏，蒙城人。
李華妻陳氏，孫李參妻方氏、妾詹氏，俱蒙城人，一門三節。
孫士偉妻王氏，太和人。
李若儀妻張氏，太和人。
侯鴻功繼妻劉氏，太和人。
朱芾妻陳氏，太和人。
史謙吉妻徐氏，太和人。
孫士進妻陶氏，太和人。
王汲妻朱氏，太和人。
侯應盛妻陳氏，太和人。
周奎光妻徐氏，太和人。
李啓明妻王氏，太和人。
劉國鐵妻范氏，太和人。
范洪升妻孔氏，太和人。

阮克慎妻劉氏，太和人。

侯應隆妻唐氏，太和人。

汪澰妻李氏，太和人。

李名英妻朱氏，太和人。

張璠妻王氏，太和人。

李名印妻朱氏，太和人。

方大謙繼妻劉氏，太和人。

楊坦妻王氏，太和人。

陶錦妻孫氏，太和人。年十九，夫亡撫孤。孤死，復撫孤孫。苦節五十四年。

貊士瑋妻朱氏，太和人。年十八，奉姑守志。初葬夫於野，後移葬宅邊，朝夕與鄰，苦節四十年。

張鏞妻朱氏，太和人。鏞早死，遺一女適陳世徵，亦早寡，母女相依，以節終身。

以上皆少年守節歷數十載。

滁　州

明

秦文妻常氏，來安人。

秦泰妻魯氏，名妙祥，全椒人。

庠生邵爟妻胡氏，子希孟妻潘氏，全椒人。

庠生彭光祖繼妻楊氏，全椒人。

千户徐寧妻魏氏，滁州人。

總戎陳爕繼妻趙氏，滁州人。

楊寰妻但氏，全椒人。

生員陶顗母程氏，滁州人。

生員胡廷弼妻于氏，滁州人。

陳其伉繼妻馮氏，滁州人。

生員安賡良母王氏，滁州人。

生員邵天哲母于氏，滁州人。

生員黄樞妻王氏，滁州人。

袁惇妻李氏，全椒人。

百户曹鳳楚妻陳氏，全椒人。

武生林應昌妻金氏，全椒人。

魯格妻吴氏，全椒人。

庠生金光斐繼妻白氏，全椒人。

百户李兆登妻金氏，全椒人。

庠生潘永清妻彭氏，全椒人。

吴國憲妻謝氏，全椒人。

王三益妻魯氏，全椒人。

生員張立妻曹氏，來安人。

武兼文妻郝氏，來安人。

庠生①張鵬翼妻程氏，來安人。

張珣妻陳氏，來安人。

庠生朱繼科妻張氏，來安人。

盧如椿妻孫氏，滁州人。

生員石填妻張氏，滁州人。

陸璟妻張氏，滁州人。

陸完妻馬氏，滁州人。

① 「庠生」，《四庫》本作「生員」。

石之瓚妻唐氏，滁州人。

鞏完初妻胡氏，滁州人。

俱少寡完節被旌。

生員鮑文蔚妻唐氏，滁州人。少寡，兵荒流離，撫孤成立。

國朝

姚際芳妻周氏，滁州人。

謝自湛妻彭氏，全椒人。

楊士爵妻張氏，全椒人。

生員汪自貴妻晋氏，全椒人。

劉景禮妻牛氏，全椒人。

金鑑妻傅氏，全椒人。

李瞻極妻金氏，全椒人。

魯之傑妻石氏，全椒人。

以上康熙年旌表。

貢生武遴瑁妻李氏，來安人。雍正二年旌表。

廩生吴前民妻謝氏，全椒人。
武舉盛昶妻馬氏，全椒人。
楊琮妻王氏，全椒人。
趙昆山妻徐氏，來安人。
賀宗彦妻武氏，來安人。
　以上雍正三年旌表。
庠生王章繼妻金氏，全椒人。
徐廷起妻江氏，全椒人。
胡劭妻盛氏，全椒人。
汪世帶妻李氏，全椒人。
　以上雍正五年旌表。
楊光復妻張氏，全椒人，雍正六年旌表。
尹士珽妻羅氏，滁州人，雍正七年旌表。
金蔣妻章氏，全椒人，雍正八年旌表。
生員江如漣妻王氏，全椒人，雍正九年旌表。
吴應禮妻祁氏，全椒人。年十八而夫亡，守節三十一載。雍正十年旌表。

生員金泌妻李氏，滁州人。泌病瘵，七年而終，氏身殉不遂，矢志靡他。泌弟妹十二人，氏佐孀姑治婚嫁以成夫志。教嗣子映爲諸生。

儒童李國鼎妻陳氏，全椒人。青年矢志，白首完操。嗣子炳爲諸生。

以上雍正十三年旌表。

和州

明

張子文妻尹氏，含山人，洪武中旌。

周德新妻張氏，和州人。

范德新妻董氏，和州人。

洪武中旌。

高化寶妻包氏，和州人。宣德中旌。

唐恕妻楊氏，含山人。

吴自濂妻蔣氏，和州人。

馬一虞妻楊氏，和州人。

馬思智妻袁氏，和州人。

　俱守節被旌。

王㑳妻胡氏，含山人。

吳自高妻申氏，含山人。

李柱妻郭氏，含山人。

　以上萬（歷）〔曆〕三十年旌。

王自謙妻慶氏，含山人。

唐維祉妻張氏，含山人。

　俱天啓年旌。

王尚賓妻趙氏，和州人，崇（正）〔禎〕時旌。

徐某妻羅氏，含山人。

劉可印妻陳氏，和州人。

陳思祚妻陶氏，和州人。

蔣學儒妻田氏，含山人。

鍾應詔妻潘氏、妾夏氏，含山人。

張自俊妻汪氏、妾章氏，含山人。

唐應登妻馮氏，含山人。

國朝

班慈妻湯氏，和州人。夫亡撫孤，罹寇難子死，又撫孤孫。順治中旌表。

過守韜妻陳氏，和州人。

鄭直妻劉氏，和州人。

張某妻高氏，和州人。

孫大全妻丁氏，和州人。

王家旦妻呂氏，和州人。

張景房妻鞠氏，和州人。

荀燦妻張氏，和州人。

楊弘仁妻羅氏，和州人。

楊玉液妻王氏，和州人。

嚴守身妻朱氏，和州人。

劉守聚妻陳氏，和州人。

張慎修妻宋氏，和州人。

范藻妻陳氏，和州人。

朱國奇妻佘氏，含山人。

顧瓚妻汪氏，含山人。

張琅妻賈氏，含山人。

以上康熙年旌表。

張于磐妾龔氏，含山人，雍正二年旌表。

王賓妻吴氏，和州人。

曹聚東妻陸氏，和州人。

雍正三年旌表。

謝兆對妻葛氏，和州人。

馬元妻鄧氏，和州人。

吴之瑞妻劉氏，和州人。

邵元臣妻范氏，和州人。

以上雍正四年旌表。

馬士通妻楊氏，和州人，雍正五年旌表。

李寅陽妻戴氏，和州人。明季流寇陷和州，寅陽格鬭而死，氏年方二十，痛哭駡賊，身破數創，絶而復甦。撫孤立節。

錢慧妻鍾氏，和州人，嘗刲股療姑疾。夫亡守貞。

嚴守魁妻齊氏，含山人。

以上雍正六年旌表。

張一中妻閔氏，和州人。夫病，刲左股。弗愈，誓不他適。姑病篤，復刲右股以療。

劉漢舒妻葉氏，和州人。

鄭某妻高氏，和州人。

以上雍正九年旌表。

張天庚妾邵氏，和州人，雍正十年旌表。

儒童俞天韻妻唐氏，含山人。夫亡視殮畢，氏頭觸階石，昏絶良久復甦，遂以刀斷髮、碎面自誓。舅姑既殁，慟哭哀毁。撫侄延祀。雍正十一年旌表。

儒童蔣懋第妻劉氏，和州人，雍正十二年旌表。

徐彦超妻魯氏，和州人。子生數月夫亡，守節四十七年。

生員鄭右湜妻高氏，和州人。

生員施仲澄妻房氏，和州人。

以上雍正十三年旌表。

陳鑑妻滕氏，和州人。

張尊孔妻高氏，和州人。

黄賓南妻胡氏，含山人。

陶九旬妻唐氏，和州人。

鍾吕妻張氏，含山人。

賈君佐妻黄氏，含山人。

王家柱妻黄氏，姑病，刲股以愈。苦節終。

毛尚禮妻周氏，媳唐氏，含山人。

路焜妻汪氏，含山人。

耿應德妻張氏，和州人。

李應芬妻耿氏，和州人。

馬如麟妻吴氏，和州人。

杜之琳妻陶氏，和州人。

以上皆少寡苦節歷數十年。

廣德州

晉

杜義妻裴氏，廣德人，武帝時旌。

明

陳善慶妻蔡氏，廣德人，洪武中旌。

潘奕三妻應氏，建平人。早寡，姑諭之曰：「窘且無子，何恃而守耶？」應泣曰：「曾謂有兒而守無兒而嫁乎，富而守貧而嫁乎？」志操如一，詔旌其閭。

葛丑兒妻呂氏，廣德人。年二十夫亡，姑憐其少，欲嫁之，呂氏以死自誓。永樂中旌。

俞國良妻田氏，廣德人，弘治中旌。

裴恩一妻張氏，建平人，嘉靖中旌。

夏商八妻戴氏，廣德人，隆慶年旌。

王應貞妻沈氏，建平人。

陳槐妻劉氏，廣德人。

張近妻劉氏，廣德人。

以上萬（歷）〔曆〕年旌。

李熙美妻夏氏，廣德人，崇（正）〔禎〕中旌。

蔡兆元妻管氏，廣德人。

梁允乾妻吕氏，廣德人。

濮陽景彦妻許氏，廣德人。

濮陽信妻夏氏，廣德人。

王心妻潘氏，廣德人。

史大臨妻嚴氏，廣德人。

濮陽桴妻潘氏，建平人。

韋太和妻岑氏，建平人。

王應駿妻史氏，建平人。

石可貽妻王氏，建平人。

姚冕七妻陳氏，婢某氏，建平人。

宗光業妻沓氏，建平人。

王盤妻丁氏，建平人。

史光祖妻吕氏，廣德人。夫卒，毀膏沐，屏色笑，置柩卧室十五年，每食獻如生禮。舅卧病積年，備極誠敬。

以上皆少年守節歷數十載。

國朝

生員陳伯浩妻趙氏，廣德人。嫁甫八月，伯浩遽殁，氏撫夫幼弟成立，以延夫祀。

戈榮圖妻潘氏，廣德人。夫殁無子，撫夫幼弟成立。翁病，氏刲股以進。

濮陽起鳳妻盧氏，廣德人。夫亡，撫繦褓之孤，勤紡績易甘旨以事姑。守節終身。

以上雍正三年旌表。

沈述祖妻盧氏，廣德人。

陳啓周妻劉氏，廣德人。

生員戈大章妻濮陽氏，廣德人。夫病篤，割股以進，不效没，撫幼孤守節。

以上雍正四年旌表。

生員陳夢鯉妻戈氏，廣德人，雍正八年旌表。

王衍昇妻韋氏，廣德人，雍正九年旌表。

遊擊李國盛妻白氏，建平人。夫亡，撫方週之孤，紡績度日，訓子成立。雍正十年旌表。

湯和霖妻岑氏，建平人。年二十夫亡，撫遺腹子，苦節三十餘年。
周太超妻姚氏，建平人。少寡，族人逼令改適，斷髮爲誓，撫遺腹子成立。苦節數十年卒。
岑時顯妻錢氏，建平人。年十七歸岑，不逾年夫死，立嗣守節，荼苦以終身。
岑用齊妻朱氏，建平人。夫亡，氏年二十三，遺孤甫兩月。氏奉姑育弱子，心力交瘁。厥後子、婦俱亡，復撫孫成立。卒時年七十有四。
楊尚華妻王氏，建平人。
監生岑明升妻宋氏，建平人。年二十而寡，遺孤方在襁褓，撫之成立。苦節六十年。
庠生岑明鼎妻盛氏，子永辰妻潘氏，俱建平人，姑媳同節。
生員李舒華妻周氏，建平人。
張麟徵母王氏，建平人。
以上皆少年守節歷數十載。

六安州

明

都御史汪霖繼妻李氏，六安人。

張仙妻印氏，六安人。
張振妻陸氏，六安人。
何珊妻冷氏，六安人。
楊舉妻陳氏，六安人。
生員葉春妻滕氏，六安人。
趙鑑妻陳氏，六安人。
指揮孫枝妻潘氏，六安人。
葉鋭妻竇氏，六安人。
生員彭璉妻潘氏，六安人。
周金妻陳氏，六安人。
張介妻崔氏，六安人。
陸大霖妻李氏，六安人。
姜梅妻董氏，六安人。
張景雲妻朱氏，六安人。
盧聰妻朱氏，霍山人。
以上皆旌表。

薛婦程氏，六安人。
丁礦妻李氏，六安人。
常河妻胡氏，六安人。
何獻妻李氏，六安人。
胡廷顯妻張氏，六安人。
黄甲科妻高氏，英山人。

國　朝

生員黄珮妻聶氏，六安人。
生員汪毓英妻張氏，六安人。
以上康熙年旌表。
監生邵維章妻汪氏，六安人。
生員祝无虞妻方氏，六安人。
生員陳企平妻成氏，六安人。
陳嘉謨妻李氏，六安人。
李景綏妻潘氏，六安人。

徐于匯妻金氏，六安人。

潘韶一妻李氏，六安人。

以上雍正七年旌表。

黄延年妻張氏，六安人，雍正八年旌表。

生員郝養蒙妻王氏，六安人，雍正九年旌表。

儒童李種玉妻張氏，六安人。

儒童王思静妻江氏，六安人。

儒童張瑜妻葉氏，六安人。

以上雍正十二年旌表。

生員胡之陳妻吳氏，霍山人。孝翁姑。夫亡守志，撫三子皆成立。雍正十三年旌表。

泗州

明

柳昇母周氏，泗州人。

柳昇妻蔡氏，泗州人。

百户朱贇妻徐氏，泗州人。年二十，贇卒於京，氏茹苦治生，育猶子昂以襲夫職，歷六十年。
生員陳梡妻柳氏，泗州人。
生員李紹武妻沈氏，泗州人。
以上嘉靖年旌。
生員袁應心妻耿氏、妾徐氏，泗州人。
生員袁霽妻劉氏，泗州人。
生員陳士廉妻謝氏，泗州人。夫亡，氏自經，姑驚救之，遂奉姑命苦節以終身。
陳楹妻楊氏，泗州人。
戚杰妻趙氏，泗州人。
生員趙完璧妻張氏，泗州人。
生員許應第妻祖氏，泗州人。
李紹善妾張氏，泗州人。
施孔教妻朱氏，泗州人。夫病，刲股代醫。夫亡守節。
百户趙之鼎妻戚氏，泗州人。
守備李映陽妻劉氏，泗州人。
錢隆妻林氏，盱眙人。

錢芳妻樂氏，盱眙人。

錢芝妻朱氏，盱眙人。

蔣臚妻湯氏，盱眙人。

宋謹妻熊氏，盱眙人。

宋恩妻李氏，盱眙人。

莫景和妻邵氏，媳鄒氏，盱眙人。

傅鑾妻戴氏，盱眙人。

傅汝賢妻彭氏，盱眙人。

馮應卜妻齊氏，盱眙人。

陳介齡妻朱氏，盱眙人。

陳臣妻王氏，盱眙人。

劉曄妻洪氏，盱眙人。

吕全妻汪氏，盱眙人。

馮思仁母毛氏，盱眙人。守志四十年。學宫頹壞，氏助田一莊以修葺之。

王巡妻朱氏，盱眙人。子仁風成進士，具疏陳情得旌。

馮霦妻周氏，盱眙人。

張應第妻王氏，盱眙人。

王風行母馬氏，盱眙人。

孫重光妻周氏，盱眙人。

孫珮妻陳氏、〔妾〕①賀氏，盱眙人。

劉恩妻蔡氏，盱眙人。

劉意妻郭氏，盱眙人。

劉應乾妻王氏，盱眙人。

盧應鴻妻周氏，盱眙人。

楊茂先妻許氏，盱眙人。

宋璘妻靳氏，盱眙人。

楊介妻梅氏，子師睿妻周氏，盱眙人。

張化妻徐氏，媳徐氏，盱眙人。

越榛妻李氏，盱眙人。

馮應試妻劉氏，盱眙人。

---

① 「妾」，據《大清一統志》卷九十四補。

林輝春妻索氏，盱眙人。
陸永祥妻桑氏，盱眙人。
高第妻豐氏，盱眙人。
馮克世妻陶氏，盱眙人。
楊弘印妻許氏，盱眙人。
張克容妻趙氏，盱眙人。
張光志妻何氏，盱眙人。
辛五美妻楊氏，盱眙人。
孫世家妻陳氏，盱眙人。
李守華妻朱氏，盱眙人。
王弘佑妻周氏，盱眙人。
牛宦妻曹氏，盱眙人。
蔣秉均妻麗氏，盱眙人。
周道長妻羅氏，盱眙人。
陳堯仁妻汪氏，盱眙人。
王通妻潘氏，盱眙人。

宋之浚妻全氏，盱眙人。
張思溪妻潘氏，盱眙人。
曹參妻湯氏，盱眙人。
潘有年妻吴氏，盱眙人。
潘自修妻杜氏，盱眙人。
李愛山妻高氏，盱眙人。
潘自謂妻俞氏，盱眙人。
越梗妻王氏，子勝祖妻潘氏，盱眙人。
蔣東昇妻朱氏，盱眙人。
錢世鎮妻周氏，盱眙人。
馮知妻黎氏，盱眙人。
歐信妻胡氏，五河人。

天順間旌。

張德妻侍氏，媳顔氏，天長人。
高祥妻張氏，天長人。
陳煒妻鄭氏，天長人。

鄭鎧妻周氏，天長人。
蔣鉞妻趙氏，天長人。
陳濟妻胡氏，天長人。
陳洵妻譚氏，天長人。
陳坤妻貢氏，媳胡氏，天長人。
陳從周妻常氏，天長人。
陳大功妻徐氏，天長人。

萬（歷）〔曆〕年旌。

胡珠妻金氏，天長人。
張夢暘妻李氏，天長人。
戴惺繼妻李氏，天長人。
王命妻崇氏，天長人。
胡環妻戴氏，天長人。
胡士選妻曹氏，天長人。
許學易妻張氏，天長人。
貢登妻（邱）〔丘〕氏，天長人。

王藴妻陶氏，天長人。夫亡守志。或勸改適，氏嚼磁流血淋漓，乃止。

張天駟妻王氏，天長人。

王錫妻石氏，天長人。

鍾夢斗妻張氏，天長人。

顔自樂妻陳氏，天長人。

陳所聞繼妻周氏，天長人。

胡遵範妻錢氏，天長人。

吴國藎妻吉氏，天長人。

黄有儀妻王氏，天長人。

張大紀妻鍾氏，天長人。

陳津妻張氏，天長人。

吴從德妻張氏，天長人。

蘇夔妻徐氏，天長人。

鍾恕妻王氏，天長人。

吴從哲妻陶氏，天長人。

張昆妻李氏，天長人。

趙經妻白氏，天長人。
譚鎧妻鍾氏，天長人。
生員劉大良妻趙氏，泗州人。
歐選妻張氏，五河人。夫亡，毁容截髮，撫遺腹子成立。

天啓間旌。

陳五福妻程氏，五河人。
李文茂妻沈氏，五河人。
歐恪妻戴氏，五河人。
裴居易妻朱氏，五河人。
沈允宏妻鄧氏，五河人，撫三歲孤守節終身。
謝四穩妻郭氏，五河人。

崇(正)〔禎〕間旌。

國朝

胡成佩妻丁氏，五河人。
淩思聖妻黄氏，五河人。

以上康熙年旌表。

增生丁纘緒妻黄氏，盱眙人。撫三歲孤敏，守節終身。雍正三年旌表。

李巹妻趙氏，泗州人，雍正五年旌表。

王政臨妻朱氏，天長人。

陳錫祜妻馮氏，天長人。

以上雍正十年旌表。

儒童陳元烈妻孫氏，五河人，雍正十三年旌表。

李氏，佚夫名，泗州人，守節以終。

鄭瓘妻袁氏，泗州人。袁未嫁瓘病篤，夫家辭婚，女誓以死，鄭乃迎氏歸。侍湯藥二載，瓘没，氏服毒死，家人救解得免。立嗣，苦節終身。

羅朝德妻唐氏、側室杜氏，泗州人。

楊多應妻何氏，泗州人。

楊俊妻魏氏，泗州人。

魏士秀妻李氏，泗州人。

武舉卜宗母張氏，泗州人。

湯文愈妻王氏，泗州人。

生員常懋官妻朱氏，泗州人。

彭世卿妻俞氏，泗州人。

夏之遴妻陳氏，泗州人。

生員趙煒妻戚氏，泗州人。

王中憲妾謝氏，泗州人。通書史，善詩文。年十九，中憲死於義，時氏欲以身殉，家人勸之，遂矢志撫孤，終身不渝。

李一瀛妻潘氏，天長人。

陳浴妻劉氏，天長人。

錢世鎮妻陶氏，天長人。

孫重烈妻王氏，天長人。

臧尚信妻嚴氏，天長人。

張中輪妻喬氏，天長人。

喬可楝妻何氏，子良士妻郭氏，天長人。

高賓妻劉氏，天長人。

李光國妻洪氏，天長人。

楊允吉妻王氏，天長人。

楊麟閣妻趙氏，天長人。

劉弘泰妻李氏，天長人。

胡一緯妻湯氏，天長人。

王應舜妻張氏，子尚勳妻胡氏，天長人。

王治世妻徐氏，天長人。

張時雍妻翁氏，天長人。

胡一潤妻江氏，天長人。

鄭必明妻馬氏，天長人。

徐士亮妻蕭氏，天長人。

張星炳妻顔氏，天長人。

劉榆妻（邱）〔丘〕氏，天長人。

董尚文妻李氏，天長人。

董光緒妻唐氏，天長人。

馮應麟妻趙氏，天長人。

王朝選妻沈氏，天長人。

杭世英妻（邱）〔丘〕氏，天長人。

王鼐妻徐氏，天長人。
汪之璉妻崇氏，天長人。
王士美妻劉氏，天長人。
吴曰澄妻徐氏，天長人。
俞鄒妻孟氏，天長人。
胡一溶妻趙氏，天長人。
崇應朝妻朱氏，天長人。
李行健妻徐氏，天長人。
王東璇妻陳氏，天長人。
李可楫妻王氏，天長人。
陳和鼎妻張氏，天長人。
曹生嘉妻王氏，天長人。
胡希賢妻王氏，天長人。
戴維龍妻管氏，天長人。
陶鑄妻許氏，天長人。
陳倫雍妻崇氏，天長人。

王昇妻李氏，天長人。

王汝光妻楊氏，天長人。

淩宗思妻趙氏，天長人。自縊殉夫，翁姑救免，遂矢志守節。

陳所好妻鄧氏，天長人。

庠生張幼繹妻郭氏，天長人。

劉鼎鉉妻淩氏，天長人。鉉溺水死，氏奔以殉，孀姑勸止。守節終身。

謝克昌妻邵氏，天長人。

武守善妻施氏，天長人。

庠生王問友妻方氏，天長人。

張幼浚妻陳氏，天長人。

鄒正傅妻張氏，天長人。

牛大貴妻李氏，天長人。

李公翰妻於氏，天長人。

丁咸達妻季氏，天長人。

沈應登妻周氏，天長人。

張令聲妻袁氏，天長人。

王儼妻戴氏，天長人。

唐永祐妻李氏，天長人。

陳因其妻劉氏，天長人。性貞淑，通書史。夫亡，苦節以終。

以上皆少寡守節歷數十年。

江南通志卷一百八十八

人物志

列女　貞孝一

江、蘇、松、常、鎮、淮、揚、徐八府　太、海、通三州

江寧府

宋

夏氏女，高淳人，年十二割肝愈母。旌其里曰「昭孝」。

元

袁氏女，溧水人。年十五，母病癱，火延其里，鄰婦呼之出，女泣曰：「我何忍捨母去乎？」抱母共焚死。

明

汪某妻王氏，上元人，以孝著。洪武年旌。

張二女，江浦人，以孝著。洪武年旌。

劉玉佩妻陳氏，江寧人，嘗割股救父母及姑。旌表。

趙知府俊女，江寧人，刲肉療母。旌。

李氏女，上元人，以孝旌。

陳本鐶女，上元人。長齋養親，矢志不嫁。匝月兩刲股愈母。奉旌。

徐氏妙錦，中山武寧王女，居應天。長姊適燕王，後正位中宮，爲仁孝文皇后。次姊代王妃，妹安王妃。妙錦矢不適人，親王求婚皆拒絕之。仁孝崩，文皇聞妙錦美且賢，欲聘爲后，内使女官往諭旨，妙錦稱病不出。女官直抵臥榻，妙錦擁被呻吟，女官叩頭請。不得已，徐起，自指曰：「吾面陋無婦容，不足備六宫選。」女官羅跪審視，姿態瑩麗，真天人也，歸復命。妙錦即削髮爲尼。洪熙改元，乃返初服。宣德初，仁廟張太后慕其行義，徵至京。入朝，口稱徐達第三女。肅拜，進止端凝，不失跬步。宮娥私相語曰：「此辭皇后不爲者也。」隨遣内使護歸。正統中卒，祔葬鍾山先塋。

庠生劉芳遠妻王氏，高淳人，嚙指血煮藥療姑疾。

薛氏女，江寧人。受徐聘未嫁，夫亡守節。

張氏女，句容人。許字王姓，夫亡守貞。

凌氏女，高淳人。許字王某，未歸夫夭，有欲謀以爲妾者，不從自縊，救甦守節。

凌氏女，江浦人。許配張仲，仲殤，刺目自縊，救解，守節夫家。

周貞女，高淳人。許字彭應驥，應驥殤，女至夫家守節。

侯貞女，上元人。不嫁，撫弟侄成立。

張卿女，江寧人，父無子不嫁。

施氏女，應天人。許字黄氏子。會婿病甚，舅姑急欲娶婦，女遂歸黄，然未成婦也。數日，婿死，女欲身殉，恐舅家奪其志，乃歸父母家。後父坐事下獄，氏刺綉易米以供橐饘。有貴人慕其行，持千金求聘，曰：「歸我，我能出爾父。」女曰：「救父誠所願，如辱身何？」却之。父病且革，詣官請代繫，出父就醫。父死，女朝夕上食，悲號成疾。垂死，猶呼父者三。

國朝

蔣氏女，江寧人。許字徐沂，夫亡守貞。

趙氏女，江浦人。許字劉某，未嫁夫亡，女歸劉守節。

以上康熙年旌表。

嚴氏女，江浦人。許字胡茂儀，守貞夫家。雍正三年旌表。

蕭氏女，上元人。許字唐允隆，夫亡，守貞撫嗣，孝事舅姑。

楊氏女，上元人。許字陳子琯，夫亡，詣陳家守貞事姑。

以上雍正四年旌表。

顧氏女，江寧人。許字諸生汪東山，夫亡守節。雍正七年旌表。

吴渤臣女，高淳人。許字魏大綬。年十六，聞夫病歿，拜辭父母，過門成服，不復歸寧。事翁姑盡婦道，立嗣承祧。現存，守貞已五十五年。

普氏女，上元人。許字汪錦，夫亡，歸汪守貞。

以上雍正十一年旌表。

曹氏女，金陵人。許字黄某，黄他去不返，女獨處一樓，非定省不下，守貞以終。

劉氏女，金陵人。許字于廷燮，燮亡，守貞終身。

仇氏女，上元人。許字項邁，邁溺死，女赴夫家守貞，事翁姑，撫嗣子。

毛氏女，江寧人。許字謝某，謝以事遠遁，父母欲另議婚，女以死拒。藿羹不飽，後年逾七十。

徐孚躬妻張氏，江寧人。父病，刲股以進得愈。歸徐後事姑盡孝，姑老病，哺乳爲養。又代兄立嗣，爲侄撫孤。

葉氏女，上元人。許字蕭采，采卒京邸，女年十八，歸蕭，食貧養姑。姑没，葬祭中禮。守貞以老。

李氏女，江寧人。許字葉衢，夫亡守貞。

蘇州府

晋

王氏五女，吴縣西洞庭山人。事父至孝，俱不適人。父殁，各以衣負土成冢，日夕繞墓悲號。死時人哀之，名五女墳。

宋

張建第五女，吴郡人。三歲喪母。一日曬母舊物，女見之伏床流涕。家人怪其不起，抱持延醫，診曰：「腸斷矣。」吐血而亡。

鄭絳妻錢氏，吴郡人。幼秀悟。姑疾，不解衣者半年。絳貧，赴官陝右不能具裝資，其姊自京師持贈金幣，錢謝之曰：「身受姊賜固可，何以全吾夫之廉乎？」

元

趙夢炎女，吴縣人。夢炎病，氏禱於天，刲股以進，父尋愈。總管董章製《孝女歌》，書綵障表於其門。

明

唐冕妻王氏，吴郡人。姑病癱，夜盜入室，氏倉猝擁姑匿檐後。時天大寒雨，氏以身蔽姑，凍死不舍。永樂年旌。

沈氏女，長洲人。許字張應奎，未嫁守貞。天順年旌。

徐氏女，長洲人。許字袁應龍，未嫁守貞。萬(歷)〔曆〕年旌。

凌氏女，吴江人。許字徐應化，未嫁守貞。天啓年旌。

王氏女，吴郡人。許字顧同吉，未嫁守貞。曾斷指和藥療姑病。崇(正)〔禎〕時旌。

徐宣妻卓氏，字永潔，長洲人。宣早卒，卓年二十一，遺孤二。越二年，二孤並歿，操守益堅。嘗割股療母病。母歿，執喪盡禮。

吴天祥妻趙氏，長洲人。養姑至孝，家貧，每於三炊貯米一握，積以易肉。有兩兒，姑酷愛，食必呼之。趙於食頃驅之出，姑問，則紿以他語。人嘗見兩兒風雨蹲檐間，問胡不歸，兒云：「母奉婆婆羹，恐分肉食我耳。」

周瑄妻黄寧，昆山人。瑄早卒，矢志不二。姑病瘻十餘年，百方求療弗愈，寧肖大士像，晨夕百拜。凡五年，遂得步履如常。邑令羅永年遺米三百斛資其養。

胡氏女，昆山人。許字楊皓，皓客死，女聞泣曰：「命矣夫！」求者踵接，守貞終身。

周氏女，昆山人。許字王道正。年十五夫殤，女矢志守貞。年逾三十，舅迎歸，哭夫墓甚哀，執婦道甚謹，至老而卒。

李氏女，昆山人。許字張晋蕃，張殀，女誓不改字。後女病劇，張母率所應嗣子來視，女斂容曰：「幸識吾姑。」撫嗣者頂，嗚咽數四，絶粒死。

何關金，吴郡人。許字陳惠，惠夭，何年十六，奔喪送葬，誓不二志。以母在，復返。舅姑歿，往持喪禮，葬畢返如初。母亡，乃歸陳氏。萬(歷)〔曆〕間建貞義坊，歲賚粟帛。

金桂椒女，長洲人。幼事母以孝聞。許字張樹，未婚守貞。

顧氏雙貞女，昆山人。顧咸建女名紘，許字葉世偁，未婚偁夭，紘誓不改適。及咸建死節，紘去爲女緇。咸建弟咸受女，少受朱氏子聘，朱氏子死亂兵中，女年十二，謝膏沐礪志守貞，與其姊稱雙璧焉。

楊德蘭，昆山人。許字戴忠，忠病，迎楊以歸，弗克成婦而忠亡。楊時年十六，截髮自誓，依孀姑以居。姑病疫，德蘭扶掖卧起，染疾而卒。

徐氏女，吴江人。許字沈廷訓子，早亡，女方七齡，父母議更字，女即自刺，幸不死。割股療母。父亡，一號而絶。

時有周氏女，初生時家人夢徐氏再世。及長，事祖母孝。值歲饑，以白米奉親，自食糠粃，勞苦成瘵死。崇（正）〔禎〕中，與徐氏同旌。

周汝蕙妻孟氏，昆山人。年十七歸周，時汝蕙繼其叔鳳來後，孀姑趙氏（姓）〔性〕①嚴刻，號難事，氏獨委曲得姑歡。後蕙以族人争之告歸宗，又事姑劉氏惟謹，姑安焉。蕙死，無子，氏薪水不繼，周旋兩姑間，問餽無缺，人稱節孝。

國朝

周氏女，吴江人。許字顧士彦，夫亡，歸顧守貞。順治年旌表。

顧氏女，長洲人。許字鄒球，夫亡，歸鄒守貞。

① 據《四庫》本改。

陳氏女，長洲人。許字顧賓臣，未嫁守貞。

劉氏女，長洲人。許字陸纘功，未嫁守貞。

姚氏女，長洲人。許字顧燦，燦亡，歸夫家守貞。

吕氏女，長洲人。許字張鳳鳴，未嫁，夫亡守貞。

王氏女，吴江人。許字蘇琦，琦亡，歸夫家守節。

以上康熙年旌表。

陳氏女，長洲人。許字馬康明，未嫁，夫亡守貞。

喻氏女，吴縣人。許字徐衡，未嫁，夫亡守貞。

徐氏女，吴縣人。許字方國貞，未嫁，夫亡守貞。

以上雍正二年旌表。

樊氏女，吴縣人。許字施天祐，未婚夫亡，歸施守貞。雍正三年旌表。

戴氏女，元和人。許字程之俊，未嫁，夫亡守貞。

張氏女，昆山人。許字吴國鉦，未嫁，夫亡守貞。

李氏女，常熟人。許字陳大年，未嫁，夫亡守貞。

馮氏女，常熟人。許字王元健，未嫁，夫亡守貞。

以上雍正八年旌表。

葉氏女，吴江人。許字沈禹範，未婚守貞。雍正九年旌表。

沈氏，吴縣職監沈震之女。年十七，許字監生李鎬子李湛。本年，湛病故，氏請赴夫家守志，湛父以喪子悲傷，不忍見。氏因留母家，苦守一十三年。夫族義之，議令迎歸成禮，立舉人李王業子增齡爲嗣。氏事翁姑、撫嗣子，守貞二十四年卒。

周貞女，長洲人，夫亡守貞。

楊貞女，吴江人，夫亡守貞。

張氏女，震澤人。許字吴堯章，未婚夫亡，時年十八，歸吴守志，孝事翁姑者二十七年。姑没，女哭姑過哀，得疾卒。

以上雍正十一年旌表。

蔡氏女，昆山人，許字朱友桂。雍正十二年旌表。

錢氏女，常熟人，許字金堡。

楊氏女，昭文人，許字沈翀。

蘇氏女，新陽人。許字顧茂昭。未嫁夫亡，詣顧守貞。

以上雍正十三年旌表。

楊氏女，〔吴郡人〕①，許字張生始〔，未婚夫亡，守貞〕②。

顧氏女〔吴郡人，〕③，許字申勤若〔，未婚夫亡，守貞〕④。

胡氏女，名韞玉。許字許大成，俱吴郡人。未婚，夫亡守貞。

盧氏女，吴郡人。許字姚永錫，姚得瘋疾，請辭婚，女不可。垂十餘年，永錫卒，女歸姚守貞。

姚氏女，吴郡人，許字顧某。

吴氏女，吴郡人，許字宋恂。

王氏女，吴縣人，許字金上孚。

〔俱〕⑤未婚，夫亡守貞。

馮氏女，吴縣人。許字孫紹文，未婚，夫亡守貞。

王氏女，吴縣人。許字顧弘業，未婚夫亡，歸顧守貞。

馮士傑妻李氏，長洲人。姑病，嘗糞刲股。大吏屢旌其廬。

謝氏女，長洲人。許字顧長源，未婚，夫亡守貞。

周氏女，長洲人。許字顧允恭，夫亡守貞。

蔣氏女，長洲人。許字錢國貞，夫亡，歸錢守志。

①②③④⑤ 據《四庫》本補。

朱氏女，長洲人。許字諸文忠，未婚夫亡，歸諸守貞。
袁氏女，長洲人。許字顧鼎禄，未婚，夫亡守貞。
黄氏女，長洲人。許字閔士穀，未婚，夫亡守貞。
丁氏女，長洲人。許字蔡璿，未婚，夫亡守貞。
言氏女，常熟人。許字張鑛，未婚夫亡，歸張守貞。
顧氏女，常熟人。許字鄒月如，夫亡守貞。
李氏女，常熟人。許字席稷，未婚，夫亡守貞。
毛氏女，常熟人。許字於周，未婚，夫亡守貞。
葛氏女，昆山人。許字徐德符，夫亡守貞。
顧氏女，新陽人。許字朱攸芋，未婚夫亡，歸朱守貞。
趙氏女，吴江人。許字徐元登，未婚，夫亡守貞。
宋氏女，吴江人。許字計準，夫亡守貞。
楊氏女，吴江人。許字宋永寧，未婚，夫亡守貞。
池氏女，吴江人。許字陳翼周，未婚夫亡，歸陳守貞。
陸氏女，吴江人。許字蕭某，未婚，夫亡守貞。
吴氏女，吴江人。許字董志陛，夫亡守貞。

陳氏女，吴江人。許字顧佑熾，未嫁，夫亡守貞。

陳氏女，吴江人。許字吴讜，夫亡守貞。

周氏女，元和人。許字李天滋，滋亡，女聞欲殉，母勸免。送往夫家，抱木主悲痛成服，後致疾死。

郁氏女，元和人。許字吴埈，埈亡守貞。

松江府

元

顧氏二女，上海人。長名中，次名和，並許字未嫁，夫亡守貞終身。吉安楊清爲作《二貞傳》。

明

沈氏女，名妙蘭，上海人，刲肝療母疾。永樂十四年旌。

趙氏女，順天人。華亭張鎣官都御史時，爲子昱聘，未婚昱卒，鎣遺書女父，俾别議婚。女誓死無二，遂歸張氏，守志終身。弘治十五年旌表。

宋氏女，華亭人。許字葉周，未嫁夫亡，歸葉守節終身。奉旨旌表。

何氏女，華亭人。許字楊允修，允修死，女往夫家守節以終。萬（歷）〔曆〕初旌。

黄氏女，青浦人。歸陳講爲養婦，未婚夫亡，誓以死守，孀居三十年終。

袁氏女，華亭人。許字聶士濂，未婚夫亡，守貞以終。

姚氏女，華亭人。許字黄籌幼子，子死，父母欲更許他姓，女誓不可。有强委禽者，女自刎救止，遂獨扃一室以終。

林氏女，華亭人。許字沈懋賢，懋賢死，女奔喪守貞，孝事舅姑。縣令旌之。

翁氏女，華亭人。年九歲，父患危症，女割股煮羹奉父，父尋愈。母疾，復割股以進。

俞氏女，青浦人。許字吴存仁爲繼室，未嫁夫亡，氏截髮毁容，歸養舅姑，撫前妻子成立。崇（正）〔禎〕時旌。

國朝

周氏女，上海人。許字宋孔暘，未嫁，夫亡守貞。順治年旌表。

莊氏女，華亭人。許字王履鼎，夫亡守志。康熙年旌表。

李氏女，婁縣人。許字顧永灝，未嫁夫亡，奔喪守志。

陳氏女，青浦人。許字許紹勳，未嫁夫亡，奔喪守貞。

以上雍正六年旌表。

陸韜妻曹氏，上海人。少寡，事姑盡孝。姑病篤，刲臂爲羹以進，遂愈，又十五年姑乃卒。母老疾不治，亦刲臂雜米湯以進，母覺，不竟食，遂卒。曹孀居五十一年，年七十四。

顧氏女，奉賢人。許字陳輅，輅歿，過門守節。

陳氏女，奉賢人。許字金山縣顧慎高，高歿，過門守節。

張氏女，福泉人。許字李天章，夫亡，奔喪守節。

許氏女，華亭人。爲顧氏養媳，未婚，夫亡守節。

何氏志璇，華亭人，字韞潔。五歲能以意識奇字。許字馮尚賢，馮卒，女聞訃即素服，涕泣累日夕。母、兄勸止之，謂曰：「雖許字猶未嫁，無重傷老人心。」女曰：「馮之婚，父所議也。若更議婚，死我父也。」母、兄遂不復言。年二十八，卒。工詩詞，有《幗篋存稿》。

常州府

梁

蕭矯妻羊氏，南蘭陵人，字淑禕。性至孝，居父喪哭輒吐血。母有病，中夜祈禱，見一人在樹下，自稱姑桑君，曰：「夫人無患，今泄氣在亥南，求白石鎮之。」言訖不見。明日，如言疾愈。

明

常氏女，武進人。事父至孝。父亡，構庵墓側，終身麻衣誦經。

李氏女，武進人，名海珠。父無子，不嫁。母病，封股啖之。父母歿，剪髮終身。

諸氏女，武進人。許字陳謙，夫亡守貞。

陸氏女，武進人。許字趙燭遠，夫亡守貞。

胡氏女，武進人。許字吳雲，夫亡守貞。

李世茂妻堵氏，武進人。父翰與小童擢舟迎女，至湖風吹帽落水，翰撈之，因墮水死。氏泣曰：「父以我故死，我何生爲？」遂赴水同死。人比之曹娥云。

單氏女，無錫人。許字沈昇，昇卒，依母家終身。正德年旌。

熊氏女，無錫人。許字秦漢，漢卒，女截髮割耳，誓不再嫁。建坊旌表。

盧氏女，無錫人。父文烈，幼與講古人節孝事，頗省悟。父病亟，謂曰：「汝母年尚少，二弟幼，汝適人，將誰依乎？」女泣曰：「願終身不字，與母、弟相守耳。」父亡，鬻女紅自給。

薛氏女，無錫人。許字葉印晟，未婚夫亡，訃至已葬，哭於墓。依孀姊終身。

顧氏女，無錫人。許字秦城，未婚城卒，食貧矢志，雖至戚不聞笑語之聲。

張氏女，無錫人。許字陸亨。年十三夫亡，誓不嫁。天啓年旌。

華氏女，無錫人。許葉之藩，夫亡，女詣夫家哭臨成服，誓死守貞。
胡氏女，無錫人。許字張鼎烈，夫亡守貞，截髮毀容，父母不能奪。崇(正)〔禎〕年旌。
沈氏女，江陰人。性至孝，母病幾殆，刲股進之立愈。
曹氏女，江陰人。許字李善詳，未婚夫亡，奔喪成服。終喪歸母家，幽居小樓，食蔬衣縞以終。
天啓年旌。
繆氏女，江陰人。許字張振美，未嫁，夫亡守貞。
耿氏女，江陰人。許字周寅奭，未嫁，夫亡守貞。
韓氏女，江陰人。許字徐復魁，未嫁，夫亡守貞。
張四維妻虞氏，宜興人，刲股療姑。
周重智繼妻陳氏，宜興人。姑卒，舅老病不能起，陳奉湯藥盡孝。舅曰：「孝哉，願生佳兒報汝耳！」後果生子鼎。
邵維材妻陳氏，宜興人。姑疾篤，不能延醫，陳刲股以救。病復作，又割肝以進，姑乃痊。
徐潮妻吴氏，宜興人，割股救姑。
史氏女，宜興人。許字邵一龍，未嫁夫亡，奔喪成服歸，即涅「中心不改」四字於面，以誓無二。
萬(歷)〔曆〕年旌。
吴氏女，宜興人。許字蔣允岱，夫亡守貞。崇(正)〔禎〕年旌。

范氏女，靖江人。許字朱氏子，夫亡，終身不字。

史氏女，許字儲啓夏，夫亡守貞。

國朝

鄭氏女，無錫人。許字庠生馬瑜，未婚夫亡，女聞以首觸火，焚髮至盡。泣請於母，願過夫家執喪，母未應，即擲身墜樓，折左臂。聞于夫家，具禮迎之。守貞七十年卒。

吴氏女，宜興人。許字袁永廣，夫亡，歸袁守志。

以上順治年旌表。

王氏女，許字孫鳳儀，未嫁夫死，歸孫拜舅姑如禮。嗣子殤，哭之成疾，不食死。

華氏女，無錫人。許字長洲施塏，夫亡，歸施守貞。

以上康熙年旌表。

殷氏女，無錫人。許字侯歷，未嫁夫亡，守貞不二。

潘氏女，武進人。許字劉廷勷，夫亡，詣劉成服，營穴冢旁，以示死必歸劉之意。

邢氏女，江陰人。許字周且侯，夫亡，歸周孝事舅姑，撫育嗣子。

周氏女，江陰人。許字楊名陛，夫亡守貞。

以上雍正二年旌表。

蔣氏女，武進人。許字唐漢棠，年十九夫亡。訃至，氏泣流血仆地，赴唐視殮，立侄爲嗣。雍正三年旌表。

秦氏女，無錫人。許字談宜聰，未婚夫亡，守貞三十一年卒。

于氏女，宜興人。幼許字夏繡文，繡文十歲得癲疾，不辨昏曉，兩家父母俱願解盟，女固持不可。夫亡，立侄爲嗣，守貞終身。

以上雍正四年旌表。

方氏女，無錫人。許字湯榮聘，未婚夫亡，闔户自經，死而復甦者再。泣請于母，奔喪送葬。供木主小樓，日卧處於側，守貞五十二年卒。雍正五年旌表。

單氏女，無錫人。許字劉毅生，未嫁夫亡，奔喪成服，撫侄爲嗣。嗣孤早世，又撫幼孫。守貞四十二年。

華氏女，無錫人。許字劉宏緒，夫亡守貞。

陳氏女，宜興人。許字徐長祥，夫亡奔喪，日坐小樓，與夫木主相對者四十餘年。

以上雍正六年旌表。

劉氏女，武進人。許字楊朝相，未嫁守貞。

駱氏女，金匱人。許字陸躍元，夫亡守貞。

以上雍正八年旌表。

薛氏女，武進人。許字曹繼芳，夫亡，往視含殮，斷髮自經，亟救得免。遂歸曹守貞。

鄭氏女，金匱人。許字盧瑞星，夫亡歸盧，立嗣守貞。

以上雍正九年旌表。

趙氏，無錫趙定九女。許字金匱陳燿，未婚燿亡，過門成服，立侄由爲嗣。守節四十八年，今現存。

毛貞女，武進人。

徐貞女，江陰人。

以上雍正十一年旌表。

華氏女，無錫人。許字曹濬，未婚夫亡，奔喪成服，設榻柩旁，持齋奉佛以終。

徐氏女，江陰人，許字承王言。

雍正十三年旌表。

張氏女，無錫人。許字秦汝舟，未婚夫亡，誓不再適。居六年，疾甚，謝醫藥、飲食卒。

顧氏女，無錫人。許字秦中威。年十三，失母，即養于秦。未婚夫亡，搏顙號咷，隨向舅姑索斬服出，誓言守貞以老。

張氏女，無錫人。許字蔡嘉瑞，夫亡守志，年六十八卒。

諸氏女，無錫人。許字陳氏子，夫亡，依兄以守。

莊氏女，無錫人。許字黄曾勸，夫亡，成服慟哭成疾卒。

唐氏女，江陰人。許字徐士誠，夫亡，過門成服，守貞六十餘年。

王氏女，江陰人。許字祝道亨，未婚夫亡，依母守貞，縞素終身。

繆氏女，江陰人。許字張季叔，夫死守貞，年七十四卒。

譚氏女，江陰人。許字陳璉，璉亡，歸陳守志。

陸氏女，江陰人。許字俞某，夫亡，欲臨奔葬，父母不可，即絶粒誓死，卒詣夫家守志。事舅姑極盡孝養。

陳氏女，江陰人。許字宣文鼎，夫亡，歸宣成服，食貧守貞。

陳氏女，江陰人。許字魯氏子，魯亡，守志以終。

徐氏女，江陰人。許字吴朝柱，夫亡守志。

鍾氏女，江陰人。許字張運貞，夫亡奔喪，因留張，奉養舅姑，立嗣守貞。

孔氏女，江陰人。養親不字，撫弟成立。

孫氏女，江陰人。許字楊安基，夫亡，奔喪成服，葬畢自經。

吴氏女，江陰人。母喪兄亡，養父不字，依孀嫂同居。

畢氏女，武進人。許字孫行復，夫亡，奔喪守志，紡績以養舅姑。

毛氏女，武進人。許字周景陽，夫亡，立嗣守志。

張氏女，武進人。許字殷德明，夫亡奔喪，誓不改字。

張氏女，武進人。許字朱瀾，瀾故守貞。

周文範女，武進人。母盲弟幼，女志不適人，以養親育弟爲己任。弟長，家政皆女主之。年逾六十卒。

任氏女，宜興人。許字徐中杰，夫亡歸徐，守貞四十餘年。

任培元妻許氏，荆溪人。母病，割股以療。事舅姑盡孝，歉歲甘旨必具，餘則推及小姑、小叔，而自嚙草根。撫兄之子及諸侄如己子。

錢茂千女，陽湖人，字律貞。性至孝。有弟早殁，女誓終身不字，以代子職。弟遺腹生子，與弟婦陳氏共撫之。

魏氏女，陽湖人。許字顧聖輝，夫亡，衰絰奔喪，守貞終身。

龔氏女，金匱人，燦曾妹。許字秦某。性至孝。未嫁夫亡，歸秦守貞。

徐氏女，無錫人。許字華姓，未嫁守貞。

許婺聘妻吴氏，宜興人，未嫁守貞。

李氏女，宜興人。許字丁新運，丁客廣東別娶，女悲惋誓不他適。

胡氏女，許字吴某，未嫁，夫亡守貞。宜興人。

周氏女，宜興人。許字吴兆祥，未嫁守貞。

陸氏女，宜興人。許字馬氏子，未嫁守貞。

吴綸妻儲氏，割股療翁疾。宜興人。

鎮江府

周

史氏女，黄山里人。伍員奔吴，乞食溧陽，值女擊綿瀨上，筥中有飯，員跪而乞飧，飯畢曰：「掩子壺漿，勿令其露。」女子嘆曰：「嗟乎，妾獨與母居三十年，自守貞明，何宜饋飯而與丈夫？越理虧義，妾不忍也。子行矣。」遂自沉於瀨。後員克楚還，過瀨，投金水中而去。

明

楊氏女，丹陽人。許字孫亹，未嫁夫亡，女白父母，奔喪不返，守貞六十餘年。嘉靖年旌。

殷氏女，丹徒人，孝子士望女弟也。家被盗，盗縛其母欲加撻，女哀號請以身代，盗曰：「孝女也。」兩釋之。嘉靖年旌。

史義姑，溧陽人。許字宜興邵一龍，夫亡，女衰絰赴之，以「中心不改」四字涅其面。事公姑甚謹。萬（歷）〔曆〕中旌。

李氏女，金壇人。許字段應亨爲繼室，夫亡，往夫家撫前妻子女如己出，守節終身。天啓年旌。

李臯妻于氏，金壇人。少喪夫。姑病，爲嘗糞祈禱。懷宗中旌。

吴氏女，丹徒人。許字金壇曹氏子，曹亡，守節終身。懷宗中旌。

王氏女，金壇人。許字孫箴，未嫁夫亡，守節不二。有司嘉奬。

于氏女，金壇人。許字賀鼎爲繼室，鼎以讒繫獄，恐不測，寄書辭婚，女不從，曰：「義無再字！」鼎父孟巖憂悸成疾，女請於父曰：「舅老，子不在側，請歸賀氏。」父許之。後鼎獄釋，尋死，立後、治喪皆有禮。

吴貞女，許字馮氏子，馮夭，矢志守貞不二。至老，端坐而逝。

狄氏女，溧陽人。許字周姓，夫亡守貞。

羅氏女，溧陽人。許字周有灝，夫亡，刺字於面，歸周守志。

强氏女，溧陽人。許字陳綱，夫亡守貞。

楊氏女，溧陽人。父母死，撫弱弟，刺「守貞」二字，終身不嫁。

國　朝

(邱)〔丘〕氏女，丹徒人。許字生員龔雄，雄亡，過門守貞。

李氏女，丹徒人。許字朱世慶，慶亡，守貞夫家。

以上雍正二年旌表。

張與可妻何氏，丹徒人。刲股療父疾，傷重夭歿。

徐名眙妻張氏，封禮部侍郎張九徵女。夫亡，奉姑盡禮，姑病割股。時稱節孝。

莊天澤妻吕氏，金壇人。姑患癰，氏口吮之不懈。夜夢神語云：「上帝感汝誠孝，特延一載。」癰果漸瘥。明年，以他疾終。

張貞女，丹陽人。許字王颺廷，廷以父嬖妾而虐其母，抑鬱成疾，垂死。女語侍婢白父，願往視，一見而瞑，留執喪。未幾，父勸之歸，歸十餘年，復往省姑。親戚咸語其舅：「媳爲若子守，宜少分與貲産。」舅性鄙而狠，溺愛妾子，反欲嫁媳，以免分財，若不能旦夕容者。女念進退俱不可，夜自經。姑寐而驚，急救甦。里黨憤其舅，欲訴之官，女告父曰：「以兒故，訐翁短，他日何以見其子地下？」乃已。有司表其門。

賀貞婦，武進唐氏女。字丹陽賀和衷，賀殀。居二年，父母欲爲擇配，女願歸賀氏。事舅姑以女貞盡婦道，人稱爲貞婦云。

劉氏女，金壇人。許字姜景正，正垂歿，過門永訣，克盡婦道。

王氏女，金壇人。許配于某，某亡，過門守節。

王撰今妻薛氏，武進人。年二十一，歸金壇王撰今，時撰今已病篤，未能成婚。不逾月而卒，父母欲令改適，誓死不移。越數年，侄鎬思生，撫侄爲嗣。卒，年六十有九。

淮安府

唐

趙氏女，山陽人。父貿鹽犯法當死，女泣請隨坐。鹽鐵官義之，特減死論。女既全父命，即去髮爲尼。皮日休爲立傳。

明

張氏女，郡人。許字胡瀛，瀛亡，女守貞終身。

許氏女，山陽人。嘗刲股療親疾。許字周氏子，未嫁夫亡，奔喪守節。

朱氏女，山陽人。父死，母謀改適，女屢勸不聽。嫁之日，母欲挾女以行，不從，投河死。

生員汪必達妻丁氏，清河人，刲股愈姑疾。

沈興祖妻吴氏，山陽人，刲股愈姑疾。

李氏，山陽人。母面生毒，醫不療，氏刲股進羹，母汗出，遂愈。

謝氏，大河衛人，前後三刲股療父母及夫病。

王鼎妻張氏，清河人，剖肝愈姑病。後母病，又刲股以進，亦愈。崇（正）〔禎〕中旌。

國朝

楊氏女，山陽人。許字崔毓英，未婚夫卒。氏聞訃，悽愴縞素赴崔，立侄延祀，守志三十三載。雍正十一年旌。

蔣氏女，山陽人。許字高日昂，日昂亡，守貞終身。

潘兆昱妻高氏，鹽城人。割股療父病，夫亡守貞。

蔣氏女，鹽城人。許字王祝頤，未嫁，夫亡守節。

黄立乾妻姚氏，山陽人。刲股五次，療舅姑、父母及夫病。其媳姚氏，孫女敬姑、賢姑、昭姑，曾孫女賽姑，俱刲股療姑及母病。

高爾珩女，山陽人。爾珩病，妻凌氏刲股療，女與嫂孫氏俱同夜刲股。

許氏女，山陽人。未嫁夫亡，守節終身。

鄭氏女，安東人。許字汪宣琇，夫亡，奔喪守貞。

揚州府

明

宗氏女，許字陳必堯，堯死倭寇，女守貞不字。里中聞其女賢，争委禽焉，適堯父母没，女曰：

「吾示以所歸，則衆望絶想矣。」親奔喪哭，成服而返，求婚者始息。敕旌。

周祥妻張氏，儀（徵）〔真〕人，割肝療姑病。事聞旌表。

陳九經妻黄氏，高郵人。夫病，割股投藥，弗起。舅姑病，復兩割股以療。

葉襄妻孔氏，江都人。侍姑病已疲憊，姑没，手製殮衣達旦，遂一慟而絶。

國　朝

喬氏女，江都人。許字史良輔爲繼室，良輔暴卒，姑迎女歸家，撫前妻子有成。

蔡氏女，泰州人。父貢生孕奇爲仇陷繫獄，女痛父無嗣，莫辨其枉。恭遇聖祖南巡，上書道旁，孕奇得釋還。

汪氏女，江都人。許字馬恒，恒夭，女歸夫家守節。

以上康熙年旌表。

俞氏女，江都人。許字陳之韞，未婚守貞。

吴氏女，江都人。許字汪文斗，迎娶及門，文斗暴亡，女赴夫家守節。

以上雍正二年旌表。

朱氏女，寶應人。許字涂琰，未婚琰卒，氏聞訃投繯至再，以母救免。麻服歸涂，孝事翁姑。迄今守志四十三載。雍正十一年旌表。

高從龍妻黄氏，江都人，以孝婦稱。

許光震妻李氏，江都人。孝於舅姑。繼姑因産殞命，舅欲棄所生子，氏急收之，乳哺勝己出。光震尋登進士。

徐氏女，江都人。許字閻班生，生没，女欲臨喪，家人阻之。誓不更適，依寡母樓居二十年，茹素終身。

孫氏女，高郵人。許字車氏子，夫亡，哭泣歲餘死。

李氏女，興化人。許字解騏，騏病篤，迎歸永訣，女夜刲股以療。不效，明日没。姑病，割股進之而愈。

陳氏女，興化人。許字孫兆奎子斯立，夫亡，過門守節。

萬氏女，寶應人。許字朱裘，未嫁夫亡，過門守節。

劉氏女，寶應人。許字李某，未嫁夫亡，過門守節。

耿氏女，寶應人。許配張平之，未嫁夫亡，過門守節。

季氏女，寶應人。許字朱芹，未嫁夫亡，過門守節。

鄒氏女，寶應人。許字天長陳以瑚，陳卒，女聞訃截指爲誓，守貞終身。

曹氏女，泰州人。許字孫繼芳，芳死，女守貞不嫁，晨昏母側者三十年。

朱應辰妻仲氏，寶應人，刲股療母病。

楊永齡妻羅氏，寶應人，割肝療姑疾。

潘俊妻吉氏，寶應人，刲股療姑。

徐氏女，名淑姜，泰州人。父病篤，刲股作羹，立愈。母患中滿，女一歲之中割股四次，每次病少瘥。卒不起，卧母柩側三年，哀號上食，聞者皆泣。

焦氏女，江都人。許字林廣，未婚守貞。

汪遐齡妻徐氏，江都人。嘗刲股療母病。及歸汪，翁姑與夫病劇，皆刲股救之。當姑病時，徐將產，毅然奏刀，尤人所難。

張兆璉妻黃氏，儀(徵)〔真〕人。刲股療姑。姑没，哀痛死。

黃氏女，江都人。許字朱天開，開幼得昏懵疾，願解盟，女不從。及嫁，不以夫病失齊眉禮。夫亡，割面自誓，守節四十餘年。

徐州府

唐

王孝女，州人。元和中，父兄屯涇州戰死，女徒跣抵涇，護喪還葬。詔旌其門。

明

尹湯聘妻畢氏，州人。湯聘以哭母致疾卒，氏念翁老而瞽，刺繡爲養。翁歿，解衣以殮。苦節旌獎。

倪禄妻張氏，州人。禄官指揮，擢遊擊，倭寇熾，與戰死之。氏以倪氏無子，姑年八十無所託，乃毀容勵節事姑。臺使旌其門。

吴春安妻藺氏，州人。夫亡，氏年二十，姑黄氏年老，家貧，女紅以養姑享大耋。氏服事甚謹，三十餘年不違左右。

劉愚妻段氏，碭山人。愚父八旬，患病思食肉，春荒家窘，又居村落，肉難猝至。段潛割股奉之，病即愈。

何氏女，宿遷人。許字管逵爲繼室，逵亡，歸管氏，撫前妻子，守節以終。

國朝

劉景高妻徐氏，州人。姑疾篤，禱於神，刲股以進，得愈。氏亦若有神相助，絶無痛苦。

張鈺妻吴氏，州人。事姑至孝，鈺赴淮應試，姑病劇，氏割股作羹，雜雞臛以進，姑病頓瘳。

劉景越妻陳氏，州人。善事舅姑。姑卧病，陳侍湯藥數月弗怠。病亟，陳皇遽祝天，割股以療之。

陳美妻張氏，碭山人。姑嬰痼疾，醫云不治，張禱於神，夜夢神語曰：「汝姑當死，惟汝能救之。」寤即割股肉調羹進，三日豁然。有司旌其門。

崔澍妻蔣氏，碭山人。澍幼孤，母楊氏撫之，娶婦二載而澍亡，氏泣曰：「吾非不能殉夫地下也，但孀姑誰倚？」於是紡績以養。晨昏定省，三十年如一日。病則親嘗湯藥，没則殯葬成禮。鄉黨皆稱孝婦，郡守旌爲巾幗完人。

朱氏女，宿遷人，剖肺愈父病。

蔡鼎金妻艾氏，宿遷人，封股愈翁病。

張氏女，宿遷人。許配虹縣民金長發爲妻，未婚長發死，守貞終身不字。

以上雍正二年旌表。

太倉州

明

楊九娘，嘉定人。性至孝，父命夜守桔槔，苦爲蚊嚙，不易其處，竟以羸死。里人傷而祀之，其地名楊涇，以孝女得名。

劉氏女，崇明人。許字顧起濱，夫亡，奔喪守志。萬(歷)〔曆〕中旌。

胡淑寧，太倉人。許字楊皓，未嫁夫亡，守貞終身。

周鼎鉉妻徐氏，嘉定人。姑患疽，夫出外，氏祝天願以身代。閲①三日，無疾而逝。後鼎鉉繼妻生女，家人夢徐氏再世。及長，事祖母、二親孝甚，勞苦成瘵死。崇(正)〔禎〕中，徐氏、孝女同旌。

國朝

王貞女，嘉定人。許字侯世仍，未嫁夫亡，誓不更字。終身坐一小樓，足不履地。順治年旌表。

譚氏女，嘉定人。許字滕天佑，未嫁夫亡，父母屢欲奪志，氏伺隙投舍後池中，家人覺救。乃截髮毁容，歸滕守節盡婦職。康熙年旌表。

施氏女，崇明人。許字朱士傑，未嫁夫亡，奔喪守節。雍正元年旌表。

錢氏女，崇明人。許字施徹鳳，夫亡，歸施守貞。

施氏女，崇明人。許字朱士魁，未嫁夫亡，奔喪守節。

以上雍正二年旌表。

郁氏女，太倉人。許字生員吴埈，夫亡守貞。雍正三年旌表。

① 「閲」，《四庫》本作「越」。

甘氏女，嘉定人。許字歸臣櫄，未婚夫亡，奔喪養姑。雍正十一年旌表。

朱氏女，昆山人。許字太倉徐曾詢，詢歿歸徐，孝事翁姑。

嚴氏女，嘉定人。許字印佩金，夫亡，歸印數載，絶粒殉夫。

以上雍正十二年旌表。

金氏女，寶山人。許字周楠，未嫁夫亡，守志不二。

海州

漢

竇氏，東海人。少寡無子，養姑孝謹。姑以己故妨婦嫁，自縊死。姑女告婦殺之，婦誣服，竟殺孝婦。郡中枯旱三年。後太守于公至，曰：「孝婦不當死，咎當在是。」祭其冢，天乃大雨。

明

侍小花，海州人。年十六，許嫁而夫亡，歸夫家守節。洪武中旌。

史霓妻張氏，贛榆人，割股愈姑疾。

劉氏女，贛榆人，名妙圓。許字張森，森亡，衰麻往殯守節。

賈中舉妻昌氏，沭陽人，刲股愈姑病。

毛氏女，沭陽人，刲股愈父疾。

王氏女，沭陽人，刲股愈父疾。

國朝

王司理妻雷氏，贛榆人，刲股愈祖姑病。

（邱）〔丘〕宗道妻洪氏，贛榆人，刲股療舅疾。

杭躍龍妻王氏，贛榆人，刲股療母病。

宋芳妻李氏，沭陽人，刲股愈母病。

葛一鶴妻周氏，沭陽人，刲股愈姑病。

葛一麟妻仲氏，沭陽人，刲股愈姑病。

張氏女，海州人。許字徐方昇。流氛殘縣城，方昇陣亡，氏年十八，過門守節。以侄適爲嗣，午夜伴讀，得列黌序。苦節六十一年。

以上雍正五年旌表。

李貞女，贛榆人，雍正十一年旌表。

通州

明

顧士掄妻許氏，如皋人，吏部員外許直女。許字未嫁，掄病革，乞歸侍湯藥。逾月夫亡，舅姑繼殁，氏求伯子爲嗣。甲申，聞父直殉難，北向號泣成疾死。

國朝

蘇氏女，如皋人。許配許拱，拱夭，女歸許，事姑撫嗣子。雍正元年旌表。

生員王珽妻冒氏，如皋人。夫殁，奉孀姑。鄰家火起，氏獨抱姑出寢室，餘皆勿問，火竟不延。氏有侍女張，念主母苦操，終身相依不適人，七十歲死。氏年今八十有八。

曹氏女，泰興人。許字于朝紳，未嫁，夫亡守志。

以上雍正二年旌表。

凌氏女，泰興人。許字張雲白①，張殤，父母更議婚，自縊救甦，乃止。凌氏貧無子，女終身依膝

① 「白」，《四庫》本作「自」。

下，且撫螟蛉以爲張氏子後。雍正九年旌表。

真定知府徐起霖妻白氏，通州人。事舅姑盡孝。舅大紳，家貧授徒，有故人冒雪相過，大紳四顧無措，氏潛質布裙具酒食，頗豐潔。舅苦多男，第七子生，將棄不育，氏舍其兒而乳之。長婦劉氏、長孫婦陳氏，皆能奉氏家法，以孝慈著。人謂徐氏壼内世濟其美云。

冒襄妻蘇氏，如皋人。姑疾篤，同夫焚香籲天，願以幼子充代。子殤姑愈，時稱孝婦。

賁氏女，如皋人。許字曹，未嫁夫殁。未幾，舅姑皆殁，無子，女往視含殮，哭泣病卒。

王氏女，通州人。許字蔡以禮，夫亡守貞。

馮氏女，通州人。許字季來賓，夫亡，過門守貞。

江南通志卷一百八十九

人物志

列女　貞孝〔二〕①

安、徽、寧、池、太、廬、鳳、潁八府　滁、和、廣、六、泗五州

安慶府

明

程氏女，系出河南，隨父家於皖。許字楊宗禮，未婚夫亡，家貧，母强之再字，女泣曰：「餓死事

① 據《四庫》本補。

小，失節事大。」紡績自給終身。祀烈女祠。

方氏女，桐城人。許字盛某，未嫁夫亡，服衰往哭。歸依兄以居，年七十卒。

左氏女，桐城人。許字韓昷，昷父避仇遠適，挈昷行，聽女別議婚，女曰：「一與之盟，焉能更事他人？」堅守至二十載。昷歸，成婦七年卒。

章氏女，太湖人。許字汪氏子，未婚汪夭，女毁容截髮，守志以終。

羅氏女，望江人，小字引貞。許字方自宣，方夭，女聞百計求死，爲母姊所持。因求歸方氏，績紡①奉姑二十年，無疾而終。崇(正)〔禎〕時旌表。

國朝

黄巽貞，懷寧人。許字葛一舉，舉早没，黄年十五，聞訃奔喪斷髮。奉養舅姑，縞衣疏食，卒合葬舉墓。祀烈女祠。

程氏女，懷寧人。許字陳洪，未婚洪死，女固請服喪，立嗣守志。嘗刲股療姑病。

高氏女，桐城人。許字王家俊，夫亡，衰絰奔喪，設主於室，守貞以終。康熙年旌表。

① 「績紡」，《四庫》本作「紡績」。

許氏女，桐城人。許字儒童胡尚虞，尚虞死，衰絰奔喪。獨居紡績，孝養舅姑，立尚虞兄子祚履爲嗣。雍正十二年旌表。

童氏女，桐城人，許字馮某。

方氏女，桐城人，許字葉文元。

吴氏女，桐城人，許字張若琅。

姚氏女，桐城人，許字王士瑶。

周氏女，桐城人，許字章彌六。

林氏女，潛山人，許字王前洛。

馬氏女，潛山人，許字黄化澤次子。

周氏女，太湖人，許字章鍾祥。

以上俱未嫁，夫亡守貞。

儲良相妻時氏，潛山人。嘗刲股以愈姑病，夫病復然。

龍氏女，望江人，名佛貞，割股救祖母疾。

徽州府

唐

章氏二女，歙人。隨母登山採桑，虎攫母，二女號呼搏虎，母竟獲免。終身奉母不嫁。刺史劉贇表所居爲「孝女鄉」。

宋

汪三桂妻張氏，歙人。嫁逾月而夫亡，養舅姑以孝聞。

葉氏女，婺源人。許字程士龍，未嫁奔夫喪，誓不再適。事聞旌表。

葉氏女，歙人。父母殁，鞠於叔母，叔母疾，割股救之。終身不嫁，年八十一終。

明

程溧妻汪氏，休寧人，刲股療姑病。詔旌表。

李德伭女，婺源人。年十六，聞父遇害，慟哭自經。洪武九年，立祠歲祀。

汪基女，婺源人。許配葉天彝，奔喪，事舅姑守節。旌表。

胡氏女，歙人，名玉娥。年十三，偕弟之憲割股療母病。題旌雙孝。

方氏女，休寧人。許字李宗敏，敏死，議婚不從，往李守節，終養舅姑。旌表。

王氏女，休寧人。許字程思，未婚客死，氏守志養姑。建坊旌表。

江巖龍妻方氏，歙人。繼姑性嚴，好督責，疽發背，方親視藥洗滌，至以舌舐瘡口。二十五而寡，撫妾遺腹子成立。崇〔正〕〔禎〕時旌。

俞堂妻胡氏，婺源人。家貧，翁老瞽病瘋，堂傭外，胡生養死葬，以勞瘁死。

江茂嵩妻俞氏，婺源人。嵩客外，姑病篤，俞夢神教以進乳乳姑，從之。姑愈，而俞以困憊死。

朱隱貞，歙人。年十七，許嫁未適而夫死，不嫁終身。

詹子民二女，歙人。姊名師，妹名岳，皆未嫁守志終身。

程法姑，歙人。許字蔣應約，約亡，女臨喪哭奠，隨孀母守節。

程氏女，歙人。許字吴從仕，仕亡，女奔喪守節。

許氏女，歙人。幼警悟，通書史。年十七，刲股療父疾。

黄細姑，歙人。許字章一綱，綱死寇難，女坐卧一室，禪誦終身。

黄玉芝，歙人。性至孝，嘗刲股療母病。

施氏女，婺源人。父仁卿殁，遺孤二齡，女年十五，撫弟不嫁。人稱其居爲「貞節里」。

國朝

金氏女，休寧人。許字吴士書，士書早殁，守貞終身。雍正三年旌表。

曹氏女，婺源人。許字汪曦，夫亡守貞。

盧氏女，黟縣人。許字許永元，元死，女詣許守貞。

雍正四年旌表。

吴氏女，歙人。許字胡國辰，辰亡，女過門事舅姑，立嗣守貞。雍正九年旌表。

金慶治妻汪氏，婺源人。事翁姑盡孝，姑盲，籲天禱祠得明。雍正十年旌表。

胡氏女，歙人，名芳葵。年十九尚未許字，事父母、祖父母俱得歡心。祖母病劇，女刲左股和羹進得愈。逾時，病復作，女復刲右股。家人無有知者，忍痛侍側，晨夕弗少怠。祖母死，女號慟創裂，連呼祖母及父母而絶。

汪于賡女，歙人。母病瘋，父遠館，女侍疾盡孝。母亡，殮畢遂投繯卒。

程氏女，休寧人。許字趙徠，徠卒京邸，女年十六，聞訃詣趙，立嗣守貞。卒，年四十有三。

寧國府

南北朝

宣城女，逸其姓。母爲猛獸所攫，女啼號搏獸，行數十里，獸置其母去。梁天監中，詔旌其門。

元

葛妙真，宣城人。年九歲，聞術者言，母年至五十當死，即涕泣茹素。終身不嫁，以祈母壽。詔褒異之。

唐八妙，宣城人。兄亡侄幼，憐其孤，遂留撫之，終身不字。

明

仲文妻郭氏，宣城人。年二十夫亡，家貧奉姑。姑病，親爲嘗糞。事聞旌表。

汪德香，南陵人。未嫁夫死，奉夫主居一室，家被焚，所居獨完。萬（歷）〔曆〕年旌，與梅烈婦同祠。

胡催蓮，涇縣人。許聘朱御，御亡，衰絰往奠。偕一婢樓居，不見一人。姑病，籲天，刲股得瘳。

年六十，卒。其婢亦以處女終。事聞旌表。

張星妻陳氏，宣城人。繼姑甚嚴，嘗以無事碎其首。父聞之恚，氏曰：「兒自失足耳，非姑所致也。」姑得惡疾，同卧起者三月無懈意。

翟抱貞，涇縣人。許字王怡，怡亡，氏衰絰奔喪，遂依舅姑以節終。

趙善未妻王氏，涇縣人。幼養於趙，未婚未亡，伯父欲使他適，氏曰：「侍姑終天年可也。」年三十六，姑没，又勸之，氏曰：「吾老矣，又何之？」遂以完節聞。

國朝

胡氏女，太平人。許字汪忠瑚，瑚亡守貞。

胡昺妻周氏，涇縣人。未婚昺亡，矢志守貞。

以上雍正三年旌表。

錢氏女，宣城人。許字施躋，躋亡守貞。雍正五年旌表。

邵重妻盛氏，南陵人。夫亡，鄰媪以家貧勸令改適，盛齧斷一指示之。事姑至孝。一夕，盜執其姑，亟以身衛刃，傷左臂仆地，右臂仍擁抱其姑。盜爲感動，釋去。

章女佳英，南陵人。許字曹元輔，輔卒，女終身居一小樓，年八十餘卒。

姚希儒妻施氏，南陵人。儒臨没，以瞽母弱息相諉，氏謹事瞽姑，飲食坐起弗少離。年七十三卒，卒時命子虞曰：「必葬我姑之側。姑在時，跬步無我不能行，今泉路誰倚乎？我願地下長相隨也。」

賀大震妻王氏，涇縣人。姑信幼子譖，逼震出之，王歲時問遺，不敢怨尤。閱數年，姑病亟，姑命迎還，氏封股療姑。姑悔且泣，夫弟譖氏者亦感悟，遂相保如初。

梅氏女，宣城人。許字施士錞，未婚錞卒，女詣施守貞。旦夕慟哭，三年没。

俞氏女，宣城人。許字胡鳳聲，夫病，同母往視。及鳳聲没，留胡養姑，白首一節。

黄日新妻程氏，寧國人。寡居奉姑，姑病劇，氏夜夢神語，以人肝可治。明日便割①肝進之，創甚而卧。鄰嫗知其故，以語姑，姑驚喜曰：「婦孝乃若是！」霍然起，走視婦。婦見姑亦驚喜而起，姑由此遂愈，而婦創未合。求醫，途遇一人，裂帽氈與煎湯飲，果效。所遇殆神人云。

池州府

明

章氏女，名佳英，貴池人。幼孤，依兄嫂，兄以逋賦竄死，佳英與其嫂撫育遺孤，終身不字。

① 「割」，《四庫》本作「剖」。

周氏女，名清香，東流人。許字阮廷柏，廷柏偕媒妁納聘，歸舟溺死。女聞設位哭，遂獨居紡績，守志以歿。詔旌之。

余謂道妻李氏，銅陵人。姑疾篤，貧不能延醫，剖肝療姑，以過傷死。

管氏女，名蓮姑，貴池人。許字胡邦賢，未婚夫卒，往依舅姑。立後守節，垂三十年歿。

章氏女，名嘉姑，青陽人。許字曹某，未嫁夫亡，乃剪髮居一樓。父母歿，三弟幼稚，皆撫之有成。

陳某妻沈氏，青陽人。翁疾，刲股以進，遂愈。

沈氏女，名新弟，石埭人。許字涇縣查一球，一球死，父復許湯某，女以死拒。歸查，奉姑至老。

沈氏女，石埭人。許字李電，電與博徒遊，爲父逐，莫知所往。翁與父諭令改適，女泣不從。父怒，每日僅給米二合，女志愈堅。獨居紡績，年逾八十始歿。其所居室，每歲有孤燕棲之，涇人士爲作《孤燕來巢》詩。

桂一羨妻吴氏，石埭人，刲股療姑及夫。

鄭氏女，建德人。許字陳某，陳夭，女聞請往，成服奉姑。父母持之，遘疾而殞。

國　朝

佘氏女，貴池人。許字柯繼超，夫殤歸柯，立嗣守貞。

陳氏女，銅陵人。許字方國榜，未婚守貞，孝事翁姑。

以上雍正九年旌表。

胡氏女，石埭人。許字沈自材，未婚材歿，歸沈守貞以老。雍正十三年旌表。

夏氏女，名瑞姑，貴池人。許字姜蓁齡，齡將婚而夭，女閉閣八年，髮爲盡白。姜氏迎歸立嗣，後以母喪哀毀卒。

章氏女，貴池人，名坤姑。許字潘有昌，有昌夭，父母別議婚，女聞自經，母救之。乃哀服詣潘，哭夫於墓，奉姑以終。

孔尚坤子婦方氏，建德人。坤病劇，氏刲股以進。臂創甚，醫者云：「須活鼠皮傅之。」尋一鼠自來，若陰有畀之者，傅之而愈。

姚之皋妻劉氏，建德人。性至孝。歲大饑，糠籺不飽，必購米以奉翁姑。姑歿，哭之幾絕。後年逾七十。

陳氏女，石埭人。許字周嶽齡，將婚而嶽齡殞。女聞訃，卧牀不起，絶粒六日死，目不瞑。父囑以送柩合葬於周，女復張口應聲，目始瞑。

太平府

五代

聶氏女，當塗人。家貧，女年十三，隨母採薪，虎攫母去。女持刀追虎，殺之，母屍得全。

宋

李之儀妻胡氏，名淑修，字文柔。之儀以撰范純仁遺表事，蔡京陷之獄。淑修之京，得范手創稿證之，儀得免。後編管太平州，遂家焉。淑修純孝，負土葬親，淚落枯枝復生。

詹氏。紹興初，淮賊至蕪湖，欲殺其父兄，詹泣拜，求以身代，賊釋其父兄。女隨行，過市橋躍入水死，時年十七。鄉人爲立祠以祀，明太祖有詩褒之。

明

學士陶安妻喻氏，當塗人，名德常。事姑以孝聞。高帝克金陵時，安移家就焉，氏因邀母偕往。友諒陷城，諸喻多被其害，氏母以移居無患。

潘禮女，當塗人，名玅①静。許字陸永資，夫死，誓不改字。媒氏偶勸之，潘以沸湯自抵其首，自是無敢言者。年七十六，終於家。

俞玭女，蕪湖人，名寶姐。許字陸謙，謙死，俞守貞四十有二年。萬（歷）〔曆〕間旌。

吴實妻芮氏，蕪湖人。實亡，氏苦節，事姑盡孝。姑病，刲股以作羹。姑死，刻木肖像，侍奉②如生。苦節至七十餘。萬（歷）〔曆〕間，旌表其墓。

徐民極妻董氏，繁昌人，名春英，董輝女。極遘奇疾，氏刲股以療之。不起，截髮苦守。姑病篤，復刲臂以進，立愈。奉姑終老。

强資之妻劉氏，繁昌人。姑病篤，籲天割心，和藥以進，姑病遂愈。氏壽登百歲。

孫氏二女，繁昌人，孫富季女。兩姊嫁，季嚴拒不字，願侍父以終養。其伯兄聰女方十齡，見而誓之，曰：「姑能孝，我獨不能孝乎？」亦堅不受人聘。年各七十餘，郡人稱爲雙白。

徐憲女，當塗人，名采芹。母病刲股，孝事雙親，終其身不適人。

白氏，當塗人，父、夫俱失其名。未嫁夫亡，守貞不改。年七十有餘，忽更衣拜木主前，禮終而氣絶，異香滿室。

---

① 「玅」，《四庫》本作「妙」。

② 「侍奉」，《四庫》本作「奉侍」。

張椿女，當塗人，名玉貞。幼字谷姓，夫亡，父母欲更配，誓不肯從，守貞終老。

俞氏，蕪湖人。許字潘子謙，謙死，守貞終身。

生員湯一藻女，蕪湖人。許字吴兆辰，辰亡，守貞三十餘年而卒。

國朝

楊可侯妻施氏，當塗人。年十九夫殁，撫遺腹子。刲股療姑病，姑卒，哀慟幾絶。復事繼姑，孝敬無異。教子成立，守節歷四十二年。康熙年旌表。

王國勷妻潘氏，蕪湖人。年二十夫亡，撫藐孤，割股療姑疾。

李氏女，當塗人。許字朱時鳳，夫殁，誓同穴。守貞夫家，歷三十年卒。

陳國治妻晉氏，當塗人。年二十九夫死，守節撫孤，割股療翁，教子成立。

以上雍正二年旌表。

施有應妻周氏，當塗人。年二十八夫殁，事舅姑盡孝。姑病，氏割股以進，撫孤成立。雍正三年旌表。

萬尚相妻齊氏，蕪湖人。年十九夫亡，苦志守節。姑病，氏割股以進。撫孤成名。雍正五年旌表。

曹氏女，蕪湖人。許字范馴夔，夔死，誓不改字，守貞終身。雍正十年旌表。

張氏女，蕪湖人。許字韋聖聰，未嫁，夫亡守貞。鄰家火災，氏護翁姑不出門，天反風火滅。雍正十三年旌表。

庠生陳啓忠妻潘氏，當塗人，潘譢女。受聘後，夫患瘋疾，舅辭婚，氏截髮以誓，歸陳侍夫疾。夫卒，事舅姑以孝。父譢死，無子，氏迎櫬歸葬。苦節五十餘年。

庠生魯天璧妻邵氏，當塗人。夫亡，貧甚，勤紡績以奉姑，剜肝以療姑病。姑歿，營葬盡禮。

汪元選女，當塗人。許字吴炯然，炯死，汪守貞不字，與寡母胡氏共帷苦節。

朱氏女，當塗人。許字戴國榮，戴卒，氏年十六，奔喪撫棺泣血。歸依孀母守貞，歷三十餘年卒。

曹氏女，當塗人，名淑女。許字黄元鼎，未嫁，黄遠遊不歸，氏矢志獨居一樓廿餘年卒。

魏日曉妻唐氏，當塗人。夫與翁、姑病，俱刲股療之。夫亡，苦節五十三年卒。

沈載道妻殷氏，當塗人。夫亡，苦節教子，刲股療姑。

張治維妻徐氏，當塗人。初割股療姑，夫病，復刲股。苦節撫孤五十餘年。

丁士端妻劉氏，當塗人。年十七，夫亡，苦節教子。翁病，刲股療之。

楊復泰妻張氏，當塗人。夫亡苦節。姑病痿，朝夕扶掖無頃刻離。

庠生曹臺岳妻方氏，當塗人。姑病篤，氏籲天刲股以進，姑立愈。

張旭妻孫氏，當塗人。姑病，刲股療之。

太學生鍾開祚妻孔氏，當塗人。姑遘奇疾，氏割股和肉糜以進姑，姑疾頓起。嘗歸寧，見江畔暴屍，捐貲鬻槽以瘞。夫亡，守節以終身。

楊榑妻曹氏，當塗人，名青楨。性孝，父死嘔血數升，事翁姑盡禮盡孝。

張汝默妻彭氏，當塗人。姑病，同默侍湯藥三月不解帶，籲天願以己身代，姑遂愈。

鄉大賓李世爵妻朱氏，當塗人。事舅姑以孝著。姑病劇，氏禱神願損己壽。姑後亡，哀毁盡禮，奉繼姑孝敬如前。

黄氏，蕪湖人，失夫名。事孀姑盡孝，姑瞽，氏刲股以進，目復明。

魏嘉善妻周氏，蕪湖人。善蚤①卒，撫孤守節。繼姑待之酷，氏奉事愈謹，勤紡績以供朝夕，自食糟糠，不令姑見。

朱嘉生妻周氏，蕪湖人。夫與翁病，俱割股療之。夫死，苦節四十有九年。

章甫略妻王氏，繁昌人。翁病篤，虔禱夜半，割股以進，疾遂愈。

陳開虞妻楊氏，當塗人。年十四，母病，氏割股療之。適陳，盡典衣飾，相夫營葬翁姑。後父病，氏仍割股。鄉黨稱爲純孝。

李世翰妻端氏，當塗人，端士志女。姑病，刲股以療。翰仕太和邑，有因貧棄妻者，氏脱簪珥全之。貧民棄嬰於道，每收育給資以養。

① 「蚤」，《四庫》本作「早」。

王熤妻徐氏，當塗人。夫早亡，氏苦節撫孤。姑病，割股以療。

徐章達妻夏氏，當塗人。姑病，累月衣不解帶，祝天願以身代。有羅某爲人介紹鬻子僕逃，羅携子來質，氏辭之，火其券。歲饑，出穀賑濟，不繼，出紡績錢佐之。年七十餘卒。

廬州府

元

張氏女，廬江人，嫁爲高垕妻。母病，目喪明。張氏歸省，抱母泣，舌舐之，忽復明。事聞旌表。

明

李禹女秀真，無爲人。父禹卒於外，聞訃嘔血數升卒。

陸萬鵬妻侯氏，無爲人，割肝療姑病。

張崇舜妻朱氏，舒城人。壬午城破，負姑出郭匿田間，晝伏夜走，啖草飲泉數日，姑賴以活。

國朝

聞氏女，巢縣人。許字丁姓子，遠賈不歸，女終身不嫁。

張冕妻陳氏，巢縣人。年十九守節。父與姑病，皆刲臂肉投羹療之，竟以瘡歿。

方氏女，廬江人。許配葉文元，元卒，女衰服往弔，觸柩而死，救甦。立嗣守節。

李氏女，廬江人。許配宋嗣熙，熙卒，守貞終身。

趙廷璋妻陳氏，合肥人。少寡，事姑孝。姑病臥數載，嘗藥滌穢，以勞瘁仆地卒。

陳氏女，合肥人。許配蘇知非，非從軍歿，女聞訃變服，守貞終身。

周氏女，無爲人。許字孫世祿，夫歿，奔喪守貞。

王貞女，無爲州生員王虞友女。字張翰長子可權，未婚張没，女至壻家服喪。事翁姑盡孝，數十年如一日。

鳳陽府

明

潘麟妻高氏，鳳陽人。事父至孝。適麟，刲股療姑。姑卒，偕夫廬墓三載。

岳生璧妻俞氏，鳳陽人。事孀姑盡孝，姑疾，刲股以進，疾即愈。

唐儒女，鳳陽人。年十三，刲股愈母疾。歸葉，執婦道事舅姑以孝著。

尹端母陳氏，鳳陽人，刲股愈母疾。

趙廷劍女，鳳陽人，封股愈母疾。
杜炳女，鳳陽人，封股愈母疾。
徐士元妻孟氏，鳳陽人。夫病，割股弗能愈，自經至再，解救得不死。翁目盲，復封股進，目乃復明。夫歿，年二十七，守節終身。
沈思肇妻吴氏，鳳陽人。事舅姑至孝。夫病，氏封左膊肉煎湯進。其子沈律，亦於是夜割左股進，疾愈。
田民妻連氏，鳳陽人。姑病篤，氏封股以進，姑遂愈。
孟汝濟妻張氏，鳳陽人，封股救母疾。
張堂妻史氏，鳳陽人。姑病，封股愈之。
華宁妻劉氏，臨淮人，封股療姑。
宋溥妻張氏，臨淮人，封股療姑。
王大信媳鄭氏，臨淮人，封股療姑。
劉繼與妻盛氏，臨淮人，封股療姑。
李志學妻孫氏，臨淮人，封股療姑。
袁氏女，懷遠人。年十四許字周夢蟾，周歿，獨居小樓，守貞二十六載卒。
陶仲科女，懷遠人。許聘劉澤遠，未嫁澤遠死，女年十八，矢志守貞五十年卒。

方繼準妻袁氏，懷遠人。姑病，刲肘肉以進，即愈。

生員許惕若妻周氏，懷遠人。年十七適惕若，入室甫三日，姑病，割左臂肉以進，病遂痊。

謝應期妻崔氏，懷遠人。年十七適應期，繼姑病篤，割左臂肉以進。

吕奏雲妻唐氏，懷遠人。姑孫氏病，唐刲左臂肉作羹以進，姑隨愈。先是，其祖姑常氏，亦刲臂以療翁疾。

何堯庚妻李氏，懷遠人。家貧，鬻女紅以養姑。姑病，刲股肉爲湯以進，姑愈。

貢生段可教妻劉氏，懷遠人。夫死守節。姑病，刲股以療。女適袁蘊，其姑病，女亦刲股救之。

生員張建鼎妻黄氏，媳孫氏，壽州人。翁病，刲股。後黄病，媳孫氏亦刲股療之。

曹氏女，宿州人。許字劉氏子，劉以應試嘔血死，女隨母往弔，即拜翁姑曰：「此乃我家也。」守貞五十年。

丁鳳翔妻李氏，宿州人，李永福女。年二十三，生男甫週，鳳翔殁，苦志守節。姑病革，李刲臂以進，乃甦。

庠生田生玉妻張氏，壽州人。姑病，刲股肉和藥以進，姑愈。

何邁海妻梅氏，懷遠人。先是，翁病疫，姑李氏刲股以療之。後李病，梅氏亦割股以進，姑隨愈。

國朝

徐長允女，定遠人。許字馮廷棟。年十四，馮卒，矢志守貞。順治年旌表。

張偉器女，懷遠人。許字方楫，未婚方病，女趨侍湯藥。未及門而夫卒，毁容泣血，守貞終身。

姚淑芳，懷遠人。許配沈結，未婚結死，剪髮守節終身。

李氏女，壽州人。許字張於垣，張殁，女絶粒誓死。姑勿許，守貞終身。

張氏女，虹縣人。許字金長發。年十六夫卒，女同父母往弔，撫棺慟哭，自經柩旁，解救得不死。遂留夫家守貞。

以上康熙間旌表。

蘇球女，名淑姑，懷遠人。許字方連成，方殁，女年十四，截髮毁容，守貞三十八年。雍正七年旌表。

淩和繡女，名金姑，懷遠人。許字徐逢達，徐殁，奔赴守貞終身。雍正九年旌表。

梅方女，懷遠人。許字宋德明，年十六宋亡，守貞終身。

宫普妻黄氏，懷遠人。翁病，刲股以進，頓愈。

王蘭室女，懷遠人。許字張奇，奇亡，女年十四，歸張守貞。翁疾，刲股療之。

陶鏡妻施氏，懷遠人。父病，割股。夫病，亦刲股。

劉毓正妻李氏，懷遠人，割股療姑病。

陸梅女，懷遠人。許字廖良田。廖歿，女年十六，隨父奔〔喪〕①，撫夫棺慟絶，姻親伺之，不得殉。

廖氏辭婚，女引刀斷髮刺面，哀毀不食，父母泣勸，日食麥糝一二盞。廖氏爲立嗣，守節終身。

吴國琰妻黄氏，臨淮人。舅患背癰，危甚，割股進之，立愈。

姜文詔姜楊氏，臨淮人。姑患暴疾，氏割股以進，即愈。

張鐵冶二女，臨淮人。父病，第三女刲股救愈。其妹亦刲股療母疾。

李氏，臨淮人，姜鏡家婢。主母病篤，刲股愈之。

吴國璽妻唐氏，臨淮人。翁病，鬻簪珥以奉湯藥。垂危，刲股療之。

史筆妻朱氏，臨淮人，割股愈姑疾。

馮如哲妻魯氏，臨淮人，割股愈翁疾。

馮大受妻華氏，臨淮人。姑病，氏侍湯藥衣不解帶。姑歿，茹齋廬墓三年。

陸氏女，臨淮人，割股愈父疾。

王家汲女，臨淮人，割股愈父疾。

馮執京妻張氏，臨淮人，割股愈姑病。

---

① 據《四庫》本補。

張國綖妻趙氏，臨淮人，割股愈姑病。
劉傑妻越氏，臨淮人，割股愈姑病。
杜天鶴妻楊氏，臨淮人。姑病，刲股救愈。夫亡，苦節自守。
王風清女，臨淮人。許字胡廷琮，琮歿，守節終身。
武舉胡遵夏妻劉氏，壽州人，割股愈姑。
袁思春妻王氏，割股救姑。夫病，亦割股療之。
庠生王錫民妻趙氏，壽州人。刲股愈姑。夫亡，撫襁褓遺孤。姑歿，哀慟淚盡繼血，遂致雙瞽。
舉人金用乾母金氏，壽州人。父疾篤，祝天願以身代，刲股救之。
李大權妻汪氏，壽州人，刲股以療姑病。
劉餘慶女，靈璧人。許字馬饒哥，馬殤，女年十二，讀書明大義，乞父偕往治喪。見祖姑趙氏老無依，女即隨趙孝養，守貞以終。
趙桂妻華氏，靈璧人。父病，刲股。舅姑病，亦刲股療之。舅姑歿，廬墓三年。
田及時妻王氏，靈璧人。舅病篤，割股和藥療之。
潘徵源妻楊氏，懷遠人。繼姑病兩載，衣不解帶。病篤，刲股療之。夫歿，苦節終身。
崔聞紹妻房氏，懷遠人。翁病，刲股療之。年二十四，夫死，撫孤守節。
李氏女，壽州人。許字黄選，未婚黄卒，氏歸黄守貞。

顧霜錫妻吴氏，壽州人。夫歿，撫孤守節。孀姑病篤，氏割股療之。

李氏女，壽州人。許字黄瑄，瑄死，女歸黄守貞。孝事舅姑，苦志終身。

杜允吉妻葉氏，壽州人。姑腹疾久不痊，氏刲股作羹以進，疾隨愈。

生員汪中植妻姜氏，壽州人。姑病篤，曰：「能得肺湯否？」姜應以有，遂焚香告天，刲臂肉爲湯以進，姑愈。得其故，歎曰：「我十二歲曾刲股救親，今汝能是，得非天意耶！」郡守以「誠孝格天」表之。

謝烜妻張氏，壽州人。孀姑病，氏刲股以療。夫歿，奉姑育子，守節終身。

廩生謝令樹妻盛氏，壽州人。翁病篤，潛剜臂肉和藥，隨愈。

顧問官妻方氏，壽州人。夫歿守節。姑病篤，刲股愈之。

夏氏女，壽州人。許字劉瞻函，劉歿，女聞訃不食，父母勸止。守貞數十載。

馬化妻李氏，壽州人。孀姑程氏疾，氏刲股療之。

生員張紹美妻葉氏，壽州人。刲股愈翁疾，郡守表之。

生員方育英妻汪氏，壽州人。姑病，氏刲股以療。夫歿，投繯自盡，解救得不死。苦節教子成立。

晏旭妻傅氏，壽州人。夫歿守節。姑病篤，刲股以療。

顧氏女，壽州人。許字王某，未嫁夫歿，女哭泣奔赴，遂留奉姑守貞以終。

劉欽女，壽州人。許字侯會玉，侯病歿，女年十七，自縊獲救，遂歸夫家守貞。

劉鍾妻周氏，壽州人。姑病篤，刲股和藥愈之。

毛國秀妻曹氏，壽州人。姑張氏病，刲股療之。母龔氏病，亦割股以愈。

方貞女，壽州人。許字方訓，未婚方歿，誓不改適，苦志守貞。

劉顏學妻劉氏，壽州人。奉孀姑至孝。夫病篤，刲股愈之。姑病，亦刲股以療。

潁州府

明

陳海妻李氏，潁州人。早寡守節。姑病思食蒲笋，氏匍匐三十餘里採之。鄉人傳其孝，州牧申請表之。

梅廷光妻沈氏，潁州人。翁病，氏割股以進，病隨愈。巡按表之，有司歲給粟帛。

謝氏女，潁州人。許字盧賡，盧死，女年十六，訃至，五日不食，母多方苦勸。終身茹齋，女紅自給，守貞五十餘載。

阮時中女，霍(邱)〔丘〕人。隨父之任中州，父病篤，女刲股和藥進，遂愈。

李氏女，名大兒，霍(邱)〔丘〕人。年十二，父病不能痊，女禱天刲股肉以療之。

侯氏女，亳州人。許字徐文起，夫亡往弔，藁卧柩旁三載。守貞四十八年。

國朝

陸濂女，蒙城人。許字龎負圖，龎病瘋死，女聞訃累日不飲食，幾斃。與父母相依守貞。父病，思食肉，女潛割股以進，頓愈。父母亡，哀慟嘔血。順治年旌表。

劉氏女，亳州人。許字胡桌①，未嫁，胡病篤，欲迎氏歸，父母難之，氏曰：「夫病，翁姑老，願往侍湯藥。」至胡門五十八日，夫卒，欲殉不得，立侄爲嗣，守貞終身。雍正六年旌表。

李廷學妻朱氏，亳州人。母病，籲天以身代。姑歿，千里扶櫬殯葬。雍正八年旌表。

侯氏女，亳州人。許字徐某，夫歿，苦志守貞。

薛氏女，亳州人。許字張道福，張爲賊擄，氏守貞五十餘載卒。

王氏女，名素貞，亳州人。許字李殿基，李緣事入都不得歸，父母令他適，誓死不從。聞鄰翁識夫所在，求偕往訴當事，夫得釋歸，完聚偕老。

姜氏女，蒙城人。幼許李雲鵬，李病篤，女欲與訣，父允之。僅一見而李亡，女留不去，事孀姑、撫夫幼弟，守貞至七旬卒。

---

① 「桌」，《四庫》本作「胡卓」。

滁州

明

秦氏女，名善才，州人。母孀居，女誓不嫁養母。卒，年七十有五。

章氏女，州人。許字盧守恭，盧病亟，迎歸，不能婚。尋卒，女誓不再適，年七十一終。

魯氏女，全椒人。兄宗源夫婦俱早世，遺孤志和、志能，女誓不嫁撫之。後和欲請旌，女辭曰：「吾女子，不嫁豈常理乎？」卒，年八十有四。

庠生郜希伯妻趙氏，全椒人。事姑熊氏，備極孝養，姑病三日不食，氏亦三日不食。媳金氏，亦孝事趙，克紹其姑。

陳治書妻朱氏，全椒人。性至孝。母病，日不食，夜不寢，刲股作羹得愈。越歲，母卒，哀毁幾死。

謝氏女，滁州人。父以逋糧出亡，其母被刑而死，女營葬畢，一慟而絶。

國朝

李氏女，六合人。許字全椒翰林吴昺子霆榮，未婚榮殁，氏聞訃歸吴，守貞撫嗣侄牲入泮。牲聘江寧貢士梁金鋙女，未娶，牲復殀，梁氏年十七，聞訃誓死。以姑在，而養姑立嗣是急，遂稟父歸吴，一以姑志爲志。鄉里咸稱一門雙節。

雍正七年旌表。

和州

羅貞女，全椒人，雍正十二年旌表。

明

韓泰初妻劉氏。泰初本新樂縣人，洪武間徙家和州。姑甯氏，塗次撲地傷腰，劉籲天刺臂血和湯以進，得愈。至和州，姑患風痺不能起，時值盛暑，劉晝夜驅蠅蚊不怠。姑卒，未能歸葬，號泣不輟。事聞，詔至京師厚賜之，遣官送甯氏喪歸葬，旌其門。

沈璿妻張氏，餘姚人。永樂初，璿父官和州吏目，因家焉。氏年二十三，璿亡，姑憐之，欲令改適，氏泣曰：「姑無子，婦去，姑何所依？」忍飢奉姑。年九十有二終。

賽仲玉妻清氏，和州人。少寡苦節，敬奉舅姑，舅年一百一歲，姑年九十，喪葬盡禮。

宣德年旌表。

成其德妻祖氏，和州人。早寡，誓不再適。事舅姑以孝聞。姑歿，哀號不食，後姑一日而死。

羅氏女，含山人，名兑。許字蔣苒，苒殤，女矢志守貞。鄰媪紿以將納某氏采，遂自經，急救得甦。姑家高其義，迎歸。後以流賊震恐，隨母歸新安。母死，女哀毁病卒。於遺篋中得白練半幅，以朱絲刺字曰：「此貞女羅兑之屍，見者其覆藏之。」蓋寇警時，製以自佩也。

唐有妻胡氏，含山人。夫卒，事姑谷氏盡禮。姑病，湯藥必親嘗。姑曰：「爾至性不愧若夫，俾吾轉爲婦於來世可也。」事聞，詔賚粟帛。

蔣崇仁妻李氏，含山人，刲股療姑疾。

鞠長華妻王氏，和州人，刲股療姑疾。

劉祁妻高氏，和州人，刲股療姑疾。

姜飛熊妻孟氏，和州人，刲股療姑疾。

杜如芝妻陸氏，和州人，刲股療姑疾。

彭光祖妻劉氏，和州人，刲股療姑疾。

汪嘉會母趙氏，和州人，刲股療姑疾。

王弘中妻魯氏，和州人，刲股療姑疾。

詹坤妻馬氏，和州人，刲股療姑疾。

國朝

徐氏女，含山人。許字張有苞，張殤，女年十三，聞訃潛投於池，母奔救得免。遂歸張奉姑，立嗣守貞三十六年卒。雍正八年旌表。

施某妻楊氏，和州人，事舅姑盡孝。雍正九年旌表。

葉貞女，和州人。許字張企濂。將擇吉迎娶，夫遘疾，就醫姑孰，卒於舟，殯城南廟宇。氏凶服隨父母與姑奔喪哭奠，牽姑衣下拜，暈而復甦者再。欲隨姑歸，姑辭之，氏曰：「予無生理，實無死地。」姑辭之堅，遂欲自經。父母憐其志，因歸張氏。事祖姑與姑色養備至，及喪葬則盡哀盡禮。母氏家業中落，氏力營父喪，鬻針黹以供母焉。守貞三十年卒。

楊漢廷女，和州人。幼許字施萬裔，後裔病瞽，翁姑恐誤氏，語媒聽他適。氏聞之，斷髮明志。及歸施，姑病，乳岩癰潰，蓄腐難盡。氏乃口吮，膿血淋漓齒頰，卒無厭苦，姑病以愈。夫亡，誓以死殉，絶粒六日，諸子哀哭而止。

以上雍正十一年旌表。

許貞女，含山人。許字鮑應舉，舉疾篤，迎歸侍湯藥。未成婚而舉死，女呼天泣血，屢絶復甦，勺水不入口。父母勸之，隱忍就活。鮑氏無所依，女隨父歸，屏飾茹素，足不窺户外。偶聞有議婚者，即疑爲己，毁容自誓。後病，家延醫視之，不藥而死。死時强起櫛沐，與家人訣，勉以大義，端坐而逝。時年四十有五。

廣德州

明

夏英六女，建平人。幼字廣德阮燧，燧亡，氏往弔，遂弗還，坐卧小樓四十年。萬(歷)〔曆〕中旌表建坊。

濮陽琦女，廣德人。許字施姓，夫亡，設神主就父家祀焉。父更納他姓聘，女誓死不可，乃已。守貞終身。

國朝

王命舉妻史氏，建平人。年十八夫亡，無子，姑年老，氏囓蘗飲冰，奉姑終老。年七十八，卒。

生員宗儁妻潘氏，建平人。夫亡，僅遺一弱女，氏矢志不渝，上奉耄姑，色養無違，人稱節孝。

泗州

明

羅思儒妻郭氏，盱眙人，刲肝愈姑病。

蔣東昇妻朱氏，天長人。夫死，氏年二十四，撫遺腹子。與孀姑同寢處，飲食必投所好。歲饑，出衣釧以濟諸叔之艱。事聞，以孝旌表。

田柏妻王氏，天長人。孀姑周氏久病，王刲股爲羹以進，立愈。

劉廷璽妻王氏，天長人。翁病卧牀，王衣不解帶，視湯藥下乳以進，九載勿怠。

張振聲妻丁氏，天長人，刲股愈姑疾。

李增吉女，天長人。年十四，祖母病篤，刲股救愈。

吴三遷女，天長人。年十二，刲股救母病，母歿不食死。

陶氏女，天長人，名文淑，刲股愈母疾。

岑大順女，天長人。年十四，刲股愈母疾。

潘其英女，天長人。母病危，刲股以進，頓愈。

生員董炳妻王氏，天長人。年十四，刲股和藥愈母疾。

陳其仁妻鍾氏，天長人，刲股愈姑疾。

王世臣妻徐氏，天長人，刲股愈姑疾。

吴榜望妻葉氏，天長人，刲股愈姑疾。

劉啓盛妻陶氏，天長人，刲股愈姑疾。

阮長卿女，天長人。許字王道昇，王死，女縞衣見父母，長跪請奔喪。至夫家，泣曰：「三年之喪，以入門始。分以媳終養，無還理。」遂守貞。凡三十三載，跡不逾堂，終其身夜卧衣不解帶。

國朝

馬氏女，盱眙人。許字監生苗澄，未嫁而澄死，遂居夫家，以守貞終。康熙間旌表。

曹守穀妻徐氏，天長人。翁病危，氏刲股肉以進，隨愈。邑令以「孝德感天」表之。

吴日澄妻徐氏，天長人。夫死守節。翁欲奪其志，氏剪髮誓死。姑病，刲股愈之。拮据辛勤，營葬三棺。

柳存贊妻俞氏，泗州人，刲股愈母疾。

宗氏女，盱眙人。許字蘭在時，夫亡，守貞終其身。

石應瑞女，天長人。年十七，父病，割股勿效，哀毁身死。縣令表其墓。

生員沈九鉽母王氏，五河人。姑病篤，刲股救愈。夫死，年二十二，守節以終。

李序女，五河人。許字陳澄泰，未嫁陳死，氏年十七，往弔服喪三載。返母家，父母欲令改適，女自縊至再，俱救免。守貞終身。

唐澄女，五河人。許字李慎言。年十五，慎言病没，女守貞三十六年。